周一良全集

9

ZHOUYILIANG QUANJI

第四编

自传与杂记　论学杂著与读书题记

主编　赵和平

高等教育出版社·北京

『十二五』国家重点图书

图书在版编目（CIP）数据

周一良全集. 第4编，自传与杂记 ：全4册 / 赵和平主编. -- 北京 ：高等教育出版社，2015.12
ISBN 978-7-04-041349-6

Ⅰ. ①周… Ⅱ. ①赵… Ⅲ. ①周一良（1913～2001）-文集 Ⅳ. ①C53

中国版本图书馆CIP数据核字(2015)第052577号

策划编辑 王 丽　　责任编辑 王 丽　　装帧设计 王 睢
责任校对 陈旭颖　　责任印制 毛斯璐　　封面题字 吴小如

出版发行 高等教育出版社
社　　址 北京市西城区德外大街4号
邮政编码 100120
印　　刷 北京鑫丰华彩印有限公司
开　　本 787 mm × 960 mm 1/16
本册印张 32
本册字数 370 千字
购书热线 010-58581118
咨询电话 400-810-0598

网　　址 http://www.hep.edu.cn
http://www.hep.com.cn
网上订购 http://www.hepmall.com.cn
http://www.hepmall.com
http://www.hepmall.cn

版　　次 2015 年12月第 1 版
印　　次 2015 年12月第 1 次印刷
总 定 价 398.00 元

物 料 号 41349-001

《周一良全集》各分册目录

（侯艺兵 摄）

晨集杜甫于谦句令各易首字以为
太初先生逝去三周年唁词

风有文章惊海内

终留清白在人间

吴小如追挽

八三年九月，为河南科索阅，重翻阅。关于遣唐使，此书似不及森克己氏书纪述之详。森氏书一九六六年出版，后于此修订本十余年也。

八三年十二月下旬，为讲近代以前之中日关系，重读一过。

又

八一年十月

写于天津

目　　录

关于王文韶的日记

八十万字的《王文韶日记》内容颇为丰富，已有时贤拈出有关衣着的记载加以论述。去秋，右腕骨折后，无法执笔而不废读书，把购藏已久但无暇顾及的书籍略加翻阅，王氏日记即其一也。现就读后感想，胪陈一二。

王文韶是清末扬历中外的大官，为人有名圆滑。沃丘仲子费行简《近代名人小传》“官吏”门中王的小传说他“柔媚无风节，罕持正议，时论颇讥之”。《清史稿》本传也说他“然更事久，明于趋避”。龙顾山人《庚子诗鉴》(《中和月刊》第二卷第一期）言“王文勤（文韶谥）再入枢府，遇事但持大体，时有‘琉璃球’之目”。燕谷老人张鸿的《续孽海花》记载王文韶有外号“琉璃蛋”，大约当时确有此称。《清稗类钞·才辩类》“王文勤设词拒人”条及《雅量类》“王文勤楷书蹈字”条，皆记王氏巧于应付的故事。但在日记里王文韶也偶尔坦白发表对同时人物的评论，多少年后的今天看来，他的话还是代表了当时的公论，也符合以后的历史发展的实际。那是远在戊戌变法和义和团运动之前的年月，王文韶说陈宝箴“为人具干济才，心地亦光明磊落”，说张佩纶“言人所不敢言”。他认为任直隶知县的劳乃宣“留心洋务，任临榆时政声卓著，人才难得”。而对同僚湖北巡抚何璟则讥其褊狭。同治十一年（1872）八月十四日记：“接右铭（陈宝箴字）来牍，详陈苗疆善后章程，既有见地，亦肯担当，心窃伟之。”二十余年之后，光绪二十二年（1896）六月初六日记云：

接右铭五月十六等日手书计两函一十八纸，历述地方及办理情形，“雷霆走精锐，冰雪净聪明”二语，足以方斯气象，一时杰出，洵不愧也！书中论及吏治有云：“访求疾苦，实所痛心，不惜以身为怨府。犹忆鄙人不肯极其所往之言，多从未减。否则此辈直当置之黑暗地狱中，使永世不见天日。”非具有一片真诚，乌能出此！志之以见其骨干云。

对于陈宝箴一贯钦服之意，情见乎词。光绪二十一年汪鸣銮因得罪西太后，被罢免吏部侍郎，永不叙用。王氏十一月廿六日日记云：“柳门（汪鸣銮字）罢官后曾驰书慰之，接复信，意气和平，能见其大，至足佩也。”这些都和王氏平日“柔媚无风节”的表现颇相径庭，于以见昔人日记大都本不准备示人（李慈铭之流除外），因而往往反映出真实思想感情的某些方面。光绪二十八年十月十八日记云：“黔潘邵实学积诚到京来见，慎默寡言君子也。”邵为亡友邵循正之祖父。蛾子《食跖录》（载《中和月刊》第四卷第九、十合期）“翰林仪品”条记述翰林轶事，亦称“宝廷、张佩纶、邵积诚以直言闻，皆能自树立，不苟因循”。我的曾祖父与外祖父也都见于日记，并有几次记与周玉山中丞长谈，可惜的是都未留下可以满足我好奇心的人物评论。

大官僚受到皇帝的优遇，自然感激涕零。但有些优待措施也让一些大官僚们，特别是年龄较大的人颇以为苦。这些抱怨当然轻易不会公然见于记录，而日记里却可供发泄。《清稗类钞·朝贡类》“召见膝裹厚棉”条云，“大臣召见，跪久则膝痛，膝间必以厚棉裹之”，但上年岁的人仍然颇以为苦。光绪二十七年七月十一日记云：“此次病后眠食一切早已如常，而腿膝软弱，入对逾刻即费支持。本日见面二刻五分，起立时右足不灵，遂至倾跌，子玖（瞿鸿禨）扶之始起。虽幸无损伤，而衰象日增于斯可见。俯仰身世，辄唤奈何！”《清稗类钞·朝贡类》“三枢臣朝拜倾跌”条云：“光绪辛丑，两宫自西安回銮以后，时军机大臣为荣文忠公禄、鹿文端公传霖、王文勤公文韶，年皆耆耋，一日，朝拜方兴，文端误践文勤朝衣，文端既跌，文勤亦仆。文忠为文勤所挤，又仆，遂皆叩首而兴。孝钦后为之莞然，德宗亟命太监掖之。”王文韶日记到光绪壬寅（1902）为止。不如《类钞》所录之记载为日记所述之误传，或别有一次也。另一处抱怨更明显，光绪二十八年八月十五日记云：“述旨后赏德和园听戏，东边只两桌，御前三王一桌，四军机一桌。人数太少，竟日未能抽身小憩，酉正二刻（约下午六时半）同儿来始散，戏却极好。亦勉力支持矣。”

王文韶在湖北布政使任上，同治七年曾接待一次经过武昌的越南贡使。日记中详记拜会及宴飨情况。十一月二十七日记云：“越南贡使到省，……差内通事持红禀来拜，上书：‘越南越南（？）国陪臣某某拜□禀□□天朝湖北承宣布政使司布政使王大人阁下斗照：兹者天阊远叩，汉水初经。黄鹤楼高，不隔秦川之树；红莲幕启，愿依君子之风。向若非遥，登门为幸。’共八行。向例使臣到岸，督抚以下均差人持帖出城慰劳。帖长一尺四、五寸，中书天朝某某大夫某官某人拜。”可以与越南贡使的事对照印证的，有琉球贡使过江苏的记载。徐珂《清稗类抄·朝贡类》所录“琉球贡使”条记同治四年琉球贡使过常州，武进、阳湖两县令到使舟迎候，“舆立河干，两县令端坐不动。执帖者以名帖两手高举，高呼‘使臣接帖’。于是正副二使臣出，向岸长跪，以两手各捧一令名帖，戴于顶，口中自述职名焉。两令但于舆中拱手，令人传免而已，不下舆也。礼毕，使者入舱，两令亦呵殿归署矣。郡守位尊，不往拜也。两令名帖，以红纸为之，长二尺，宽八寸，双折，居中一行，大书‘天朝文林郎知常州府某某县某某顿首拜’，字大径二寸许”。

王文韶十一月二十八日又记云：“两院赐越南贡使宴，在南院设席，督抚正坐，司道首府旁坐，再下设使臣座三，东一西二，均用矮座。督抚升堂后，导引官带同贡使自东角门进门。至则在头门外官厅少候，隶报门曰：‘越南贡使进。’由东月台历阶至堂檐下，行一跪三叩首礼，督抚起立举手。礼毕，分两旁向上立。督抚传通事至前，令向使臣问国王好。通事传语，跪禀答讫。次问年岁好，次问一路辛苦否，均由通事传语，跪答。慰劳毕，即命入宴，仪门内演戏。通事持国帖，具礼呈两院，均璧不受。戏三易，使臣起立谢宴，行一跪三叩首礼。导行官由两月台下，带出仪门回外官厅。自使臣以下给赏有差。”关于琉球贡使的飨宴，《清稗类抄·朝贡类》也有类似记载：“浙闽总督有验贡之例。是日，总督坐大堂，司道旁坐，府县立侍案侧。两贡使手捧表文贡单，至头门即跪，报名，膝行而进。至公案前，以表文贡单呈验。总督略阅一过，传询数语，命赐食。即有一役以矮桌二，置大堂口，酒肴亦续续至。二使叩头谢，就堂口席地坐而食之，各官仍坐堂上也。须臾食毕，复向上九叩首谢恩毕，乃鸣炮作乐掩门。”

从王氏日记的描述和《清稗类抄》所录，看出“天朝”与“藩属”之间的礼节异常森严。越南正使黎峻是三品的翰林直学士，而对中国的总督巡抚行跪拜礼，督抚的回答只起立举手而已。琉球使臣跪拜，而县令端坐不动。督抚和县令慰劳的帖子之长大，也不外乎为体现天朝的威风和气派。清署名宦乡老人著《宦乡要则》卷三有“汉官拜夷使帖式”云:“夷使过境，汉官用拜帖，即以整红一张，打直有三尺长，二尺余宽。如湖南知府写‘天朝朝议大夫湖南某府知府□□□拜’。自上一直写到底，不留分寸。字须大些，以示尊也。”所言可为佐证。日记所谓“均用矮座”，指三位越南贡使的座位，而不包括督抚座位在内，从琉球贡使之矮桌席地而坐可以印证。近来有人讨论封建时代中国与越南的宗藩关系，认为不应与帝国主义对殖民地的关系等量齐观，这当然完全正确。(杨立冰:《中越宗藩关系之我见》，载《中国东南亚研究通讯》1992年213期)但如果说“越南贡使团成员被当做贵宾，他们在中国境内期间受到中国朝廷和途经省区的热情款待”，则未免用今天国家之间平等相待的精神去想象封建时代，完全忽略了封建社会“天朝”和“藩属”的那种高下悬殊、界限森严的关系了。

整理古代典籍工作存在一大问题，是如何正确标点。看来整理近代人物日记亦有类似情况。《王文韶日记》文字并不艰深，而仍有标点之失误之处。188页“向周铁园太守借得《资治通鉴》补刊本计八十本，嘉定严永思先生(衍)手辑也”。《资治通鉴补》是严衍所著书名，“补”字应在书名号内。926页“彬孙索购《通鉴》及宋元明纪事本末全部并纲鉴正史，约就官书局购予之”。“约”字属上，《纲鉴正史约》是书名，明顾锡畴撰，清陈宏谋增订。其书三十六卷，是旧日私塾中童蒙习用的历史教材。958页“徐耕芗、乔梓回南”，如此标点似为徐乔二人，实际乔梓是称人父子的客气说法，不应有尖点。此例又见1081页:“甄甫、乔梓及沈吉齐大令。”151页“寅正遵换二品顶戴，补服恭设香案”，逗号应在补服二字下。247页“榕翁几不能耐急，婉止之”，逗号应在耐字下。937页“此事至此始放心甚矣，撤营之不易也”，逗号应在放心二字下。953页：“介挺原稿尚有‘出乎情理之外’及‘失之过刻，有伤国家原气’等语，初未经意。及封发后时已四鼓，桢儿谓余此事总不放心之数语尤为不妥。余思之良是，因令将折匣追回。”标点者未读通此文，故至漏点两处，应是“桢儿谓余，此事总不放心，之数语尤为不妥”，之字作此解，日记下文即是“若非去此数语”一句，可以为证。还有一处由于标点错误，不仅失去原文韵味，而且弄得文义不通。144页：“出示奏稿，大为中丞批抹申斥。杠子重重，并有‘胡说也’、‘配’字样，意殊不平。阅之固有未合处，然批斥亦复太过，无怪其难受也”。原文应点作“……‘胡说’‘与配’字样”。“也配”犹言“你也配”，北方口语习用，乃申斥之词。配字单独点出，就不知所云了。清人信札、日记中往往用籍贯为代号，如湘乡、合肥，当时人皆知其所指。也有止为当事人所知而别人不易理解者，如张佩纶致张之洞密函中“僧”指醇王，“道”指恭王，“佛”指西太后，只有熟悉晚清掌故如陈寅恪先生，才能到眼即辨。（石泉、李涵：《追忆先师寅恪先生》，载《陈寅恪教授国际学术讨论会文集》）还有一种借古人姓名渊源而用为代号，如王文韶在湖北时日记中有时出现“水部”。梁时著名诗人何逊曾官水部郎，后代文人因称他为水部。王文韶用以代指他的顶头上司巡抚何璟，虽不一定出于保密，也是一种不愿指斥姓名的委婉说法，今之读者恐未必领会也。

1993年1月31日写成于燕东园

关于郑孝胥的日记

郑孝胥（1860—1938）的日记自光绪八年（1882）至民国二十七年（1938），即郑氏23岁至79岁，延续56年，仅小有缺佚，藏于中国历史博物馆。劳祖德整理，列入中华书局的《中华近代人物日记丛书》，计二百十八万字，二千九百余页。

郑孝胥的一生，可以分为三个阶段，应分别对待，作不同评价。但盖棺定论，当看他最后的大节。

辛亥革命之前算第一阶段，郑氏既是杰出诗人，又是主张维新的政治活动家。他才思敏捷，1882年乡试第一，长期在张之洞湖广总督幕中，深受器重。张之洞称赞他的诗“沉雄宕逸，簿书旁午中而不损其高雅之趣，此为无匹也”（日记，1899.2）。清末名流蒯光典说“苏堪如魏晋人”，把他和王鹏运并举。因而著名学者李详赠郑诗有“一世风流魏晋人”之句（李详《学制斋诗钞》三）。郑孝胥的旧体诗甚著声誉，1908年评论家陈衍在北京出诗人榜，未设第一名，而列郑孝胥为第二名，评云：“恨无长篇，否则可为第一。”榜中陈三立列第三，陈宝琛第四。李详说郑氏与散原老人“如禅家之有能、秀”。而散原曾举郑氏两句诗说自己“终不能为”。（1916.10）

辛亥革命前的郑孝胥，在政治上主张维新，赞成立宪。戊戌变法失败后，他在地方上办了不少洋务。1898年9月5日，光绪曾召见他。4天之后，军机大臣面奉上谕：“江苏候补同知郑孝胥以道员候补，（与江标）均在总理各国事务衙门章京上行走。”（1898.9.9）政变发生，9月28日六君子死难，江标永不叙用，而同时被任命的郑孝胥却未受任何处分。10月6日日记云：

> 今日王稷堂言，有参黄仲弢、江建霞、张菊生及余者。又有言拿问张季直者。余笑曰：“今日人尚以被累为耻，将来恐将有以不被累为耻者，则士君子尽矣！”余所同召见者张荫桓、谭嗣同，所同被旨者江标，今皆败。余虽未斥，度非久当出国门矣。

这样的表现，很有气节。他还参加了祭奠林旭、私诔四章京等活动，都说明郑孝胥当时确有无私无畏精神，值得称赞。以后他在张之洞手下任洋务局提调，两广总督芩春煊又调他任洋务处督办、营务处总办，率军驻广西龙州。他筹粮饷，开银号，办教育，派当地子弟到上海或出洋留学。1905年赴沪定居，从事路矿、金融、新闻、出版等事业，应该说是始终站在时代潮流前面。后被任命为湖南布政使，未到任而清室灭亡。

辛亥革命后的二十年，是郑孝胥生平的第二阶段。他誓忠于清王朝，甘为遗老，并在溥仪小朝廷中任职。但他始终以上海的海藏楼为根据地，写诗卖字，与沪上文人墨客文酒往还。尽管政治上思想上应当归为封建余孽一流，但他文学（旧体诗）艺术（书法）上的造诣与贡献，在我国现代文化史上是不可磨灭的。这二十年的日记，也充分反映了这一点。郑孝胥在当时文化艺术界的地位，我们从胡适之先生对他的态度可以略见一二。1924年10月16日记：“胡适来访。”10

月18日记："访胡适不遇。"是胡先生先去拜访他。1928年4月21日记："高梦旦与胡适之同来，胡求书其父墓碣。"同年5月6日记："徐志摩、胡适之来观作字。"1929年11月28日记："胡适之赠北京新出土'唐仵君墓志'。"1931年2月26日记曹缵蘅约东兴楼午饭，座有胡适之。胡先生这天日记亦记此事，云"座上有柯凤孙（八十二）、郑苏戡（七十二）、江叔海（七十五）、杨子勤（钟羲）诸老人"。胡先生日记中虽无议论，无疑是把郑孝胥当作文化界前辈看待的。

可惜这位文化界前辈老人不自爱惜，九·一八事变后跑到东北，1932年3月当上了"满洲国"总理。由"一世风流魏晋人"变成封建遗老，再一变沦为卖国的大汉奸，这就是郑孝胥一生的最后结局。从1932年到他逝世的1938年，这七年的日记中，再也看不到海藏楼中友朋酬唱诗酒流连的场面，而是整天被日本人包围，与日本人周旋，为日本人写字，给日本人作有关"王道"的讲演，陪日本人一起照相，等等，一副穷形尽相的傀儡面目。溥仪的师傅陈宝琛则坚决反对小皇帝去充当日本侵略者的儿皇帝，始终不到伪满任职，以逊清遗老终其身，郑孝胥与他不可同日而语了。

当然，和溥仪一样，作为日本侵略者的奴才，郑孝胥开始就遭受屈辱。1932年9月5日记："驹井（国务院总务厅长官，实即操纵郑的人物）怒，出不逊语，咆哮而去。"两天之后记云："宪兵言，出入人等皆须稽查。……午后，筑紫又来，告以驹井无礼及宪兵监视情形。"同年10月23日记云：

> 询余何所不便。余谓：日满官吏偏重不均。今国务院满洲不足三十人，而日本百数十人，无怪人民之不信也。

但尽管如此，直到1935年5月他辞去总理职务，郑孝胥作为汉奸始终心安理得，自我感觉良好。1935年5月21日所记对他儿子的话可以为证：

吾忆平生：辞边防，裁督办，抵上海，一乐也；以上（指溥仪）出德医院，入日本使馆，二乐也；今建满洲国，任事三年，辞总理，三乐也。从此以后，终不入官，乐亦足矣。

实际上，郑孝胥不论入官与否，始终身为伪满重臣，从最后结局看，历史对他是决无恕词的！

郑孝胥不像李慈铭，他的日记未先存有留给人看的念头，故而记述主观思想和客观事件都比较真实。他交游广泛，日记亘五十余年，涉及的人和事极多，是近代现代史料的宝藏。大事如戊戌变法、辛亥革命、张勋复辟、溥仪出宫、伪满洲国建立等，日记中都有不少可供参证的资料。日记中对于人物及环境的描绘，也引起读史者的兴趣。如1885年6月26日见李鸿章后记云：

中堂颀然，赤面白髭，望之甚伟。声亮而和，谈吐颇有条理。

1886年12月29日记见文廷栻云：

号强识多学，庞然肥黝，眉目轩豁，谈吐甚似晦若（于式枚）。

1883年3月25日记拜访乡试座师宝廷云：

先至书厅，几榻殊草草，旁列残花数盆。奴仆羸敝，院落静无人声。雨后莓苔初生，湿土中渐作绿意。有顷，竹坡方出，服敝服，裂处露棉几尺许。

清流派人物、“江山九姓美人麻”的宝竹坡之清苦生活如在目前。而郑孝胥笔下显宦徐桐的府邸，则另是一番景象：

厅中书史环列，中悬桃伯昂联，左右壁则门人颂德之文，院体，书以金笺，大率皆已掇巍科者。盖京师以鼎甲为重，若其文翰，则俗弱鄙稚，

无入目者。（1883.4.2）

两则日记成为鲜明对比。李慈铭为人狷介，好发脾气，日记中亦有反映，如称“其人褊狭，故诗境亦如之”（1890.6.30）。同年 10 月 1 日又载，诣下斜街长椿寺，二席中七人，李慈铭在座，“于座间忽怒，亵语谩骂。余与隔席，不详何语也”。《越缦堂日记》缺光绪十六年以后部分，盖为樊增祥取去，故无从比对。郑孝胥对于书法的见解，如谓“包（世臣）极推邓石如，然邓甚俗”（1913.10.16），又称“赵扮叔油滑入俗，不可为训”。（1919.2.26）他虽不写篆隶，但这些评价都不同流俗，颇具卓识。

日记中的记述有可补订史实者，如 1898 年 7 月 27 日记：“阅报，黄仲弢进呈南皮《劝学篇》，奉旨须行各省。”目前有的近代史著述称，戊戌政变之后，张之洞为了表白自己不同于康梁，撰写《劝学篇》进呈，以取宠于西太后。据日记，则此书之进呈在政变失败之前也。1911 年 12 月 9 日记：

资政院奏，恳请降旨，即日剪发，以昭大同。凡我臣民均准其自由剪发，钦此。

郑本人即日剪去辫发。由此知清室退位以前已有剪发之令，后来一般认为遗老必留辫子，实属误解。郑孝胥本人以遗老自居而不拖辫子，其原因亦可理解了。

日记中所载也有个别地方出于偏见或传闻失实之处。郑孝胥与散原老人原为至交，1937 年夏北平沦陷，散原老人忧忿卧病，拒绝服药而死，表现出崇高民族气节。郑氏竟然也忝颜表示哀悼。1937 年 9 月 21 日记：“散原以八月初十日（9.14）疾卒；为之怅惘久之。”26 日又记：

访仁先（陈曾寿），共悼伯严。四子唯一子侍疾。即清华教员（指寅恪先生)。其第五子(指隆恪)在广东，七子(指方恪)在沪。其一未知在何处。

10月13日又记:

昨闻傅治芗言，散原之子在清华为教习者，于散原卒是不开吊亦不服丧。有周君来信，欲仁先等素善散原者作书劝之。

不开吊当由于北平已沦为敌占，故不举行，符合散原老人意旨。不服丧则不确。郑氏具有敌伪偏见，从语气可见，故而如此说。寅恪先生一俟七七四十九天期满，即于11月3日全家抽身离开北平。当时傅孟真先生用李振万化名写信给家住天津英租界的我，由我转款项给寅恪先生。后又来电报嘱我转告陈先生:“必由沪港行。”陈先生过天津南下，我曾到英租界驳船码头送行。先生身穿灰布袍黑布马褂，陈师母头戴白花。以后隆恪、登恪两先生过津，先父设宴饯行，我也侍坐，两先生皆身穿孝服也。郑孝胥1937年冬到北平，11月15日记:“至姚家胡同吊陈伯严之丧，见彦和、彦通，赙二十元。客皆未至。”所谓“客皆未至”当指未开吊。此时寅恪先生已离开，估计即使在北平，也不会出面接待。1945年日本乞降，寅恪先生作《漫夸》咏伪满之覆灭云:“收场傀儡牵丝戏，贻祸文殊连国名。”而诗之首句“漫夸朔漠作神京”下注称:“海藏楼诗有句云:‘欲回逆漠作神京。’”即针对郑孝胥而加以斥责也。(据郑氏1932年10月21日日记，此诗为寿陈宝琛85岁生日，原诗作“天回”盖化用李白《上皇西巡南京歌》中“天回玉垒作长安”句)郑氏往吊唁时，登恪先生尚未南旋，日记未提到他，谅亦未见郑。

我与郑孝胥年辈迥隔，从未谋面。但1932年以前50年间日记中他所接触和提及的人物，不少是我的家人亲戚和父执师长。郑氏与他们的交谊深浅各异，毁誉亦不相同，但我读这部日记依然感到某种亲切。这些人中，有我的曾祖父（周玉山）、祖父（周澄之）、叔祖父（周缉之、周立之）、父亲（周叔弢）、伯父（周梅泉、周仲衡）、叔父（周祥五、周絅章）、外祖父（萧应椿）、岳父（邓守瑕）、亲戚（张士珩、李直绳、李次武、方石珊、袁克文）、师长前辈（尉礼贤、方地山、毓清臣、温毅夫、张玉裁、唐立庵、柯燕舲）、朋友（邵心衡，当作恒，郑的孙女婿）。日记中对人一般称字，或附以名，唯独袁克文直呼其名，盖以示敌视之意。

1890年在北京任内阁中书时，7月29日记："早班周澄之来，玉山之子。"盖同官内阁中书也。萧应椿之名则见于日记中所录经济特科榜。周叔弢与郑氏在天津于友人宴会上数度晤面，曾乞写对联，并以所印《恧庵印存》《屈原赋注》及影印唐人写《阿弥陀经》相赠。1927年2月20日记："毓（清臣）名廉，乃唐元素之友，今在周叔弢家授徒。"毓为毓贤之弟，所云授徒，即担任我们弟兄的塾师。毓虽为唐晏之友，实不如唐之有学识，在书房中我只见他看的是高头讲章之类。

郑孝胥与邓守瑕诗酒往还，与周立之、梅泉叔侄更是作诗的朋友。周立之青年时被目为"风流才子"，郑氏1902年即与之相识，称其"颇有才调"。（1902.11.13）30年间两人在各地酬唱甚多。周梅泉是诗人、数学家、集邮家，1920年在上海始与郑相识，遂成莫逆。周在遇郑之前已于其"所作七律多能背诵"。（1920.9.7）郑于周诗亦多激赏。据日记记载，二人过从甚密，有时天天见面。1929年4月14日记周梅泉约夜饮，座有"梅泉之子农叔"，当即以后成为著名数学家、约翰霍普金斯大学教授的从兄炜良。1928年4月21日记："周梅泉来，言今日送其第二子游学英国。"即后成为著名翻译家之从兄煦良。又曾记周梅泉为子娶妇，即后任山东工学院教授之从兄震良也。被陈衍目为“咸同间一诗雄”的江弢叔（名湜，1818—1866），郑与周皆酷嗜其诗，而其集流传甚少，且缺佚不完。周梅泉“题陈叔通所藏江弢叔手书诗卷”（《今觉庵诗》一）有云：

忆从拔可（李宣龚）乞残帙，欲觅全豹无由窥。冷摊三卷落吾手，疑有诗魄阴扶持。

“冷摊三卷”语甚简略，郑氏1921年1月6日日记留下了生动叙述：

周梅泉来，谓余曰：“吾已得江弢叔诗集矣！吾行四马路，小书摊主者忽谓我曰，‘君欲看苏州人诗乎？’吾取视之，即《伏敔堂诗》也。大惊异，以小洋六角得之。”余检其续集，拔可示余者乃初印本，只一卷。此本凡四卷，后有绩溪胡澍跋及其弟澄诗。知弢叔没于温州，有遗腹子一。余方选其诗未毕，弢叔有灵，乃以其续集三卷献余案头耶？其魂犹欲不朽，其可哀矣！

周梅泉藏有焦循《三礼便蒙》手稿，郑孝胥曾手钞石印出版。

从郑氏日记我还踪迹到两位并不知名而我想了解的人物。其一是先父所藏一副篆书对联，据云作者乃当年在青岛的邻居，署名郑荣。郑孝胥在广西时1903年9月19日记：“答郑朴孙荣。”下注“营务处文案”。联上用印恰是朴孙二字，当即此人，十余年后到了青岛。另一人为陈鸿鑫，天津人。我购得其日记残帙，考出姓名，而不知其字。（见《关于陈鸿鑫的日记》，载《中国历史文献研究》新第三辑）郑氏1929年11月19日记向仲坚邀晚饭，“座有……陈敬侯（天津），今管理特别一区。……陈贯一（浙江）为英领事署书记员，译有《法西士主义》一书。陈敬侯亦居意大利甚久，谈专制之政，然陈犹谓恐墨索利尼终致失败”。敬侯当即陈鸿鑫之字，其见解固远较郑氏为开明也。

关于周玉山，1905年2月22日在广西记：“阅上海报，周玉山以周生有案，大为众诟。”3月26日记：

阅上海各报，至二月初七日。周玉山因署中有伪札委大通督销之案，斩家丁岑某，如将以灭口者，异哉！

两事皆不知其详。1906年8月8日在上海记云：

昨闻（沈）爱苍诵南京白字（话？）诗曰：“昨日一科房，今朝督部堂。亲家袁世凯，恩主李鸿章。瞎子兼聋子，南洋属北洋。金陵旧游处，瓦石响丁当。”吴人嘲周馥之作也。

首二句言其全无科名而自幕客晋升为署两江总督。周袁俱为李鸿章下属，而周长于袁22岁，起初地位亦在袁上，于袁为前辈。周玉山对于袁世凯的仕进可能起过提携作用，所以周逝世时他的小女之婿亦即袁世凯的第八子袁克轸挽联称，“识英雄于未遇，说来真古道所稀，数吾父知音，惟公最早”。下联又有“略行辈为婚姻”之语（见《周懿慎公荣哀录》），说明联姻为破例，其间不免于政治因素，故诗中特别标出亲家之句。“瞎子”两句当是嘲其无所作为，凡事听命于北洋。沃丘仲子费行简《近代名人小传》官僚门周馥条亦云：

余初不知馥能。己亥李鸿章出视河工，疏调馥参赞。疏中举其学行志节，几过曾胡，余默识之。未几，馥任川藩，时与计事，则一昏黯庸下人也。而仆从需索，几步李瀚章后尘。余忆鸿章疏，至失笑。

费氏所讥，与诗中所嘲相同。然周馥协助李鸿章办理北洋新政，既多所赞画，又躬亲其事，甚得器重。其晚年所著《负暄闲语·处世门》云：

（李）文忠尝告人曰：“周某用心极细，虑事最精。且廉正有魄力，非时人所及也。”

所引李语当非虚构美化，李鸿章更不可能赏识昏黯庸下之人，郑孝胥日记中亦谓沃丘仲子之书不免有道听途说也。

周作人《饭后随笔》中回忆在江南水师学堂作学生时事，1906年见到两江总督周馥。“周玉山的印象”条说他：“站在体操场上，穿了棉袍马褂，棉鞋也很朴素，像是一个教书先生模样。”末尾说：“实在那一天他给予我们一个很好的印象，可以说在五十年中所见新旧官吏中没有一个人及得他来的。并不因为他叫我们办局子，乃是为了他的朴素诚恳的态度，不忘记我们两个留校的学生，这在刘坤一张之洞魏光焘大概是不会得有的。”（此条 1995 年 6 月承孟艳红同志检示）

本书整理者劳祖德，笔名谷林、劳柯，博雅多识（参看于飞《绿窗下的旧风景》，载《读书》1994 年第 5 期）。这部书的整理水平，为近年来同类书中所罕见。如改正原稿笔误之毕士厘为单士厘，即可说明。然二百余万字的手稿，劳氏抄录标点，个别错误终所难免。谨就所见者拈出，以供读此书者参考。

第 4 页几处“湘乡”应作“湘阴”，指左宗棠。66 页“免半月读”当是“半日”。1763 页王定庵应是王静庵。2040 页罗之经应是罗子经。2091 页毕士澄应是毕庶澄，谐行在当作诣行在。2198 页静元应是隐元。2203 页正藏院应是正仓院。2231 页《愈野堂诗》愈当作愈。2315 页“赐陈、朱、胡、陈各一千元”，第二陈字应作郑，即郑孝胥本人，其前三人则依次为陈宝琛、朱益藩、胡嗣瑗也。2424 页平田骐一郎应作平沼。2509 页杉村永吉、2510 页杉村永治皆当作永造。1973 年中日友协代表团访日，参观出光美术馆，此人曾负责接待。2563 页《弘道观记》观当作馆。2626 页“干秋”乃千秋之误。总之，误字不多，校对堪称精审。错误多在日文专名，当由不谙日文之故也。

学殖荒落，愧不能文。谨以读书札记纪念傅孟真先生百岁诞辰。

1994 年 10 月 1 日写成

附记

此文原应台北“中央研究院”历史语言研究所征稿之约。寄去后，以“体例不合”理由，婉言退回。1995 年 4 月自美返京，《读书》编辑部乐为刊布，庶几我纪念孟真先生之初衷亦从而得遂也。

（原载《读书》1995 年第 9 期）

关于陈鸿鑫的日记

旧历春节期间北京厂甸的热闹由来已久。直到 20 世纪 30、40 年代，正月间琉璃厂书店和古玩铺还上大街摆摊，出售书籍和字画文物等等。除去较值钱的古书古玩之外，还常有一些零本书籍、抄件、信札、日记、旧照片之类，大都从打小鼓收破烂者收来，颇有意思而索价不高，大学生尚能问津。记得 1938 年我曾买到一本薄薄 21 页的册子——胡延著咏“庚子西狩”的《长安宫词》。我送给了先师邓文如先生看，次年他老人家排铅精印，由张尔田老先生题签，收入《旧闻零拾》。邓先生在序中说：“当辛丑、壬寅之际，曾于先君子案头见《长安宫词》，椠刻精美，心知爱好，其后屡求不获，时萦胸臆间。去冬始见蜀中翻本，适有《旧闻零拾》之辑，遂以著录，聊广其传。行款仍旧，意在留真。”所谓蜀中翻本，就是我所提供的。这里所要记的两本日记残册，也是同时在厂甸低价收得的。

日记是研究历史特别近现代史的重要资料。近年出版的诸家日记中，如吴虞的记载给我们描绘了 20 世纪 20 年代北京的大学教授生活细节，像工资收入数字与琉璃厂旧书价格的比例之类，读之不禁令人向往。孙宝瑄的《忘山庐日记》中保存了大量政治、经济、文化各方面史料，甚至社会上流行的传闻，也加以收录。如1901年（辛丑）12月28日记载：“前闻渭东言，李文忠公易箦时，直隶藩司周馥来见。公已昏迷，不省人事。周大哭。公忽张目谓周曰：‘我国将来如长此贫弱，惟有联俄；倘能富强，则宜拒俄’。言已气绝，周哭倒于地。”我的曾祖父周馥在他的自订年谱中“光绪廿七年”条则是这样记载的：“九月廿六日，得京电，相国病危，嘱速进京。比至，相国已着殓衣，呼之犹应，不能语。延至次日午刻，目犹瞠视不瞑。我抚之哭曰：‘老夫子有何心思放不下，不忍去耶？公所经手未了事，我辈可以办了，请放心去罢！’忽目张口动，欲语泪流。余以手抹其目，且抹且呼，遂瞑。须臾气绝。”年谱所记当得其实。日记所记传闻，似可反映当时人心目中李鸿章的对俄态度。如果日记所载传闻确系属实的话，李鸿章倒是谋国不可谓不忠了。《忘山庐日记》里还见到“电气影戏”一词，恐是清末流行的最早译名。以后简称“影戏”，我儿时还听到老人用此名称。最后则简化并定型为今天通用的“电影”了。追寻现代语汇的历史，当有取于斯。所以，日记包罗万象，往往有意想不到的材料，全看如何抉择运用了。

这里要介绍的两本日记残册，订成32开线装本。每天占两面，每面十行，毛笔行书小字，颇为流利熟练。每天分“国内”“国外”两栏记大事，页边记每日气候温度及金融行情。现存1931年1月1日（旧历庚午年一一月一三日）至2月27日（辛未年正月一二日）日记中不见姓名，从所记内容知为陈姓，天津人，当时寓英租界孟庄三多里二号楼上。其人早年曾在清华学校任国文教员，后入外交部，赴意大利任特列斯特领事。回国后任天津市政府参事，特别二区、一区主任。写日记时正失业。有两个家（一妻一妾），每月开销约五百元，正在到处找事。1931年1月15日记载我国收回天津比利时租界，他曾参与办交涉，并出席了收回仪式。据此查天津《大公报》，出席人物只登载了头面人物，《益世报》亦然。但后者追叙了交涉经过，参与其事者有“天津市府参事陈鸿鑫”，这就可以断定，这两本日记残册的“记主”（仿年谱的谱主之称）就是此人了。因为陈氏的参事之职已卸任，所以虽出席仪式而未见报导。陈氏非重要人物，残存日记分量又很少，不值翻印流传。但从史料角度看，确也有些反映当时政治、社会、文化各方面情况的内容，可供参考。因撮录之，以供治民国史者之采择。

陈氏日记中给人突出印象的，是他对南京国民政府的不满。这种不满又来自两方面原因。一是陈氏与广大人民群众相同，对蒋介石以及国民政府的祸国殃民深感忿慨。如2月12日记：“见戴仲刚（平民通信社主人），伊适由南京来，谈南京之腐败。如财部宋子文，即用人必须有介绍人，讲价纳资后始录用。铁道部则尽粤人，其能尽心任事者无人。近来南京所议，如盐政之撤销引岸，鸦片专卖，缩小省区等事，皆国之大计，而以南京之贪婪腐窳，能任此重责乎？徒作欺人之谈而已！”2月27日记云：“此种政府全不为小民作想，以强盗手腕聚敛，以残忍之心待民，要他何用！蒋氏不早死，中国无噍类矣！”当然，作者也反共，日记中屡见“共匪”字样。“文化大革命”中，红卫兵抄了我的家，得此日记，如获至宝，荒唐地以为是我自己的日记，急忙据此来批斗我，令人啼笑皆非。

陈氏又一不满原因，是北方政界人物所共有的、对中央政府南迁以及忽视北方的怨怼情绪，陈氏日记中表露得很充分。如1月2日记云：“政府自迁南京后，北京（今称北平）商业一落千丈，地方亦萧条万状。南京为北京繁荣计，乃有北平文化委员会之计，其宗旨保存古迹，布置风景，发展工艺，招致游宾。凡关于政治之集会等，一概禁止。”1月10日又记云：“南京财长宋子文来津，与张学良议财政事。此后北方之财将皆入南人箱笼中矣！其中真用于国事者几何？”2月21日记云：“南京久不以北方置念，呼吁恐无灵。即前议发公债八百万以救陕灾，迄今尚未举办。甘灾陕灾较宋子文、孙科、蒋介石辈个人之利益，固鸿毛轻也！”

由于不满南京政府，对于某些无关国计民生的措施，也表现出深恶痛绝，过新历年是其一事。1月1日记：“今日元旦。去冬南京政府令禁旧历年，严饬全国遵行国历。故自昨晚始，各处皆有点缀。并由昨日起各机关放假五日，各报亦停刊三日。以国历对外及办公，皆甚善，而必强全国习于旧历之民众行新历，则似可不必。况于富强之道无关，徒自扰耳。为政在知大体，斤斤于无聊之举，自诩为励精图治，国事尚可复问耶？况租界内售旧历书，行旧历节，无权过问，严禁之义当不如斯。”2月17日又发表同样议论：“庆夏历新年。中国各处皆热闹，南京政府以全力禁止，不能有效，殊失威信。庸人自扰，斯之谓乎？然以南京政府头脑，当然有此举也。”

陈鸿鑫氏对于国际形势极为注意，每天摘记大事，爱国情绪时时表露。如1月3日关于西伯利亚铁路中亚支线写道：“苏俄对我边陲已取实际包围之象，于我经济政治军事影响益大矣。”他还在日记中绘出地图，题云“俄国土（尔其斯坦）西（伯利亚）铁路于今年一月一日全路通车”。对于西人来华“探险”，也持警惕态度。1月7日记云：“英谍斯坦因于十月五日行抵喀什噶尔，将北行越火玛海沙漠，再东行到哈密与吐鲁番，径赴迪化，见省主席金树仁。南京政府因北京古物文化保存会之请，电斯氏勿赴大漠，直到迪化，斯氏不遵。噫，难矣！”

陈鸿鑫曾在外交界任职，所以日记中有关于北洋时期外交情况。如2月14日记：“使领费发至九月份，尚欠五个月。呜呼，中国之乞丐外交！余前驻义使馆及驻义领馆任，欠薪资有时在二年以上。”

外交惯例方面，日记也有所涉及。2月6日云："读谢彬《新疆游记》，记载甚详。惟现所售地图无一详明，足资印证者，呜呼中国！记有疏附（原6月27日日记）英领马继莱，其头衔署总领事官。英在新疆设领仅此一处，不知其所总何谓等语。查各国外交官与领事官，多有如中国之署缺，常有大使馆参赞而有公使衔者。至公使领事，亦有一等二等之别。今马既称为总领，则以地属繁要，又不便设置总领馆，故设领馆而以总领充之，不足奇也"。

陈鸿鑫虽是官僚，却颇好学，喜读书，有书生本色。他的英文修养很好，日记中不断有"习德文""读《汉书》"字样。1月8日记自勉云："有生之日则必不废学"。他对于藏书情况颇留意，1月6日记："上海亚尔培路科学会由一日六日展览版本，名贵品甚多。唐宋刊本颇多，并有佛经及欧洲古书等"。1月12日记清末藏书四大家，关于杨氏海源阁藏书有如下记载："杨三代藏书，有宋元善本四百六十余种。其中一部分流入外人之手。近京保一带忽迭有杨氏藏书出现，系由某军驻防杨寓，曾由邮局寄三千小包于津，或由兵士携带，书之纷失者不可以数计矣。又有军人将《蔡中郎集》撕毁，擦拭鸦片烟枪，令人发指！"

陈氏不仅注意藏书，自己也颇喜买书，而且兴趣范围相当广泛。对于地图亦所留心。1月12日记中华书局送来书八种："除《廿四史辑要》退回外，留阅小说三种、《西康（即川边）问题》《伊犁游记》《蒲寿庚考》《清朝全史》七种。"此外日记中还有商务印书馆送书事例。1月19日记云："今日购大东书局出售上海东方舆地学社出版《最新中华形势一览图》，价二元（六折）。此本较中华书局各地图为佳，稍详而不苟且，价亦不昂，故可取。"旧时琉璃厂古旧书店习惯，由伙计送书至老主顾家，留下翻阅一段时间，再决定购买哪些，退回哪些。据陈氏所记，则三十年代天津出版新书的大书店如商务、中华，也曾流行过这一风习了。

陈鸿鑫当时没有职业，日记中不断有写信给人求事的记载，如天津教育界头面人物陈宝泉、严智怡等。陈宝泉还和他是本家。但陈氏又总说自己“不愿奔走于大人先生之门”，他是典型的旧中国知识分子。从他某些议论，可见其人自视颇高。1月9日记云：“夜不能寐，乃读林纾译小说。译笔不赘，然较之《阅微草堂》，其文笔颇欠流利。南人（林闽人）矫造之习，盖由天性然也。纪文达为北方学者之冠，全国宗焉。我津向渺视同省之异县人，而自谓优于文学。然所谓文学者，科举之八比耳。至旧学稍有根柢者，吾陋不能举其人。”

最后，录2月24日日记一条，以见旧社会人事沧桑及陈鸿鑫氏之幽默感，用作结束：“下午，贾德全来。曾充张宗昌旅长，近不在职。贾今年四十三岁，前二十年曾随余至唐山避继母之难。后余回北京，任清华学校国文教员，伊随余居京西城府村。后移居城内花枝胡同，伊即他去，距今十七年矣。今日询其曾否积财，据云已置房地，共得万余元。除房地外，已消费矣。伊武清县人，少时品貌颇厚，余曾许其有发展，今果小康。来此候视，心地尚厚，可嘉！二十年前居余家，只做粗饭，呼以小厨子而不名。今小厨子温饱矣，而大老爷则何如？回首身世，良自慨焉！”

（原载《历史文献研究》北京新三辑）

东学党
——朝鲜的反封建反帝斗争

一

1860年5月庆尚北道庆州人崔济愚始创东学道，经过三十年，到1894年大规模起义。我们讨论东学道之前，先考察一下产生它的时代背景。18世纪末叶以来朝鲜封建社会中的阶级矛盾日益尖锐，大地主的兼并土地越来越凶，农民生活的困苦达于极顶。1797年朴趾源作忠清南道的沔川郡守，曾仿汉代师丹的意思作限民名田议[①]。主张“立为限制，曰自某年某月以后多此限者无得有加，其在令前者虽连阡跨陌不问也。……及令后加占过限者，民发之与民，官发之没官。如此不数十年而国中之田可均”。这种办法自然无补于事，但从朴趾源所描写，却可以看出当时一般农民情况和地主阶级榨取剥削的真相。他估计沔川自耕农民一家五口除去赋租种子以外，“实余三十三石十（原文如此）斗八升，此其一户五口一年之食也。

① 《燕严集》二。

然而薪苏醢酱之费，夏葛冬绵之资，将安所出乎？”除去生活必需品以外，还有封建社会所特有的种种靡费如“婚嫁丧祭之具”，“乡社讲信醵钱赛神之需”等等，再加上政府各色力役，也往往折交米布或钱。于是“三十三石之谷所余者已无几矣！……况其水旱之外又有风霜螟雹，不虞之患乎？故农人谚云，终年勤作，不胜盐价”。农民之中大部分都是佃农，“见户之中有田自耕者十无一二。而公赋什一，私税分半。并计公私，则已为十六”。自耕农如何沦为佃户呢，因为“夫人衣食之外既不无吉凶大事焉，或迫于债督，或牟利逋欠。窘竭逼塞，无处着手，则如干农地有之无足以继富，无之亦未必加贫于此。遂乃不觉其以彼富室为逋薮渊丛而争自折纳焉。彼富室者勉强厚其价，而益来之。既有之矣，仍令佃作，而姑慰其心。贫户则既利其一时之厚价，又德旧土之犹食其半，由是土价日增，而附近之寸畦尺塍尽归富室矣”。由朴趾源的叙述，我们可以推想在封建的生产关系丝毫未改变的情形下，六十年后，崔济愚始创东学道时，农民的贫穷困苦只有更甚于此了。

李氏王朝利用朱子之学作统治工具，更加强了当时社会的封建性。讲究祖先崇拜，因而注重门阀和郡望。一方面严嫡庶之别，1413 年曾有命令“庶孽子孙勿叙显职”。另一方面有意促成了享有特权的所谓文东武西的“两班”，成为世袭的官僚地主阶级。他们不但在政治上垄断，在社会上也占特别地位。朝鲜统治者把文公家礼奉为一切行动的准绳，而它的规定便只适用于“两班”阶级。例如父母死后服三年之丧，虽然在中国封建社会云如孔子所说是“天下之通丧”，在李朝时代的朝鲜却只有两班阶级能够享有这种“特权”。其他阶层如吏胥，法典上便明文规定父母之丧只许给假百日。朴趾源有两班传一文，虽是游戏之作，正足看出这个特权阶级的面貌[①]。现在节引一段："两班者，士族之尊称也。……维天生民，其居惟四。四民之中，最贵者士。称以两班，利莫大矣！不耕不商，粗涉文史，大决文科，小成进士。文科红牌，不过二尺。百物备具，惟钱之索。进士三十，乃筮初仕。犹为名荫，善事雄南。耳白伞风，腹皤铃诺，室珥冶妓，庭谷鸣鹤。穷士居乡，犹能武断。先耕邻牛，借耕里氓。孰敢慢我？灰灌汝鼻！晕髻汰鬓，无敢怨咨。"这种封建地主阶级进可以攻，退可以守。如果打算出仕，"两班"是宗室贵戚以外惟一能作官的人们。如果愿意"居乡"，仍然可以鱼肉乡里，欺负老百姓，使用邻人的牛，差遣老百姓替自己耕种，"孰敢慢我，灰灌汝鼻！"

地方的统治权操在这种混合封建地主与官僚为一的阶级之手。而除去任地方官如郡守、县令、县监[②]以外，他们还以"乡居"绅士的身分，通过一个法定的职位，来压榨农民。高丽王朝时代便在地方设"乡厅"，亦名"留乡所"。其中首长称为"座首"。朝鲜世祖时代（1456—1468）曾一度废止，到1489年又恢复，以迄19世纪之末。"座首"之外还设"别监"三人到五人。名为选用地方德望之士，辅佐郡守或县的令监。实际上"座首""别监"是当时地主豪绅

① 李应翼所作《朴趾源传》称他："不肯碌碌为时文以干有司。酒酣耳热，亦或纵谈。讥斥当途贵人及伪学欺世之流不少容。"又载："先生之归自热河也，作日记数千卷，颇以谐谑泄其感愤。"南公辙《归恩堂集》卷八朴山如墓志记载朴趾源酒醉后读所作《热河记》，自称："欲借文章一泻出傀儡不平之气，恣其游戏。"可见朴趾源在当时有相当进步性和反抗性，虽然他自己也属于两班阶级。《两班传》一文金泽荣所编印《燕严集》不收，显然因为它"讥斥"了当时特权阶级。此处系据稻叶君山《朝鲜文化史研究》中《朝鲜社会史之一断面》文内附注从传钞本《燕严集》录出者。梁启超在朝鲜灭亡之原因（饮冰室专集二十）文中，也述及两班之弊。他说："国中政治上社会上生计上之势力咸为所垄断。非两班则不得为官吏，非两班则不得从事学业，非两班则私有财产不能安固。……而两班则万恶之薮也。彼其两班之人皆养尊处优，骄佚而不事事，以作官为惟一之职业。"

② 李朝制度县或设令，或设监。令从五品。监从六品。

们的代表，以法定的地位，和郡守县令狼狈为奸，实行压榨剥削的。所以19世纪末期朝鲜农民的暴动，往往把地方官和“座首”都作为斗争的对象。除去封建地主与官僚之外，地方上还有第三种欺压人民的剥削者，这就是吏胥。他们自成一个社会阶层，勾结封建地主阶级的“座首”等来压迫农民。吏胥统称为“衙前”，其中又分为“乡吏”“假吏”两级，都是地方土著，并且世袭“衙前”身分。郡县政府设吏户礼兵刑工六房，大体与中国明清时代相同，而管理六房事务的便是“衙前”。他们一方面是封建社会中的被压迫者，因为世袭其业，不能仕进，不能和统治人的“两班”受同等待遇。另一方面，却利用地方长官对地方的不熟悉，滥行威权来对农民横加剥削。“座首”和六房吏胥办公处所分别建筑在郡县衙前署门外，人民不能走进衙署和郡守县令接触，一切都要通过“衙前”。“衙前”是地方长官和人民之间的媒介，这样的地位自然给他们许多贪污舞弊的便利。16世纪的曹植[①]已经慨叹朝鲜要以吏胥亡国，17世纪的李睟光也说：“至于今日吏胥之害滋甚。为官者朝更暮递，席不暇暖，而胥辈从少至老，任事自若。操纵伸缩，专在其手，非止绝簿书盗财物而已”[②]。因而朝鲜有“江流石不转”的谚语，意思是地方官尽管流动，吏胥不变，他们的恶势力也不变。直到李氏王朝末期，这种现象还继续存在。

总括本节所述，我们大致可以看出来，东学道创始之前朝鲜封建社会中统治压迫阶级和被统治被压迫阶级是尖锐地对立着的。被压迫的农民中，“有田自耕者十无一二”。统治阶级方面，则以互相勾结关联的地主和官僚为主，再加上为虎作伥的“衙前”。在这三

① 曹植（1501—1572），朝鲜朝中期诗人，著名性理学家。

② 《芝峰类说》十六语言部杂说类。

种势力的剥削榨取暴敛横征之下，农民起而反抗斗争，自是必然之理了。

二

东学道并不是孤立的反抗运动。它创始于1860年，到1894年大规模起义。而在这短短34年之中，由于上节所说的统治阶级的榨取剥削，发生了一系列的农民暴动，可谓史不绝书。参加的人数与活动的地区虽有不同，其对封建统治反抗的意义则一样。东学道也是这样背景里产生的，但它的特征是在于把反封建和反帝结合起来，此点留在后面讨论。我们先看看这时期与东学道并起的反封建斗争[①]，为叙述清楚起见，按年表列如下：哲宗李升十年（1859）六月黄海道巡营中军郑龙赫、白川郡守李承宪袒护郑姓地主筑洑[②]。因而水不得泄，附近农民田畓有沈墊之患[③]。群起反抗，反被中军郡守等捕捉扑杀，讨索钱财。

十二年（1861） 九月 各道额外诛求，人民反抗。

十三年（1862） 二月 先是庆尚道晋州牧使压榨农民，庆尚右道兵马节度使白乐莘贪暴。农民集合起来反抗，自称樵军，袭击官吏和富民。是月二十三日散去。

三月二十七日 全罗道益山郡民三千余人暴动，攻入县衙，夺去符印，虏去郡守。

四月七日 庆尚道开宁县民数千人暴动，扑杀官吏，焚烧各官

① 依照朝鲜史编修会所编《朝鲜史》，这部书的性质是史料结集的撮要，所以记述非常简单。但目前别无其他史料可供参考，只有留待将来补充。朝鲜旧史书中称人民反抗的暴动为“民闹”或“民扰”。

② 洑是一种简单堤堰，用石、木或土砂堰止河水，以供灌溉。

③ 畓，音沓，即水田之意，为朝鲜所制汉字。

署所藏田衾文簿和地主家房屋。

四月二十一日　全罗道咸平县民郑翰淳聚众暴动，持武器攻入县衙，殴打县监。

五月　忠清道怀德县樵军集合起来暴动。威胁官吏，焚烧地主房屋。忠清道恩津县民也聚众暴动。

五月二十日　忠清道连山县樵军数千人暴动。

五月二十一日　恩津县暴动人民越境攻入励山府，烧毁人家。

五月　全罗道扶安县金沟县农民暴动，杀死官吏。

五月二十二日　忠清道清州怀仁文义三地农民暴动。

五月二十八日　全罗道顺天府农民暴动。

五月二十九日　庆尚道义山府农民暴动，焚烧公廨文簿。

六月二十四日　庆尚道尚州农民暴动，放火烧两班家，及于公廨。

十月十八日　济州岛农民数万暴动，打死贪污舞弊吏数人。

十一月二日　咸镜道咸兴府农民暴动，攻入府衙。打毁监狱，释放囚犯，焚烧富民家。

十二月八日　公忠道[①]清安县农民暴动。

高宗李熙元年（1864）正月十六日　黄海道丰川农民反抗贪污的府使，掀起暴动，攻入官衙。

五年（1868）十一月　庆尚道漆原县人民数千人暴动，驱逐县监。

六年（1869）三月　先是全罗道光阳县农民暴动，聚集七十余人。二十三夜进攻光阳城，驱逐县监，夺取印符军器。打开社仓，把米粮分散给老百姓。封锁城门，据险自守。

八年（1871）三月十日　庆尚道宁海府农民暴动。团结数百

① 1862 年改忠清道名为公忠道，1871 年改回旧名。

人，攻入官衙，夺取武器。放火，杀死府使。第二天散去。

十二年（1875） 四月 庆尚道蔚山府人民反抗贪污府吏的剥削，聚众暴动。二十九日，散去。

十四年（1877） 六月 医生李秉渊聚众起兵，号召驱逐洋吏。失败被杀。

七月 全罗道灵严郡农民暴动，三十四人被捕。其他的人散入庆尚道各地。

十七年（1880） 十二月 黄海道长连县人民反抗贪虐的县监，掀起暴动。

二十年（1883） 五月十一日 庆尚道东莱府数百农民暴动，攻入官衙，打破狱门，释放囚犯。

八月 庆尚道星州人民反抗贪污吏，攻入官衙暴动。

二十一年（1884） 三月 全罗道康津县民反抗地方官，袭击官衙。

二十二年（1885） 正月 黄海道免山县人民反抗地方官非法加敛，暴动，攻入官衙。

二月 京畿道骊州农民暴动。

三月 江原道原州农民暴动。

二十六年（1889） 正月 江原道旌善郡农民暴动，攻入郡衙，驱逐郡守，夺符印。

九月 全罗道光阳县农民暴动。

十月 水原府农民暴动。

二十七年（1890） 八月 庆尚道咸昌县农民暴动，攻入官衙，夺印信，驱逐县监。

二十八年（1891） 八月 江原道高城郡农民暴动，打毁官衙。

二十九年（1892） 三月 咸镜道咸兴府农民暴动。

四月　江原道狼川县农民暴动，经年未息。

十月　咸镜道会宁府农民暴动。

三十年（1893）二月二十三日　平安道咸从府人民反抗贪污不法的府使，团结起来暴动。

七月十四日　京畿道仁川府人民与兵士共数百人联合起来暴动，攻入衙署，打毁各厅，官吏受重伤者十六人。

八月　黄海道载宁郡，忠清道清风郡黄硐郡农民暴动。

十一月十八日　开城府农民暴动，击毁府衙。

十二月　黄海道铁岛地方官贪虐不法，岛上人民反抗暴动。黄海道载宁郡农民暴动。平安道中和府农民暴动，击毁地方官的家。

三十一年（1894）正月　开城府农民暴动。江原道金城县人民反抗贪污县令，掀起暴动。黄海道黄州农民暴动。

四月　庆尚道金海府农民暴动。

四月二十三日　忠清道鲁城县人民暴动，驱逐地方官。

三

从上节我们看出这三十多年中农民暴动之频繁。虽然每次的详细情况现在无从得知，但关于1862年庆尚道的暴动，我们还能找到些资料。可以从这个典型，来推测其他。这一年庆尚道处处农民暴动，“逐长吏，杀椽史，烧庐舍，所在皆然，而晋州尤甚”[①]。李朝统治者派朴珪寿（朴趾源的孙子）为按核使去调查。在统治阶级中，他比较还算是肯同情于人民的。由他的文集中，我们可以知道这次暴动的区域之广。朴珪寿三月中给他兄弟瑄寿的信说：“右道诸邑无处不动。丹城居昌星州昌原等处皆已蠢动一场，特不至犯分杀

① 朴珪寿行状语，见《瓛斋先生集》一。

人，只是毁吏民家。群恖巡营，去又或来，诉于按核使。其列录条目，无非切骨可冤者！”[①] 四月的信又说“今所虑者，开宁事比晋尤酷。……蔚山军威等处皆有事。或轻或重，大抵皆动者已为十二三邑，此何爻象耶？最所虑者庆州也。本是民生最困之邑，而其宰之无耻无严，民不聊生，最于一路。如此而无变，则反是变怪也！”[②] 连统治阶级的朴珪寿都认为人民“切骨可冤”，若不暴动才“反是变怪”。在他的《请设局整厘还饷（即还谷）疏》[③] 里还有更详细的分析。他首先指出这是“陇亩袯襫不安其分”。换言之，就是农民的反抗斗争，与“骄兵悍卒劫将帅而称乱者”，“恶少奸人害长吏而为贼者”不同。“穷蔀冤愤之发实非旧萑苻啸聚之势，则政所谓得其情哀矜而勿喜者也。”他又描写暴动的状况说：“自臣到晋州按事以来，听闻所及，大抵可骇。右道之如丹城咸阳居昌星州善山尚州开宁，左道之如蔚山军威比安仁同等邑，莫不群起胥动，寻事作闹。或遮拥官长，强求租赋之减额。或殴逐掾吏，攫夺梟籴之文簿。甚至杀人放火，打家刼财。奔腾隳突。无复顾忌。”

这次大规模暴动的主要原因也可考而知。朝鲜自从倭寇乱后，农民离散，土地荒芜。生产被破坏，因而政府财政收入大受影响。于是17世纪以来，为维持统治者糜烂腐败的生活，想出些其他剥削方法。其中之一就是利用所谓“还谷”制度。这本是救济贫穷农民的制度，在农民困难时政府贷给谷物，等次年收成后再归还。借贷者要多付给政府十分之一，作为利息。原非经常举办，但政府为了榨取人民，把这制度正规化。不论需要与否，每年出贷给一般农民，收取利息，变成国家主要财源之一。它的性质颇像中国唐代和

---

① 《瓛斋先生集》八与温卿（壬戌晋州按核使时第三通）。

② 《瓛斋先生集》八与温卿（壬戌晋州按核使时第六通）。

③ 《瓛斋先生集》六。

日本奈良平安时期的“公出举”。还谷也有许多种类，名目达三百余种[①]。而数量的摊派，地方官又往往上下其手，随意规定，极尽榨取能事。后来甚至本无谷物出贷，至虚责利息于民。庆尚道的农民暴动便由于还谷。朴珪寿的《请设局整厘还饷疏》说：“若其剥肤切骨，遑遑焉不保朝夕。惟还饷之弊居其最耳。今夫还饷之为剧弊，非一邑一路之患也，即八路之所同然，而举国之所深忧也。……古昔之良法美规，而民国赖之者，乃今作厉民之阶，病国之祟。……而第论目今通国之仓饷，无往非徒拥虚簿耳。臣今留滞晋州，试举耳目最近者言之，晋州虚逋既有查启专论，而丹城县者，晋邻之斗大残邑也。户不过数千，而还饷各仿为十万三千余石。赤梁镇者，晋境之弹丸属岛也。户未满一百，而还饷各谷为十万八千九百余石，骤而闻之，其虚谎孟浪，夫岂近于事理哉！如此之类，到处同然。……只是受病者吾民而已，重困者吾民而已。”还谷之弊为“八路之所同然”。其他许多次农民暴动，自然也由于忍受不了各种封建剥削起而反抗了。

19 世纪后半朝鲜这一系列的农民暴动，它的斗争对象除去代表地主阶级利益的地方官吏而外，还对地主阶级有直接的反抗行动。各次暴动往往焚烧两班富民的家。1862 年朴珪寿按核庆尚道的暴动，曾归罪于道内“士族父兄有地望者”，并因此被人参劾，说他“诬蔑士林先辈”，“辱及父兄长老”[②]。所谓“士林先辈父兄长老”者，就是与地方官勾结的两班地主们。朴珪寿归罪于这帮人是很正确的。这年六月岭南（庆尚）宣抚使李参铉也说：“一邑起闹，旁邑竞效。州之小民积怒大民，激发扰攘，大民受辱者颇多。”这就是被压迫榨

① 麻生武龟《朝鲜地方财政史》（朝鲜史讲座）。

② 《瓛斋先生集》六右副承旨违召后自劾疏。

取的“小民”对榨取的“大民”的报复！政府对于农民的暴动，当然是采取无情的镇压。例如1862年备边司奏启[①]：“今后作乱徒党多少，人家戕杀几何不论，先从发通（发宣言的意思）啸聚之时，首唱者随捉枭首以警众。”因为农民组织的散漫，这些暴动都未能坚持，很容易被统治阶级镇压下去。用武力与政府对抗，并且获得一定程度的军事胜利，进而威胁了李氏王朝的存亡的，只有东学党的起义。

东学党的活动地区以全罗庆尚忠清三道为主，而上节所列19世纪末叶的农民暴动，也大都集中在这三道。其间也有理由可以解释。朝鲜南部地方土地肥沃，气候温暖，宜于农耕。这些条件五百年来未尝改变。15世纪中叶的人便说：“下三道土沃物阜，朝士之农庄苍赤过半焉”[②]。又说：“京畿下三道豪强之家广占良田，或互相陈荒，或代人佃作。”[③]据周藤吉之所作不完全的统计，15世纪时宗室贵族农庄的分布除去京畿道因靠近首都，有31处之外，忠清道有26处，庆尚道有22处，全罗道有12处。其他各道数目远不能比[④]。1864年的垦田总数庆尚全罗两道各六十七万余结（一结略当中国八亩），忠清道五十余万结，其余各道都在20万结以下[⑤]。这三道可耕地既多，又大都为地主所垄断，封建剥削与无情榨取自然较其他地方更为普遍，这就是19世纪末全罗庆尚忠清三道农民暴动特别频繁的原因，也是东学党所以在这地区特别活跃的原因。据1921年佃农反抗的

---

① 备边司设于1555年，掌军国机务。

② 见周藤吉之《丽末鲜初之农庄》（《青丘学业》第十七号）引《世宗实录》一二四世宗三十二年（1450）四月司实府上疏。苍谓苍头，指奴，赤谓赤足女婢。

③ 见周藤吉之《丽末鲜初之农庄》（《青丘学业》第十七号）引《世祖实录》九世祖三年（1458）十月梁诚之上疏。

④ 参看上引论文。

⑤ 见赵素昂《素昂集》第四章。

统计，庆尚南北道共有 10 次，参加者 1 888 人。全罗南北道共有 11 次，参加者 1 616 人。忠清南北道共有 12 次，参加者 98 人。而其他各道中，只京畿道有 11 次，56 人参加，江原道有一次，9 人[①]。这正和 19 世纪末南部三道地方农民暴动特多的现象是同一理由。

四

西方帝国主义国家最早来侵略朝鲜的是法国。法国的侵略方式往往用天主教的传教士作先锋部队，在朝鲜便是如此[②]。19 世纪 30 年代，法国传教士陆续从中国偷渡鸭绿江，进入朝鲜去秘密传教。在一封被发现了的写给驻在北京的主教的秘密信里，朝鲜教徒们希望欧洲天主教国家派遣六七万军队来“征服”朝鲜[③]。这件事充分表现出天主教传教士的阴谋所在。鸦片战争时，法国看见英国大规模侵略中国，也想在东方乘火打劫，一试身手。1842 年 2 月派了两只兵船到朝鲜日本一带，打算夺取几个海岛作根据地。但因鸦片战争结束，他们也只得暂时放弃了对朝鲜的野心。传教士在朝鲜依然进行活动。除去通过传教形式分化离间朝鲜人民之外，他们的势力并且渗进宫廷，干预政治。各地方的教民往往是一些流氓分子。藉教徒身分为名，倚赖传教士，作出赖债和其他不正当行为。并常对官

---

① 见赵素昂《素昂集》第三章。

② 天主教传教士最早踏上朝鲜土地的是耶酥会的 P. Gregorio de Cespedes，也和朝鲜之被侵略有关系。1593 年日本侵朝的军队由于明朝大兵的积极支援和各地义军的牵制，请求讲和，退到朝鲜南部驻屯。小西行长本是天主教徒，于是请日本的天主教会派一个传教士到朝鲜，设法激励他的厌战思归的部下。1594 年 Cespedes 到达朝鲜，但并未能提高日本侵略军队的情绪，不久又回日本去了。参看山口正之《日本耶酥会宣教师色司配德司之渡鲜》(《青丘学业》第二号)。

③ 见 W.E. Griffis，*Coreathe Hermit Nation* 页 357。Griffis 系根据 1874 年出版的法国传教士 Claude—Charles Dallet 所著 *Histoiire de L'Eglise de Coree*。

府以及非教民取敌对态度，发生斗争。崔济愚之创东学道，排斥洋学（即天主教），便由于受了这种刺激，起而反抗。

因为九个传教士被大院君处死，1866 年 10 月法国水师提督鲁月（Roze）率领七只兵船六百兵士来侵略朝鲜。先占领了江华岛，更进犯对岸的通津。朝鲜军民奋勇抵抗，使法军不能从通津进攻首都汉城。沿汉江居民应募组织起来抗击者四千多人。在江华岛上南面要塞的鼎足山城内，法军被埋伏的炮手袭击，溃乱而逃。这时朝鲜各地义军云集，有八百从北朝鲜来的“射虎手”尤其勇敢。七只兵船和几百军队绝对不能取胜，天气又冷起来。于是法军决定退去。先在江华府城大肆洗劫，抢掠军器、粮食、牲畜、衣服、金银、书籍等无数，光是银两就有十八箱之多。然后放火焚烧全城，一万居民被害无家可归 ①。法帝国主义的侵略军队虽被击退，天主教传教士的野心却仍未死。于是有 1868 年奥贝待（E. Oppert）的强盗式冒险打劫。

奥贝特是住在中国的德籍犹太商人。在 1866 年以前，曾经两次到朝鲜沿海一带探险。法国舰队侵略朝鲜时，他供给过所测绘的海图和其他情报 ②。由朝鲜来中国的传教士斐龙（Féron）游说奥贝特采用强盗方式，航海到朝鲜忠清南道德山郡伽耶洞地方挖掘大院君父亲南延君的坟墓，斐龙想藉大院君祖先的枯骨来威胁要挟他，逼迫朝鲜签订开国通商以及准许传教条约。奥贝特则听信斐龙的话，以为坟墓中埋藏大量金银财宝，可以任意盗劫。另外还有一个美国商人詹金士（Jenkins）也加入了，一说他还是经济方面的主要支持者。这一伙以

---

① 参看 Griffis 书第四十三章及林泰辅《朝鲜通史》第十四章。

② 奥贝特著有 *Ein Verschlossenes Land* 一书，叙述朝鲜史地和他三次探险的海盗行为。1880 年出版英译本。作者皆未见。此处主要系根据这本书的节要——楠田斧三郎著《奥贝特之朝鲜沿岸航海与天主教》（《青丘学业》第十五号）。

帝国主义为后盾的强盗们，怀抱着不同的可耻的企图，带领十几个欧洲水手，二十几个马尼拉水手，由上海出发。因为牙山湾口内狭隘，换乘小艇登陆。斐龙熟悉地理和语言，自任向导，并且欺骗路上遇见的朝鲜人民，告诉他们毫无危害的意思！为避免干涉和可能的危险，他们要在退潮之前乘小艇回到大船。经过五小时的破坏工作，才打通土墙，而墓门大石还需要五六小时才能打开。时间决不许可，只得失败而去。归途在东检岛又登陆，被朝鲜军队发炮射击，死了一个马尼拉人，数人受伤。奥贝特等连忙拔锚回上海去了。斐龙的目的没有达到，朝鲜人民却更深切地认识了传教士的本来面目，也就是代表朝鲜人民意志的东学党所要揭发并且打击的本来面目！

奥贝特的海盗行动有美国人支援，而在这以前，美帝国主义的武装商船已经向朝鲜人民开过炮了。就在法国兵船侵朝的 1866 年的 7 月，美国人普来司屯（Preston）等一行 20 人乘“舍门将军号”（The General Sherman）双帆船从天津来朝鲜，开到平壤府境内。船上除商品外，有异常强大的武器装备。到后请求通商和供给粮食。朝鲜方面拒绝通商，但供给米肉，“曲副其意”。美国人仍不满意，沿大同江向上开驶，劫去平安道中军，向岸上开炮，杀死朝鲜老百姓 7 人。并且轰击江中往来商船，杀伤商贩，抢劫米粮。结果“舍门将军号”因水落搁浅，船上的人被当地军民围攻歼灭。当时朝鲜人曾经骄傲地告诉一个中国领海者，这次消灭“舍门将军号”上的乘员，主要是愤怒的朝鲜农民自发的反抗行动。1871 年以请求通商为名，驻北京的美国公使镂斐迪（F.F. Low）和水师提督劳直耳司（J. Rogers）率领五只兵船七百多军队，向朝鲜出发。5 月 19 日到达朝鲜西海岸，起始侦察测量。漠视朝鲜主权，通过江华海峡要塞。江华岛上堡垒发炮阻止，猛烈攻击，美军暂退。十天之后再来，炮轰江华岛上的德津镇，更进而攻下广城镇。朝鲜军民约 350 人为国牺牲，许多受伤者宁可慢慢让火烧死或熏死，拒绝被俘。全国都市通衢，树立石碑，上刻誓词："洋夷侵犯，非战则和，主和卖国！"朝鲜人民这样沉着坚定地抗击敌人，美国的武装侵略不得逞，停留了 40 天只好退去①。

1882 年薛斐尔（R.W. Shufeldt）代表美国和朝鲜订立不平等条约，获得治外法权和最惠国待遇。传教士与资本家都急迫地企图侵入朝鲜。1884 年富特（L.H. Foote）替美国商业公司与朝鲜签订了沿海航行、采珠，在沿海某些岛屿上伐林，宫廷发电站及造船厂等合同。美国海军部并曾表示要在巨文岛建立海军基地的愿望。1888 年海军当局又重申此议，表示要占领或租借巨文岛，但未实现。大批的美国海员与冒险家渴望在朝鲜获得顾问及各种官吏的位置，美国驻朝使馆的人员说服朝鲜政府，特许美国资本家来开采金矿②。1888 年 6 月汉城爆发了反基督教运动。群众声称要去打美国人居住的地区和美国公使馆，美公使丁斯莫（H.A. Dinsmore）第一个打电报到济物浦调兵船，并召集其他各国代表在美使馆会议。替朝鲜政府拟定镇压宣言，强迫它张贴出去。显然这时侵略朝鲜的西方帝国主义国家中，美国是魁首，基督教的重要性也已渐渐赶上天主教。虽然这次朝鲜人民的反基督教运动被镇压下去，六年之后终于引起更激烈的反帝斗争。

帝俄对于朝鲜也不甘落后，1884 年派韦贝（Karl Waeber）到朝鲜议订修好及通商条约。穆麟德又从中怂恿，阴谋引诱朝鲜政府与

① 参看作者《八十年前美帝就起始侵略朝鲜了》（1950 年 12 月 3 日天津《进步日报》）及 Griffis 书第四十四、四十六两章。

② 参看阿·纳洛奇尼茨基著《美国与日本对中、朝的侵略》一文，载苏联科学院通报历史哲学丛刊七卷三期。作者系根据余绳武同志译稿。（关于早期美帝国主义侵略朝鲜的历史，可以参看金承化著、冰蔚译《美国侵朝史》。1954 年 7 月补注）

帝俄订立密约，同意它使用常年不冻的永兴湾。英国为了牵制帝俄，1885年4月占领巨文岛，建筑炮台兵营，在湾口铺设水雷。朝鲜与中国向英国抗议无效，帝俄自然也不能容许英国这种行动，屡次干涉，并向满清政府表示，如果承认英国占巨文岛，它也将占领朝鲜之一部分领土。到1886年底，英兵才从巨文岛撤退。至于近代日本对朝鲜的侵略野心，更可追溯到维新以前的1866年。这时德川庆喜袭将军职，企图改革，从海外订购轮船武器。日本人八户顺叔旅行上海香港，在各报投载有关日本消息，报道幕府“有兴师往讨朝鲜之志”[①]。虽然当时日本正式否认，但考察这时日本的情形，幕府颇有计划从事侵略朝鲜，把反幕大名们的目标移向国外的可能。1868年以后，日本经过一场不彻底的资产阶级革命，资本主义逐渐发展起来，对朝鲜的侵略成为明治政府坚定不移的政策。1876年威逼朝鲜签订《江华条约》。以后或用武力，或以阴谋，或利用朝鲜失意政客，或派遣日本浪人，企图制造各种机会与口实，扩张日本在朝势力，终于发动甲午之战，变朝鲜为殖民地。这一系列的侵略行为，都曾得到美帝国主义的支持和援助。日本侵朝详细情形不待列举。总而言之，19世纪80年代以后，直到甲午之战，美帝国主义者代替了法国，在政治上经济上以及宗教信仰等各方面进行侵略。同时支持日本对朝鲜的种种阴谋，以便通过最惠国条款，分享日本压迫所得果实。而日本也倚赖美国，肆意进行欺骗压迫，巧取豪夺，无所忌惮。这就是1894年前于朝鲜人民反帝斗争的对象，就是东学党为什么提出了“讨倭斥夷”的口号的原因。

---

① 参看田保桥洁《李太王丙寅洋扰与日本之调停》第二节“八户顺叔之征韩说”（《青丘学业》第十一号）。

五

东学道的开创人崔济愚据云是新罗崔致远后裔，1824年生于庆尚道庆州府[①]。父亲是个乡村塾师，在济愚16岁时死去。他从小贫苦，曾游历四方，一说曾在庆州蔚山一带贩卖木棉。朝鲜广大农民群众受地主与官吏的压迫剥削，过着水深火热的生活。而天主教的势力又在农民当中扩张起来，作为帝国主义侵略军的先锋长矛。崔济愚为了反抗这两种势力，在1860年自称得到天主启示，授与咒文，布教济民。他认为儒教拘于名节，未达玄妙；佛教入寂灭而绝伦常；道教悠悠自然，缺治平之术。于是融合三教，以“诚、敬、信”教人。制成21字咒语，号称东学，与天主教所代表的西学相抗。东学道的重要不在于它的宗教信仰，或思想体系，而在于依据民族传统，在宗教外衣下，喊出反对西教口号，作反对封建统治的斗争。由于崔济愚的热心宣传，范围逐渐扩大。以庆尚全罗道为中心，信徒渐及全国。东学道的首脑称道主，以下各道有大接主，郡县有接主，绝大部分信徒是农民群众。朝鲜反动统治者对这种威胁性极大的人民反封建的组织自然不能容忍，于是1862年崔济愚被捕。道徒数百人来请求，结果释放。1863年济愚和道徒二十余人又被捕，认为是“黄巾白莲之类”，1864年在大邱被害。弟子们有的发配绝岛，有的流放到远恶之地。

但东学道徒并不因此而感到挫折。在第二世道主崔时亨的领导之下，一面遭受官方的镇压搜捕，一面仍秘密中积极进行宣传。崔时亨和济愚同族，幼失父母，零丁孤苦，曾作造纸坊的学徒。1883年收集济愚遗文，刊行《东经大全》。1885年以后又屡次遭受镇压

---

① 东学党斗争经过的资料除朝鲜史外，主要依据田保桥洁《近代日支鲜关系之研究》，黑龙会编《日支交涉外史》，松下芝男《日清战争前后》（白杨社近代日本历史讲座第五册），渡边彰《槿域思潮》（朝鲜史讲座），幣原坦《朝鲜史话》等书。

迫害。1892 年崔时亨号召道徒数千人，向全罗道观察使李宪植替崔济愚申冤，并控诉“乡豪吏隶”的“讨索侵鱼”。李宪植不但没有具体答复，反而让道徒们退去“自新”。第二次又有几千人聚集在全州府，控诉地方胥吏军校土豪劣绅等对东学道徒的压迫榨取等等罪行，李宪植怕暴动扩大，只得下令禁止吏胥军校等对道徒们的迫害。1893 年 1 月，崔时亨又发表宣言，申述东学目的在“遏西来之学”，并且历数封建统治者“在湖西（忠清道）则永同沃川青山等地扰民夺财，在湖南（全罗道）则金堤万顷井邑励山等地祸人伤命，尤极惨毒”。三四月之交道徒聚于汉城，三次集会①。批评时事，弹劾执政，控诉对道徒的迫害。并提出逐斥倭洋的反帝口号，使得帝国主义侵略者的代表们大为惊慌。

美国驻朝公使希尔德（Augustine Heard）1893 年 4 月 4 日给国务卿的报告中，说两个法国神父在庆尚道被袭击。3 月底汉城美国长老会所办学校墙上发现排斥西教的传单。美以美会教士琼司（Jones）家门上接连发现两次，除去诋斥西教之外，还限他 20 天之内离开朝鲜。希尔德连忙从长崎调来兵船，并从船上索取了 600 发弹药②。日本公使大石正已 4 月 20 日寄给外务大臣陆奥宗光的报告中，说 17 日在领事馆墙上发现传单，于是派书记生向汉城警卫当局左捕盗厅交涉。恰巧左捕厅逮捕了一个东学道徒，据他说汉城内外有不少同党。大石正已又报告：“当地人心风声鹤唳。……尤因内部兵力微弱，

① 外国人中间传说将有数万东学道徒在汉城暴动，见美国公使希尔德给国务卿的报告，实为误传。当时聚在王宫前控诉的约四十余人，据希尔德估计在城内而并未参加集会的约有数千。如有数万人集会，希尔德以及下文所引袁世凯致李鸿章电报中势必提及。松下芳男氏书中叙述此次集会径称有数万人，误。

② 希尔德报告及传单译文皆见*Foreign Relations of the United States*，1894，Appendlx I.Chinese-Japanese War.PP.5—9。

稍一有事，政府往往即仓皇失措，忙于警备。此次东西北三门各陆续派出三百名兵士，日日操练，国王行幸为之延期。王宫附近亦举行大演习。此皆使人心不安之原因也。”①袁世凯给李鸿章的电报中说：“东学邪教联名诉请韩王，尽逐洋人。迭有揭帖榜文，沿西人门多端诟骂，称将逐杀②。”容庵弟子记所载较详，说东学道徒“来汉数十人，请韩政府尽逐各国官民，只留华人。揭榜挂西人门首，诟詈多端。外人均大恐，日本人尤惊扰，多带刀昼行。……三月六日（阳历4月21日）汉城老弱妇女陆续赴仁（川），西妇孺亦多去。日使以揭贴函送外署请严缉。……十八日（5月3日）忠清道电称报恩县教匪数万日夜聚诵咒法，扬言斥夷讨日，且来攻汉。韩廷风鹤皆惊。汉城居民多怨政府无道，思乱者十八九”③。

由上文所引资料，可以看出人民团结反抗的力量。这时东学道徒还未武装起来，已经使腐朽的统治阶级“仓皇失措”，做贼心虚的帝国主义侵略者“大恐”“惊扰”了。驻汉城的英国总领事禧在明（W.C.Hillier）见满清驻朝总理交涉通商事宜的袁世凯，说各国都在商量“调兵船防范”。袁世凯告诉他中国“有弹压责”，打电报给李鸿章请派兵船，4月8日来远靖远两舰到达仁川。这是满清政府第一次企图支持朝鲜统治者，镇压人民。袁世凯阻止帝国主义国家调兵船，以免损害朝鲜主权。但他的行动却发生了同样的作用，并且在镇压朝鲜人民的企图上，恰恰服务于帝国主义国家的利益。

4月底全国东学道徒陆续聚集忠清道报恩县，号称二万。征钱谷于富民，住宿山洞中。控诉官吏不法，倡言斥逐倭洋，计划再入汉城。朝鲜统治者又请调满清兵船镇压，袁世凯认为“华水兵少，

① 见伊藤博文编：《秘书类纂朝鲜交涉史料》，卷下67~70。

② 见《李鸿章全集》，电稿卷十四。

③ 《容庵弟子记》卷一。

且上陆难用”。建议朝鲜自己派兵，并设法断绝东学道徒的粮道。朝鲜政府便一面派洪启熏领兵南下，一面派鱼允中为宣抚使，打算用分化劝诱的办法来阻止。东学道徒宣言说他们“同心斥倭斥洋，为国效忠，方面长吏待同匪类，侵掠虐待无有纪极”。又揭发地方官贪墨、滥杀、横夺民财。鱼允中与东学道徒会面，答应严厉处分地方不法官吏，禁止对东学道徒等的杀害或没收财产等，于是崔时亨等放弃入京控诉计划。但他们这次实是被统治者所欺骗，解散以后，官方又个别逮捕。这消息从金允植给鱼允中的信里透露出来：“今乃一边开诱以好生之德，一边行会（？）以捕核党魁，彼安肯心服乎？焦唇敝舌，而竟归食言，其何以行令乎？未知其间事状如何？党魁已就捕否？此系庙算，非野人之所可与知，而事体则顾不然乎？……然所可忧者，方今民心涣散，从乱如水。朝廷无固系之信，所在长吏又从而殴而纳之。以此言之，未可以已散而释虑也。”[①] 金允植指出了“民心涣散”，警告政府当局欺骗的办法不可行，是完全正确的。这一年各处农民暴动已见前第三节，次年终于爆发了全琫准所领导的武装起义。

六

全琫准是全罗道古阜郡人，和崔济愚崔时亨一样，都生长在佃农最多暴动最频繁的朝鲜南部。父亲是吏属，曾在古阜郡衙任职。性情刚直，因为郡守贪污，率领农民袭击县衙。被捕后在乱杖之下死去。全琫准不胜悲愤，1874 年加入东学道。1892 年赵秉甲来作古阜郡守，贪赃枉法，诛求不已。征集上万农民出力修理当地供灌溉水田的万石洑，却把蒙利区域的农民所付水税一起纳入私囊，不照

① 《云养集》卷十三与宣抚使鱼一斋别纸。

旧例用在洑的管理和其他水利事业上，农民诘问郡守不理，到全罗道观察使所驻的全州去控诉，代表们反被逮捕入狱。四月全琫准纠合东学道徒与非道徒农民数千人，乘夜攻击县衙，杀伤宿值官吏，驱逐了赵秉甲。夺取兵器，占据了古阜郡。打开仓库，取出所存贡米数百石，散给贫民。并且号召邻近郡县起义来响应。从我们现在所见史料而言，在此以前东学道徒的控诉都是在宗教外衣下号召起来，参加者也只限于信仰东学道的所谓“道徒”。全琫准武装起义后，虽然仍以东学道徒为核心，却有广大农民群众加入。并且有宣言和斗争的纲领，尽管仍用东学道的称号，早已脱去了宗教外衣。朝鲜、中国、日本统治阶级方面的资料都用东学党这名称。他们自己并不称“党”，但从全琫准以后东学斗争运动的性质看来，东学党也许比东学道这名称更适宜些了。

全琫准起义后便和崔时亨取得联系。相传崔所作诗有云：“金樽美酒千人血，玉盘佳肴万姓膏。烛泪落时民泪落，歌声高处怨声高。”盖即此时作品①。全琫准所订四条纲领是：一、弗杀人，弗伤物。二、忠孝双全，济世安民。三、逐灭倭夷，澄清圣道。四、驱兵入京，尽灭权贵。并发出檄文，表示反抗封建剥削阶级的精神。其中说：“人民之心日益激变。入无乐生之业，出无保躯之策。虐政日肆，怨声相属。”又说：“八路鱼肉，万民涂炭。守之贪虐，良有以也。奈之何民不穷且困也！”在这样号召之下，各地农民纷纷起而响应。全罗道锦山郡官吏贪虐，东学党人千余聚会反抗。古阜郡的党人攻入泰仁县，进公廨困辱县监。随又攻入扶安金沟两县。全

① 见《日支交涉外史》卷上，页216。但此书记1894年武装起义领导者为崔时亨，则不确。17世纪初叶明将赵都司到朝鲜都城，看到国王光海君的暴政，于是作了四句七言诗。崔时亨的诗便是把赵诗头两句略加改动而成，简洁有力地写出了朝鲜人民的愤怒，起了很大鼓舞作用。

罗道观察使派官兵250人临时召募壮丁数千人来攻古阜郡，被全琫准逆击，大败于黄土岘。领兵官被杀，全军溃散。于是东学党人威势大振。接着攻下井邑县，破公廨，夺武器，释放囚徒。又攻入茂长县，释放东学党人被囚者四十余人。这时庆尚金道海府人民起而响应，推尹子益为首。传檄远近，得七千余人。捕缚府使，投于狱中。忠清道人民在东学党人领导下也群起反抗，屯集者或数千人成队，或二三百人四五百人成队。各村首尾相应，呼吸相通。夺取官谷，所谓“名家大姓”亦即地主阶级多被攻袭。政府派洪启薰为招讨使，由水陆两路南下镇压。官兵毫无斗志，到了全州之后，流散逃亡相继。七百营兵只剩下四百七十余人，只得再向政府请救。因为官军纪律败坏，人民不堪其扰，更加拥护东学党，加入抗击官军。5月24日大败招讨使洪启薰的官军于全罗道长城郡，经过泰仁金沟两县，进迫首府全州。观察使头一个逃走，守军放了一炮便四散。加以人民纷纷作东学党内应,6月1日全琫准利用从官军虏获的野炮，攻下全州，于是全罗道完全归东学党掌握。忠清庆尚两道人民也到处起义，驱逐地方官吏，搜出地主两班之类人家的钱谷，散给贫民。而两班家也往往纠集起来，率领奴隶与东学党人对抗。

全州的攻取和东学党人兵力的向北进展，使汉城的统治者们大为震惊。赶紧派最后的精锐部队——江华枪炮队四百人，和汉城平壤两地监营兵二千人，南下声援官军。在此以前，被派去镇压东学党的洪启薰和管理军务的闵泳骏等都已经主张借清兵。国王也赞同此议，但又怕日本。金弘集以为不向日本借兵，日本就不会妄动。只有领敦宁府事金炳始反对借满清的军队来镇压自己的人民。他说：“匪徒虽难赦，然皆我民，将以我兵剿之。若借他国兵诛讨，我民心当如何！民心易涣散，宜审慎！”等全州被东学党攻取之后，外务督办赵秉稷便正式照会袁世凯，请求满清政府“遣兵代剿”。直到6月19日，金炳始入见国王，还反对借兵说："湖南匪类本皆良民。始列邑守令剥割，不耐困苦，欲诉其冤而聚会。为其官者不思所以开喻晓饬，乃以东学匪徒目之，威之以兵。彼乃惶怯护身，欲图生存。而有聚党猖獗之举。于是归之乱逆，至发京兵，此已轻举，而请援清国，大为失措。设使彼徒皆有不轨之心，不过一区土匪，我国何患无处置之道，而烦上国？今若使清兵剿灭其几千几万，虽当场有一时之快，亦系不忍之政。假令一人获罪置辟，亦应哀矜勿喜！今请他国之兵来尽杀我国之民，宁有此乎？"① 金炳始当然还是替李氏统治者打主意，但也看出这帮"土匪""本皆良民"，因为"不耐困苦"，"欲图生存"，才起兵反抗。就连当时帝俄在朝鲜的代理公使克露培，也曾告诉袁世凯说："韩民无罪，皆由官苛！"②

虽然满清政府答应出兵镇压东学党，中国的军队也到达了朝鲜，但始终未曾参加屠杀朝鲜人民的工作！1894年6月6日洪启薰率领援军反攻全州，据高施炮，一部分东学党人从城北门突围而出。到11日官军造得云梯三百余进攻，从南门进去。于是东学党人放弃了全州，退到南边不远的淳昌南原一带，候机再举。到7月中，联合了忠清道的党人起兵，声势甚盛。8月1日中日宣战后，朝鲜一时实际上全被日人控制。11月日本军队南下镇压，击败东学党，全琫准被捕牺牲。到1898年7月，崔时亨也被搜捕到，在汉城被害。美国方面，公使西耳（J.M.B.Sill）5月17日给国务卿的报告中，建议美国兵船要再频繁一些来"访问"朝鲜，认为对朝鲜政府与人民都能发生"有益的"（当然是美国）精神上的作用。并且说，兵船不时的

① 金炳始两次反对借兵的话见《朝鲜史》高宗李熙三十一年四月及五月。

② 见《光绪朝中日交涉史料》卷十三北洋大臣来电（光绪二十年五月初四日到六月七日）内引"袁道江电"。

示威很需要，可以提醒朝鲜人注意美国的存在[①]。中国方面总兵聂士成率领士兵九百十名于6月8日抵牙山湾，9日登陆。提督叶志超自率士兵一千五百余人，于11日到达牙山，12日士卒全部登陆。这时东学党已经退出全州了。而袁世凯因与大岛圭介成立中日共同撤兵谅解，电李鸿章令叶志超暂缓前进，留牙山待命。所以六月十四日叶志超虽曾密派哨官尹得胜鄢玉春率小队到全州[②]，并未与东学党接触。袁世凯的报告也只说："匪见华兵昨均下陆，即逃窜。"[③]中国军队并没有向朝鲜的起义人民作战。相反地，尽管主将是怯懦的投降主义者，一部分中国军队却为了保卫朝鲜，抗击日本侵略者，把血流在反封建反帝的东学党人的国土上。这是我们今天回忆起这段历史时，除去痛恨李鸿章等人之外，还感觉到光荣与骄傲的！

七

东学党自己不曾留下什么史料，但我们还可以从当时在朝鲜的日本人的记载，进一步了解东学党起义时若干情况。1894年5月26日东京《日日新闻》载："东学党订有不耽酒色不吃烟等等规律，党员很能遵守。一点也不为害于农民。有人问他们的目标，回答是：改革政府秕政，驱逐居留的外国人，以图国民的福利。他们所说的总能实现。从古阜进军全州时，禁止践踏田地，防害农作，并且放空炮告诫军队离开田圃。他们所到地方，各货用现钱交易，商业照常进行，相当有利益，而无危害之患。他们在人民中声誉很好。"同年6月13日《邮便报知新闻》登载服务仁川领事馆多年的小川重盛

① 见 *Foreign Relations of the United States*，1894. Appendix I. Chinese-Japanese War，P.18。

② 《朝鲜史》李熙三十一年五月十一日。

③ 见《光绪朝中日交涉史料》卷十三北洋大臣来电四内引"袁道佳电"。

氏谈话要点，他说："我在仁川常常注意韩民动静，悉其内情。这次内乱也清晰它的由来、性质和目的。朝鲜是有一个所谓东学党的顽固党，常为韩廷之忧。但全罗忠清两道起兵的暴徒，却与之无干。（按：此说不确。）他们起初由两种分子构成，一为普通农民，一为下级官吏，然而农民却是内乱的原动力。他们平时愤恨观察使的专横，并且忍受不了额外的重敛，常向中央政府陈情，诉说他们的困难。中央政府并非不了解，但多年以来毫未设法，以至今天。农民的困苦不平日甚一日，于是有人认为与其坐而饿死，不如诉之于武力倒爽快。其中有力者便相携直接迫胁观察使，他们公然宣称，如果政府不撤换恶虐无道的长官，他们将自己来铲除。他们所嫌恶的官吏除全罗道观察使金文铉之外，就是中央所派管理搬运贡米的转运总务官赵弼永和观察使下面的留使某。他们企图最先捕杀这三个人。然而观察使等看出其势猛烈不可当，立刻逃得无影无踪了。"同年6月21日《国民新闻》登载居住忠清道的石井某来信说："与此相反地，（按此上当是叙述朝鲜官军之腐败）东学党军纪律之严正实在令人佩服而外，无话可说。如果有一个兵士夺了良民的财产或奸淫了妇女，立即捕杀。当众数说他的罪恶，处以死刑，惩诫全军。所以队伍经常齐整，服从命令，犹如臂之使指。我所说听来或似过誉，实际情形确是如此。地方人民一则畏如蛇蝎（指官军），一则爱如父兄，其间相去实如天渊。"同时日人所著《朝鲜变乱实纪》也说："夺取兵器粮米是事实，但对人民毫不加害。不惟如此，反而爱抚。所夺若非官物，即是地方绅豪之家，尤其是为群众所恨的人们。"①

东学党起义有广大农民的热烈参加与支持，又有这样纪律森严组织严密的军队。声势浩大，几乎全国各地都有响应。使得李朝统

① 见松下芳男氏书，第一章第二节及第四节注中所引。

治者仓皇失措，朝不保夕。但是农民起义没有先进的无产阶级的领导，便不可能打倒封建主义和帝国主义，得到最后胜利，彻底解放自己。东学党的起义所以失败的最基本也最重要的原因就在于此。东学党起义的本质是反封建反帝的斗争。反帝的口号很明确，但反封建这层便极不彻底。例如全琫准的四条纲领中有“忠孝双全”，谈到“尽灭权贵”以及打倒贪污地方官吏等，而对封建剥削阶级的首脑地主集团的维护者与代言人的李朝王室，并不要推翻。檄文里还说：“今我圣上仁孝慈爱，神明圣睿。苟得贤良正直之臣翼赞聪明，则尧舜之化文景之治可指日而希矣。”又说：“吾徒虽在野遗民，食君土，服君衣，不可坐视国家之危。”换言之，全琫准等东学党领导人物没有认清也不可能认清农民起义的真正目标，应该是摧毁封建剥削关系，打倒地主阶级的封建统治者，而误以为仅仅“澄清吏治”或“清君侧”便能解除农民的枷锁，于是没有把农民对地主阶级的仇恨发挥推动，来打倒李朝的统治。在团结农民阶级以外的分子时，东学党也犯了错误。东学党起义虽以农民为主，也包括一部分下级官吏。对于其他分子大约亦曾努力争取，例如全州有些营将、首校、兵丁等，都因为通东学党而被官军杀害①。这些被争取的官军将士对于东学党初期军事的胜利，确曾起过作用。但东学党中也有地主阶级成分。领导人物对他们无所警惕，结果便受了他们的害。例如李容九原为庆尚道尚州人，是政治党派中老论派的最高贵族。改用平民之名，称李祥玉。在东学党中得到部分领导权。全琫准在淳昌抗拒日本侵略军被捕时，李容九也受了伤而逃走。然而甲午以后，却组织进步会，后来与一进会合并，号召一部分东学党人，援助日军，实现攻守同盟之实。完全失去过去反封建反帝的目标，成为日本侵

① 《朝鲜史》李熙三十一年四月十一日十二日。

略者吞并朝鲜时所利用的重要工具之一[①]。在军事上东学党也存在着缺点。东学党军虽具有相当实力，但不曾建立一个巩固的根据地。全国各处响应，而不能把力量集中，进可以攻，退可以守。就因为他们的目的在入京清君侧灭权贵，而没有决心和汉城的李朝统治者持久对抗，打倒而后已的计划，自然也不会想到建立长期的根据地了。但是，东学党失败的另一个重要的原因，即外国力量的侵入。假如日本不发动甲午之战，侵入朝鲜，李朝统治者本身势不能把东学党镇压下去。在大规模的军事活动胜利进行过程中，统治阶级的腐朽日益暴露，农民的阶级觉悟日益发扬，对封建地主集团的仇恨得以充分表现出来。这样，东学党的起义尽管不能摧毁封建的剥削关系，求得农民的彻底解放，却很有可能推翻李氏王朝，则反抗斗争的结果可能又是一番面貌了。

东学党 1894 年前后的反抗运动虽然遭受日本侵略者的打击与镇压，它的反帝斗争依然在另外一种方式下继续下去。尽管一小撮的背叛分子如李容九之类去和日本合作，绝大多数的东学党人却团结在崔时亨的弟子孙秉熙的领导之下，改称天道教，进行反日民族解放斗争。据估计天道教信徒达一百万人[②]。1919 年 3 月 1 日汉城的大规模民族解放抗日示威运动便是在天道教徒的策动主持之下进行的。先由以孙秉熙为首的 33 人签名发出独立宣言，然后在塔洞公园集合，朗读宣言，高唱独立万岁。参加游行的数十万人，有学生、农民、教师、工人、公务员等。警察宪兵为之震惊失措，继以任意

① 关于李容九及一进会，参看黑龙会编《日韩合邦秘史》。

② 《日韩合邦秘史》第五章载武田范之隆熙改元歌有“二十万众招百万”句。自注：“东学党时二十万，今百万。”诗作于 1907 年 9 月。潘公昭《今日的韩国》第十一章也称天道教徒有百万人，而未说明时代。

逮捕。3月1日汉城西大门监狱人满为患[①]，每间屋都收容数十人甚至数百人。总共收了两千人以上。其中农民最多，占一千三百多人。天道教徒有三百六十人。全国二百多地方纷纷响应。单单3月到5月间的统计，各地总共集会一千五百余次，参加者二百万人。死伤和被捕者也有数万。地方的反日民族解放斗争也多由天道教徒领导。记载可考者，如3月2日黄海道黄州天道教徒数百人袭击警察。3月3日平安南道遂安天道教徒150人攻击宪兵队，9人被屠杀，18人受伤。3月5日平安南道德川天道教徒发表独立宣言，高唱万岁。黄海道广川天道教徒百人开始独立运动，为首者三人被捕。3月6日平安南道顺安、温井里、江西、楚山、咸从、孟山等地天道教徒发动示威运动，忠清南道林川天道教徒七人到宪兵驻在所高呼独立万岁。3月9日平安南道宁远天道教徒150人抗击当地日军，死伤四十余人，三十余人被捕。数百天道教徒又来营救被捕者，合并反抗，与警宪格斗，死伤50人，又有75人被捕。3月14日咸镜南道丰山天道教徒1 000人袭击宪兵的驻所，宪兵开炮镇压屠杀。3月15日京畿道加平、平安北道义州、全罗南道灵光各地天道教徒示威。记载所不及者当尚不止此数[②]。孙秉熙被捕后于1922年病死。他继承了东学

① 汉城西大门监狱就是31年之后承继了日寇衣钵的美帝和李承晚匪帮侵占汉城时，利用来囚禁朝鲜爱国人民的监狱。“在著名残酷的汉城西大门监狱里，数千名囚犯中，就有1 200名是妇女，其中有300个母亲都带着吃奶的婴儿。其中有一个年轻妇女抱着刚生下六小时的婴儿，也被关在这个阴冷潮湿拥挤不堪的监狱里。”（1951年1月7日《人民日报》）。

② 关于三一运动，参看释尾春芿《朝鲜并合史》，862至896页。此书虽是从日本侵略者的立场写的，却暴露了不少在日本封锁统治之下别处不曾记载的事实。可惜书中还有独立宣言以及其他有关文件约数十页，印刷之后又被日本当局抽禁。（关于三一运动的研究，请参看1952年苏联科学院东方学研究所出版的ф. И. Шабшина, Народное восстание 1919 юпа в Корее。1954年7月补注。）

党反帝的光荣传统，在抗日运动中起了骨干作用。其他天道教徒也都继续发扬了这个精神，或公开或秘密地和日本帝国主义侵略者进行斗争。独立宣言的吼声震惊了全世界，三一运动中牺牲之重，死事之烈，也预告了朝鲜人民终有解放的一天！

最后关于东学党还有几点，应当附带说明。日本人著述中往往说全琫准起兵前曾到汉城见大院君，故而东学党与大院君有联系①。又说东学党起义是袁世凯所鼓动，想利用东学党，拥立大院君，扫除朝鲜政府中的亲俄势力②。这都是别有用心的捏造之词，绝不可信。苏联 E. 茹科夫所著《日本历史讲话》③，说："用不着怀疑，在'东学党'反对封建领主、官吏、外国人的压迫的旗帜下，暴动起来的朝鲜的农民大众，表现了朝鲜社会进步势力的政治倾向。然而有着十分确实的资料，证明了'东学党'的领袖中间，也有日本的直接代理人。他们努力把东学党的行动引到适合日本参谋总部所策动的军事计划的要求，好使日本的军官必须随同特使团派遣到朝鲜来，以便'研究'因'东学党'的暴动而造成的情况。"茹科夫对东学党的认识是对的，至于他说东学党领袖中间有日本的直接代理人，似乎东学党已被日本所利用，则不正确。日本侵略者早就想利用东学党，但并未成功。在朝鲜的浪人首脑武田范之曾亲自到庆尚道尚州，要拜访潜匿该地的崔时亨，然被拒绝。这是日本人著作中自己也承认的事实④。从东学党逐斥倭洋的立场来看，崔时亨自然不会和武田发生任何关系的。1894 年 6 月，玄洋社浪人受了参谋次长川上操六的指示，内田良平（即后来作黑龙会主干帮助伊藤博文逐步吞并朝

---

① 如田保桥洁《近代日支鲜关系之研究》第二章，但他也承认这只是传说，并无确证。

② 如币原坦《朝鲜史话》，第二十一话天道教侍天教。

③ 胡明译本，第六章。

④ 如田保桥氏书第二章第二节及《日韩合邦秘史》，第二章第二节。

鲜的人）等十余人组织所谓天佑侠徒的团体，到朝鲜加入东学党军。他们决不是赞助东学党反封建反帝的目标而来，犹如头山满、宫崎寅藏等之帮助孙中山为别有用心一样。他们的目的，正如茹科夫所正确地指出，是要把“东学党的行动引到适合日本参谋总部所策动的军事计划的要求”。可是等他们由釜山经过庆尚道到全罗道淳昌郡时，已是7月初，东学党军早已退出全州，候时再起。天佑侠徒看无可利用，于是分散，后来内田良平回忆这时的经过，亦曾提到他们阴谋之不得逞。七个人留在忠清道，其余八个人到汉城，有的便索性投入日本侵略军大岛义昌的混成旅中去了。所以我们说，日本人确曾要利用东学党，但始终没能达到目的①。

1951年1月7日写竟，记于清华

（原载《中日甲午战争论集》）

---

① 1953年苏联科学院东方学研究所出版г．Д．Тяяай氏著Крестьянское восстание в Корее 1893—1895」。内容包括绪言，引论，第一章“十九世纪八十年代和九十年代初期资本主义列强的侵略朝鲜”，第二章“一八九二—九四年的农民起义”，第三章“中日战争（1894—1895）时期朝鲜人民争取独立的斗争”，第四章“中日战后日本占领统治的确立”，地图，人名索引，地名索引，参考书目。全书共205页，是我们今后研究东学党起义必须参考的重要著作。1954年8月补注。

一九〇五年俄国革命与东亚各国

一

1905 年俄国的革命是帝国主义时期第一次资产阶级民主主义的革命，是无产阶级所领导的、具有国际意义的革命。它不但教育了资本主义国家的无产阶级，而且对于亚洲国家反对帝国主义的民族解放斗争有巨大影响。列宁曾经指出过：“世界资本主义与 1905 年的俄国运动最后唤醒了亚洲。几万万被压抑的、沉睡在中世纪停滞状态中的人民醒悟过来，要求新的生活，为争取人的初步权利、为争取民主而斗争。”我们可以说，1905 年的俄国革命在西方无产阶级和东方觉醒了的人民反对他们的共同敌人——帝国主义——的斗争当中，同样地起了激励、鼓舞和示范的作用。

从地域来讲，1905 年俄国革命的影响遍及于整个亚洲。东边如中国，有孙中山在 1905 年建立的同盟会，和他以后所领导的革命运动。西边直到土耳其，有 1908—1909 年的少年土耳其派革命。当然，革命的种子撒播在不同的土壤上，生长出来的花果又有所不同。所以俄国 1905 年革命的影响，在亚洲各国革命运动中的表现，都各有其特征。这里试就中国以外的东亚几个国家在俄国革命影响下所展开的革命运动，作一简括论述，来纪念1905年俄国革命的50周年①。

二

印度人民自从英国侵入以后，便不断地起来反抗。到20世纪初年，印度的民族解放运动日益高涨。在俄国革命影响之下，它具有了更多的群众性和民主性。国民大会里的“温和派”代表资产阶级和一部分地主阶级的利益，希望在不动摇英国殖民统治前提之下，用改良主义的方式，为新兴起的印度资产阶级要求一些政治上的地位。以提拉克为代表的号称为“极端派”的小资产阶级民族主义者是国民大会里的左翼，主张用武力推翻英国的统治，建立独立共和国，因而获得较多人民的支持和拥护。但是他们用陈腐的宗教和迷信作号召，坚持以正统的印度教为民族运动的中心，并且从未提出广大农民群众的要求，是很大的弱点。民族解放运动中最坚决的力量，是反对帝国主义封建主义的印度劳动人民。然而他们也有弱点，就是活动还带着很大程度的自发性和分散性。国民大会的“温和派”利用人民对英帝国主义的不满，来向它讨价还价。“极端派”也只有在人民支持拥护之下，才加强了他们反英斗争的力量。1905年俄国革命爆发了，专制的沙皇制度受到俄国人民沉重的打击。这不能不大大地激励了印度人民——在英帝国主义者残酷剥削压迫之下受了150年奴役和苦难的印度人民。这一影响就连英国人自己也不得不承认。曾任《泰晤士报》记者的英国人齐乐尔关于1905年俄国革命对

① H.M. 列斯涅尔同志有《俄国1905—1907年革命和亚洲的觉醒》一文，载《苏维埃东方学》1955年第2期。这篇论文的论点和资料都对作者有不少启示和帮助，应当在这里表示感谢和敬意。

印度人民的影响，曾经这样写道："这是对于俄国专制制度的一个有力的打击。印度的过激派（指印度的民族主义者——引者）经常把权力集中于英国官僚手中的印度政府比作这样的专制制度。他们谴责英国官僚制度，认为是统治俄国并且毁灭了俄国的沙皇官僚们的副本。他们认为，必要的时候，应当用俄国革命者所运用的具有成效的武器来和英国官僚斗争。"①

1905年印度民族解放运动的直接导火线是总督寇松分割孟加拉的方案。为了更有效地统治这个革命火焰燃烧得最激烈的地区，为了增加税收制造更多的宗教上的冲突，他提出把孟加拉分为两省。印度人民坚决反对这个加深分裂的方案。国民大会提出了"自治""抵货"等口号，领导了孟加拉、孟买等地区的全民性的罢市、抵制英货和游行示威。到1907年革命进入高潮，孟加拉和马德拉斯都爆发了农民起义。旁遮普的农民占领了拉瓦尔平捷城，旁遮普的铁路工人举行罢工，拒绝输送派去镇压起义农民的英国军队。东孟加拉的铁路工人和加尔各答的印刷工人都罢工反抗，接着又爆发了全印规模的邮电员工的大罢工。到这时，群众的革命威力吓坏了国民大会里的"温和派"，他们把以提拉克为首的"极端派"排挤出国民大会，向英帝国主义者投降妥协去了。但是提拉克仍旧领导着印度人民，坚决地继续进行反英运动。

英国殖民统治者和地主、资产阶级上层分子结成联盟以后，回过头来残酷地镇压人民，第一件事就是逮捕提拉克。1908年7月，提拉克被判六年徒刑。提拉克在受审时，英勇地宣告了印度人民争取民族解放斗争的权利，指出必须运用俄国人民在1905—1907年

① V. 齐乐尔（Chirol）:《印度》，第114页。此书有胡荣铨译本，改名《新印度》，译文费解，且多错误。

革命中所用的方法来进行斗争。为了回答英国统治者的行动，孟买居民举行抗议示威。7月23日孟买开始了继续六天的政治性的总同盟罢工。选择了六天这个数目，是抗议提拉克被判六年徒刑。参加大罢工的有纺织工人、铁路工人、码头工人和城市运输工人，总共有十万人以上。军队警察开枪镇压。工人阶级显示出紧密的团结性和顽强的斗争性。他们修筑了街头堡垒，没有武器，于是利用石块，来和武装的军警作流血斗争。1908年7月孟买的大罢工和巷战是1905—1908年印度革命高潮的顶点，印度的无产阶级从此开始走上政治斗争的舞台。对于无产阶级在印度也成长到参加自觉的政治斗争这件事，列宁曾经欢呼为好的预兆。我们在1905—1908年印度人民的民族解放斗争中，看见了俄国革命影响的显著的表现。

三

20世纪初叶，荷兰统治之下的印度尼西亚，出现了商业资产阶级。由于工业根本不发达，印度尼西亚资产阶级也就软弱无力。但是他们还是怀抱有朦胧的民族意识。俄国革命的影响，首先便反映在代表资产阶级利益的知识分子阶层的活动中。

19世纪后期，荷兰殖民者在爪哇开办了一些欧洲式的学校，资产阶级和封建上层分子出身的青年受到欧洲式的教育。1905年的俄国革命，加强了印度尼西亚知识分子的启蒙运动。医生瓦西丁在1908年创立了“至善社”的组织，提出利用一切合法手段争取和欧洲人平等的口号，要求发展教育、农村经济和工业，要求复兴爪哇的艺术和科学。瓦西丁的纲领反映出民族意识的觉醒，但是充满了改良主义的和局限于爪哇的地方色彩，又过分偏重文化教育，还只是启蒙运动的第一步。以后印度尼西亚的资产阶级又成立了回教联盟，逐渐成为民族主义的组织。在农民、小手工业者、小商人、职员当中，慢慢发生了影响。但是印度尼西亚比较广泛的、带有群众性的民族解放运动，是到1911年中国辛亥革命之后才出现的，爪哇和其他群岛上的很多华侨从本国带来了革命的影响。例如泗水的华侨为反抗荷兰殖民统治者的高压手段，举行了群众性的示威运动，大大影响了当地的人民，促进了他们的革命性。回教联盟的最高领导者尽管宣布他们“忠于当局”，“满足于荷兰的管理”，它的地方组织却成为若干团结广大人民群众的中心，开展了民族运动。列宁在1913年这样说过：“有趣的是：革命民主运动现在又囊括了荷属印度、爪哇以及有将近四千万人口的其他荷属殖民地群岛。”

四

在20世纪初年，社会经济落后的国家如蒙古和朝鲜，没有无产阶级和本国的资产阶级，没有产生资产阶级革命的前提。但是俄国革命的刺激和影响也促进了蒙古和朝鲜的民族解放运动。这颗革命的种子在截然不同的土地上，开出了另一种灿烂的花朵。

俄国革命的风暴吹到了蒙古草原，在这个革命的影响之下，札萨克图汗部达尔罕贝勒旗地内展开了阿拉特（牧民）运动。在阿尤希领导之下，组成了蒙古第一个阿拉特团体，它的纲领是要求减低向王公所缴纳的捐税，免除阿拉特代付王公所欠私人债务等等。到1906年秋季，这个团体的势力扩展到了札萨克图汗部的整个南部。1910年3月，在库伦发生了阿拉特和喇嘛群众跟清朝驻军冲突的事件，清廷的办事大臣三多挨了打。到1911年辛亥革命，推翻帝制的清朝，蒙古也就宣告自治了①。

1905年俄国革命对于朝鲜的影响，可以从两方面看出来。一

① 兹拉特金著，陈大维译：《蒙古人民共和国发展史》，第78页。

方面是反抗日本的游击斗争的加剧。参加游击战斗的有日本帝国主义者所解散的朝鲜士兵和在日本侵略者榨取压迫下破了产的农民和小手工业者，还有从俄国东海滨州回来的朝鲜农民，他们之中有些人在俄国曾经直接参加过革命的斗争。日本的记载里曾说："许多朝鲜移民居住在俄国和中国，他们中间有很多带有反日情绪的分子。这些反日分子在朝鲜边界上活动，在那里建立自己的组织，进行口头上或书面上的宣传，对于愚昧的居民发生很大影响。"① 很显然，这些在俄国边界上的抗日活动，不可避免地会受到俄国革命的影响。另一方面，是朝鲜的文化启蒙运动。朝鲜先进的知识分子开设了学校和社团，创办了报刊。这些私立学校成为民族文化的重要据点，养成了朝鲜青年民族意识和痛恨日本强盗的精神。我们应该看到，朝鲜文化启蒙运动也是在1905年俄国革命的思想影响之下产生的②。

五

1905—1907年俄国革命的时期，正是日本打败俄国，以不折不扣的帝国主义强盗的面目出现的时期。俄国革命对日本当时工人阶级和先进知识分子，对当时才开展的社会主义运动，起了很大鼓舞激励的作用。

中日甲午战争之后，日本资本主义迅速发展，资产阶级掘墓人的工人阶级也成长起来。90年代末期，工人运动开展了，1901年"日本革命之父"片山潜组织了第一个社会主义的政党——"社会民主党"。虽然刚刚成立就被解散，但是它标志着日本社会主义运动的

① 转引自列斯涅尔论文（载《苏维埃东方学》，1955年第二期，第26页）。

② 李清原著，丁则良等译：《朝鲜近代史》，第147~149页。

火把已经点着了。幸德秋水所领导的“平民运动”，这时也已开展。虽然它不是建立在马克思主义的革命理论基础之上，但是日俄战争爆发后，幸德秋水提倡国际主义，领导反战运动，起了积极的作用。在他所办的“平民新闻”上，刊载了致俄国社会民主党的信。里面说：“社会主义者心目中无人种、地域、国籍之别。诸君与我等为同志，为兄弟，为姊妹。断无相斗之理。……爱国主义与军国主义乃诸君与我等共同之敌也！”① 俄国革命的消息就在日本国内反战运动高涨情况下传来了。在社会主义者的新的刊物“直言”周刊里，每一期无论在社论里，在记事里，都不断地讲到俄国的革命。在1905年3月19日出版的一期里，就登载了《俄国革命所给与的教训》《俄国平民的胜利》等好几篇文字。幸德秋水又翻译了一些有关俄国革命的书籍。在他的《告俘虏诸君》一文中，幸德秋水说：“诸君，二十世纪初年的俄国，犹如十九世纪初年之法国。一似昔日西欧诸国革命之常待法国信号，今日东洋诸国亦正等待俄国革命之信号，而求复活。试看中国！试看朝鲜！”② 在日本反动统治者高压手段和治安警察法严密控制之下，幸德秋水还是对于俄国革命的国际意义作出了足够的估计和宣传。日本的工人阶级和社会主义者们一方面密切地注意着俄国革命的发展，一方面热情地期待着俄国革命影响的广泛传播，幸德秋水的话正可以代表这种心情。日本的工人运动受到俄国革命的刺激和鼓舞，加上战争带来的物价高涨和劳动人民生活的穷苦，反对统治者和资本家的斗争蓬勃开展。1905年9月东京爆发了大骚动，以抗议电车加价为导火线，劳动人民自发地起来反对战争带来的灾难。群众捣毁了东京的警察分署，甚至企图攻击

---

① 转引自平野义太郎：《日本资本主义社会的矛盾》，第190页。

② 转引自平野义太郎：《日本资本主义社会的矛盾》，第189页。

内务省的官舍。到1906年，嚼木县足尾铜矿爆发了罢工。工人割断电话和电报线，用炸药炸毁了资本家的房屋。片山潜帮助矿工们组织起矿夫工会，与资本家进行斗争。俄国革命的经验显然是在日本发生了作用。

1905年的俄国革命以来，五十年当中，又经过了一次人类历史上空前的消灭阶级、消灭剥削的革命。帝国主义在“宗主国”和它的后方都受到沉重的打击。亚洲的面貌改变了，出现了中国、蒙古、朝鲜、越南四个人民民主国家，印度、缅甸、印度尼西亚都获得了独立。其他亚洲国家的人民，也正在为民族独立和民主权利而进行着英勇斗争。我们坚信，今后亚洲人民在以苏联为首的社会主义阵营中，将为保卫世界和平争取社会主义前途而作出更大的努力。

（原载《光明日报》1955年11月24日）

书法随想三则

书法是随着汉字这种特殊的表达语言的标志形成的艺术，而汉字的起源，从今天的研究看来，可以追溯到新石器时代刻画在陶器上的象形符号。无论陶器上的符号或甲骨、钟鼎上的文字，当时都是用刀、凿之类的工具镌刻而成，还谈不上书法。书法形成为一种艺术后的历史，绝大部分时间是用毛笔为工具的。毛笔相传为蒙恬所创制，而我国最早以书法著称的是李斯，两人同时，都在秦朝，当非偶然，从秦代到19世纪末，两千几百年间，汉字书体变化发展，擅长各体的书法名家辈出，但有一点始终未变，即都是用毛笔写字。即使用扫帚作飞白，或用刷子作漆书，工具虽有不同，其基本性质都与毛笔无异。西方中世纪用鹅毛为笔，1780年前后，英国哈里逊发明以金属制作笔尖，大约在19世纪末钢笔传入中国。今天广泛使用钢笔，并且衍变发展而产生了铅笔、圆珠笔等等。然而，中国书法的特点与魅力，长期以来是通过毛笔表达出来的，所以仍须用毛笔，钢笔就不能写大字，因而也不能写来挂在墙上欣赏。对毛笔字与硬笔字的观感，也有所不同，以我自己而言，对朋友的书札前者比后者更觉亲切，感到如见其人，更值得保存。当然，我承认硬笔也有书法可言，我的远在大洋彼岸的小孙女抱怨自己的字方头方脑不好看，我买了硬笔字帖寄给她临习。但我相信，虽然硬笔作为方便的工具会万古长存，而传统的中国书法艺术必须通过毛笔这一媒介来表达，一定也会亘古不变。

* * *

我国自来有两句话：文如其人，字如其人。文如其人且不谈，字如其人这四个字表面似乎有点道理，但需进一步分析。首先应当弄清“如”是“如”什么。我看如果解释为一个人的字能反映其秉性、气质等等先天的东西，似乎多少还可以讲得通。例如，曹操的书法我们虽未得见，但自来被目为“笔墨雄瞻”，为朱熹所深喜。宋徽宗的瘦金体书今天还可看到，飞逸潇洒，是才子气派。这两个人物的秉性气质，似乎与书法手迹可以合拍。另一方面，一个人后天的濡染，如政治行为、社会活动，恐怕就不可能从书法中找得到反映。如宋代蔡京是有名的坏人，而他的书法却豪健沉著，为世所宗。后人讨厌他，才把“苏黄米蔡”中的蔡京更换为蔡襄。显然蔡京的字并不如其人。又如近代的罗振玉，他学翁方纲的书法，而醇雅清逸的书卷气为翁所不及。如果说罗氏字如其人，那就是“如”其治学态度之勤奋严谨，学术成就之博洽多识，而和他政治上之顽固保皇，人品上之巧于营利完全无干了。字如其人还可另有一种意义，就是男女之别。我国固然有不少女子书法家，王羲之最初的老师就是卫夫人。但总的说来，女子书迹往往笔力软弱而不刚劲，结构松弛而欠严整。一般情况下，女子的手书（无论毛笔或硬笔）不露女性痕迹者不多，这可能也是一种字如其人吧？字如其人还适用于一种情况，即西洋人写的汉字十有九个看得出来不出华人之手，即使西方汉学湛深的学者，写汉字也往往幼稚宛如小学生手笔。这种情况与曾否练过书法无关，近似带有先天性质，可能与民族心理素质或文化修养有关，有待研究探讨。几十年来我与西方汉学家的接触中，只碰见过两位写完全“汉化”的汉字而使人嗅不出洋人味道。他们是美国柏克莱加州大学的简慕善教授和明尼苏达大学的马瑞志教授。

*　　*　　*

书法中有所谓帖学与碑学。帖学兴于宋代，指以当时摹刻于石上（个别的在枣木板上）的晋人法帖为书法范本。碑学大致兴于清咸丰年间以后，指以北朝隋唐的碑志为主要学习范本。从宋代到清代绝大多数书法家都或多或少受过帖或碑的影响。法帖是 10 世纪末（宋淳化年间）甚至更晚的匠人摹刻六七百年以前的书法，并不能都细心认真体会原帖笔意，甚至出现笔划增损错误。碑志虽是当代匠人摹刻同时的书法，没有因时代距离造成的隔阂，但同样是用刀刻于石的方法来再现毛笔写在简帛或纸张上的书法，同样难于逼真神似。无论宋刻的帖或旧拓的碑，其书法只有间架结构能较确切地再现，而原书神韵笔意是很难表达出来的。宋人心目中的晋人法书，或清人心目中的北魏墨宝，实际都是从一种多少僵化、难免歪曲的摹写本所得的印象。19 世纪末叶以来，这种情况开始发生了根本性变化。地不爱宝，汉代的、秦代的、以至战国时代的竹木简和帛书都被发现了；唐代的、北朝的、以至西晋十六国的写本卷子也被发现了。我们见到了这些时代的人的亲笔墨迹。他们不是著名书家，但他们与一些著名书家是同时代甚至同地域的人，书法上具有很大的共性。无论间架结构的安排，笔法上的起笔收笔转折顿挫都给我们以石刻拓本中所不能看到或体会到的东西，极富启发性。当我接触到西陲汉简以后，对于过去临摹的汉碑似乎更能想象其毛笔所写原型的风貌。接触过北朝写经以后，再看龙门二十品，便感到那种古拙方整的笔划既来自当时人书法，又可能是匠人下刀时为适应工具而多少有所夸张。我从头到尾阅读过赵万里先生编的《汉魏南北朝墓志集释》，在搜集史料之外，同时使我在书法艺术上得到极大极愉快的享受。我看到的是黑底白字的拓本，同时眼前仿佛晃着写经卷子中的字迹。我想，关于古代书法，今天享有清代以前所无的有利条件。书法界在继承历代书法优秀传统而发扬光大方面，在研究历代书法遗产的历史而从理论上有所创新发展方面，都会取得更辉煌的成就。

（原载《中国书法》1988 年第三期）

两张晚清的名帖

亡弟珏良治英美文学，而性好书法，喜文物，藏墨甚富，与琉璃厂书友往来颇多。书友先后为之访得名帖二纸：一周馥（1837—1921），我们的曾祖；一周学海（1856—1906），我们的祖父。珏良嘱我为小文记之，因循未果，今始执笔，而珏良意外溘逝已百余日矣，悲夫！

周馥名帖红纸，23×11厘米，字约3厘米见方，略带魏碑体。赵翼《陔余丛考》卷三十“名帖”条考证名帖渊源，谓以前用白纸，“刘瑾用事时，百官门状启札悉用红纸，故京师红纸价顿长十数倍”。清代当沿明制，都用红纸了。名帖上的字可能由刻字铺代书，也可能自己找长于书法的人所写。如杨钟羲光绪十五年（1889）中进士，任翰林院庶吉士后，“宗室伯熙祭酒（盛昱）为新庶常（庶吉士之别称，犹翰林之称太史）编书大字名刺，由李淑微同年（即李盛铎）通知往取”。（《雪桥自订年谱》，载《中和月刊》第一卷第十一期）《年谱》光绪十六年四月廿八日又载：“乞顺德李若农（即李文田）前辈书名刺。”可见名帖可请多人书写。我曾祖父书体学苏东坡，名帖当非自己手笔，何人所写就不得而知了。据署名宦乡老人所著《宦乡要则》卷三，这种不写官职或称呼只有姓名的名帖，“谓之光名帖，亦谓之科帖（当是科头之科），人谓一炷香”。又云：“至于泛泛周旋，不卑不亢，毫无窒碍者，惟大字光名帖为最通脱。”《清稗类钞·师友类》“王文敏谒客之名刺”条云，王懿荣“早负博雅名。居京师久，士子公交车入都，咸以得一识面为荣。王答拜之名刺有三种：仅工制举文者，用楷书刺；稍知古今学，不名一体者，用隶书；专精汉学，旁通金石者，用小篆。”这种区别对待的使用名帖方式，使人想见当时文人学者的风趣。但这段记载是否属实，我曾请教过王文敏的曾孙、北大哲学系王宪钧教授，他也无从证明。

周学海名帖红纸，18×9厘米。字约2厘米见方，楷体。背面印有船板胡同住址。这张名帖有两点值得注意。一，周字右侧加三圈，这是表明抹去人名，把名帖作为便条使用。我藏有李鸿裔致汤氏书札册页。李氏四川中江人，进士，久为曾国藩幕客，后官江苏按察使，有文学，富收藏。册页末尾有名帖五张，皆红纸。一是李氏自己名帖。姓名上右角加愚弟二字，用作便笺。其他皆别人名帖，有在姓的名上角加一圈，有在姓名三字之上正中加一圈，有在三字每字右上角加一圈，其作用相同，即抹去姓名，用作便笺。王迪諏编《清代名人信稿》亦收有很多名帖[①]，除用自己名帖作便条外，也有用他人名帖者，其加圈方式除上述几类外，还有在姓的右上角加两圈或三圈，有在名的第一字右上角加一圈或三圈。总之，不论加圈多少，方式如何，晚清时期利用名帖作为信笺的风习很普遍。今天看来，也还是很好的节约措施。

据蔡申之《清代州县故事》“执帖”条（《中和月刊》第二卷第

① 《清代名人信稿》：此书命名欠妥，实际所收都是正式信札而非草稿。

十六期），门房仆人遇“绅士进署拜会禀见者，接帖进内，回明本官请示，或见或不见。若见，将客请至花厅，自己执帖站立一边”。又遇“同寅文武官拜会者，接帖回明本官请示。……若会，令开中门，执帖请客花厅引坐，自己执帖站立花厅门外”。名帖的作用在于通报姓名，但通报以后名帖并不由门房仆人保管，而是汇集给主人，于是得以废物利用了。

周学海名帖值得注意的第二点，是利用它写信的人。周学海三字上有“前日厚扰，谢谢”。姓名三字之下，连接名帖左侧书：“二小儿随芝帅北来，带有细微土仪。送上自制团扇一柄，茶叶一瓶，祈哂纳。又扇一柄，茶二瓶，请转送李兰亭兄。觅经之事有无佳音，盼望之至！此颂镜川宗兄大人刻安！”名帖左侧纸已到尽头，所以转到右侧写“宗弟文会顿首”。又在名帖最右侧靠边用大字写“宗大老爷”四字。其下小字注“礼部杨”三字，当是给送信仆人提供地址之用。珏良推定文会是佛学大家杨仁山先生（1837—1911），此信是写给姓杨的人，故称为“宗”。珏良请北京图书馆原副馆长鲍正鹄同志鉴定。正鹄同志是仁山先生外曾孙、兼曾孙女婿，断定确是杨氏笔迹，并进一步告知：“芝帅”指贵池刘瑞芬，字芝田，曾以大理寺卿出使英法诸国。光绪十五年（1889）正月召授广东巡抚，十八年（1892）卒，有《雅云山房集》。《清史稿》有传。“二小儿”为仁山先生次子杨自超，号晓园，曾随刘瑞芬出国。这样，此名帖中涉及的人和事就大体了然了。信中所说“觅经”，当然是仁山先生寻觅佛经之事。

杨仁山先生和我的曾祖是至友，先生孙女杨步伟大夫（赵元任夫人）在她的《一个中国女人的自传》（英文本）中有所记述，所以我的祖父与父执仁山先生有往来，据陈散原撰我祖父的墓志铭所说，“中式光绪戊子（十四年，1888）科乡试举人，上资为内阁中书，居京师”。刘瑞芬由大理寺卿出使外国，不可能被称为“帅”，必然是任命为巡抚以后才会有此称，因而名帖上信札的时间至早当在光绪十五年正月以后。

刘瑞芬的儿子刘世珩，字聚卿，辛亥以后寓居上海。《清史稿》在其父传后记载世珩“嗜古，富藏书，校勘古籍尤精”。卒于1926年。附记于此供参考。

云冈石佛小记

云冈石佛为我国雕刻之精英，其壮伟遒丽，后世罕及。惟以地处边塞，昔人往往不措意。自法兰西学者为之摄影解说，而交通亦日益利便，遂渐著于世。三十年来东西学者之考云冈石佛者甚伙，各执一说，然亦不无同然者。顾散见各处，搜求不易，甚或以珍本而难觏。故汇粹诸说，甄别取舍，著其持之有故，言之成理者于此，取便观览云尔。偶有前贤辨析未尽者，辄以鄙意订补之。外寇日亟，燕云之割行将重见于今世，正恐云冈之沦丧在旦夕间也。

一　云冈之名称

云冈在今山西省大同县西北三十里，与左云县相接。（清时云冈曾划归左云县辖）依武周山为石窟，蜿蜒一里许。一良案：云冈之称，明以前无所闻，自非北魏之旧。乾隆大同府志〔四〕云："武州川……径左云县云冈石窟寺南。"大清一统志（九一）谓石窟寺"在大同县西武州山上，……其山最高处曰云冈"。光绪山西通志（五七）谓在"武周山云冈堡"。考道光大同县志（二〇）载明吴伯兴游石佛寺文犹未言云冈，清顺治八年重修云冈大佛阁碑，曹溶（卒于康熙廿四年）云冈寺宴集诗乃有云冈之称，盖始于明清之交也。其各个石窟之名称则自来调查者或以己意命名，或依土人传说，殊无准则。今录梁思成氏廿二年调查时所制诸家命名对照表，以后称述即用梁氏命名，凡重要者二十一洞，其余小洞不计焉。

梁氏命名		沙畹命名	关野贞命名附中国名称	小野玄妙调查之名称
东部				
第一洞	No. 一	东塔洞	石鼓洞	
第二洞	No. 二	西塔洞	寒泉洞	
第三洞	No. 三	隋大佛洞	灵岩洞	
第四洞	No. 四			
中部				
第一洞	No. 一	No. 五	大佛洞	阿弥陀佛洞
第二洞	No. 二	No. 六	大四面佛洞	释迦佛洞
第三洞	No. 三	No. 七	西来第一佛洞	准提阁菩萨洞
第四洞	No. 四	No. 八	佛籁洞	佛籁洞
第五洞	No. 五	No. 九	释迦洞	阿佛閦洞
第六洞	No. 六	No. 一〇	持钵佛洞	毗卢佛洞
第七洞	No. 七	No. 一一	四面佛洞	接引佛洞
第八洞	No. 八	No. 一二	椅像洞	离垢地菩萨洞
第九洞	No. 九	No. 一三	弥勒洞	文殊菩萨洞
西部				
第一洞	No. 一六	No. 一六	立佛洞	接引佛洞
第二洞	No. 一七	No. 一七	弥勒三尊洞	阿閦佛洞
第三洞	No. 一八	No. 一八	立三佛洞	阿閦佛洞
第四洞	No. 一九	No. 一九	大佛三洞	宝生佛洞
第五洞	No. 二〇	No. 二〇	大露佛	白佛耶洞
第六洞	No. 二一		塔洞	千佛洞

二　石窟之开凿

自来说者谓开凿石窟之动机有三：魏太武帝毁灭佛法，晚年悔之。文成帝即位，欲追表悔过之意，故建石窟造佛像。云冈石窟中有大方柱，四面造佛像，盖表金光明经之四方四佛也，此经即以说忏悔法为主旨者，此其一。《魏书·释老志》：“兴光元年秋，敕有司于五级大寺内为太祖以下五帝（或谓道武至景穆止四世，余意五世乃通文成朝而言。虽文成未殁，然生时造像祈福固常事也）。铸释迦立像五，各长一丈六尺，都用赤金二万五千斤。”其下又言开窟五所，镌建佛像各一，（盖即西部第一至第五洞）可知亦为太祖以下五帝所建，所以为死者追孝供养，为生者祈福也，此其二。据《释老志》，开造石窟之创意者为昙曜，其意在祈传佛法于久远，其后隋僧灵裕开宝山石窟，于其内壁雕世尊灭后传法圣师廿四世祖之像，亦昙曜一脉之精神，此其三。

《释老志》：“和平初，师贤卒，昙曜代之，更名沙门统。初昙曜以复法之明年自中山被命赴京，值帝出，见于路。……帝后奉以师礼。昙曜白帝，于京城西武州塞凿山石壁，开窟五所，镌建佛像各一。高者七十尺，次六十尺，雕饰奇伟，冠于一世。”释道宣《续高僧传昙曜传》亦纪此事，而年月益明，后法之明年即文成帝兴安二年。惟昙曜在兴安二年见帝后即开窟，抑为沙门统之后始建斯议不可晓。要之，石窟之始开也在兴安二年（453）至和平元年（460）之八年间，据《贞元释教录》（九），和平三年昙曜已在石窟寺译经，是时必已有开凿完成者矣。

说者谓西部第一至第五窟，建造最早，即《释老志》所谓“开窟五所”者也。盖其平面之配置自成一统系，且自左至右五洞适相联贯。五洞皆有本尊及胁侍，佛像与他洞大异。洞内壁面刻无数小龛小佛，塔与装饰花纹皆少，与他洞不同。且其地势平坦，以情势论之，最适于为建造之始也。

常盘大定关野贞二氏谓为父祖开石窟造大佛乃魏室大事，下至景明初，宣武帝准代京灵岩寺之石窟，于洛阳南伊阙山为高祖孝文帝及文昭皇太后营石窟二所；至永平中，有奏为世宗开一石窟者，亦袭斯意。既有太祖以下五帝及孝文宣武二帝者，则其间必为有文成献文所开之石窟矣。按本纪献文帝皇兴元年八月幸武州山石窟寺，盖即为父文成帝造像。孝文帝以太和四年八月，六年三月，七年五月幸武州山石窟寺。尤以六年三月之幸，赐贫老者衣服，其意即在追善供养。故二氏推定中部第一洞第九洞二者乃为文成献文所开。至东部第三洞规模甚大，而工事未完，因其样式与他洞迥异，似属隋时，遂推断为炀帝所造，隋亡而止。皆于文献无征，难可置信。且文成所开五洞既有为己祈福者又何庸献文之重建？除松本文三郎氏之说稍异外，一般学者咸主张西部建造最早，中部次之，东部又次之。孝文迁洛以后，云冈石窟之建造停，而伊阙起而代之。然今云冈所存铭文之可知者，尚有延昌九年之造像题记。盖王家虽不复开造，民间仍时于旧窟中造佛像，凡今所传铭识皆民间添造佛像时物也，要之，云冈石佛之建造时代乃和平元年（460）至太和十八年（494）三十余年间。

三　石窟寺之名称与数目

松本氏谓印度石窟本身即为寺院，中国之石窟则止一佛龛，不成寺院，必于其前补修木造之楼阁焉。今石窟前壁尚处处余有孔穴，即用以插栋木者。《魏书》纪志及《续高僧传》咸曰石窟寺或灵岩寺。《水经·㶟水注》更云："因岩结构。……山堂水殿，烟寺相望。"知有木构寺院。敦煌千佛洞前亦有木构。惟云冈诸洞石质部分已削剥过半，地下沙石填高至佛膝或腰，洞前布置无论石刻木建皆不可考。中部第五至第九洞尚遗石刻门洞及支柱遗迹，又似天龙山石刻门洞之有楣，额，支柱，而不需木造者，岂当时石窟前原有加木造与不加木造之别耶？

一良案：《魏书》本纪止言石窟寺，似是并指诸窟为一寺而言。《水经·㶟水注》："其水又东北流注武州川，武州川水又东南流。水侧有石祇洹舍，并诸窟室，比丘尼所居也。其水又转径灵岩，凿石开山，因岩结构。……山堂水殿，烟寺相望。"是灵岩本山名，因以称寺。《续高僧传》云："建立佛寺，名曰灵岩。……面别镌像，穷诸巧丽；龛别异状，骇动人神。栉比相连，三十余里。东头僧寺，恒供千人。"《广弘明集》中道宣记所闻云："今时见者传云，谷深三十里。东为僧寺，名灵岩，西头尼寺。各凿石为龛，容千人，已还者相次栉比。石窟中七里极高峻，佛龛相连，余处时有所断续。佛象数量孰测其计？"是僧所居在东，曰灵岩寺；尼所居在西，曰石祇洹舍。（今云冈西七里有地曰姑子庙，尚余石壁残象，常即石祇洹舍遗址。）止此二寺，而石窟栉比其间，僧寺较尼寺为重要，故诸书每只言灵岩寺，非每一石窟前有一独立寺院也。《释老志》谓景明初世宗诏准代京灵岩寺石窟于洛南伊阙山营石窟二所。《洛阳伽蓝记》谓京南阙口有石窟寺灵岩寺。出帝阳平王纪："永熙二年正月乙亥，车驾幸崧高石窟灵岩寺。"是伊阙之石窟寺仿武周而命名灵岩。据本纪方山亦有石窟寺，诸帝屡行幸之。《广弘明集》（册下）有隋炀帝谒方山灵岩寺诗，诸葛颖和之，灵岩之名当仍北魏之旧。是方山之石窟寺亦缘武周灵岩之称。凡此皆足以证北魏时云冈只一僧寺名灵岩也。乃雍正《朔平府志》纪左云县云冈堡石佛寺古迹云："传自后魏拓跋氏时，始于神瑞，终于正光，历百十余年。规制甚宏，原寺十所：一曰同升，二曰灵光，三曰镇国，四曰护国，五曰崇福，六曰童子，七曰能仁，八曰华严，九曰天宫，十曰兜率，其中有元载所造石佛二十龛。（《康熙山西通志》作元载所修石佛十二龛。《雍正通志》作内有元时石佛二十龛，《光绪通志》同。皆不可解）。……由隋唐历宋元，楼阁层凌，树木蓊郁。”混石窟之开凿与寺院之建造为一。其后省县志俱袭此文。神瑞乃道武年号，盖因于《大唐内典录》，其误不辨可知。终正光之云乃因《释老志》“至正光四年六月已前，用功八十万二千三百六十六”之文，然志乃指伊阙石窟言也。是其言石窟建造年代已非，而十寺之中复无灵岩，亦不及石祇洹舍，则谓北魏建十寺者诬也。朱彝尊《云冈石佛记》谓：“云冈之寺有十，建自拓跋氏。今之存者特其一耳。”即同此误。松本文三郎氏至谓皇兴元年四月，四年十二月，延兴五年五月，太和四年八月，六年三月，七年五月，之幸武州山石窟寺即由于建立新石窟或寺院，而断定十寺之成至晚在石窟开凿后四十年，是诬中之诬矣！（惜余未谙佛典，不审十寺命名所根据之佛经北魏时已入中国否。若十寺之名不能存在于北魏时，尤足为确证。）志言“由隋唐历宋元”，唐时道宣所闻犹与北魏同，宋时则云冈非其所有，辽金元皆不闻有在云冈建寺事。明吴伯兴称之为石佛寺，清曹溶，冯云骁，胡天游等皆称云冈寺，亦只一寺，盖即今之“石佛古寺”矣。十寺之云要不足信。今石佛寺有清一代顺治八年，康熙三十七年，乾隆三十四年，咸丰十一年，同治十二年，光绪二年，凡六修葺，各有碑纪之，在今寺正殿及东院。

四　云冈石佛之西域影响

东西之谈佛教美术者，咸谓云冈石佛乃受西域影响而成。有据《释老志》：“太安初，有师子国胡沙门邪奢遗多浮陀难提等五人，奉佛像三到京都。皆云备历西域诸国，见佛影迹及肉髻。外国诸王相承咸遣工匠摹写其容，莫能及难提所造者。去十余步，视之炳然，转近转微。又沙勒湖〔胡？〕沙门赴京师，致佛钵并画像迹。”遂谓云冈之开凿亦有西域僧人或匠人参与，然文献无可考。诸家所称云冈石佛受西方影响之处綦多，颇有失于渺茫臆测者，今总括其较明确可信者：第一，凿造石窟风行于印度，AJANTA地方即有第一二世纪之石窟寺。苻秦北凉等国因佛教之盛而输入其制，于是有鸣沙三危之石窟，其风渐东而达魏都。第二，云冈石窟中所雕殿堂，其形制与汉以来之宫室固无殊，非印度式。然云冈洞中之拱形支柱，与五世纪中印度毱多式之佛陀伽耶大塔相似。皆每级有佛龛，下大而上小。佛龛前尖顶之拱尤为印度式；塔上露盘亦与印度塔上露盘似。有两旁有幡者，印度亦有之也。第三，据松本氏说，沙畹氏所谓第六窟者，上方之像与莫高窟颇似，下方诸像则颇具印度特征。其衣殆蔽全体，仅露右胸上部。左手垂于腰边，握自背后右肩下垂之衣。非熟知印度着衣方法者不能，与印度毱多期之雕像全一致云。第四，东部第四洞所雕执稍，以鸟羽饰头之神王，三面八臂，五面六臂，三面四臂之神，皆印度婆罗门教诸神之混入佛教，其后又变为密教，而在其过程中之现象也。昙曜时所译经典中尚无述说此等诸神神像者，自非本经说为之，乃依照印度传来此种图像之旧本也。

伊东忠太氏谓后魏雕刻艺术之受于于阗，于阗夙为葱岭以东佛教最盛之国。《佛国记》所谓：“人民殷盛，尽皆奉法，以法乐相娱。众僧乃数万人。……彼国人民星居，家家门前皆起小塔，最小者可高二丈许。”而于阗文化之受健驮罗，迦湿弥罗影响者已有定论，故伊东氏列其渊源如下表（见下页）：

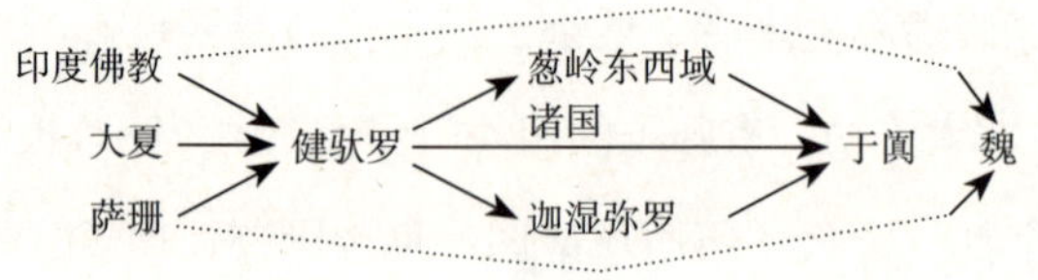

一良案：《释老志》胡僧来魏者甚多，《于阗传》显祖时蠕蠕寇于阗，其王上表求援曰：“奴世奉大国，至今无异。”传又云：“自后每使朝献。”赵万里氏集冢墓遗文，卷二第廿二有魏帝先朝故于夫人墓志，乃于阗国王女之为文成帝妃者，云冈石佛即始建于文成帝之世，其间消息又可窥矣。

五　见存之铭识

《续高僧传》昙曜传："碑碣见存，未卒陈委。"《开元释教录》等因其文。《大唐内典录》亦云："谷东石碑见存，纪其功绩，不可以算也。其碑略云，自魏国所统赀赋，并成石龛；故其规度宏远，所以神功逾久而不朽也。"《内典录》撰于唐麟德元年（664），是其时碑碣尚有存者。后世陆续发现造像铭文，讫今共得五处，然皆僧尼或民间信士造像于窟中，与窟之开凿及大佛之建造初无关联，未能据以测石窟建造之时代后先也。

第一，太和七年造像铭："邑师法宗，太和七年岁在癸亥八月卅日，邑义信士女等五十四人，自惟往因不积，生在末代，甘寝昷境，靡由自觉。微善所钟，遭值圣主，道教天下，绍隆三宝。慈被十方，泽流无外。乃便长夜改昷，久寝斯悟。弟子等得蒙法润，信心开敷，意欲仰训洪泽，莫能从遂。是共相劝合，为国兴福。敬造石厝形像，九十五区。德合乾坤，威输转轮；神被四天，国祚永康。十方归伏，光扬三宝，亿劫不隧。又愿义诸人命过诸师七世，父母内外亲族，神栖高境。安养光接，托育宝花，永辞秽质。证悟无生，位超群首。若生人天，百味天衣，随意飡服。若有宿殃，堕落三途。长辞八难，永与世别。又愿同邑诸人，从今已往，道心日隆，戒行清洁，明鉴宝相，晕扬慧日使四流顷竭，道风常扇；使慯〔慢？〕山崩颓，生死永毕。佛性明显，登〔？〕阶佳地。未成佛间，愿生生之处，常口法善知识。以法相亲，进止俱游，形容影响，常行大士，八万诸行，化度一切，同等正觉，逮及累劫先师七世父。"此铭在中部第七洞东壁上部，即土人称五花〔或作画〕洞者也。造像铭左上方有"大势志菩萨观世音菩萨"之文，盖指其旁所造像而言。

第二，太和十三年造像铭："大代太和十三年岁在己巳九月壬寅朔十九日庚申，比丘尼惠定身愚〔罹〕重患，发愿造释迦多宝弥勒像三区，愿患消除，愿现世安稳岁〔戒？〕行福利，道心日增，誓不退转。以此造像功德，逮及七世父母，累劫诸师，无边众生，咸同斯庆。"在中部第三洞东壁下部。

第三，太和十九年铭文，亦在中部第七洞。磨泐不可读，惟纪年可知，诸家皆无其文，盖不能拓墨矣。

第四，自西部第五洞往西第八小洞，有刻二尊佛之佛龛，其上之空白有铭文。常盘氏谓大半不可读，未之录。滨田青陵游记中载之，惜年月不可考，今依其格式写之：

"□□事？大？　幽□□惟中？□□□

□

□后□兴□

□

故？节

□实？汾？　　　之

如？此？在□尝？

□此？福使亡妻？□□更？

前？光？母四体休？罪业　调

□□老李自愿　　　　门

□　　　　丰□用之"

第五，延昌九年铭文："大代延昌九年十月十五日，恒安□□□都统□□□旧宫二十□匠造弥勒第七佛□□□□□□□□□。"此铭惟见赵邦彦调查云冈造像小记，（历史语言研究所集刊第一本第四分）谓在第四十三窟迤东一小窟左侧。常盘氏谓以龙门石窟与云冈对比，则云冈石窟中空白之地疑当有铭文者甚多，大抵补修时泥塑掩没之，俟后剥落后当能更有发见也。

后世补修题记之可考者，止能溯及清朝。中部第三洞三层阁之第一层有“西来第一山”匾，据一统志乃世祖所书。旁书“顺治四年岁次丁亥菊月之吉，兵部尚书兼都御史马国柱立”。今石佛寺东院有顺治八年重修云冈大佛阁碑，康熙戊寅重修云冈寺碑，咸丰辛酉重修大佛寺碑。正殿有乾隆三十四年重修庙宇碑，同治十二年重修庙宇碑，光绪二年重修庙宇蒙汉文碑。中部第七洞有“大清光绪二十年重修，挥画工人天镇县马师传孟秋六月谷旦敬”之文，盖以此洞所施彩画为最晚矣。

六 余记

今之“石佛古寺”盖明以来即有之，惟补修石佛不知始于何时。大抵于石佛之上重加泥塑，施以彩画，每每全失原来面目。自大露佛以下，云冈诸佛之衣纹上多凿有小方孔，据土人言，修补佛像时以粘土涂于衣纹上，而方孔即所以插木栓备涂泥者也。今孔中尚有遗木栓者。又有佛像头部已毁者，则于其头凿大孔，嵌入支柱，而改塑新头，此类痕迹亦不少。据赵邦彦氏调查，十九年五月至八月中云冈各洞之佛头被贾人凿毁者，总计一百三十有七。积极的保存修补方法既如彼之拙劣，而消极地复施破坏。北魏时石窟长若干史无明文，唐释道宣《续高僧传》称“栉比相连，三十余里”。《广弘明集》又言：“谷深三十里。”固不无夸张之词。然道宣又云：“石窟中七里极高峻，佛龛相连，余处时有断续。”是中部石窟至少蜿蜒七里，今之石窟止于一里许。虽是石质易毁，古今里制长短亦不相侔，大抵今长于古，然人力摧残之烈亦有以致之矣。

（原载《考古》第四期）

怀念敬爱的父亲

我的父亲周叔弢以 93 岁高龄逝世，党和人民给予他很高的荣誉。我们作为子女，也受到极大教育。现就我们所知，追述他生平的一些点滴事迹，以寄托哀思。

父亲 93 年的漫长一生，经历了几个不同时期，而三分之二的时间生活在半殖民地半封建的旧社会。他幼年受的主要是封建主义的私塾教育，以后在南京短期间进过当时的新式学堂。曾考取上海圣约翰大学，因患肺病没有去报到。他早年喜欢文字训诂之学，古文和诗词也有根底，同时学会了英文和德文。辛亥革命后，他随同我曾祖父住在青岛，结识了德国牧师卫礼贤。卫礼贤原是想用基督教来“拯救”炎黄子孙的“灵魂”，来华以后，反被中国孔孟之道和先秦诸子学说所征服。他得到中国学人如劳乃宣等的帮助，把中国一些重要哲学著作译成德文，至今还为西方汉学家所称赞和利用。父亲在卫礼贤指引下，接触到康德的著作。他们两人合作，译出了康德的一封信，定名为《康德人心能力论》，后由商务印书馆出版。父亲当时计划，第二步翻译康德的传记，已开始做准备，第三步则是翻译康德名著《纯粹理性批判》。第一次世界大战爆发后，卫礼贤回国，父亲移居天津，翻译计划因而作罢，但他可能是我国比较早的翻译康德著作为中文的人。

父亲出身于清朝末年封建统治阶级上层的家庭。晚清时封建上层的青年中，吸鸦片和纳妾几乎成为家常便饭。进入民国后，此种腐朽习气变本加厉，周氏家族中的子弟也不乏其人。父亲却是洁身自好，没有沾染上这些恶习。但是，他也有自己的嗜好。一是买书、藏书。从十几岁起就如此，最后成为著名的藏书家，以后兼及字画、写经、玺印等文物。他经营企业的收入，几乎全部花费在收购善本图书和珍贵文物上，为国家保存了大量难于估价的文化财宝。由于他对西方哲学文学抱有浓厚兴趣，又有译书计划，所以早年他还搜集了不少西方哲学文学的书籍，以及古语言的字典之类。我后来学梵文时，他收藏近三十年而当时已很难买到的一部大型梵英字典，成为我不可缺少的工具书。父亲收藏的英文文学哲学书籍，以后也为学西洋文学的二弟珏良和一度学哲学的十弟景良所利用。

父亲的另一嗜好，是摄影。早在十几岁时，他就对此发生兴趣，在家搞了暗室设备，冲洗、晒印、放大，一切自己动手。他订阅各种外国摄影杂志，他的作品曾在外国摄影杂志的“业余作者作品选”栏内登载。父亲具有很深的中国传统文化的教养，同时也勇于接受新鲜事物，思想是十分开明的。

关于父亲办实业的事迹，我所知甚少。只记得他曾说过，自己并没学过纺织，到青岛华新纱厂任“专务董事”时，才廿几岁。当时工厂开办伊始，国外买来的机器刚刚运到。他和工人一起开箱，逐件查看，按照说明书同工人们一起组装，自始至终参与其事。所以虽然没有学过纺织，等全厂各车间机器安装完毕，他对生产过程也大致胸有成竹了。他还谈到用人之重要，他的办法是细心观察考核，有能力的大力提拔，放手任用；不胜任的坚决淘汰，不讲情面。他在天津华新纱厂时，还通过考试方法录用人员，在当时企业中也是少见的。记得父亲在唐山华新纱厂时，他的客厅像俱乐部一样，每天晚饭后，厂里的技术、总务、营业、会计等部门的五六个负责人，都到这里来。他们既交换厂里工作的意见，也谈天喝茶。看他们关系非常融洽，丝毫不见经理对下属的架子，或下属唯唯诺诺看颜色的样子。

对于子女的教育，父亲的态度也是颇为开明的。他认为中国人应当了解中国的传统文化，具有中国民族的文化教养，所以子女们进学校受新式教育后，还在家聘请老师来讲授古典文献。他也很重视外语。我在私塾读书时间较久，他同时也请外国老师教我日文和英文。他认为启蒙时发音很重要，而学外语又不只是为一般阅读和会话，还应当通晓这个国家的古典，了解它的文化。他自己年逾九旬以后，还能以正确的德语发音背诵出 70 年前学过的歌德的抒情小诗。在选择语种上，反映出父亲的见识。他当时（20 世纪 20 年代）认为，日本和苏联是我国的近邻，中国日后必然要和这两个国家打很多交道，所以让他的长子次子分别学日语和俄语。这是今天我能以日语工具为中日友好服务的由来。珏良由于当时学俄语书籍困难，高中课程繁重，而兴趣又在英美文学，于是他的俄语只得半途而废了。父亲对子女的要求，一要是诚实朴素。将近 60 年前给我信中的两句话，我至今铭记："人能笃实，自有辉光。"二是学有专长，自食其力。至于子女学习专业的选择，他从不干预，完全听从各人根据自己爱好和条件去选择。他这个民族实业家的十个子女中，竟没有一个从事于工商业。

1935 年冬，汉奸殷汝耕制造"冀东政府"，唐山在其范围之内。日本帝国主义者强迫收购华新纱厂 51% 的股权，实际上控制了这个企业。父亲当时任这个纱厂的经理，拒绝与日本侵略者合作，毅然辞去了他担任了10年的经理职务。据当时在唐山读书的三弟艮良回忆，当父亲离开工厂时，工人闻讯纷纷自动停车，到厂门口挥泪给他送行，情景十分动人。1947年到1950年间艮良在厂工作时，不少老工人还经常和他谈起，周经理当年如何如何。这一方面表现出工人们的爱国思想，另一方面也反映出父亲的为人。华北沦陷期间，家中生活比较困难。弟妹中较大的去了大后方，较小的在天津北平读书。父亲不让他们去敌伪的所谓"国立大学"，而宁肯变卖换钱，把他们送进学费非常昂贵的私立教会大学。日本投降后，国民党反动派在华北的"劫收"，和官僚资本对民族工业的排挤，使父亲进一步认识了国民党的腐朽与罪恶。据我三妹耦良回忆，天津解放前，父亲晚间经常坐到她屋里去听解放区的广播。1948年我在清华大学任教，当时通货恶性膨胀，公教人员生活极为困难。到了下半年，北平天津面临将要解放的局势。他给我写信，告诫我不要走，同时给了我一笔"应变费"，准备青黄不接时应急。这时他已和地下党的同志会过面，我则是最近才得知的了。

解放前，父亲曾读过英文本的《共产党宣言》《资本论》中某些部分以及《西行漫记》等。他自己承认，当时是主张劳资调和的。所以唐山解放而天津还没有解放时，他作为启新洋灰公司总经理，怕工人生活没有着落，曾向和他联系的地下工作同志建议，由公司拿出五十条黄金，给唐山启新厂里发工资。当然，解放后的唐山工人自有政府安排，根本不需要公司来"照顾"了。

父亲一生三分之一的岁月，在新社会度过。三十多年来，他学习马列主义、毛泽东思想是非常认真的。他严格要求自己，努力改造思想，对于自己的前半生，是有比较深刻的认识的。解放之初，刘少奇同志到天津与民族资本家座谈，交代党的政策，他曾参加。

以后被任命为天津市副市长，市长是黄敬同志。记得父亲说过，解放初期从黄敬同志那里受到党的直接教育，对他极为敬佩。1956年，父亲随彭真同志率领的人大代表团到东欧各国访问，彭真同志向东欧国家领导人介绍他是“愿意接受改造的资本家”。后来他说当时很受感动，也很激励。早在1942年，他在所藏善本书目里，嘱咐子孙在国家安定太平之后，把书捐给国家。如果需钱要卖，也只能卖公道价钱。特别强调，不许卖给私人，以免散失。这是因为历来私人藏家的图书文物传不过几代必然星散，辛勤搜求的苦心尽付东流。他的想法固是出于收藏家对图书文物的爱护，更是出于为国家保存文化财宝的爱国主义精神。到解放后，他几次捐献大批珍贵图书文物，则总是说：“这些东西本属于人民，应当还之于人民。”这样的思想认识，显然比起1942年又有很大提高。所以赎买政策实行后，他就把定息全部上交了。

父亲逝世后，我们整理他所读过的一些经典著作，如《共产党宣言》《哥达纲领批判》《反杜林论》《唯物主义和经验批判主义》《国家与革命》《帝国主义是资本主义的最高阶段》等，都是通篇有红铅笔划了线，作了记号。《毛泽东选集》全部文章都用红铅笔作了记号，有双圈，有单圈，有的在句子下划了线。第一至第四卷除红笔外，还有黑色铅笔和蓝色铅笔的记号。说明他读经典著作反复多次，而且留下了一些读书笔记。去年夏天奇热，二妹与良有一天从南开大学回家，见父亲正在读《邓小平文选》。她说：“天这样热还学习？”93岁的老人回答：“学习就不热了。”他逝世后，我们见到他衣袋里的一个很小的笔记本，里面用工整的小字抄录了十几段话，如“办事要快，不要拖”“说空话，说大话，说假话的恶习必须杜绝”“实事求是，是马克思主义思想基础”“为了促进社会风气的进步，首先必须搞好党风，特别是要求党的各级领导同志以身作则”“任何浪费都是犯罪”。每段话下面都注有数字，第一段是68，最末段是225。原来这是老人从头到尾通读了《邓小平文选》之后摘录下来，并注上页码，以备翻阅的。为纪念12月26日毛主席90诞辰，天津举办书法展览。父亲在12月13日入医院前的一两天，亲笔为展览会写下了一个条幅：“没有中国共产党就不会有社会主义新中国。”这18个大字，竟成为老人的绝笔，也是老人一生沧桑尽历后终于找到的真理。

心胸开朗，存心忠厚，待人诚恳，人们对父亲的这些看法，我个人也是深有体会的。史无前例的动乱中，他当然也挨过斗争，受到严重迫害。但是那些横眉怒目的无理取闹，在他如同过眼云烟，并不介怀，更丝毫没有影响他对党的领导和社会主义前途的坚定信心。他遇事处处为人着想，亲戚故旧有困难，总是慷慨相助。他带在身边的小笔记本里，记有他常接触的市人大常委、政协、两会工作同志的姓名。显然为了随时翻看，以防遗忘，是对人尊重的群众观点的表现。住院后期，他病情渐重，身体日益虚弱。由于脑动脉硬化，不但声音微弱而且口齿不清楚，耳朵更聋。但护士来打针输液或作雾化吸入时，父亲总是和颜悦色地问她们的姓名。经常来的几位护士，他都叫得出来，而且对他们的工作给以富于幽默的评价，如“雾化大王”“打针能手”。

我还回忆起一些小事情，说明父亲为人异常谦虚。例如他对于书法是非常爱好，而且下过功夫的。但长期以来，每逢有人请他写字，总是逊谢。藏书上自己的跋语，往往找人代写。八九十岁以后，他才肯为人作书。他的想法是，自己对自己的字虽不满意，但高龄可以多少补偿。其实，他九十以后还能用毛笔写工整娟秀的小字，是极为难得的。他所藏的善本书中，凡是最珍视的，往往只在最不显眼的地方盖上一方“周暹”二字的小小图章。所以如此，据他自己说，是为后人考虑。这块图章很小，如果不喜欢，可以挖掉（这是过去藏家常干的事），而书本身不至受太大影响。他最不喜欢有些藏家把自己姓名别号等等的图章在善本书或字画上到处乱盖，以炫耀其所有权。现在他的藏书归了国家，不会有人再去挖掉他的图章。这块“周暹”两字图章之小，也恰恰表明它的主人谦逊美德之大吧。

父亲一生襟怀坦荡，表里如一，有许多美德值得我们学习。特别是解放后三十多年来，他总是随着时代和社会的进步而前进，从不落在时代之后或置身于社会之外。这也是他年登耄耋，得享遐龄的原因之一。我们兄弟姊妹 10 人中，多数都年过六十，有的已逾古稀，最小的也五十多岁。我们一定要化悲痛为力量，特别学习父亲“活到老，学到老，改造到老”的宝贵精神，有一分热发一分光，在伟大的“四化”建设中，做出自己的贡献！

1984 年 3 月 30 日

（原载天津市工商业联合会、中国民主建国会
天津市委员会编《天津两会会刊》一九八四年四期）

《周叔弢遗札》后记

这里搜集到的弢翁遗札，是先父93岁高龄的一生中，幸而保存下来的一小部分书信。其中致徐乃昌、叶景葵两先生的信，时间约在20世纪20年代及30年代，现存上海图书馆，感谢顾廷龙馆长提供。致赵万里先生的信，是赵先生家属提供的。先父对于赵先生的版本目录之学最为推重，而赵先生对善本图书的辛勤爱护，尤其为先父所赞赏。他们论交始于30年代，近五十年，由于“文化大革命”中遭受迫害，赵先生长期卧床，口不能言，而起初神志尚清醒。先父来京开会时，不顾年高事忙，总设法抽空去探视。据赵先生家属说，他们过去常常一周通信数次，可惜都在史无前例的大灾难中被抄走散失。仅存的40年代初到抗战胜利的数十封，现按年代顺序排列，内容都是关于善本书籍的。给我们兄弟的家书，则辑录其中关于图书、文物、书法等部分，大致以类相从，时间都在1972年以后。

从这些信札可以看出，先父不仅收书、藏书、爱书，而且潜心研究版本之学，对于刻工、纸张等，都十分留意。他常说：封建社会里用手工能生产出那样精美的开花纸，今天以机器为手段，不是应该同样办得到，而且应该制作得更好吗？因此一再通过我去请教了潘吉星同志。上海朵云轩谋木刻书籍一线之传，刻印了《稼轩长短句》。先父极为欣赏，见家书十三。后来特意写信给顾廷龙同志，辗转探询此书的刻工姓名。

记得在他年已九旬时，一次陪他去琉璃厂中国书店。店里同志拿出几部善本书请他鉴定。他翻阅以后，口讲指划，如数家珍，就书的字体、镌刻、纸张、装潢等方面发表了意见，推断其时代。这和信札中凭记忆举出那些书有哪些刻工姓名一样，不都是足以令人惊欢其"业务"之精熟吗？惟其爱护图书，所以他对于理应完整保存而被人为拆散的善本书，特别感到痛心，总是千方百计设法使之配齐。如果所缺的部分落在他手里，更是积极主动，促成延津之合。遗札中谈的宋本《左传》《群经言辩》《经典释文》《春秋繁露》，都是这样的例子。

老人秉性谦虚，不自表襮，从对自己的书法的态度上可以看出来。早年他自己藏书上的题跋，往往只拟草稿而不落笔，请至友劳健（笃文）先生或命儿辈代写。晚年书法成就已高，小楷尤挺拔而娟秀，但仍自谦挹，说要从基本功练起。有人请他写字，坚辞不获之后，从来不自满假，在遗札中有所表现。先父虽到耄耋之年，始终对新鲜事物敏感，求知欲旺盛，读书的习惯至老不渝。也可以从家书中窥见一斑。

致王步高同志信时，先父身体已很衰弱，但仍仔细负责地解答了远方不相识的青年的问题。致华东师大古籍研究所张家璩同志的信，是老人入院之前三天的手书，也是他写的最后一封信。入院两月就与世长辞了。

致王贵忱同志的信，已由贵忱同志交《社会科学战线》发表。现征得同意，一并收入。我们感谢《中国历史文献研究》为弢翁遗札提供宝贵篇幅，并感谢一切提供遗札的同志们。对于搞版本目录之学的人，遗札不只可以资博识，供读助，还具有历史文献的作用。在发表遗札以资纪念的同时，他老人家思想上不断前进和“业务”上精益求精的精神，更是我们子女所应努力学习永志不忘的。

1985 年 2 月

（《中国历史文献研究》（一），1986 年）

我所了解的陈寅恪先生

我讲的题目是《我所认识的陈寅恪先生》，或者说《我所了解的陈寅恪先生》。我认识、了解的陈寅恪先生，是否可以用这样十二个字来概括：儒生思想、诗人气质、史家学术。

先谈儒生思想。我觉得陈先生的文化主流是儒家思想，听说当初在昆明西南联合大学有三位名教授，一位是冯友兰先生，一位是汤用彤先生，一位是陈寅恪先生，当时就有儒、释、道三种说法。冯先生是大胡子，人称“冯老道”，代表道教；汤先生是研究佛学的，是代表释教的；陈先生就是儒生，代表儒教，故时人用儒、释、道三字来代表这三位教授。当时这固然是开玩笑，但现在看起来也有一些道理。陈先生代表儒家，他的主体思想是儒家的。

怎么理解这句话呢？我想还是用陈先生自己的话来说，他的思想是介于湘乡南皮之间。湘乡指曾国藩，曾国藩的思想主要是什么呢？就是孔孟之道，是儒家的思想，也是中国传统文化的主流。曾国藩在镇压太平天国时，曾作过《讨粤匪檄》，檄文的主要内容就是讲中国的名教，讲孔孟之道，讲弘扬儒教；说太平天国要破坏中国的名教，破坏中国的孔孟之道，要搞基督教，搞西方的那一套东西。所以曾国藩的思想的核心及他一生的行为、言论的表现都可以说是典型的儒家。而陈先生说他的思想介于湘乡南皮之间，可见他对曾国藩的敬仰。南皮指张之洞，张之洞主张“中学为体，西学为用”，张之洞也是陈先生钦佩之人。当然，介于湘乡南皮之间的说法是比较早期的说法，是20世纪30年代的说法，到了60年代陈先生晚年是否依然如此呢？我觉得是没有根本的改变的。关于此点，吴雨僧先生在他的日记中也曾经提到过，说寅恪的思想没有改变，还是跟他开初想的一样。吴先生的这段记载，我觉得可以说明陈先生以儒家思想为主导，是没有变化的。

陈寅恪先生在审查冯友兰教授哲学史的报告中，又说思想出入于“咸丰同治之际”，为什么陈先生不说“同治光绪之际”或“光（绪）宣（统）之际”，而说“咸丰同治之际”呢？至今我对此也不能很好地解释。我只有想，曾国藩是死在同治十一年（1872），是否陈先生所说的“咸丰同治之际”是与“湘乡南皮之间”相呼应，以推崇曾国藩呢？陈寅恪先生的思想，是以儒家文化占主导地位的，这一点，我还想通过一些日常生活小事来加以说明。他在给王观堂的挽诗中已经讲了关于儒家传统文化。有一位当时清华国学研究院的学生讲过这么一件小事：王静安先生遗体入殓时，清华一些老师与学生都去了，对王先生遗体三鞠躬以敬礼。不久，陈寅恪先生来了，他穿着袍子、马褂，跪在地下叩头，并是三叩头，一些学生见陈先生行跪拜礼，也跟着行跪拜礼。实际情况我不大知道，我们至少可以知道陈先生在王静安先生入殓时行的是跪拜礼，这个就是封建文化、封建传统的很典型的一个表现。陈先生不行洋礼三鞠躬，而行传统跪拜礼。

还有一个例子，我也是听别人说的。说陈先生在国学研究院时，有一些陈先生的学生到上海陈先生家中去谒见散原老人，散原老人与这帮学生谈话，散原老人坐着，这帮学生也坐着，而陈先生是站在旁边的，并坚持到谈话完毕。这说明什么？这是过去时代很严格的旧式家庭的礼教，指导这种礼教行为的是什么意思呢？当然是儒家思想，是孔孟之道。

还有一个例子。今年暑假，天气太热，我看新近出版的《郑孝胥日记》，《郑孝胥日记》共五本，二千多页，我用50天的时间翻了一遍。郑孝胥死于1938年，散原老人是“七七事变”后，拒绝服药、进食，在忧愤之中过世的，表现了崇高的爱国主义精神，但当时作汉奸的郑孝胥与散原老人是老朋友，郑孝胥在东北与另一位叫陈曾寿的老朋友谈到散原的去世，非常悲哀。他居然也悲哀！他不知道自己与散原实际上是完全对立的两个立场。1937年下半年，郑孝胥在日记中写道：听说散原去世了，在他身边有一个儿子，就是在清华作教习（他不用教授）的那个儿子。他说，这个儿子既不给散原开吊，自己也不服丧，言外之意，似乎这个儿子是离经叛道的。1937年冬，郑孝胥从东北跑到北京来，在某一天日记中，他写道：到散原家吊唁，见到陈隆恪及陈登恪。郑孝胥在东北听到的谣言，说陈寅恪先生不为父亲开吊、不穿丧服。我想是因为当时北平已经沦陷，陈先生才不愿意开吊，但是郑孝胥日记中说陈先生不服丧，是胡说八道。因为就是1937年11月份陈先生全家到南方途经天津时，我曾亲见陈先生穿着布袍子，即传统孝子的衣服，陈师母头上还戴着白花。所以说，散原老人去世后，传说陈寅恪先生不开吊是有可能，是因为陈先生不愿在沦陷区开吊、办丧事，但是说他不服丧，是郑孝胥的传闻之误，也可能是他的偏见。从这个例子来看，陈先生遵守、维持传统礼俗，也就是尊重传统文化。

接着前面“湘乡南皮之间”说，南皮的“中学为体，西学为用”，主要是讲船坚炮利，指西方的声光电化，而陈先生对西方之学的认识，比张之洞要高得多。关于此点，我们从陈先生留学时期与吴宓的谈话（据《吴宓日记》）中看出，如陈先生对照中、西方哲学，认为西方哲学比东方哲学高明，更有思辨性，所以，陈先生对西方的文史之学有很深刻的认识。陈先生的“中学为体，西学为用”表现在什么方面呢？当然，不表现在船坚炮利。陈先生的“中学为体，西学为用”，一方面表现在学术自由。陈先生送北大学生的诗，季羡林先生已引其一，其二是这样说的“天赋迂儒自圣狂，读书不肯为人忙”，说天生我这么一位狷介的儒生，我念书不是为别人，是为了我自己，我根据独立之精神、自由之思想而研究。然后又对北大学生讲，“平生所学宁堪赠”，我平生所学没有什么值得告诉你们的，最后一句，“独此区区是秘方”，意思是只有这区区的一点是我的秘方。秘方是什么呢？就是“读书不肯为人忙”，就是强调读书一定要独立，独立思考，并有独立之思想，不为别人希望的某种实用主义左右而读书。对学术自由，陈先生是一直坚持下来的，直到解放后写《柳如是别传》，我觉得这一点是陈先生受西方学术思想影响的一个方面。

还有一点，就是蔡鸿生教授《“颂红妆”颂》中谈到的“颂红妆”。陈先生所谓的“颂红妆”，在某种程度上体现了西方男女平等、民主自由之思想，当然，他的思想比西方民主自由还更深一步，对红妆的理解，对红妆的同情，对红妆的歌颂，他的思想基础，还是西方自由民主的思想。如果没有西方民主自由的思想，完全是儒家的东西，如孔孟之道的“惟女子与小人难养也”，那就是另外一种想法。所以说，陈先生的思想是以儒家思想为主，三纲六纪是他信奉的东西，同时，也有西学为用。他的“西学为用”表现在学术自由，表现在颂红妆等许多方面。这看来似乎很矛盾，实际上恐怕并不矛盾。因为人的思想是比较复杂的，特别是在转变时期，有这方面的东西，也有那方面的东西，可以理解。譬如胡适之先生，他讲西方自由民主，讲自由恋爱，这完全是西方资产阶级民主自由的一套。但是他对胡夫人十分忠实，不像别的留学生回国后就离婚，他始终与胡夫人关系融洽。这一方面是由于他孝顺母亲，因为据《四十自述》，胡适之先生十分孝敬母亲，母亲替他订的婚，他不忍心离，直到胡先生去世，他们夫妇关系一直很好。这说明胡适之先生一方面高唱民主自由，受西方思想影响，一方面在旧道德方面也遵守那些中国人认为高尚的东西。这两者看起来有些矛盾，实际上并不矛盾，我想陈寅恪先生的思想亦如是。

第二讲陈先生的诗人气质。气质是什么东西，比较复杂：性情、感情、思想等。陈先生诗人气质是十分浓厚的。他作诗有各方面的因素与条件。首先是他的家世，散原老人是一位著名诗人，成就很突出。据说宣统年间（1909—1911），有一个叫陈衍的福建诗人立了一个“诗人榜”，榜上没有第一名，实际上第二名就是第一名，这个第二名就是汉奸郑孝胥，第三名就是散原老人。可见当时公认散原老人的诗是很好的。陈先生的父亲是大诗人，陈先生的母亲俞夫人，也有诗集传世。他的舅舅俞明震，也是清朝末年民国初年有名的诗人。所以，陈先生的家世是一个诗人的家世，他从小受到作诗的训练，受到了诗的熏陶，这是一个方面。另一个方面，我觉得陈先生的诗人气质还表现为多愁善感。这是老话了，诗人都多愁善感，陈先生也是这样的。善感，陈先生是一个有丰富感情的人，特别是《柳如是别传》中表现出感情非常丰富、非常深厚，这是大家都知道的；多愁呢，李坚先生讲陈先生诗中体现的悲观主义，讲得十分细致。陈先生确实有悲观主义，多愁的，这与他后半生的经历有关：抗战时期避难来到南方，已经流离颠沛；后来香港沦陷，又流离颠沛；然后回北京，北方又解放了。这几件事不能等量齐观，但都使他产生一种流离颠沛的感觉，因而出现害怕战争，躲避战争的想法，加上陈先生晚年眼病，经过30年逐渐加深并最终失明，复又腿部受伤，卧床不起，这切身的折磨使他感到悲观，这也是完全可以理解的。

陈先生的诗人气质，我想还可以举这样一个例子。我的老师洪煨莲先生有一个口述自传，有英文本，听说香港也出了中文本。在自传中，他讲到，他在20世纪20年代一战期间到哈佛去，夏天，在哈佛校园中看见一个中国学生口诵中国诗歌，来回朗诵。这位学生的衬衣整个都露在裤子外边。大家都知道，从前西方穿衣服，衬衣后部因很长而应塞入裤子里面，露在外面是一种不礼貌、非常可笑的行为。洪先生看到这人有些奇怪，就问别人此人是谁，别人告诉他，这是哈佛大学很有名的一个学生，叫陈寅恪。从此记录可见陈先生是落拓不羁，有诗人气质的。顺便讲一下，几十年前，衬衣后部露出来是很不礼貌的，而在今天美国，则无所谓了，不算是什么失礼、可笑了。

由诗人气质我联想到陈先生很喜欢对联。他常以对联这一形式来开玩笑。清华大学国学研究院的学生聚会，他作了一副对联，上联是“南海圣人再传弟子”，意思是康南海（康有为）是梁启超的老师，而这帮学生为梁启超的学生，所以这帮学生也就成为了南海圣人的再传弟子，下联是“大清天子同学门人”，意思是王国维先生是南书房行走，在某种意义上是宣统的师傅，你们呢，就是宣统的师傅的弟子，与大清天子是同学啦！可见，陈寅恪先生对联话很感兴趣，而且有一挥而就的才能。

大家都知道，陈先生出过中文题，一题目为“孙行者”，据说考试时，有学生对为“胡适之”，这个学生就是北大中文系教授周祖谟先生。我问过周祖谟先生，他说确实如此，不过后来与胡适先生见面时，不敢把这件事告诉他。除此事外，那一年研究生的中文考试卷中也有一个对联："墨西哥"，据说也没有人对出来，这个是听北大西语系英语教授赵萝蕤先生说的。赵先生那年从燕京大学毕业，考清华大学的研究生，这是在纪念吴宓先生的会上听说的。由此想到，季羡林先生去韩国后回来说，韩国的人也很喜欢写对联，好像吃饭时以写对联来唱和，作为一种游戏。对联不仅仅是简单的几个字，还可以了解平仄。对对联要对得好很不容易。我们北京大学有一位现已过世的王瑶教授，为纪念他出了一本纪念文集，文集中有很多很好的文章，很感人的文章，是王先生的学生写的。文章后附有一些对联，但与感情丰富、文采飞扬的纪念文章，极不相称，对联甚不工整，甚至不像对联，说明北京大学中文系在古典文学的训练方面还有待改进。我觉得，研究中国古典文学的人，如果不能写一点诗，不能够写几句古文的话，恐怕不是很完美的，这正如研究京剧的人应会唱几段一样。

由陈先生的诗人气质，我想顺便提一下，现在有两位中青年人在笺注陈先生的诗，一位姓程，系湖北沙市的文艺工作者。另一位姓朱，系江苏常熟一个中学的国文教员。他们两位不约而同地都想笺注陈先生的诗，也给我来过信，讨论过一些问题。我给他们说，陈先生的诗，古典是比较容易懂的，这一点正如卞孝萱先生所说的，可以查工具书。但今典，陈先生当时实际所指的是什么事情，那是很难理解的。若不是当时与陈先生有来往，了解当时的情况，是很难说到点子上的。今典这个说法在陈先生之前已有人提到。清末民初扬州学者李详（号审言），是一位很有名的学者，他的文集也出来了。他的儿子在暨南大学教书，李详的文集中有一封信讲到给一位欲注张之洞的诗的人。李详对他说，笺注张诗，表面的古典是十分容易懂的，但他这句诗究竟指当时什么人、什么事、指的什么情况却很难理解。这个意思就是陈先生所谓的今典，古典很容易注，今典不容易注。陈先生诗中的今典，现在要全部探索出来，恐怕是很困难的，因此我很欣赏李坚教授讲陈先生诗中的悲观主义的文章，他在文中好几处讲到并解释了陈先生诗中的今典是指什么，这对于理解陈先生的诗很有帮助。不过可惜的是，能够理解当时陈先生诗中今典的人，恐怕今天已经不多了，以后也就越来越少了。我觉得，做好陈先生诗笺注，恐怕是非常困难的事。

第三点我想谈的就是陈先生的史家学术。我的体会是，陈先生的学术是很广泛的，博大精深，但归根到底是史家，即陈先生的研究重点在历史。虽然陈先生精通多种语言，研究佛经，又受德国兰克学派的影响。对中国古典文献也非常熟悉。总而言之，他具备了各方面的条件来研究历史。陈先生的历史之学归根到底得益于什么？陈先生脑子非常灵敏、敏锐，别人看不到的东西他可以看到，怎么样分析陈先生研究历史看得这样透彻、分析得这样精深呢？我觉得与辩证法有关系。就是说，陈先生的思想含有辩证因素，即对立统一思想、有矛盾有斗争的思想、事物之间普遍联系的思想。在许多浑浑沌沌之中，他能很快找出重点，能因小见大，而这些思想、方法与辩证法有关。比如说，他讲唐朝的政治，把中央的政治与少数民族的情况联系起来，把看起来没有关系的东西联在一起，陈先生的论文很多属于这一类。我们从中看不到的关系、因果和联系，陈先生却能发现。又如，讲陶渊明的《桃花源记》，陈先生从这篇文学作品联想到魏晋时期堡坞的情况。还有，讲唐朝制度的来源，陈先生能找出众多来源中的重点，加以分析。再如，对曹魏宫中事无涧神事，陈先生认为无涧神就是阿鼻 Avici，即阎王爷的地狱，并由无涧神考察到曹魏时期可能已有佛教在社会上层流传。又如，陈先生考证武惠妃的卒年，究竟是在当年年底，还是在次年年初，与当时政治无甚关系。但陈先生的考证，是为了考证杨贵妃入宫，杨贵妃是什么时候入宫的。而考证杨贵妃入宫的时间，是为了考证杨贵妃什么时候嫁给寿王，是否合卺。而杨贵妃与寿王是否合卺（是否以处女之身入宫），与李唐皇室不讲礼法、具有胡族之风的事实是相联的，这才是陈先生所要说明的问题。

我所讲的陈先生的史家学术，都是在陈先生解放以前著作中所见到的。从《柳如是别传》就更进一步看到陈先生写书时的确非常投入，设身处地，把自己搁在钱谦益与柳如是当时的环境之中，对钱谦益、柳如是两人该肯定的地方肯定，该否定的地方否定，富于理解与同情。这部书与陈先生过去的著作有很大的不同，里面有很多地方表现了他自己的思想感情，如用偈语、律诗表达自己的思想感情，把自己与历史人物浑然融为一体，这种做法，是陈先生史学发展到一个新阶段的标志。关于此点，我是经过这两天的会议，从大家的论文中体会到的。

1994 年 9 月会议发言

（原载《柳如是别传与国学研究》浙江人民出版社，1995 年）

从《陈寅恪诗集》看陈寅恪先生

我所最敬仰的伟大学人一代宗师陈寅恪先生的诗集出版了。《清华文丛》的编辑委员会做了一件大好事。特别是诗集按年编排，极便于研究。1980 年蒋天枢先生编辑出版《寅恪先生诗存》时，注明系他本人“手边所有丛残旧稿”。我买到后即在书眉上批注：“本不宜全发表”，当时私心以为，这是“爱护”陈先生的想法。13 年过去了，也许可以说“时移世异”吧，我现在又举双手欢迎这部远较《诗存》为完备的《诗集》。这是因为，“本书对于研究我国现代文化史，或希望了解与研究文史大师陈寅恪的读者，会有重要价值”（内容提要语）。实事求是原本是研究历史的头一条准则。

陈先生以学者著称，但“其内心深层依然是诗人”（徐葆耕先生语）。我认为这话颇有理据。陈先生赠陈师母诗有句：“脂墨已抄诗作史”，可见陈先生的诗不仅言志而已，也是他（至少后半生）行藏出处的记录。我对于诗完全门外汉，读陈先生诗集还得抱着《辞源》查典故。现在只想作为六十年来服膺、学习并力图理解陈先生的白头弟子，谈谈读后的粗浅感想。希望并世学人中研究陈先生以及现代文化史的专家批评教正，使我不至犯厚诬陈先生的过错则幸甚！

具有诗人气质者往往多愁善感。我们当然不应以“为赋新词强说愁”来看陈先生，但陈先生自青年至暮年五十余年的诗篇中，确是情调低沉抑郁者多，爽朗欢快者少。我想，主观上这是由于陈先生的性格所致，而客观上与他所处的时代环境及家庭背景有关。全部诗作大致可以分为三个阶段：早期至 1937 年抗战开始，1937 年至 1949 年中华人民共和国成立，1949 年以后。试分别按这三个阶段略作考察。

从 1910 年《柏林重九作》哀朝鲜灭亡诗，到 1936 年《吴氏园海棠》，27 年之间止存诗 27 首。这固然与早年多未留稿有关，如《追忆游那威诗序》所云：“游踪所至，颇有题咏，今几尽忘之矣。”但另一方面，这一阶段陈先生主要精力用在学术研究上，先赴欧美学习。后到清华任教，在许多学术领域既开风气，又作表率，发表了大量富有开创性的论著，因而吟咏不多，可以理解。

这一阶段诗虽不多，却有极重要作品——《王观堂先生挽词并序》。王国维自沉，给陈先生极大震动，所以一再表达哀思，挽词之外有挽诗，挽诗之外又有挽联。关于观堂挽词论者已多，而且认识似亦比较一致。挽诗中“敢将私谊哭斯人？文化神州丧一身！”这两句可以概括陈先生当时总的思想感情。陈先生诗中多次以王国维比屈原，如“灵均”“累臣”“湘累”，固因王氏自沉于水，另方面也是借屈原忠于楚王比喻清朝。但楚王也好，溥仪也好，“其所殉之道与所成之仁，均为抽象理想之通性，而非具体之一人一事”。作为文化遗民，陈先生毕生坚持的信念，就是为人方面的三纲六纪和治学方面的独立精神与自由意志。也就是吴宓先生 1961 年日记（见《吴宓与陈寅恪》，下同）所说：“寅恪兄之思想及主张毫未改变，即仍遵守昔年‘中学为体，西学为用’之说（中国文化本位论）。”

然而，从挽词以及这一阶段另外的诗中，似乎还可察觉陈先生当时思想感情的另一侧面。胡适先生曾说过，陈先生有“遗少”味道。我于此语一直有同感。王国维之死不应局限认为只是殉满清王朝，这是断然无疑的。但另一方面他又的确是惓惓于旧王朝，甘愿作遗老的。在王国维心目中，旧王朝与传统文化不可分，这一点我觉得陈先生当时有共鸣。所以才会有挽词中“回思寒夜话明昌，相对南冠泣数行”那样凄惋的句子；才会有“依稀廿载忆光宣，犹是开元全盛年。海宇承平娱旦暮，京师冠盖萃英贤”那样对晚清社会无限留恋的回忆；才会有挽联中“十七年家国久魂消，犹余剩水残山，留与累臣供一死”那样的话，对民国代清深表遗憾。这阶段的诗句如“西山亦有兴亡恨”（1913）“故国华胥今梦破”“承平旧俗凭谁问”（1913）“此身未死已销魂”（自注：徐骑省《南唐后主挽词》“此身虽未死，寂莫已销魂”）（1927），都透露出一种“故国之思”，而1913年法京选花魁诗对民国大总统之调侃，更是明显的例子。这种在思想感情上不占主流却又不时流露的“遗少”心态，当年我从家中父辈们身上也曾在许多方面体验到。这也许是晚清封疆大吏等高官家庭的子弟们进入民国后的一种失落感，是一种还未冲刷净的阶级烙印吧？

陈先生1925年回国后，对于北洋军阀及以后国民党的统治，是有看法的，所以1932年才有对俞平伯先生的两句名言：“吾徒今日处身于不夷不惠之间，托命于非驴非马之国。”我体会，陈先生认为当时的中华民国既不如“承平”“全盛”的光宣之年，又不像他留学十多年的欧美之邦，故而名之为“非驴非马”。从我们的观点看来，陈先生虽不信马克思主义，这种认识确也打中要害。如果把“非驴非马”的涵义理解为半殖民地半封建，不是异常恰当吗？至于“不夷不惠”，实即“亦夷亦惠”。在这样的国家内，陈先生既能像柳下惠那样混迹于旧京茫茫人海之中，又能像伯夷那样，躲进西山之畔的清华园里搞自己的学问。尽管1930年有“最是文人不自由”的慨叹，但他还是享有足够的余裕与宽松，本着独立之精神与自由之意志来从事学术研究的。1929年赠北大史学系毕业生两首诗的第二首不啻是陈先生的宣言：“大赋迂儒自圣狂，读书不肯为人忙。平生所学宁堪赠，独此区区是秘方。”“读书不肯为人忙”是陈先生这一阶段的宗旨，也是一生治学的宗旨，难怪他要自诩为秘方了。如果一旦否定以至剥夺他的秘方，他的痛苦又将如何！

顺便提一下，此题第一首开头两句是：“群趋东邻受国史，神州士夫羞欲死！”陈先生这种心情完全可以理解。六十余年后的今天，不仅“群趋东邻”，而且横渡太平洋；不仅“受国史”而且是以国史求东西洋博士学位，这是陈先生始料所不及，也是世界文化交流共同进步的一种反映吧？

1937至1949年这一阶段，虽只12年，诗集中留下了82首。这12年中，陈先生颠沛流离，生活极不安定。1948年12月离北平南飞诗第一句：“临老三回值乱离”。（自注：“北平卢沟桥事变、香港太平洋战争、及此次。”三回乱离都在这一阶段内。）其次，陈先生目疾由轻而重，中间赴英医治无效，终至失明。国事方面，外有强敌侵略轰炸，内则政治腐化贪污，民怨沸腾，日本才投降而内战即起。陈先生自然感慨万端，烦冤苦楚都出之于吟咏，“只余未死一悲歌”了（1939）。除去抒发幽忧郁抑之情以外，时事在诗中的反映比第一阶段更为频繁与明显，如“看花愁近最高楼”（1940）“九鼎铭词争颂德”（1943）“自我失之终可惜，使公至此早皆知”（1949）。《哀金圆》（1949）长诗明白点出“临安书棚王佐才”的王云五。对于日本投降、“伪满洲国”的覆灭、南北朝局势之可能出现、国民党借助美军等，皆有诗咏，表达了欢愉快慰与忧心忡忡。当然，有些诗如1945年8月“铁骑飞空”一绝，我还弄不清其含意，有待专家探讨。

这一阶段欢庆抗战胜利的诗之外，有一首《漫夸》，是咏伪满覆灭的。首句“漫夸朔漠作神京”，批驳了郑孝胥在长春建“新京”，自称“欲回朔漠作神京”的妄想。据云罗振玉、王国维之间的龃龉，王反对溥仪被日本利用是其一端，可能也是“寒夜话明昌”的内容之一。陈先生坚决反对日本帝国主义，七七事变后散原老人尚未出殡，陈先生即匆匆离平南下。香港沦陷，陈先生坚拒日人馈米，困处四月余，终于间关脱险，“故邱归死不夷犹”，经澳门回到桂林。但另一方面，我们今天一旦政治上成为敌我即一切抹煞，陈先生对有才学的人还是恨其行而爱其才的。如1947年读黄秋岳笔记诗就有“今日开编惜此才”之句。1944年12月《阜昌》云：“阜昌天子颇能诗，集选中州未肯遗。”阜昌是宋代降金傀儡刘豫的年号，元好问《中州集》收有刘豫的诗。“阜昌天子”当是指汪精卫，死于此年11月。诗之末句“冤禽”亦与汪关合。（吴小如先生说，并谓当时关于汪之死有种种传闻）这种态度，就和抗战胜利后胡适、俞平伯两先生为周作人求情有些近似了。

1950年到1966年4月，16年中，共存诗214首，每年近20首。抒发感情之外，吟咏时事之作远多于前两阶段。这十多年中，陈先生“自处与发言亦极审慎，即不谈政治，不论时事，不臧否人物”（吴宓先生日记）。然却借诗篇议论了时事，借吟咏臧否了人物。北京解放后不久，范老嘱我写信给陈先生，代他致意，陈先生没有反应。后来陈先生寄给我几首诗，嘱我转呈邓文如先生。记得其中有1951年的“八股文章试帖诗”一首。邓先生看后笑着对我说：“这是陈先生的谤诗啊。”等到1954年，汪篯先生奉命到广州去请陈先生北上就任历史二所所长职务。他信心十足地说：“我这个老学生去请他来，一定请得动。”我说未必，不要太乐观，结果如我所料。

陈先生曾说，他在瑞士听过列宁讲演，也读过《资本论》。又告诉浦江清先生，他不喜欢苏联共产党。但解放前夕国共两党对峙时，他似乎更不喜欢国民党。对八一九清华大搜捕甚反感，教师的某些反蒋宣言上，他也签名。有人告诉我，陈先生说：“我的一些好学生都是共产党。”此语确否不可知，所谓共产党盖指进步学生。《寒柳堂集》中收有1948年写的《徐高阮重刊洛阳伽蓝记序》，对徐的工作加以肯定。而徐高阮其人据我所知在清华读书时是地下党，且为市委负责人之一，后脱党。陈先生看清了国民党的腐败，所以坚决不去台湾；对中国共产党不了解，持观望态度，所以留在广州。余英时先生最初的文章中说陈先生开始就打算离开大陆，那是片面的议论，蒋辑《编年事辑》足为明证，余先生自己后来也放弃此说。1989年5月我重访普林斯顿大学，承余先生以最后结集成书的《陈寅恪晚年诗文释证》见赠。我读后觉得虽个别地方或许失于求之过深，近乎穿凿，但就总体说来，这部《释证》是触及陈先生心事的，是研究晚年陈寅恪的人不可不读的。

陈先生晚年诗篇中出现的所感受的客观环境与自己主观心态，1950年《经史》绝句中的七个字可以概括无遗：“溪刻阴森惨不舒。”（此诗未注明年月，排在1949年与1950年之间。我以为1950年的可能性大些）学术上的态度，1964年《赠蒋秉南序》中“默念平生固未尝侮食自矜，曲学阿世，似可告慰友朋”数语，和赠蒋诗“俗学阿时似楚咻，可怜无力障东流”两句，是最明白不过的。1989年我在小文《我的〈我的前半生〉》中有“理解陈先生”一节，就是从赠蒋诗文得到启示，自信没有歪曲陈先生的用意。（参见《中国史研究动态》1990年11期）陈先生的睿智并未因失明而失去辉光。1966年1月《丙午元旦作》有句：“一自黄州争说鬼，更宜赤县遍崇神”，五个月后就开始了“文化大革命”！

陈先生诗句中四次出现食蛤的典故：《重庆夜宴归作》云，“食蛤那知天下事”；《己丑元旦作》云，“食蛤那知今日事”；《乙未阳历元旦作》云，“食蛤那知天下事”；《乙未除夕诗》云，“那知明日事，蛤蜊笑虚盘”。《南史·王融传》载：“因遇沈昭略，未相识。昭略屡顾盼，谓主人曰：‘是何年少？’融殊不平，谓曰：‘仆出于扶桑，入于旸谷，照耀天下，谁云不知！而卿此问！’昭略云：‘不知许事，且食蛤蜊。’”（参看拙著《魏晋南北朝史札记·南史》）沈昭略蔑视王融，说：“我不知道你这些事，先吃蛤蜊吧”。因而食蛤与不知连贯为文，成了典故，不一定再含轻视之义了。

1990年4月，在哥伦比亚大学东亚图书馆得读老友俞大纲先生《寥音阁诗话》，其中主要谈散原老人诗，亦论及陈先生《再生缘》书云：“姻连中表，谊属师生。闻弦辩音，具知危苦。地变天荒，人间何世。春寒凄冷，揽涕读之。”大纲固真知寅老者，惜寅老恐未得见《诗话》，而大纲在台湾早逝，又未及见《柳如是别传》也。

1993年7月4日写成

（原载《读书》1993年第9期）

回忆两件事纪念吴晗同志

吴晗同志含冤逝世十年以后，得到平反，隆重地开了追悼大会。我由于某种原因，不能参加，只得在事后反复阅读民盟的盟讯专刊，借以寄托沉痛悼念之情。我当时曾想，这个遗憾终生无法弥补了。我也曾对人说，恐怕只有见马翁于地下之时，才能顺便去向吴晗同志致敬了。现在北京市历史学会给我机会，在纪念文集的一角表达对吴晗同志的哀思，我是十分激动和感谢的。

在纪念吴晗同志的时候，我回忆起两件事。

1965年冬，文痞姚文元的《评新编历史剧〈海瑞罢官〉》发表时，我在郊区参加“四清”，回校时去见了翦老和邵循正同志。我当时的思想，和许多史学工作者一样，对于文章后面一段联系政治“上纲”，攻击吴晗同志反党反社会主义，是不能接受的。我曾对翦老说，若说吴晗同志某些学术思想、观点不完全正确，我是同意的。例如，他所倡导的要用当时当地的标准来评价历史人物和事件，我觉得不一定符合马克思主义。（今天我还是这样想）但是，如果说吴晗同志这样一个几十年来全心全意跟党走的人，是反对共产党、反对社会主义的，我决不相信。当时翦老处境已很困难，他表示同意我的话，但很谨慎，未加发挥。邵循正同志是和吴晗同志私交甚笃的，我又向他了解。邵循正同志说，他最近特意去找了吴晗，问吴这到底是怎么回事，“吴晗只是摇头叹气，一言不发”。1966 年初秋，北大东操场上有一次大规模的批斗会，很多人都被拉来，吴晗同志也在被揪斗之列。我那时还厕身于“革命群众”之中，只见吴晗同志被两名红卫兵左右抓住肩膀，推上台来。他双目紧闭，毫无表情。我不禁想起邵循正同志所说的八个字：“摇头叹气，一言不发。”这是我最后一次看到吴晗同志。当然，我与他的瓜葛并未就此终结。为他所主编的《中国历史小丛书》当编委，免不了罪状一条；写过一本小丛书《明代援朝抗倭战争》，更必然是“为彭德怀歌功颂德”。

“文化大革命”这场史无前例的内乱，它的性质已由党中央作了明确的结论。而运动开始时，翦老、吴晗、邵循正，以及像我这样的人，可能对运动各有不同的理解和不理解。但是谁能料到，《评新编历史剧〈海瑞罢官〉》竟是发动这场内乱的信号弹！谁又能料到，它竟成为持续十年之久的大灾难！吴晗同志“摇头叹气，一言不发”，他是有口难开，有难言之隐啊！吴晗同志在这场大灾难中悲惨牺牲，而我自己，由运动之初被揪出来时在群众大会上的不肯低头，几经周折，最后却被认为是能够“正确对待文化大革命”。解放以后一直受党的教育，诚心诚意接受马克思主义的知识分子，在这场内乱开始时，看来并非完全不能明辨是非。周扬同志说得好：不能把迷信当作忠诚。这句名言，我认为，给无数毕竟是书生的人们在“文化大革命”中的行动总结了经验。或者更正确地说，总结了教训。可悲又可惜的是，吴晗同志还没来得及吸取这个教训，就被折磨致死了！

另一件事，把我带到更远的回忆之中。20 世纪 30 年代前期，七七抗战之前，天津《大公报》有所谓星期论文。每逢星期日，由当时所谓的名流轮流替报纸撰写社论文章，它在读者中颇有影响。我记得是1932年暑期，胡适在他的一篇星期论文中，主要谈了当年夏天北大和清华两所大学的两名毕业生。文章称赞他们的辛勤努力和突出成就，好像还举出了具体例子，详细内容我已记不清了。胡适写此文的政治目的为何，这里姑且不论。在当时我们这些青年学生中，确实纷纷谈论，引起了注意。这两个毕业生，一是北大国文系的丁声树，一是清华历史系的吴晗。这也是我第一次听到吴晗的名字。据我所知，胡适以后一直很关心他们两人，他们和胡适在学术上也有过不少往来，丁声树还曾被推荐到北大任教。

但是，半殖民地半封建的旧中国里，身受三座大山压迫的知识分子，和资本主义社会里的知识分子究竟不同。抗战后期，当胡适在美国替国民党政府充当大使时，吴晗同志开始积极投身于火热的反蒋斗争和民主运动，在党的领导下，做了大量有益的工作。解放以后，他一方面作为副市长，一方面作为历史学家，精力旺盛，意气风发，卓有建树。他那种夜以继日的“双肩挑”的干劲，今天是很难见到的。丁声树同志，历史语言研究所的“丁圣人”，没有在傅斯年的威胁利诱之下离开大陆，而是留在南京迎接了解放。三十几年来，踏踏实实的思想改造，使他甘为沧海一滴水。他积劳致疾，缠绵病榻，中国社会科学院表彰了他，并且号召向他学习。吴晗和丁声树，正如胡适当年在学术上所期待的那样，解放之前都已成为中国第一流的学者。同时，他们也都违反了胡适的愿望，背叛了胡适所走而且也希望他们两人走的政治道路，先后成为光荣的共产党员。这当然是胡适做梦也未料到的。虽然吴晗同志和丁声树同志晚年遭遇有所不同，他们共同走的革命道路，则是旧社会过来的知识分子应当走的道路。我认为，吴晗同志在抗战前学术上受知于胡适，不必为他讳言。更可贵的要害，是吴晗同志最后走上了革命的道路。“四人帮”为加害吴晗同志，公布了他给胡适的一些信札，适足暴露其险恶用心而已。

今天，在三中全会正确路线指引之下，知识得到重视，知识分子成为工人阶级的一部分，知识分子政策日益落实，知识分子日益在四化建设中找到用武之地。吴晗同志地下有知，一定会像当年那样，憨厚而爽朗地放声大笑吧！

1983 年 9 月写于北大燕东园

翦伯赞同志学术纪念会开幕词

北京大学前副校长、历史系主任、著名的马克思主义史学家翦伯赞同志被迫含冤而死，已经14年了。20年之前，他就任副校长；30年之前，也就是1952年，高等学校院系调整之后，翦老担任了历史系的主任。今天，我们大家怀着崇敬的心情，开这个学术纪念会，来纪念翦伯赞同志。

翦伯赞同志的一生，是革命的一生，战斗的一生。早在20世纪30年代，他就信仰马克思主义，参加了共产党。他是早期积极宣传历史唯物主义的革命者之一，也是以历史唯物主义为指导，来研究中国历史的极少数马克思主义史学家之一。解放前，翦老不仅研究历史，而且以自己的行动，在波澜壮阔、可歌可泣的现代历史篇章里，留下了革命的足迹。特别是抗日战争爆发后，他在党的领导下，运用犀利的笔锋，理论联系实际，结合历史和现状，对独夫民贼蒋介石和倒行逆施的国民党反动派进行抨击。当时翦伯赞同志以历史作为战斗工具，在古为今用方面，起了很好的作用。

翦伯赞同志在主持历史系系务的十几年里，首先抓、经常抓的，是历史唯物主义的学习。他对同学讲，对教师讲，既讲他学习经典著作的艰苦，又讲他学习以后运用马克思主义解决历史问题的甜头。他坚信马克思主义，而绝不僵化；他坚持历史唯物主义，而随时代前进。他反对大汉族主义，反对轻视少数民族。但作为少数民族的一员，他却从不忘记汉族在中国历史上的重大作用，不断反对以狭隘民族主义态度来研究和论述历史。他反对空头理论，看重史料的重要性，要求史料依据的确切可靠。但他更强调马克思主义理论的统帅和指导作用，认为应当观点与材料相结合。他自己的研究工作，就是不断把观点与史料很好地结合起来的过程，在这样实践的基础之上，翦老进一步丰富、发展了他的史学思想，其成果就是《对处理若干历史问题的初步意见》等一系列理论性文章。给我印象很深的，是他常常说的一个比喻。翦伯赞同志说，历史史料如同散在地下的一大堆古钱，你必须要有一根绳子，才能把这些“孔方兄”串起来，而这个钱串子，就是马克思主义理论，就是历史唯物主义。北大历史系十七年里毕业了大量的学生。正是由于翦老的教导，他们一般都比较重视马克思主义理论的学习，因而在各种不同岗位上，能够胜任工作，作出成绩。

翦伯赞同志对于教学和研究的关系，主张二者相辅相成，不能偏废。1958 年以后，大学里不断以群众运动的方式搞教材，甚至让没有学过那门课程的学生来编那门教材，一门课的教材许多学校在编写，反复在编写。他对于这种现象，是有看法的。他主张教材编好以后应当实践使用，稳定几年。在这期间，抓紧重要问题的研究，等取得研究成果以后，回过头来再修改教材。这样做，重要问题才能得到突破，学科方能得到进步，教材才能真正得到提高。1959 年，在翦伯赞同志积极支持之下，历史系出版了发表师生研究成果的刊物《北大史学论丛》。他为这个刊物写了《谈谈历史研究和历史教学的结合问题》一文。现在回想起来，他在“大跃进”的气氛之中写这样的文章，是有其深刻含义的。在周扬同志领导的文科教材编写组里，翦老自己主编的教材《中国史纲要》，就是在历史系同志们研究基础之上所编成的。经过翦老精心指导，刻意琢磨，直到今天，这部书还是史论结合比较好、比较受欢迎的通史教材。

我系考古专业的设立，是翦老主持系务时采取的重大措施之一。院系调整前的北京大学，只有博物馆专修科。1952 年，在历史系参加下，举办了考古训练班。由于新中国成立初期大规模的基本建设，真是出现了古人所谓“地不爱宝”的现象。从旧石器时代到明清时代，地下古物不断发现，考古田野工作人才和研究人才的训练培养，成为刻不容缓的当务之急。翦老积极主张在系里开办考古专业，也是新中国成立后大学里的第一个考古专业。我还记得，他当时为了给考古专业聘请教员，制订计划，城里城外到处奔走，任劳任怨，煞费苦心。今天，我系考古专业已培养出几百名毕业生，散布在全国各地的考古工作岗位上，有的还担负着领导职务。考古专业之所以能为国家作出贡献，饮水思源，不能忘记翦老的功绩。

翦伯赞同志是研究中国历史的。但是，作为系主任，他对于系里外国史的教学与研究，对于外国史方面人才的培养，同样给予关心和重视。大学历史系里成立世界史专业，北大是最早的一家，而这又是在翦老积极倡导、热心支持推动之下实现的。20 世纪 50 年代末，不少学历史的留学生从东欧各国回来，翦老主张储备这些同志在系里。他认为这些同志暂时可能没有课可教，不能发挥所长，但应当让他们对所留学国家的历史深入研究，准备以后各门国别史学科的发展。同样，系里聘请外国专家所培养的人才，翦老也主张尽量保留，以推动和加强有关学科的教学与研究。不幸由于历次运动的冲击，他的主张没有能实现。

中文系古典文献专业的创办，也是和翦伯赞同志的支持与赞助分不开的。他不但代表历史系和金灿然同志等积极筹备规划，而且特为在《光明日报》写了题为《从北大古典文献专业谈到古籍整理问题》的文章。翦老指出，整理古典文献这个工作，第一，与厚今薄古的方针不矛盾；第二，不是没有思想性的纯技术工作；第三，它本身就是科学研究。翦老的文章既正确地宣传了这个新专业的目的性，又解除了社会上以及与这个专业有关的人们的思想顾虑，可以说是替古典文献专业起了开宗明义、鸣锣开道的作用。最近，国务院成立古籍整理出版规划小组，大力开展整理古典文献的工作，又有一些大学开办了这方面的专业。翦老二十多年以前提出的这三点，至今仍然具有强大的说服力。翦老如果地下有知，一定会为粉碎“四人帮”，拨乱反正以后，文化学术界这一派欣欣向荣的气象而欢欣鼓舞！

翦伯赞同志虽然离开了我们，却永远活在我们的心里。我们一定要学习他刻苦钻研马列主义、毛泽东思想的革命意志，学习他坚持真理，勇于开创事业的战斗精神。我们一定要继承翦老遗志，实现他的种种设想，办好历史系，让它在祖国四化建设中发挥更大的作用！

也记联圣大方

读了《学林漫录》初集所载刘叶秋先生《艺苑丛谈》中“联圣大方”条，回忆起童年在天津多次见到地山先生，也还记得他所撰若干联语。大方先生善于言词，时常妙语横生。所以当时人们说，大方的对联不但读或看，而且要听他自己念和讲，才更觉其妙。听说昔年客居天津的巢章甫先生曾搜罗大方所撰对联，汇集成册，惜不知曾否付印。现记录我所知的若干联，以饷同好。

据说大方先生七八岁时，随家人登镇江焦山，山顶上有四尊佛像，背靠背而面向四方。先生当即口占一联：“面面皆空，佛也须有靠背；高高在上，人到此要回头。”即景生情，不但对仗工巧，而且富于哲理。使人读后回味无穷，久不能忘。

大方先生赠人联语，大都内容切合身份，词采华美，对仗工稳。家父叔弢先生青年时期即喜藏书。他排行第三，农历六月十三日是他的生日。三十岁时，大方先生曾书联祝寿云：“生日似荷花，六月杯盘盛瓜果；宗风接荛圃，三郎沉醉在图书。”旧日相传六月二十四日是荷花生日，故云“生日似荷花”。荛圃是清代著名藏书家黄丕烈的号，“三郎沉醉”是借用宋人“三郎沉醉打球回”诗句，人物特点和时间季节都扣得那么紧密而又自然。六十年后的今天，这副对联和大方先生在粉红色花笺上歪歪斜斜疏落有致的字体，在我脑子里还留有深刻印象。

先叔季木先生酷嗜金石，所藏石刻辑为《居贞草堂汉晋石景》。柯燕舲先生序其书以为远胜端方《匋斋藏石记》，说他：“以一人之力，精鉴深研。每遇一石，必审核至再而后收之。故凡所著录，皆有征验，不沾沾以浩博自表襮。”先叔所藏铜器收入商锡永先生所编《十二家吉金图录》，所藏古匋则由孙师白先生编为《季木藏匋》，所藏古玺印亦为专家所重视。但未编成谱录（各种实物解放后均已捐献国家）。大方先生曾赠一联云：“所得汉碑堪作屋，要收秦印比封泥。”出土的秦印当然比封泥少得多，联语带点夸张味道，对季木先生的收藏表示赞赏，也表达了旧日私人收藏家多多益善的贪婪之情。用一句古人的成语来评价，这副对联确可算是“善颂善祷”了。

我童年在家塾中学写篆书，临摹泰山二十九字、汉碑篆额等，对钟鼎甲骨文字，也很有兴趣。还曾到大方先生家里，摹写他所藏的甲骨文字。大方先生赠我一联：“生小便能通鸟篆，闲来每与说龟藏。”是长辈对后辈加以鼓励的口气，借用《龟藏》书名指甲骨文，与鸟篆相对也工稳。但当时有人看了说：“小便能通四字相连，未免不雅。”大方先生说：“那我就给你改写一下吧。”于是改为“生小善书通鸟篆，闲来考古说龟藏”。这样一改，严肃而死板，情感和风趣都远不如原来了。我后来还是裱了第一副，可惜抗战中在南京丢失。而我的篆书始终没练好，甲骨之学更未入门就放弃了。及今思之，有愧前辈厚望。

大方先生赠人联语，都针对对方情况落笔，以职业以至名字为题材，用语贴切，令人叹服。我有一位堂姐是学医的，姐夫是学法律的。先生为这对夫妇书联云："早识读书先读律，未遑医国且医人。"表兄孙师白名浔，是根据白居易《琵琶行》命名，大方先生运用白诗情景赠一联云："青衫明月夜，枫叶大江秋。"写时展开联纸，发现太长，五言写不满。于是当场在上下联各加二字，足成七言："红袖青衫明月夜，荻花枫叶大江秋。"先生才思敏捷，信手拈来，类多如此。我的堂兄煦良出国留学，大方先生赠联："此去好行万里路，说来都是一家人。"后来又补两句："须知肝胆向谁是，留得金刚不坏身。"这样就成了一首七绝。联语体裁本自诗出，补充联语又可以成为诗，这是中国文字语言之妙处，但也还须有大方先生这样的才人方能妙手得之。

大方先生有些对联纯属文字游戏性质，有时是为了应酬。例如有周胡两家结亲，他赠联云："周于利者周于德，胡然而帝胡然天。"上联用《孟子·尽心》语，下联用《诗·墉风·君子偕老》语。尽管对仗很工，与原书文义却没有多大关联。除了把周胡两姓嵌在对联里，此外并不包含什么寓意。清代文人都把《四书》《五经》背诵得滚瓜烂熟，这样"灵活"运用古书文句的例子，在清人笔记里是屡见不鲜的。还有一种从前称为"无情对"的。据说大方先生曾撰一联："树已半空休纵斧，果然一点不相干。"上下联每个字都对得异常工稳妥贴，但两联意义上毫无关系。这只能说是利用汉语和汉字的特点所做的中国式文字游戏而已。诚如刘先生文中所说，大方先生喜欢征逐声歌，因而还作过不少嵌入妓女名字的对联，其中虽不无传诵一时之作，但今天看来，就没有记录的必要了。

1983年8月酷暑中写于北大燕东园

（原载《学林漫录》第十集）

再记联圣大方

联语大约由律诗的对仗句子发展而来，独立成为一种文学体裁。这情况很像日本文学史上的俳句，由连歌首句独立出来。二者皆附庸蔚为大国，成为广大群众喜闻乐见的文学形式。昔年陈寅恪先生很重视对对子，认为它可以测试学生国文水平。所以20世纪30年代清华大学新生入学国文试题中，有过“孙行者”（本科）和“墨西哥”（研究院）两个上联，要求考生对出下联。近者季羡林先生访问韩国，回来告诉我，韩国学人宴会上喜欢以汉文对对子代替吟诗酬唱，可以说又为联说开发了一种新用场。

《学林漫录》初集所载已故刘叶秋先生《艺苑丛谈》文中，有“联圣大方”条。1985年，我在《学林漫录》第十集中写了《也记联圣大方》小文，但恨对于大方先生平生事迹所知太少，未能发潜德之幽光，十年以来于心耿耿。以后从大方先生的后人了解到一些情况，近又承卞孝萱先生盛情，以所辑《民国碑传集》中闵尔昌氏撰《方地山传》见示，于是这位联圣的生平大略可知，因亟写此《再记》，以了宿愿，并纪念先生逝世60周年。

大方先生（1871—1934）名尔谦，字地山，一字无隅，自号大方。原籍安徽歙县，生于扬州。孝取秀才后乡试屡次不中，十七八岁时即教私塾，后替亲戚经理盐务。1905 年，入天津《津报》馆，“主撰论说，斟酌时宜，词意精警”（闵传，以下引文同）。袁世凯时任直隶总督，延入幕府，担任其子克文等的塾师，兼在北洋客籍学堂、法政学堂讲授文史课程。1909 年以后，新设盐政督办处，任总务厅坐办。“长官以君熟于产销榷课之法，颇资赞画。”入民国后，任财政部参事上行走。据家属见告，先生反对袁世凯称帝，拒不参加筹安会，得罪了袁氏，从此遂弃职家居，表现了正直的知识分子的气节。

先生“喜聚书，嗜博览，名椠旧抄，高价购求，皆不少吝”。“藏唐人写经、明清人书画甚伙，长卷短册，骈罗几席间。古代泉币尤多精品，累累贯串，终日佩带，不离其身。”关于大方先生的泉币之学，王贵忱先生有精到叙述，见《中国钱币》1992 年第一期所载《钱币学家方地山轶闻》。

大方先生为先伯父梅泉先生挚友，长于先父叔弢先生 20 岁。因有古书文物等共同爱好，遂成忘年莫逆之交。我在前写《也记》文中，举了传诵一时的寿先父“生日似荷花”联语。此外还有针对先父藏书及校书活动，撰联云：“所适在思想误处，校勘若对于仇家。”又有一联云：“略师蝯叟中年字，时得荛翁未见书。”荛翁谓黄丕烈。蝯叟为何绍基号，先父曾喜仿效其字体。“中年字”一语还另有典故。杨钧（杨度之弟）所著《草堂之灵》卷十二际遇条记，著名书法家李梅庵（清道人）早年经常给人写字：“其书实不成形，东斜西歪，稚弱可笑。尝托人收集前作，而以当时之作易之。何蝯叟自喜中年之制，以为非晚年所能，尽量收买，自赏自叹。然两君不可同日论。蝯叟中年已成体格，其韶秀俊逸者，晚年实不能也。”

大方先生为先父书扇甚多，其内容多为谈泉之小品及所撰联语掌故，间有诗句，可从而窥见其为人及交游。此类文物颇富学术史料价值，我曾移录了全部内容，谈泉各条皆提供给王贵忱先生，现将其他内容略作介绍。

有一扇面所写如下："'数当世德星，我辈觉太丘道广；论前朝公子，诸郎比湖海能文。'右联语寿陈伯言丈。因师曾、彦通兄弟皆有文词，故以比其年。今师曾已死，偶为叔弢诵之，相与太息。"盖大方先生及先父当年皆与师曾、彦通两先生为至交，而不知隆恪先生亦善诗，登恪先生精于西方文学，寅恪先生更是一代宗师，太丘诸郎固不仅二人能文也。

联语的上下联中各嵌入姓氏、名字或有关词语为对仗，是前人撰联喜用的方式。嵌入的字或词要求与上下文混然一体，不着痕迹，而上下联相对又必须天衣无缝，丝丝入扣。大方先生所写扇面，不少内容是赠妓联。旧社会妓女多以风花雪月取名，等于给嵌字对联提供主题。大方先生在扇面上所写赠妓联语，未必真正书写相赠，以供悬挂，而是借名发挥，以驰骋才华，发抒情感。例如嵌"微云"二字联云："微闻环佩又到人间，本来诸葛大名应传宇宙；云想衣裳依然天上，莫怪丰干饶舌打破禅关。"又一联云："微雨芳田，愿祝东风种红豆；云开月出，依然北地卖胭脂。"嵌"凌波"二字联云："凌驾不已，欲摩苍穹，便得南飞终自苦；波折太多，莫追险绝，复归平正是其时。"嵌"云仙"二字联云："魂梦逐云飞，难得相逢一推手；君身有仙骨，每当临去百回头。"又多一联中重复嵌名之例，如"小立多时，对面相看，不信前番春梦无端遂成小别；桃花如此，昔年休说，但期异日秋波临去还我桃根。"上下联中两次嵌入"小桃"二字。这些联语内容的本事我们无从获悉，但从字面来看，仍有欣赏价值。还有不露字面而隐寓人名之例，如："登天恐坠，出岫无心，巫峡朝朝萦好梦；群玉山头，瑶台月下，翠軿往往到人间。”即藏“云仙”二字。有一系列联语，皆嵌同一人名于其中，而每联各有本事。这样用联语代替赋诗以咏事，是大方先生熟练运用联语技巧之极致了。

先生书扇中有怀念故人或赠友朋诗句。如《书寒云所积吴彦复尺牍后》：“访邻寻揫成今昔，河北重来涕泪多。短纸依依时及我，摊泉为尔儿摩挲。”又《赠陈六》：“绵绵七世旧家子，咄咄一编新语林。斗室笑谈关世变，欲扪朕舌又逢君。”

闵尔昌氏所撰传中称先生“阅世既深，不免与俗浮沉，纵意所适，以寓其抑塞不平之气”。我所见先生书扇诗句，亦恰能证成闵氏之语。如“《元二之际蛰居津门自嘲》：‘先生休矣复何如，出或无车食有鱼。近市一楼天地窄，时还读我线装书。’此十年前所为诗，叔弢当信大方供状不诬也。”诗中表达的心境，恰与反对袁世凯称帝的行为相呼应。又有一扇书云：“‘十年生聚五车书，有有须知必有无。鬻及借人真细事，存亡敢说与生俱？’‘畀余犹有此区区，何日相将还旧居？空锁扬州十间屋，渡江能得几连舻？’无隅有书百余簏，七八年来国中不靖，迭罹兵戈水火之苦。移居屋渐小，转病书多。偶忆易安《金石录·后序》云云，拉杂为诗。因吾叔弢好古同病相怜，冀其助余太息也，聊复书之。”记得儿时几次听大方先生念道：“但愿人请人，回回都有我，我也不请人，人也不请我。”这不也是“与俗沉浮，纵意所适”吗？先生身躯颀长，方面大耳，皮肤白中透红，白发稀疏，每每捋须大笑，旁若无人。我们弟兄童年时，都非常喜欢听他老人家高谈阔论，妙语绝伦。可惜当时全未记录，无从复述了。

我在《也记》文中，曾根据传闻举大方先生所作“无情对”。后读李伯元《南亭四话》中庄谐联话条，已载“树已半空”联语，知非出大方之手。犹如关于昆明避日本轰炸之联语“见机而作，入土为安”，自来传为陈寅恪先生口占，其实据云出于卢前（冀野）先生也。

1994年11月8日写成，记于美国乔治亚州之低凯坨

（原载《读书》1995年第六期）

纪念杨联陞教授

杨联陞（莲生）教授是在海峡彼岸、新旧大陆以至港澳等地都蜚声驰誉的学者，而国内对他的著作反而颇为陌生。

美国哈佛大学为他发的讣告说："杨联陞教授在国际上以学术辨析能力与才思敏捷著称，是几代学生所亲切怀念的好老师，是协力培育与造就美国汉学的先驱学者之一。"

法国汉学耆宿戴密微（Paul Demievillé，1894—1979 年）说："总之，杨联陞的学问继承了中国百科全书式学问的优良传统，发挥其个人天赋之才，在广阔范围的资料中，以细致严密的分析作出综合性结论。"①

这两段话准确而恰当地概括了杨联陞教授一生的学术与事业。

* * *

杨联陞教授原籍绍兴，1914 年生于河北保定。1937 年毕业于清华大学经济系。1942 年在哈佛大学获硕士学位，1946 年获博士学位。

① 杨著《汉学散策》（1969 年版英文本）戴密微氏序言。

1947年在哈佛任助教授，1951年任远东语言系（后改称东亚语言及文化系）副教授，1958年任教授。1961年入美国籍。1965年获哈佛燕京中国历史讲座教授称号。1980年以名誉教授退休。1990年11月16日逝世。

杨联陞教授1959年当选为台湾“中央研究院”院士。1962年在巴黎法兰西学院及日本京都大学讲学。1970年及1976年先后获美国圣路易华盛顿大学及香港中文大学名誉文学博士。1974年获法国铭刻与文学学院德卢恩奖（Drouin Prize）。他还担任过《哈佛亚洲学报》编委会编委及新竹《清华学报》主编。

除多篇论文和书评之外，杨联陞教授结集成书的英文论著有《中国史专题讲授提纲》(1950)、《中国货币及信贷简史》(1952)、《中国制度史研究》(1962)、《汉学散策》(1969)、《汉学论评集》(未见，出版年月不详)。与赵元任先生合编过《国语字典》(1947)。部分论著译成汉文，汇集为《国史探微》(1983)。北京的中国社会科学出版社近期将出版杨联陞教授晚年手订的论著选集，收论文书评共18篇。

* * *

我与莲生订交已逾半个世纪，又是20世纪40年代阔别后国内老友中惟一有幸与他三次重逢的故人。虽然长期踪迹暌违，而相知之深，相交之笃，相慕之切，相念之殷，固未尝少减。他的遽然化去，使我异常悲痛。

回忆与莲生初识，是七七事变之后，抗战爆发不久，在当时尚未沦为汉奸的钱稻孙教授家中。20世纪30年代之初，钱稻孙在北平西四受璧胡同他家里办了一个“泉寿书藏”，向外人开放他的日文藏书，还出版一种不定期的小小刊物名为《学舌》，报导日本学者有关中国文史研究的消息。我有时去帮他整理图书。钱稻孙主编一本日汉字典。莲生那时毕业不久，大约一时找不到适当工作，在钱家协助编字典，我们因此相识。莲生考取清华经济系的同时，还考取了北大中文系。那时没有统考制度，好学生不怕艰苦，可以报考一所以上的大学。由于服从家长的愿望，莲生去清华学了经济，但他的修养与兴趣仍在中国文史方面。所以在清华广泛选听诸名家的中国文史课程，受知于陈寅恪先生和陶希圣先生。学生时代就在《清华学报》和《食货》上发表文章。他的毕业论文有关唐代经济史，是陈先生指导的。现在北大任教、曾长期担任陈先生助手的王永兴教授回忆，他就是在清华西院陈先生家中认识莲生的。由于同样有志于文史之学，同样"崇拜"陈寅恪先生，又同样喜欢涉猎日本学者的论著，有许多共同语言，我们两个青年意气相投，一见如故，很快熟悉起来。我发现莲生头脑敏锐，记问渊博，悟性记性都远胜自己，迥出侪辈之上，极为折服，遂成莫逆。

当我滞留平津，俟机南下时，燕京大学的老师洪煨莲先生介绍我去协助美国贾德讷（C.S. Gardner）博士工作。贾德讷著有《中国传统史学史》，时任教哈佛大学，来北平从事研究。我的任务是替他翻阅有关东方学的刊物，作成论文摘要，得到一些报酬。1939 年春夏之际，洪先生又推荐我领取哈佛燕京学社奖学金，秋天去哈佛留学，贾德讷处的工作不能再继续。贾问我有无合适的人代替，我立即推荐莲生。有些回忆文章说是洪先生或钱稻孙向贾推荐，都属误传。1940 年贾德讷博士回到哈佛，希望我仍旧协助他编日本论文摘要。我因领取哈佛燕京学社全时奖学金，按规定不得另搞业余工作。贾德讷家比较殷实，于是自己出钱聘请莲生自北平赴美，继续协助研究工作。莲生先住在贾家，工作之外，从学业到生活得到贾不少帮助。以后在哈佛立足，以及后半生的学术和人生道路，都与贾德讷博士之聘请赴美不可分。莲生为人谦虚厚道，不忘旧谊。30 年之后，当他已成名，担任哈佛大学讲座教授时，1969 年出版的《汉学散策》书前献词中，称早被排挤离开哈佛的贾德讷博士为“把我引进西洋汉学之门的君子、学者和朋友”。称贾夫人“宽厚、机智、善良”，“与她丈夫一起对我体现了无私的基督教人生道路”。根据我和贾家的接触，我认为莲生这些话真诚地表达了他由衷之情；对贾而言，也确实并非虚誉或溢美。

20 世纪 40 年代前半，我们在剑桥的学生生活是紧张而愉快的。珍珠港事变后，哈佛大学举办陆军特别训练班，一部分中国学生辍学协助。我协助日文班主任叶理绥（S. Elisséeff）教授教日文，莲生协助中文班主任赵元任先生教中文。他在教学上初露才华，以钻研语法受到赵先生赏识，成为赵先生的得力助手。赵师母好客而长于烹调，当时赵府成为中国学生聚会的中心。而少数带家眷的留学生不待岁时伏腊，也竞相招待单身汉同学，莲生就是我家常客。记得他曾在我家纪念册上题过“推潭仆远”四字。此为《后汉书》所记西南夷语，义曰“甘美酒食”。

20 世纪 40 年代末以后，天各一方，不相闻问直到 1974 年莲生夫妇同来北京，才得晤面。他当时极为小心谨慎，许多老朋友都未要求会面，只提出见我。我当时已调到“梁效”工作，“纪律”奇严，居然得到允许去北京饭店会晤，原因为“此人是很有影响的美籍华裔学者”。记得这一上午的会面他异常兴奋，谈了很多，而我却“乏善可陈”。我问他在哈佛有无接班人，他举出余英时。这是我第一次听到余英时教授之名，而识荆又在 15 年之后。这次会晤给我留下最深印象的，是在饭店门口握手告别时，他突然说：“咱们行个洋礼儿！”紧紧拥抱了我，我平生无此经验，当时想，“洋礼儿”云者，只是表面戏言，他也并未欧化到非如此不足以尽礼的，实际是表达了 30 年阔别后的深挚情感。今天看来，也可算我们半个世纪以上纯真友情的迸发。1977年夏，莲生再次来北京，那时“梁效”成员正在政治审查中，我根本不知道他有此行了。

1982年我以卢斯基金到柏克利加州大学作访问学者，6月偕老伴重游剑桥，与莲生欢聚数日。头天他陪我们步行访赵元任先生和洪煨莲先生故居，邀我们在剑桥湖南饭馆午饭。次日又与老友于震青（镜宇）先生一同在阿令屯家中设宴。我6月8日日记云：“杨在办公室以抹茶相待，又赠诗二首。精神甚好，健谈如昔。颇以法兰西学院讲演为荣，几年前在北京饭店即以此见告矣。赠著作三册，论文多种。”6月9日记云：“杨家晚餐，又赠论文多种，杨公兴奋，大谈读书心得，new ideas甚多。”我离剑桥前夕又记：“杨公电谈甚长，诉受西人排挤之苦，同时畅谈成就之多。”我则“告以博闻强记之外还深思，尤难能可贵。但更须宽怀，方免于病”。据我侧面了解，西人待他不薄，排挤云云未必尽然。遇事有时想不开，恐怕是莲生晚年致病之根由吧？

莲生手书赠诗二首：

赠老友周太初（一良）兄，喜闻其《魏晋南北朝史札记》即将出版，洛阳纸贵，可以预卜。

北人渊综无多子，
寅老家风学步难。
谁道沧桑荒旧业？
犹能健笔作龙蟠！

赠萝庵嫂

燕园佳侣几人同，
柳色伤离韵自工。
犹记妙人绝妙句：
“春衫闲却一肩红。”

末句是嫂寄玉照与太初兄，题此一句，时在一九四一年。一九四六年后久别，一九八二年六月来访，小住数日，同访洪煨莲先生旧居及赵元任先生夫妇在行者街之赵家楼。前辈风流，追怀无尽。太初兄自觉宝刀不老，弟当勉力追随。

莲生老友阿其所好，勉励有加。录赠诗以资纪念，弥增愧恧。

* * *

1989年我赴纽约就养，10月底到阿令屯探视莲生。这时他已是小中风愈后，走路须用“行者架”①，与七年前大不相同了。我当时带着两个想请教的问题：一，他几十年来有哪些得意的及门弟子；二，华裔学者在欧美汉学研究领域前途的展望。遗憾的是，那时莲生虽然头脑清晰，而思路已不太连贯，口齿也欠清楚。一个上午的相聚，只能听他谈，从无对话提问。我的日记上只留下了“回忆杨公所谈，竟无法记”十个字。同时又觉得，来此一趟会面完全应该。

那天杨夫人缪宛君大姐特地买来龙虾相饷，盛情可感。而她对病人无微不至的照顾体贴，在短短三四小时中已使我感佩无已。我那天怀着极其复杂难以形容的心情，离开穆尔顿路63号。莲生去世后，缪大姐1990年12月18日有一封给亲友们的信，其中一段话说：“1990年是我一生中最有意义的一年。以一个没有护理常识的人，只凭着一颗爱心和耐心，来接受上帝给我的任务。用我坚强的毅力来克服困难，服侍得他起居饮食得当，度过了四个月伤女之痛之后，竟能快活地生活到最终。”这段话，可以作为我在阿令屯杨家所见的注脚。

1990年7月15日我们离纽约返国。头天晚上打电话到杨家。夫人先接，说报告我好消息：莲生自十二月女儿去世后，每天昏睡

① 英语walker，井字形极轻金属架，病人用手臂撑以行走。

十六小时，书报一切不看。5月以来情绪渐好，睡十二小时，开始读书报，看电视。只是上身不能自由动转，须人扶才能起床。但等莲生自己听电话时，与缪大姐所说的“好消息”恰恰相反，给我极大震动。他说了十几分钟，我一句话一个字都没听懂。两人就这样永远诀别了，悲夫！

* * *

日本吉川幸次郎教授《知非集》康桥次韵答杨莲生诗云：“茂堂小学竹汀史，君兼其长非模拟。”莲生的学问包括中国历史与语言两大方面。语言兼及古代和现代，历史则上起先秦，下迨清末，领域涉及经济、社会、政治、文化、宗教，以至考古、艺术等部门。他善于发现问题，从大处着眼，小处着手，由小以见大。论著每多创获，深得陈寅恪先生学风的三昧。莲生所写书评也极受推重。刘子健教授说：“他最精彩的学问，多半见于他写的书评。”[①] 余英时教授说：“杨先生的博雅，在他的书评中显露无遗。《汉学论评集》所收四十几篇英文书评，遍涉语言、官制、考古、地理、边疆史、文学史、科技史、哲学史、经济思想史、书画史、佛教史、史学史、敦煌等专门领域，包罗了中国文化史的全部。更难能可贵的，是他的书评篇篇都有深度，能纠正原著中的重大失误，或澄清专家所困惑已久的关键问题，其结果是把专门领域内的知识向前推进一步。”[②] 莲生自己也说过，书评是“心血所集。”[③] 我认为莲生的书评可以媲美法国汉学家伯希和，他复信说：“来示以双承寅老与伯希和为说，万不敢当，廖化作先锋而已。伯公晚年以汉学界之警犬自命，不可

① 《斯学传斯风——忆杨联陞先生》，《史学月刊》第37期。周法高先生《读书集序》（1977）也称赞莲生的书评知识广博而细心，“对于大义微言和细微末节都不肯轻易放过”。

② 《中国文化的海外媒介》（上），《时报周刊》1991年309号。

③ 1984年6月7日致周函。

向迩。其书评不留余地，非弟所纵。”[①] 他对伯希和的批评，正与他一贯为人忠厚的作风相一致。

莲生的学问用历史学家四个字不足以范围和概括，汉学家也许对他倒是一个更恰当的称号。他对美国汉学的贡献，他的学生和同事余英时教授有中肯的说明：“杨先生对于西方汉学界的最大贡献，毋宁在于他通过各种方式——课堂讲授、著作、书评、学术会议、私人接触等——把中国现代史学中比较成熟而健康的成分引进汉学研究之中。”[②] 莲生之所以成为掌握多方面知识的汉学大师，当然与他学问渊博有关，同时客观学术环境的要求也起了作用。用他自己的话说，就是：“在美国讲中国学问，范围很难控制。因为学生的兴趣各有不同，先生也就不能不跟着扩大研究的领域。”[③] 莲生所倡导的“训诂史学”，主张彻底掌握史料的文字意义，要求扣紧史料的时代而得其本义，我看也是针对外国学生读中国文献有时理解不够确切，意以为之的倾向提出的。假如莲生在本土的学术环境之中进步成长，可能他的学问会另有一番境界吧。

* * *

莲生作学问胸襟宽广，从善如流，绝不抱任何成见偏见。对于前辈如柳诒征、吕思勉诸家著述，都极为尊重，随时参考。其处世为人也同样宽厚公正，喜抱不平。据云台北“学术界主流”，曾对钱穆（宾四）先生有“牢不可破的成见”，而莲生对他却极为推重，说“钱先生的中国学术思想史博大精深，并世无人能出其右”，认为钱

① 1982 年 8 月 23 日致周函。

② 《中国文化的海外媒介》（上），《时报周刊》1991 年 309 号。

③ 《中国文化的海外媒介》（上），《时报周刊》1991 年 309 号。莲生在别处也曾把自己比作“杂货店”，因为“汉学原本就包括哲学、文学和史学”，见福井文雅，《欧美的东方学与比较论》（1991 年日文版）第 70 页。

先生《朱子新学案》提纲“胡适之先生恐怕是写不出来的。”①

莲生还曾在信中谈道：“论明清史料史事，今日当推房兆楹杜连哲夫妇，皆燕大高人。弟已作初步准备，两年后提名房先生为院士，哥大已赠予二人交博，洪师大慰。有明清两传，Mary Wright、Jonathan Spence、David Nivison 皆北面称弟子。燕大在中院（周案：指台湾“中央研究院”）向来受屈，煨莲先生尤甚。弟希望打此不平，能有効也。房先生如过此关，弟决出席力荐。”②可惜的是，房先生未及待莲生推荐，就在北京溘然长逝了。莲生这种对学人尊重爱护，对学术出以公心的精神，在各地学术界都喜欢搞山头、分门户、闹派系、不团结的今天，是极可宝贵，永远值得效法的。

莲生虽久侨花旗之国，最后入籍，但我认为，从他的志趣、修养、人生哲学以及生活习惯等等而言，他始终是传统的中国文化人。因此，他内心中故国山河时时萦绕，传统文化的浸润从未稍減。从他的信札中，足以窥见一二。1982 年 8 月送我们归国函云：“下月底可以返国，大佳。‘虽信美而非吾土’，‘应知异国误华年’，弟四十年前早为语谶矣。”③1989 年 5 月函云：“又值洋清明。近阅书报，看 TV，皆少好坏，记得‘白下有山皆绕郭，清明无客不思家’一联。”④陆惠风先生转莲生联云：“万里乡心埋异土”，是能道出莲生心事之语。我因偶然机会，看到郑骞（因伯）先生转台静农先生联语，其下联云：“八千里外，山河故国，伤怀同是不归人”，语极沉痛而真挚。看来无论大洋彼岸也好，海峡彼岸也好，只要稍有中国

---

① 《中国文化的海外媒介》（下），《时报周刊》1991 年 310 号。

② 1982 年 8 月 23 日致周函。

③ 1982 年 8 月 23 日致周函。

④ 1989 年 5 月 27 日致周函。

文化的培养熏陶，这传统文化就会超越任何政治、经济或民族的因素之上，成为强大的向心力和凝聚力，我们应当充分尊重并发挥其作用。

* * *

由莲生的成就，我联想到他成材的途径和抗战前北平的大学。当时北平主要的大学五所：国立的北大、清华、师大和私立的基督教会的燕京、天主教会的辅仁。20世纪30年代，以中国文史方面系科而言，五校教学各有传统，研究各有特征，各有自己的刊物，也各培养出不少人才。当年青年学生心目中最为景仰的两所国立大学——北大与清华，似乎难分高下。五十余年后的今天，再来考查，我的印象是，莲生出身的清华似乎办得更成功。我在院系调整后的新北大参加过一次会议（记不清是系主任会或其他什么教授为主的会），环顾在座，北大毕业者二人（党委书记与哲学系主任），燕京毕业者二人（地理系与历史系主任），其余的教授如果我记得不误都是出身于清华的。这种情况当然有很大偶然性，恐怕也不能否认它说明一些问题。清华一位老教授回忆，梅贻琦校长曾开玩笑地说："京戏舞台上的皇帝身穿黄袍，坐在当中。但真正有戏可演的，大都是那些文臣武将。皇帝往往没什么表演，我就像是个皇帝。"此话说明，梅校长虽然自谦，实际他的作用正在善于延揽教授。只要有高水平师资，各尽其责，就有保证把合格的学生培养成高水平人才。当年清华的教授会很富权威性，或称为"教授治校"，看来未可厚非。

从莲生的例子，我还想到清华办学的另一特点即悬统一标准，要求所有学生的基础具备大致相等的水平。北大却容许录取中文突出优异而外文不及格的新生。莲生自谦说，英文程度在清华学生中只居乙丙之间，而日文下过深切工夫[①]。然而莲生在美国很快适应，讲课、写论文、讨论等应付裕如。而北大毕业的一位久居美国的历史学家，学问精深渊博与莲生相伯仲，只是外语受到限制，不能像莲生那样发挥所长，因而在美国汉学界始终未得到应有的承认。这对比的例子可能也并不典型，但足供知人论世，有助于理解莲生之所以成为国际知名学者。

* * *

莲生不仅学识渊博，而且多才多艺。在美国同学时，只知其能诗而不知其善画；只知其精于桥牌，而不知其兼擅围棋麻将，甚至三者都有著述；只知其为京剧戏迷，不知其能写能唱子弟书。陆惠风先生悼词中说莲生是“certainly one of the most colorful intellectuals of his generation”（肯定是他这一辈知识分子中最为多彩多姿者之一）。仅从上述意义而言，colorful 一语也确切之极，更无论他的学术活动了。莲生由于人品、学业、才艺等方面原因，在哈佛中国学生中群众关系甚好，被选为中国学生会主席，并被吸收为中国学生的兄弟会“成志学社”（CCH）会员。

四十年代之初，哈佛搞文史哲的中国研究生有四个人年辈相近，意气相投，常在一起，以齿相序为任华（贵州安顺人，清华大学毕业，清华留美公费）、周一良（安徽东至人，燕京大学毕业，哈佛燕京学社奖金）、吴保安（后更名于廑，安徽休宁人，东吴大学毕业，清华留美公费），而莲生最年轻，吴杨两人时时写诗唱和，记得他们的《哀香港》古长篇在哈佛中国同学中传诵一时。吴保安住处是三十年代翁独健教授求学时所住之地，当年的房东已然是白发皤然

① 赵赓扬：《东方伯希和：汉学家杨联陞》，《中外杂志》（根据复制件，卷期不详）。

的两姊妹，也曾成为吴杨诗中主题[①]。莲生赠吴保安归国诗云：“思能通贯学能副，话有风雷笔有神。同辈贤豪虽不少，如君才调恐无伦。”[②] 八年抗战胜利结束，1946 年任周吴三人“青春作伴好还乡”，先后回国。四十年来，由于客观情况，业务上展转流离，游骑无归，成就寥寥。拨乱反正之后，周一良始得重理旧业，吴保安奋其雄心壮志，开创 15、16 世纪世界历史转折点之研究。西洋哲学长期被冷落，金岳霖大师之高第弟子任华于投闲置散，今年届八十，老病因循。共话剑桥旧事，既悲莲生之永逝；又不禁庆其学术硕果之长存也。

《梁书·朱异传》载：“异遍治五经，尤明礼易。涉猎文史，兼通杂艺。博弈书算，皆其所长。年二十，诣都。尚书令沈约面试之，因戏异曰：‘卿年少，何乃不廉？’异逡巡未达其旨。约乃曰：‘天下惟有文、义（周案：指谈义）、棋、书，卿一时（周案：犹言一齐）将去，可谓不廉也！’”借此典故，撰联以表达哀思：

任周吴杨异域同游俊彦独推魁首，
文义棋书一时将去不廉更迈前修。

* * *

最后，我愿在纪念小文之末，列出莲生准备在北京出版的自订论著选集的目录。因为我觉得，这本选集代表他晚年学问的精华，理应尽快介绍给中国学术界，并借此促进一下它的出版。莲生生前曾不止一次对我说过，不要弄得像洪煨莲先生那样，北京版的论文集身后才问世。不幸而言中。

---

① 20 世纪 30、40 年代时，美国对华人种族偏见甚深。剑桥留学生租房每遭闭门羹，只有少数房东愿收中国房客。因此中国学生住房常有“世袭”现象。

② 1983 年 10 月 18 日致周函。

附 杨联陞教授自订论著选集目录

《杨联陞文集》序

杨联陞（莲生）先生是美国哈佛大学东亚语言文化系退休教授，这部书是他的论著的选集。

杨先生自幼性喜文史。1933 年同时考取了北京大学中文系和清华大学经济系，由于家庭的期望，选择了清华。但他始终热爱文史文学，在大学期间，受教于陈寅恪先生，发表过当时颇有影响的关于中国社会经济史的论文。1940 年赴美，取得哈佛大学博士学位后，在那里任教三十余年。美国不少研究中国历史、文化、语言的学者多出其门下。杨先生的主要著作有《中国货币与信贷简史》（英文、剑桥）、《中国政治经济社会制度史的研究》（英文、剑桥）、《汉学散策》（英文、剑桥）、《国史探微》（台北）等等。

杨先生才思敏捷，强记博闻，勤于钻研问题，每多创获。这部文集包括三大类文字：第一是关于经济史、宗教史方面的，第二是关于语言文学方面的，第三是书评。从文章范围之广和考订之精，可以看出作者治学的宗旨和途径。杨先生撰写的书评不下数十篇，受到欧美日本学术界的重视，这里收录的只是极小部分。作者评论的书籍涉及面至为广泛，也说明其学识的渊博。

杨先生的论著国内学术界接触甚少。这部文集的出版，肯定将大有助于我们开阔视野，吸取海外学者研究成果，为我所用，共同促进学术的繁荣。是为序。

1985 年 6 月写于北京大学

纪念老友谭其骧教授

一百年难遇，绝学鸿篇美而富；

六十载论交，平生风谊友兼师。

老友谭其骧（季龙）教授中风之后十四年间，以半废之身表现惊人毅力，与病魔坚决斗争，忘我工作，多方面有突出成就。终因积劳而旧疾复发，缠绵病榻十个月后溘逝。文化学术界同声痛悼，相知六十余年的至交老友，更不知涕泗之何从也。

我1930年离家塾考入燕京大学所办训练中学教员的二年制国文专修科，谭季龙兄从暨南大学历史系毕业考进燕京研究院。按理说我们专业与学历都相悬殊，相识订交的机缘是同住学校南门外的“南宿舍”，即今勺园一带。那时燕京学生宿舍的分配由学生会掌握，办事不甚公允。新入学的“杂牌军”如研究生、专修生等，往往第一年分不到未名湖畔的男生宿舍，我们都住进了地名叫冰窖的旧式平房。我与一位暨大中文系来的研究生同屋。老谭不时来串门，因而熟识起来。一段时间以后，南宿舍的学生“量移”进入校园，也只能搬到湖边的食堂楼下，我们仍住在一起。

季龙兄选了顾颉刚先生的课。他在讨论《汉书·地理志》中问题时的精辟见解，深受顾先生赏识。顾先生对他之器重，在1934年9月24日给胡适之先生信中说得极为清楚："北大课已由谭其骧君代，让我可以多陪家父儿大，尤感。谭君实在是将来极有希望的人，他对于地理的熟悉，真可使人咋舌。任何一省，问他有几县，县名什么，位置怎样，都能不假思索地背出。对于地理沿革史，夙有研究兴趣，且眼光亦甚锐利，看《禹贡》半月刊、《史学年报》《燕京学报》诸刊物所载可知。他在燕大研究院毕业生中，应列第一。今年我所以敢办《禹贡》半月刊，就为了有他，否则我一个人是吃不住的。"顾先生的评论看来是当时公论。季龙曾对我说过，儿时在家里与弟兄们玩游戏，常以地名为内容。可见他除天分聪明之外，对舆地之学幼有夙好了。

邓文如师曾撰联并书赠季龙兄："释地正堪师两顾，怀才端欲赋三都。"当时从邓老师言，对这个二十岁刚出头的弟子已是期许甚殷。但事实上几十年后谭其骧把中国统治的沿革地理之学发展扩大加深，开创建立了中国历史地理学这门科学，培养造就了不少专家，其学术贡献远非顾炎武和顾祖禹所能范围，这又岂是邓老师当年所能料及呢？季龙兄1934年在《燕京学报》发表过一篇《新莽职方考》。他对我说："这篇文章大约只有两个人看过，一个是作者我自己，一个是学报主编顾先生。"由此种封建史学范围内偏僻的"绝学"，到现代科学体系中的"绝学"，反映了20世纪中国学术文化的发展，也反映谭其骧这位不世出的学人的发展。

清代以来，我国学术史上有几对关系密切号称师友之间的学者。戴震与段玉裁相差12岁，二人的交谊在师友之间。罗振玉与王国维相差11岁，罗振玉说他们的关系犹如东原之于茂堂。王国维与陈寅恪相差 13 岁，陈先生在观堂挽词中明说：“风义平生师友间。”这几对学者年龄相去十年左右，学术造诣伯仲之间，所以学术史上传为美谈。我与谭其骧只相差两岁，学术成就又迥不相侔，为什么戏仿昔贤，忝颜自称“风义平生师友间”呢?

1932 年春季开学以后，辅仁大学历史系担任“中国沿革地理”的柯昌泗先生因故不能到校。这门二年级必修课又非开不可。而北平城里找不到能胜任的教员。邓文如师便向陈援老推荐谭其骧去担任。那时他年仅 21 岁，研究院尚未毕业。老谭一方面信心十足，一方面多少也有点打鼓。我 1931 年秋季考入辅仁大学历史系。那时是一年级下学期学生。这学期应该听谌亚达先生讲授的《中国地理概论》，时间与沿革地理相同，地点在隔壁教室。谌先生的课以念讲义为主，不能引人入胜。我很想改听沿革地理。老谭也希望了解讲课效果，同时派个“坐探”在班上搜集学生反映。当时辅仁大学课堂点名不归教员，而是学生各有固定座位，由教务处派人巡视座位是否有人，来检查学生出席情况。我与管点名的老人商量好，我人在老谭班上听讲，他在隔壁谌先生班上点名算我照常出席。期末我仍回到谌先生班上参加考试。60 年前旧事，回忆起来历历在目。连答应我的请求的那位矮胖点名老先生的形象，都还清清楚楚。这就是我与谭季龙一度良师，终身益友的特殊“风谊师友间”，多年之后我们两人谈起来还引为趣事。从那以后，北平几所主要大学历史系的沿革地理课就都由他包办了。

季龙兄为人宽厚，平易近人。据我所知别人作了愧对他的事，他往往也宽大为怀，不去计较。但在原则问题上，他决不妥协。如在编绘历史地图过程中的名言：“图可以不出，主编可以不当，历史事实不能随便更改！”真是掷地作金石声！

1976 年冬以后，我身处变相囹圄，与世隔绝。到 1978 年冬才给季龙兄去信。10月30日，他在病床上复我长信，开头说："病榻上忽奉惠书，初见信封不免一惊，既开缄捧读，又为之欣慰无似！"寥寥数语，老友的关切与欣慰跃然纸上。以下又直言指出："吾兄自五十年代以来，虽声名洋溢于一世，然论学术上成就，窃以为转不如解放以前，其故当由于改行不得当，非业务活动太多之故。入七十年代再改为搞'儒法斗争'，则不论出于被动主动，总之是大错特错。然坐是而今日乃得重理魏晋南北朝史旧业，则又属转祸为福矣。以兄素养，再得若干年专力于此，不朽之作必然可成。斯则不仅当为吾兄庆幸，亦当为吾史学界庆幸也。"老友箴砭之余加以勉励，愧无以应。

几十年来京沪暌违，会面时少。季龙虽不时来京开会，偶会一晤，找他的人特多，难得长谈。记得去年他最后一次来京，我因次早即有远行，不能往访，晚间在电话中匆匆一叙。我对他说："以前因孔子73岁，孟子84岁，故而历来以73和84作为男子高寿之数。近年来海峡两岸哲人，如梁漱溟、冯芝生、钱宾四先生，皆寿登九十有五，我们也以95为目标吧！"季龙闻之大笑，连声说："我们都以九五之尊相期！"爽朗之声在耳，已经人天相隔，悲夫！季龙80寿辰时，我曾自动报名作文为寿。惜写不出历史地理方面文字，竟因循未克交卷。现写此悼念小文，追怀故友，以寄哀思。

1993年5月29日写成

（原载《文汇读书周报》1993年7月3日第六版）

平生读史叹无边
——纪念老友吴于廑

1993年4月6日，我接到吴公4月1日亲笔来信：“弟自上月检查出院后，情况良好。医生嘱毋过用脑，每于阅读书报，都注意适可而止。这点自病后已习以为常，即偶或清理旧稿，也是慢慢来，作一点算一点。人总得服老，莫奈何也！”不意一周以后突闻于廑于4月9日仙去，晴天霹雳，欲哭无泪。我得他信后，日记中曾记下他“一切颇好，惟医嘱勿多用脑，一切放慢也”。谁料这封报告好消息的信竟成绝笔！

1940年秋间吴公来到剑桥，我们都不过二十多岁。那时哈佛大学的中国留学生约四五十人，有个中国学生会，属于联谊性组织。学生会职务有会长与文书，一般推选为人正派、业务与群众关系较好的同学担任，前一任的文书大抵被推选为下届会长。1940年至1941年会长是政治系同学刘毓棠，现为台北文化大学退休教授，我任文书。次年我任会长，文书推选了无线电系同学冯秉铨（归国后任华南工学院副院长）。1942年至1943年冯任会长，吴于廑任文书。

1943年至1944年吴任会长，化学系同学高振衡（归国后任南开大学教授）任文书。美国男女大学生有所谓兄弟会和姊妹会，是一种社交性结社。早期中国留美学生也组织了两个兄弟会，其中之一名为“成志学社”，我与吴公皆其成员。这些松散的结社，在“文革”期间都被目为反动政治组织，多次调查审问。我与于廑之由相识而莫逆，却与这些组织上的联系无干。最根本原因是文化教育背景相近，气味相投，所以五十余年交情，历经风雨而始终不渝。

20世纪50年代末，中宣部、高教部共同领导了高校文科教材编写工作。历史组由翦伯赞任组长，郑天挺先生和我任副组长，由我负责世界史。当时名为在群众所搞教材的基础上修订，实际是由各段主编（上古齐思和，中古朱寰，近代张芝联、杨生茂、程秋原）另起炉灶。根据吴寄寒同志建议，调吴于廑来京参加《世界通史》主编工作。这部通史框架仍不脱苏联教材窠臼，但材料较为丰富，论点较为平实，加强了亚非拉部分，增加了中国与外国文化交流章节，比苏联教材多少有所改进。我们两人与各段主编通力合作，一起通读定稿。全书论点之商榷，资料之核实，文字之打磨，以于廑同志出力为多。1962年出版后，受到各校历史系师生的欢迎。仅仅因为我是历史组副组长，故而署名在前，此乃所谓“周编四卷本”之由来也。

1979年在于廑同志主持下，此书又作了大幅度修订，臻于完备，获1988年教材一等奖。然于廑为学志向固远不止此。他原本治英国史，回国后因服从需要，搞了一阵希腊罗马史，以后又被拴在世界通史教材上。1979年修订告一段落，他返回武汉，有诗一首，写寄给我：

枫叶惊秋又一年，京华回首胜游仙。
金甍玉砌长安道，紫苑红旗万里天。

临老著书知不足，平生读史叹无边。

解牛待有操刀手，伫看新编覆旧编。

虽是谦挹之词，也表达了踌躇之志。但我体会，他心目中的“新编”，不局限于日后新著通史，更主要是他后来发表的关于世界历史上农本与重商、农耕世界对工业世界的孕育等理论上富于开创性的论著。20 世纪 80 年代，于廑在武汉大学创立 15—16 世纪世界史研究室，领导开展了成绩卓著的研究工作，在我国世界史领域放一异彩。

在参加主持编写《中国大百科全书·外国史卷》的同时，他召集各地志同道合的同志，主编一部世界史。正是在这部书的讨论会上，于廑同志阐述了指导性意见之后，又一次突发脑溢血而倒下。这是八十高龄老兵在驰骋多年的战场上的最后战斗。

记得去年春间，一些青年同志筹划给我出一本八十生日纪念论文集。我提出两点：不惊动与我同年辈的人写文章，但要请吴于廑先生题写书名。不为书法而是为纪念我们多年的友谊。于廑 4 月 22 日给我信中说：“这个想法好极好极，我为此十分高兴。不用毛笔写字又已很久很久，今早把笔墨给找了出来，先涂写了几张废纸，然后才取宣纸写定。”“今天写了这几个字，可说是从医院回来后做的最有兴趣的好事。”老友出自内心的欣喜之情感人深矣！于廑兄与我同庚，也于今年庆八十。他在四月一日函中也提到：“在如何对待过八十生日这一事上，弟从兄去年信中学到一条原则，即同辈以上概不惊动，校内校外都如此。”不幸就在庆典之后紧张的学术活动中，习惯于慢节奏的久病之躯便难于适应。温文潇洒的于廑同志就这样平静地走了，带着几分悲壮的色彩，哀哉！

最近三年，我连续失去三位论交五六十年的挚友——哈佛的杨联陞、复旦的谭其骧、武汉的吴于廑。因业务相近，三人与我关系密切，而噩耗传来，并未起昭告与他们三人从此人天永隔的震撼作用，却像是预报将与他们殊途而同归。记得若干年前有一次北大教授们从八宝山追悼会返校，吴组缃同志在车中说：“我们这些人是one by one（一个挨一个）啊！”这句名言又几次在我耳边回响。于廑同志逝世，我感到在老境中又迈进了一大步，所以心里还想着：吴公去得那么洒脱，值得艳羡！

1993年6月3日写成

（原载《光明日报》1993年8月30日）

关于梁巨川先生逝世的日期及其他

编辑同志：

你刊今年第二期所载《访梁漱溟问答录》（二）里，梁先生说他父亲梁济是在1918年阴历十月初十过六十岁生日那天在积水潭投水自杀的。我曾在琉璃厂买到一本陈宝琛题签的石印本《梁巨川先生遗笔》，收有《敬告世人书》和其他遗札，其第12页"十月初七日临死再告世人"末注云："刻因舍亲净湖主人（当即彭翼仲）重门紧闭，坐俟天明方能出去赴水，又草此数行。戊年十月初七寅刻巨川末笔呵冻。"书末所附林兆翰撰《梁公事略》，也说是在生日之"先三日初七，投身湖中卒殉焉"。看来梁漱溟先生把日期记错了。此外，我认为对于梁巨川这个人还应当有所分析。他之自杀是殉清，但他并不反对共和与国会，毋宁说对国会还抱有幻想，所以和那些对清室忠心耿耿死硬的复辟党还有所区别。他的遗书特别是给袁世凯政府的内阁总理赵秉钧的信中，指出民国初年政治、社会上的种种弊端，可以帮助了解当时社会风气，颇有史料价值，亦足以说明

辛亥革命的不彻底性。即致

敬礼

1986年3月20日于北京大学燕东园24号

（原载《人物》1986年第5期）

读《吴虞集》后所想到的

吴虞（1872—1949）是五四时期以打倒孔家店出名的。但过去的印象，是他后来回了四川老家，日趋保守以致堕落，完全失去当年的锐气与锋芒，成了一个封建文人。这种流言也不知从何而来，给人的印象却根深蒂固。近来读到赵清、郑城两同志整理的《吴虞集》，特别是他们所写的前言，才恍然大悟。赵郑两同志经过认真调查和实事求是的研究，不仅明确指出吴虞在“五四”新文化运动中起了很大的作用，而且还指出他以后并未放弃反孔、非儒的立场，所以才有后来反对蒋介石所提倡的尊孔读经之举。皖南事变后，吴虞还曾写诗歌颂中国共产党和新四军。还有，我一直以为吴虞回四川后变成了鸦片鬼，而赵郑两同志调查的结果却是：“吴虞从不吸鸦片”！看起来搞历史真不容易。千百年前的事自不必说，当代人物的史事，由于流言惑人，也会有如此大的出入。因而我更感到赵郑两同志的工作是很值得称赞的。

吴虞在诗文中有六处提到我的岳父、他的同乡好友邓镕（1872—1931，字守瑕，亦作寿遐），两人唱和不少。陈声聪《兼於阁诗话》

说，“蜀人吴又陵（虞）近代一畸人也。……吴君为学，始师廖平、吴之英，与刘申叔（师培）、林山腴（思进）、邓寿遐（镕）皆友善”。（此条承景良弟检示）我从未见过守瑕先生，但读过他的《荃察余斋诗文存》《诗续存》《诗存再续》。其中有：《赠吴幼陵》《寄王圣游新繁兼柬幼陵》《题吴又陵悼亡诗后》《老友吴幼陵女若膺辟疆游学至京赋寄幼陵》等诗。约作于1928至1930年间的《题林山腴霜柑阁人日夜宴图》（时林已返四川）中还有句云：“凭君问讯高吴伍”，吴字下自注“幼陵”。《诗存再续》所附自订年谱，在1898年下，列举直谅多闻、互相切磋的好友，其中之一是吴虞，可见两人的交情始终不渝，直到守瑕先生去世，达三十余年。吴虞的《邓寿遐灯赋序》的《灯赋》，即《荃察余斋骈体文存》的第一篇。吴虞为他夫人曾兰所写《曾香祖夫人小传》中，有一段讲成都邓熔（镕之误排）评论其书法的话，即概括引用守瑕先生题吴氏悼亡诗后之句：“小篆由来尚婉通，刻金瘦硬不相同。簪花字格斯冰法，翦笔孙洪拜下风。”自注云：“清朝习秦篆者，以孙星衍、洪亮吉、钱坫诸人为工。然孙洪用长颖醮墨，俟枯翦而齐之，论者以为非法。香祖夫人亦工篆书，临谦卦论我，当时等闲视之。近年在京，多见孙洪墨迹，始觉夫人之篆上揖冰斯，突过前辈，不易得也。”我们现在还藏有曾兰给守瑕先生所书之对联，下款题“吴虞嘱妇曾兰篆”，篆书圆润而高雅，确出孙洪之上。

《吴虞集》中有1917年所写《邓守瑕〈荃察余斋诗文存〉序》，说：“邓君守瑕为湘潭（指王闿运）再传弟子，予二十年文学之友也。唱酬攻错，相得甚欢。往在成都，一月必数见。君为人高朗精紧，坚苦不屈。口挟风霜，与予争论尤剧。然事过则情谊如旧，盖犹有杭大宗、丁敬身之风者也。君诗才高思巧，精于史事，奄有众妙，自成一家。”后边还说，“嘱予为之序”。但今日所见前署1923

年“重校印”的《诗文存》(有守瑕先生1929年夏自序)，却未收吴虞这篇序文。这是什么缘故呢？我猜想，吴氏序文中所谓“与予争论尤剧”，不止是文学创作上的问题，而且还包括思想乃至政治方面的问题。《诗文存》自序说：“九流百家，天之将丧。视经籍为糟粕，比燔阬而有余；异彝伦若土苴，校洪猛其弥烈。”明显表现出对大革命和北伐的忧心忡忡；这里，不收载曾一度高唱打倒孔家店的人所写序文，似乎也是可以理解的了。

我再补充一个例子，来说明上述猜想，袁世凯称帝之前，守瑕先生任总统府法律顾问、参政院参政，对于帝制他“心以为危，不敢正谏”(见自订年谱)。袁世凯病死，他写了以“洹上挽词”为题的诗四首，最后一首谈到清帝逊位前夕袁之出山，夸他“危疑受事功难没”，而末尾自称“我亦邺台(以邺之三台代表曹操：用以指袁)旧宾从，惟将清泪注漳河”。吴虞听到袁的死讯后，则在日记中写道，“余为之大喜，得诗六首”。“闻项城逝”六首诗中，不仅谴责袁世凯，而且谴责筹安会中诸人及其流辈，如：“空余劝进徐陵笔(自注：谓王湘绮也)，一表流传万古愁。”两人诗中透露出的思想感情，不是就很不相同么？

从吴邓两人的例子，我又想到，古往今来，凡非敌对阶级的人物之间，即使思想上、政治上如何相互分歧或敌视，却并不妨碍他们之间原有的私人友情。宋代王安石与司马光、苏轼等人之间的情况正是如此，吴虞、邓镕两人之间亦复如此。他们三十余年的深厚友谊始终未断，思想见解的分歧也始终没有影响两人之间的交情。“四人帮”搞“儒法斗争”时，硬要把宋代新旧党人说成在任何场合下都是你死我活的仇敌，这是不合事实，非常可笑的。

守瑕先生于1906年赴日本明治大学学习法律。我们知道，这正是清末中国留日学生最多最盛之时。他于1908年毕业，得法学士归国。学部对留学生进行考试，守瑕先生“以骈体文为史论，校官互相传观，以为自有留学生以来未有之国文也”。发榜以后，“钦赐举人”，见自订年谱。江庸《趋庭随笔》记载较详：“余光绪三十二年（1906）归国，三十四年（1908）始应学部留学生考试。汉文题为‘巫臣使吴，教吴乘车战阵，遂通吴于上国’，因题义少可发挥，遂引房琯陈涛之役用车战事，以点缀之。乃大为严几道丈所赏。是日余交卷最早，过邓君守瑕案前，见其卷上有夏姬二字，不觉俯睨其卷，盖煌煌骈体文也。日角数艺，乃从容不迫，独为俪语，邓君之才洵不可及。当日留学生俗所谓半路出家，旧学多有根柢，如邓君即成都尊经书院高才生也。”关于守瑕先生的诗，黄浚（秋岳）的《花随人圣庵摭忆》中曾有评论，说他为长庆体诗，集中“长篇歌行不少，颇有感时纪事之作”。我在守瑕先生《诗存再续》（1932年印）中看到一首“黄秋岳写示近诗一册，即题其后”，有句云，“吾辈宁从人作贼，京曹几见尔登仙”。“作贼”为六朝习语，犹言反叛，不是指偷窃。吾辈一句是引黄秋岳为同道，称赞他的骨气。谁知1937年夏抗日战争刚刚开始，黄秋岳竟然真的“作贼”，因向敌军出卖情报而被明正典刑了。他的儿子黄晟，燕京大学1935年经济系毕业，当时也在南京政府工作，因同谋亦被处死。抗战胜利后，陈寅恪先生读《花随人圣庵摭忆》诗有句云：“世乱佳人还作贼”，恰巧也用了“作贼”一词。黄秋岳之“作贼”死有余辜，但所撰几十万字的《花随人圣庵摭忆》却包含极丰富多彩的晚清史料，台湾后又印了补编，美籍华裔学者房兆楹先生推荐重印此书，供治清史者参考，良有以也。

（原载《社会科学研究》1987年第二期）

评杨炼译《长安史迹考》

日本足立喜六氏著《长安史迹之研究》一书，图片丰富，考订精审，本刊曾介绍之矣，顾其书二巨册，价日金十二元，殊非尽人而能购置，顷知杨炼氏已译为中文，易名《长安史迹考》，由商务印书馆出版，售价二元四角，于是亟购读之，乃披阅之下，不胜失望，此就其大可讥议处表著而纠正之。所论止于杨氏译本。原书之评骘，则非此文所及。

一、大抵迻译书籍，无论学术论著，或文艺作品，译者于原书必相当了解认识。不惟其书之优点与劣点，即其影响于彼本国学术界者如何，译为中文后，在中国学术界之地位如何，皆须有深刻之认识，然后制为序文，冠诸篇首，使读其书者知其价值，不至懵然。此书不但无序文，即原书所具，理应照录者。如昭和八年（民国二十二年）十二月二十五日初版发行，列入东洋文库论丛第二十之一及二，皆不待搜讨而知，亦付阙如，三十年前林畏庐之译小说容可如是，今日固不应尔矣。且闻书店之购译稿，必使译者附以原书，商务想亦遵此例，何以编辑先生欲知原书之由来，而读者反无此权利耶？商务史地小丛书中有杨炼氏译《中国历代社会研究》一册，乃集合论文九篇而成，亦俱不注出处，殊违译书体例。（编者按：杨君译《中国历代社会研究》，本刊第108期亦尝指其多乖译例与此意不谋而合）

二、译事三难，首重在信。此书文字之不合原文者姑俟后举，盖犹可诿为了解能力之薄弱也；惟删节颠倒，而不著出，斯为大失。原书图版别为第二册，凡170帧，图旁有简单之记注，并标示其方向，须详注者另为图版解说补遗，凡24则，附于第二册之首，第一册卷末又附珂罗版著者藏光绪十九年十月与图馆测绘陕西省城图。盖此书长处即在图版之丰美，而译本止存52帖，附于卷首，不抵三分之一；陕西省城图及西安诸唐碑碑额碑侧之花纹等图，悉被删除；且原书百分七十帧图版依书内所述次序排列，译本悉颠倒错乱之。因图版之删除与颠倒，于是势必更改原书页十一之小引（即例言）而后可，（见译本页三第一行）然杨氏固未尝注明也。原书（第）十一章"外教之寺院"有（五）回教徒之风俗，（六）同治年间回教徒之骚乱二节，（页二四四至二四六）译本无。盖西安寺院多毁于同治时之回乱，故著者略附及之，杨氏岂以为无关重要而删除之耶？著者之测量偶用中国尺度，然十之七八，系用日本尺度，皆分别著明。译者一切删去，或换算公尺，然百不一二。大抵删除其若干尺之上"我"（谓日本）字，而数字仍旧，于是尽成中国尺度矣，其贻误可胜言哉！此外漏译处如译本页二十一："首先精测其环之直径时"，句下据原书页二八，脱"各为曲尺九分二厘，与大泉五十钱同大。次由刀之大小端精测其最长距离"云云一节，遂与下"各一寸五分二厘"之文不相接。页廿四："本邦钱尺即唐尺"。据原书页三一，"唐"字下当有"大"字。页三三："六千六十五步"，据原书页四三"六千"下脱"六百"二字。页六五："方中一顷"，据原书页八二，“一顷”上当有“方”字。页九六：“关于长安之旧文献”，据原书页一一八，“长安”上当有“唐代”二字。页一一一？“（次东广化坊）”下据原书页一三五脱衍字。页一〇七：“外郭城东西一十八里一十五步”，据原书页一三一，“里”字下脱“一百”二字。页一四二：“但以之与实测者较，尚属一致。”据原书页一七〇，此下脱：“其错误之处尚在可恕范围，故足信为真正之长安城图”二语。凡此有意之删削与无意之漏落，对原书及读者，俱为不忠实。

三、此种学术文字，汉文最多，故稍通日文者，类能译之。足立氏原文极平易，尤不应生错误，而杨氏译文中错误屡见，至足惊诧。由其错误观之，译者日文程度似不高。书中文字每欠通顺，史学常识亦颇缺乏，固不仅草率疏忽而已也。今止摘其误译及文字不明显之甚者论列之。序页二：“……一切都市生活之内容，使日本所酝酿之王朝时代士民之都市生活，促进上代文化之发达，而具唐风。”据原书序页二当译为：“……所有都市生活之外表与内容，悉为日本王朝时代都市士民所吸收，使日本上代文化愈益发达，而具唐风。”同页：“苟日本遣唐使与留学生所勾留之长安城内外之风华景物，却使日本国民明悉，且得彻底的模仿之。其凤阙龙楼……则检讨……”据原书序页二，当译为：“日本国民对遣唐使与留学生所勾留之长安城，于其城内外之风华景物，悉知晓之，且彻底地模仿之。其凤阙龙楼……使检讨……”同页：“其城若以盛时皇城区域为中心，则仅占其东北两方而已。”据原书序页三当译为：“仅以盛时之皇城为中心，而稍稍扩张其北面与东面。”小引页四：“就中尤以隋唐时代浸润日本文化甚大。”据原书小引页十三当译为：“与日本之关系为最深。”本极简单，若如杨氏译文，不惟语意含糊，且似唐代文化受日本影响矣。页十五：“匈奴种刘曜率其叔刘渊所建之汉族自立为王。”稍具历史常识者应感是语之含混，据原书页二十，当译作："刘曜—出于匈奴族而建立汉国之刘渊之族人——自立为王。"页二十一："试以精测货布各部之汉尺……而求其此率时。"据原书页二八，当译为："试精测货布，求汉尺……之比率。"页二五："故知黍尺即小尺，晋前尺与秦汉尺相同。"据原书页三二当译为："故黍尺——即小尺——与晋前尺——即秦汉尺——相同。"页三六："现在洛阳至西安，为铁道线距离较短。"据原书页四六当译为："今洛阳与观音堂之间为铁道，自观音堂至西安为旱路，系邮路故为最短距离。"盖著者写此书时观音堂至西安间铁路犹未覆设也。页五四："而经营于死后之状况焉。"据原书页六六"于"字当译作"其。"页五八："与《三辅黄图》所记完全一致。"据原书页七十，"完全"当译为"大略"，盖《三辅黄图》谓长安城周围65里，而《汉旧仪》谓长安城方63里，固非完全一致，译者何疏略乃尔耶？又页五八："又长乐宫之北，明光宫之西，未央宫之北有北宫及桂宫。"据原书页七二，当译作："又长乐宫之北，有明光宫；未央宫之北，有北宫及桂宫。"苟如译者所云，则与页五七之汉长安故城图不符矣。页六二："与城壁西端相并行"，据原书页七七，"与"字当作"自"。页六四："黄肠以柏木黄心为椁。"据原书页八一，当译为"黄肠乃柏木之黄心，用以累积于棺之周围者"。页六八："而于陵高，则较不增加。"据原文页八五当译作"而于陵高则不按比例增加"。页六九："除西汉诸帝之山陵外，皆被盗掘。"据原书页八五，当译作："西汉诸帝之山陵皆被盗掘，无一例外。"译者适得其反。页九二："以舍利塔来礼者"，据原书页一一三当译作："盖彼来礼舍利塔者。"页九三："惟不得如上之推测也。"据原书页一一四，当译为："惟不能作更进一步之推测耳。"页九五："复以不能辨认隋朝遗址之存在。"据原书页一一七，当译为："复无确能辨认为隋朝遗址者之存在。"页九六："制作文献上之长安城抽象图"，抽象二字殊不得当，据原书页一一七，当译为：“制作由文献上看来之长安城构成图。”页九七记程大昌《雍录》：“余犹未见其珍本也。”又：“稿成之后，见及明嘉靖年间刊行之定本。”据原书页一一九，皆作“完本”。完本者足本之谓，译者不之知，遂臆译为“珍本”“定本”。页九七：“但经训堂本，明嘉靖刊本中唐宫城坊市总图，唐皇城图，唐京城坊市图等书，类皆仅备其目。”据原书页一一九，当作：“但经训堂本，明嘉靖刊本中唐宫城坊市总图，唐皇城图，唐京城坊市图等，类皆仅备其目”，盖诸图皆长安志图中之一部分，著者谓各本长安志图中诸图皆有目无书耳，译者误以为诸图亦为书，则“其”字将何所指乎？页九八：“仅据宋敏求《长安志》城坊中之金石与随笔等，而聊加增补。”据原书页一二〇，当译作：“仅据宋敏求《长安志》之城坊，更依金石随笔等补若干事实。”页一〇八：“是以照《六典》所举之坊数，以长安实际之坊数，更控除西坊为百八坊。”据原书页一三二，当译作：“故《六典》止举计算上之坊数，长安实际之坊数，须更挖除两坊，为百八坊。”页一二〇：“同为相近百步广阔之大街也。”据原书页一二六，当译为：“同为阔及百步之大街也。”页一五三，述韦杜二曲及曲江，有：“地处城外，脱离城俗，然以接近城之东南隅，故与长安中心之热闹处相隔不远。”意义颇不明了。据原书页一八五，则当译为：“前者地处城外，脱离城俗；此则在城内东南隅，……”前者指韦杜二曲，后者则指曲江，截然有别，译者混而一之，诚聩聩矣。页一六五记景龙观钟铭朱拓本可免水火之灾，谓：“其被人尊崇，有足多者。”据原书页二百当译作：“尊崇而信仰之者颇多。”译文诚不知所云。页二〇八：“相传此墓系根据汉代伟功之霍去病墓先例。”据原书页二五四，当译作：“系取则于汉代霍去病墓之传其伟绩。”页二〇九：“后世探望此碑者，类多以彳亍于田圃为苦，而厌弃之，复因农民无知，破剥其文字。”据原书页二五五，当译作："后世探访此碑之雅人甚多，每每践踏田禾，农民厌之，破剥其文字。"

译者之疏忽，每沿袭日文所用字而忘更易，如页五一："村内有呼阿房宫古坟形之丘陵。""呼"当译曰"名"；页五二："即彼不诈之心事也。""不诈"当译曰"真正"。页六九："仅残柱础。""残"当译曰"剩"。页九〇："前坊刻扉状与锭形。""锭"当译曰"锁"。页一六四："所载之寸法。""寸法"当译曰"尺寸"。又如半肉雕乃雕刻上之专名，而译者不之知，页一八三,一八五,二〇六,二一一,译为半裸或半裸刻，俱不词。页一六三,一六五之"当局"原书俱作按察使，译者臆改，殊为失当。又如页二〇六谓昭陵蕃酋石像"惜今未见其一"，语意若在而未得见者，实则当作："今一无所见"，盖已俱不存在矣。其他文字欠妥类此者不一而足，不赘论。反有原书不误而译本致误者，如页一五一之"天宝十年"，原书页一八二作"十载"；页六七,七三之"尉侯"，原书页八二,九一俱作"尉候"，是也。

要之，此译本不可谓无遗憾，再版时能加修正，则所望于杨氏及商务书馆者也。

1936 年元旦夜写竟

（原载《大公报·图书副刊》一一四期）

《陈寅恪之史学》序

义宁陈寅恪先生一代大师，举世宗仰。窃以为其为人为学约而言之盖有三端，曰：史家学识，儒生思想，诗人气质也。

李玉梅博士此书专论寅恪先生之史学。首述生平及思想，次及史学，分两部分：一、兼摄中西的史法，二、自成系统的文化史观。史法从三方面阐述：史料处理，诗文证史，辅助学科。史观则标举三义："胡汉之分在文化而不在种族"，"宗教与政治终不能无所关涉"，"社会制度乃文化所托。"寅恪先生史学之荦荦大端盖皆包举于斯矣。

此书最大特点亦最大优点，为穷尽材料，其表现则在繁富之脚注。叙述生平及思想两章，举凡海内外各方人士之回忆及纪念专文，以及寅恪先生遗闻佚事之散见于诸家著述者，无不一一爬梳摘剔，加以征引。其论史学两章，则中外学人中赞同或反对寅恪先生论点者，悉皆搜罗排比，以供参证。易言之，此书颇似有关寅恪先生之小型辞典，今后治义宁之学者当皆有取于斯。惟作者广搜博采而矜慎有余，吝于论断。如叙晚年诗文，以"诗无达诂"为由，于诸家争论不加断语，读此书者定感不足耳。然此书主旨在阐述义宁之史学，作者或以为晚年诗文之疏解与主体无关，遂珍惜笔墨耶？

抑又有进者，义宁之学博大精深，浩无涯涘矣，其探颐索隐，钩深致远之收获精湛绝伦矣，岂无一以贯之之精髓，类乎画龙之睛、探骊之珠者欤？一良不自量，妄加概括，窃以为即对立统一之规律，即一分为二、合二而一之辩证观点方法也。先生善于从纷纭错杂现象中条分缕析，寻出主次，如论隋唐制度之几种渊源是也。更善于从表面无牵通之各种现象之间，侦得联系或因果，以说明问题，如唐代中央政局与边境少数民族之间，关陇集团与山东集团之间，桃花源与堡坞之间等等皆是也。先生考史每从小处着手，而实从大处着眼。苟对比其论著题目之空小范围与内容引申推论之广泛，具见先生论史喜谈通则与个别，区别共性与个性。辨析《起信论》智凯序为伪作，而指出其中却包含真史料。凡此种种，莫不与辩证观点方法若合符节也。先生之以诗证史，以敦煌新材料印证旧知识，以至论诗有古典今典之说，谓诗必具两重意义，亦莫不含有辩证精神也。故曰：辩证法乃义宁学术之精髓。

以上妄作推论，是否堪备一说，尚希玉梅博士及并世贤哲服膺义宁之学者进而教之。是为序。

1994 年 3 月 21 日写于北京大学燕东园时年八十又二

《诸子百家论人才》序

朱耀庭同志编写的《诸子百家论人才》是一部颇具特色、很有意义的书。

人才学是一门新兴学科，有待培育发展。其具体内容我虽然不甚了了，但人才的鉴别、选拔、培养、使用等等，应当是它主要构成的一部分。我们的先民，在这些方面总结了极其丰富的经验，留下了至为宝贵的论述。春秋战国时期，据某些历史学家看，是我国社会由奴隶制进入封建制的大变革时期。即使不承认当时有此转变，春秋战国时期群雄割据，你争我夺，政治以至军事斗争极其激烈，思想领域也十分活跃，百家争鸣，形成文化极为繁荣昌盛的局面，这是谁都不能否认的。各国为了发展壮大，都在网罗人才为己所用，因此人才成为大家关心、人人讨论的主题。把这些论述纠集排比，加以研究，建立有中国特色的人才学，肯定是不可缺少的一步。朱耀庭同志这本书的意义即在于此。

这本书并不像古代类书那样，停留在把古人有关人才的论述分门别类编成语录，供人采择。而是对大量论述进行了研究，体现出马克思主义的指导和今天四个现代化的需要。这就是本书之所以颇具特色。具体说来，又可分为三点：一、作者在处理古人关于人才问题的某些类似观点时，注重分析，指出孔子与孟子之间的区别，孔孟荀与墨家、道家之间的区别，等等。这种处理不是笼而统之，而是辩证的。二、运用马克思主义为指导，把各家之说与社会发展阶段联系起来，放在各个不同阶段的背景中考虑。尤其是原始社会和古代传说中人才问题一章，当我初看到这个标题时，未免怀疑它能够讲出什么道道。读完之后，却甚感悦服。如其中解释黄帝之代替神农，《礼记·学记》中“能为师然后能为长，能为长然后能为君”的含义，关于任人惟亲与任人惟贤两条路线产生的条件等等，都是以马克思主义为指导，扣住原始社会的性质特征，作出了富有新意的解释，很有启发。三、三十年来，新中国在人才问题上有不少惨痛教训。作者在研究古代论述的同时，不忘随时联系三十年来的现实，画龙点睛，应该说有不少地方发人深省。

最后，我还想就文化继承问题谈一点想法。我认为，思想的抽象继承这一提法没有错误。只是在那些日子的情况下不能，而且在与我研究工作无干的问题上不必去争论。事实上，思想的抽象继承在古今中外历史上不断有过。20世纪的日本与古代中国社会发展阶段迥然不同，两国国情各异，据说今天日本有事业心的企业界人士，正热心从中国古代思想体系中吸取精华，增长智慧，这难道不是抽象继承吗？朱耀庭同志这本书，更是很好的例子。他站在解放后中国人民的立场上，研究奴隶社会、封建社会中各类人物有关人才的种种言论，剔除其糟粕，吸取其精华，使原来为剥削阶级服务的大量思想遗产，翻转来为今天广大人民的四化建设服务，这不是地地道道的抽象继承又是什么呢?

1987 年 6 月 17 日

（原载《人才研究》1987 年第 1 期）

由《文白对照全译〈资治通鉴〉》想起的

张宏儒、沈志华主编，改革出版社出版，三大巨册总计 4509 页的《文白对照全译〈资治通鉴〉》摆在读者面前了。这样大规模的工程，短期间完成，确实令人叹服。古籍今译的重要性，它对于普及和弘扬祖国文化的意义，大家都很清楚，不待饶舌。这里谈几点与此有关的想法。

我们伟大祖国长期以来是一个统一的多民族国家，传统文化绵延不断。这有多方面原因，而“书同文”是其中之一。汉字和由它表达的、自秦汉以来基本上变化不大的所谓“文言”，对祖国文化之纵向的延续与横向的传播，起过几乎决定性的作用。五四以前，受教育的人都要学文言，写文言，因而能读文言，汲取秦汉以后二千多年积累起来的文化成果，没有任何障碍。五四以后，书面语改以白话为主，近几十年又通行简化汉字，用繁体字写的文言文就变得越来越深奥难懂了，此古书今译工作之所以刻不容缓也！我以为，在加强和推广今译工作的同时，高中和高中以上的学生还应适当学点文言，练习写点文言。解放前大学无论文理工农医科，都有所谓

“大一国文”课，阅读与写作并重，文言与白话并重，对于培养大学生的文化素质，提高其文化修养，有无形中的不可估量的作用。即以写作而言，不是还有人（如梁实秋先生）主张，白话文写得好往往需要文言文的修养吗？

写书是为人读得懂。运用古代史料时，难解之处应作今译。这一点司马迁已经注意到，司马光在《通鉴》里也见诸实施。《北齐书》有一段记载，讲鲜卑人轻视汉人，说“头钱价汉随之死”。《北齐书》是以保留当时口语较多著称的，这是一例。司马光大概认为，“头钱价”这个词宋时已不易理解，所以改写为“一钱汉随之死”。可以认为，在某种意义上，司马光已开古籍今译之先河。“一钱汉”三个字，对今天的读者仍未免过于简练，所以文白对照本译为“值不了几个钱的汉人，死就死了吧。”对照本我尚未及细读，但从这一个词的今译，不也说明译者的考虑比较细致周到吗？

文白对照本《通鉴》的出版，对于今后外国研究中国文史的学人（主要是欧美）也是莫大的福音。新中国出版的标点本《通鉴》《二十四史》等，已经给外国研究者提供了极大帮助。这部文白对照本，很可能启发西方的汉学家搞一部外文的全译《资治通鉴》呢。

外国对于古籍的今译也非常重视。以西方而言，美国银行家詹姆斯·罗布（1867—1933）于1912年设计并出资陆续出版了一套《罗布古典丛书》。此书收集希腊罗马古典著作约300卷，聘请专家英译，希腊文、拉丁文与英文本左右两面相对照，极便读者，成为使用古典著作的人必备之书。日本11世纪的著名文学作品《源氏物语》系当时文体，号称古奥。现代有名的小说家谷崎润一郎（1886—1965）把它翻成口语，成为风行一时的读物。这些国外事例也说明，古典今译工作必须重视，从事这一工作的人必须具备较高水平，才能胜任愉快，达到普及的目标。即使不太重要或分量不大的古籍，如志怪小说《搜神记》之类，如果不负责任，搞成错误不少的白话译本，恐怕也是对古籍今译的意义认识不足的表现吧。

（原载《人民日报》1991 年 12 月 4 日）

《美国的中国人》值得一读

美国哈泊罗公司 1980 年出版了很值得一读的美国华侨史:《美国的中国人》(*The Chinese of America*)。作者杰克·陈 (陈依范),是大革命时期武汉革命政府外交部长陈友仁的儿子。第一次大革命失败后，他年纪还很小，到了苏联，后在英国受教育。二次大战期间，曾回国到延安参观访问，并在国外出版过介绍中国文化艺术的书。新中国成立后来华，从事翻译出版工作。“文化大革命”中，赴美定居，曾在大学教书，同时是作家、记者和漫画家。

《美国的中国人》是一本严肃的历史书。作者掌握的史料很丰富，观点也很鲜明。对于了解美国华侨二百年来的历史，极有价值。同时,《美国的中国人》也是一本饶有趣味的读物，文字生动活泼，叙述引人入胜。书中引用了不少当时人物自己的话，这些第一手材料给予读者无限的亲切感。书中还用大量数字来说明问题。数字一般是比较枯燥乏味的，而作者运用起来却使读者得到深刻印象，很有兴趣。这些都是难能可贵的。看来这些写作特长，和作者的艺术修养和漫画才能是有关系的。

作者把美国华侨的历史分为三个阶段，构成全书的三个部分。从1785年少数中国人最初来到美国，到1882年的排华法案，为第一阶段。从1882年到1943年废除排华法案，规定每年接受华人移民105人，华侨可以取得美国国籍，为第二阶段。从1943年到1980年是第三阶段。这样划分是恰当的，符合历史发展的实际情况。书中有不少具有历史意义的照片插图。书末有附录，叙述几个较大的“中国城”（旧译为“唐人街”）的情况。

在第一阶段的叙述中，作者分析了19世纪中叶广东省的劳动人民背井离乡去美洲的政治、经济背景和原因，又分析了所谓三邑（南海、番禺、顺德）和四邑（新会、台山、开平、恩平）的具体情况，以及这些县的华侨到美后的不同行业。作者既以充满热情的笔调讲述了早期华侨赴美的艰难困苦，以及到美后生活工作上的种种困难，又热情洋溢地歌颂了华侨在美国历史上的不朽功绩和贡献。作者记述了华侨工人在刘易斯安娜甘蔗农场上出卖劳动力时的契约：每月工资七元。“工作时间是从日出到日落，中间有一小时吃早点和午饭。”“在收割大忙季节，夜间必须工作。晚间工作如超过六小时，支付五角。”“工人必须在雇主家从事家务劳动。”作者以较多笔墨描述了华侨在淘金及采矿工作中的艰苦状况。美国规定，每个华侨矿工纳税20元。经过华侨的反抗斗争，被迫减为三元，但仍构成矿山所在州的主要财政收入。在西部开发过程中，华侨工人在开矿事业上做了极大贡献。1870年西部各州的采掘工人中，华侨比例是：俄勒冈州61.2%，爱达荷州58.5%，加州25%。淘金浪潮过后，美国开始修建通往西部的铁路，这对于美国经济文化的发展，和全美各州的联系与统一，具有极重要的意义，而华侨工人又起了不可磨灭的作用。在修建“中央太平洋铁路”过程中，一个时期13 500工人里，华人占12 000人。全美的华人，有四分之一以上参加了各条铁路的修筑。中央太平洋铁路沿线，需要开凿许多难于打通的山洞隧道，都靠华侨工人工作。为修筑这条完成于1869年横贯大陆的干线之一，有1 200具华工的遗骨运回了中国。美国资本家对于华侨工人的成绩极口称赞，说他们“很容易地学会了各部门的工作”，“被用于每一项工作上”。作者引用了《大英百科全书·铁路条》这样的估计：华侨工人修筑的几条横贯大陆的铁路线，比任何其他因素都更促使美国成为联合起来的国家。他们作为主力，修建了铁路交通网，这是20世纪美国工业力量的运输基础。同时，作者指出，美国官方的交通部长演讲中，论述美国铁路建设，对于中国工人却只字不提。还指出，华侨工人法律上没有地位，甚至美国人打官司时华侨工人也不能出庭作证。作者总结出一句话：华人作为移民的财富，在于他们的坚定诚实、奋发自强和精力。

筑路工程完成之后，一部分华侨回国，少数散居到美国各地，多数又回到加州，特别是旧金山。书中叙述了华侨在开发、建设加州过程中，种植小麦、蔬菜、水果，从事渔业、大马哈鱼罐头业，以及各种轻工业，如制雪茄烟、制帽、毛织品等。19世纪中期，旧金山制作衬衫的工人中，80%是华侨。总之，加里福尼亚州，尤其首府旧金山的开发与繁荣，和华侨工人的辛勤劳动是分不开的。

在第二阶段的叙述中，作者于1882年排华法案之外，列举了19世纪七八十年代反华运动中，旧金山的种种排斥甚至侮辱华侨的法令：禁止雇用华侨，禁止华侨儿童入学，禁止用扁担担菜蔬叫卖，禁止燃放爆竹和使用铜锣，禁止用熨斗以图消灭华人洗衣业，甚至颁布了割辫子的法令，所有被捕华人都要割去辫发。作者引用了参议员赫斯特的话，说他之所以反对华侨，“最大的原因就是，比起白人来，他们工作干得多而生活需要反而少”。在叙述排华法案的同时，作者指摘了清朝政府的颟顸无能，不能保护海外侨胞的正当权益。在第二阶段里，作者特别辟了一节，题为“中国人的朋友”，说明在反对华侨的恶浪中，仍然有不少正直的美国人同情华侨，维护华侨的利益，保护华侨免于生命危险，证明了中美人民之间的深厚友谊。

书中第三阶段比较简略，但作者也指出一些值得注意的现象：一、二次大战中，有 12 000 名华裔参军，占华人人口的 17%，在全美少数民族中，人数最多。二、华裔之中，男子大学毕业者占 25%，女子占 16.5%，远远高于其他少数民族。大学教授中，约有两千华裔学者。三、另一方面，华裔中还有 11% 是文盲。这个数字，比白人高七倍，比黑人高三倍。

现在再从另一个角度来看这本读物。首先，作者引用不少当事人自己的记述，属于第一手材料，不仅可靠性比较高，而且读起来有感染力。如叙述早期华侨赴美旅途和到达时情况，引用 1868 年一位华侨的回忆录：

“最后，开船的日子终于定了。我们在海上整整两个月，或者还多一点。我不知道走的什么航线，但一直很暖，中间没有停泊在任何港口。当风向好的时候，船行驶得很顺利。但若是几天没有风，帆和绳就在桅杆上无精打采地挂下来，船就懒散地在平滑的大海上飘着，而水手们则钓鱼取乐。有时，顶头风刮得厉害，甚至迫使船向后退。有一次，我们想一定要迷航了，因为周围在耳语，说船上的领导们迷失了方向。船上食品很多，但淡水极稀罕，而且严格定量分配，一滴水都不能浪费来洗脸。所以，一下雨我们就急忙接雨水来洗洗。

1868 年 9 月一个晴朗的早晨，亦即同治七年，雾开了，我们自六十多天以前离开广东海岸以来，第一次见到了陆地。确确实实到达了我们梦想的目的地金门了！我们当时的感觉是难以形容的。我想，即使升天到了玉阙瑶台，也不会超过我们当时到达目的地的大喜欲狂！我们卷起铺盖，打起网篮，整理衣衫，等候着。”

作者又引用了华侨工人修铁路隧道令人伤心的记录：

“在四十英尺以下的坑道中挖掘隧道。三千名工人连续几个月过着鼹鼠般的生活，远在地表积雪之下的阴暗通道上，往来于工地和住所。……危险经常存在，因为雪积得厚，时时崩坠下来，而其前兆只有短暂的雷鸣似的轰隆之声。一秒钟以后，一班工人，一间小平房，整个一片宿营地，会在冲撞的闹声中以令人目眩的速度掉进几英里深的冰冻峡谷里去。尸体只有在几个月以后才会发现，有时发现一群工人，冻僵了的手里还紧握铲子或铁锹。”

不少富有掌故趣味，增长知识的史实，也在书中随处可见。如“中国城”或“唐人街”的名称，始用于1853年。最初的饭馆经营方式，是付一定价钱（例如一元）后，爱吃多少吃多少。1851年旧金山开设了全美国第一家华人洗衣店。1869年以前，旧金山人口男子占70%，因此洗衣之类当时主要由妇女来做的事往往没人做，于是送到外地去洗。东部当时交通还不便，因此先是送往香港去洗。每打衬衣12元，4个月后才能取回。后改送夏威夷，每打8元。旧金山华人洗衣，只需每打5元。这样，华侨洗衣业便广泛开展了。特别值得指出，作者善于运用数字说明问题，既有科学性，又使读者得到比较具体的感受。如叙述1831年赴美华工156人中，只有48人活下来，说明当时船上条件的恶劣和旅途的艰险。书中记载淘金高潮的1849年，在旧金山淘金的十万人中，华人只有325人，用以驳斥了美国种族主义者胡说的什么华人“成群”“华人泛滥”之类的谰言。关于中国城的数字，1940年28处，1955年16处，而今天只剩下旧金山、纽约、波士顿三处。这一现象，也正说明华裔在美国地位、作用的变化，他们已经不是封闭性的中国城所能限制了。

《美国的中国人》也有它的不足之处。例如第一部分第十一章题为“文化上的贡献”，但内容比较贫乏。这本来是可以理解的。第一阶段和第二阶段赴美的华侨，主要是劳动人民。他们在国内时，在残酷的半殖民地半封建压迫剥削之下，文化思想方面，只能接受统治者强加在他们头脑中的封建礼教以及迷信思想等等，没有多少文化教育。渡美之后，又长年累月从事繁重的体力劳动，当然不可能有富裕的时间去创造或传播文化。所以，文化上的贡献提法不妥当，这一章也是没有必要的。第一二章中对蒲安臣条约作了过多的肯定，也是不合适的。尽管这个条约里写进了中美两国人民在对方国家都有平等的入国籍和受教育权利等词句，实际上只对于在华美国人有利，在美的华人并不能真正享受到这种权利，况且不久这个条约就被废除了。书中汉字拼音主要采用新的拼法，但仍夹杂有旧的威妥玛式拼法，没有统一。

总起来说，《美国的中国人》是一本很好的书，由它可以看出华侨在美国历史上的贡献和功绩，也说明中美人民间友谊的源远流长。作者在序言里表示，他的书力求科学与客观，以探求真理。它也许惹恼甚至激怒有偏见的人，但是，要求得到真理的人总会利用过去的经验——无论好的或坏的，来创造更好的未来。我们读完这本书以后，深信作者确实是实现了他的诺言。

（原载《书林》1982 年第二期）

世界上第一部以百科体编纂的中国历史巨著

《中国大百科全书》三册430万字的《中国历史》卷与读者见面了。从规划设计、分工撰写、编辑加工，直到印成，前后凡13年。《中国历史》卷的问世，是中国史学界的一件大事。这是世界上第一部专以中国历史为对象的百科全书，是1949年以来30年间（除去了研究工作完全停顿的那十年）中国历史工作者辛勤劳动成果的总检阅，代表着20世纪80年代的水平。

除本卷编辑委员会之外，《中国历史》卷的各分支编写组亦即具体执笔者计72人，编写组以外被邀请撰写条目者计约四百人。他们由于任务各异，所投力量也不相同，但都用其所长，发挥了专家的作用，出色地完成了任务。三位责任编辑在组织人力、协调关系、审阅稿件等方面，付出了长期而艰巨的劳动，尤其是始终其事的杨川同志。还应提到本卷编辑委员会前副主任兼秦汉史编写组主编孙毓棠同志。编委会主任侯外庐同志就任时已久病卧床，不能工作。开创时擘划经营、制订框架，拟定人选等一系列艰巨繁杂的任务，都落到毓棠同志肩上。他最后在病榻上还不断过问《中国历史》卷的进展情况。我们在欢庆本卷出版的同时，向侯、孙两同志告慰并衷心致敬。

《中国历史》卷的特色亦即优点，可以归结为以下几方面。

百科全书是供检查参考而不是供阅读的书，对象是中等以上文化水平的读者而非历史专家。但是，中国历史悠长，内容丰富，专治某一时期历史的学者，也可从此书查阅另外某些时期的条目，甚至通过它了解某些历史时期的概貌。本书框架设计是断代设长条，综述这一时期历史。然后分为八大块——政治史、社会经济、政治制度、民族史、历史地理、中外关系、文化、史籍史料，分别设立长短不等的条目。这样就有纲有目，纵横交错，相辅相成，即可供查阅个别条目，也可供阅读以全面掌握本段历史知识。

本书力求确切反映历史事实，对人物、事件等一律不加评论。近几十年来，我们逐渐学会用唯物的、辩证的观点来研究历史，既从微观上考察人物、事件，又全面联系，宏观上探寻历史的特征与发展。这是新中国的优良学风，也体现在《中国历史》卷里。如“唐代”长条（1118—1120 页）指出唐朝的历史地位，说明它是中国封建社会发展中的第二次鼎盛局面，又是封建社会由前期向后期发展的关键阶段。在多民族国家形成过程中，也占重要地位。而从世界范围看，唐朝又是最强盛的国家之一。又如“清代”长条（834 页），指出清朝最突出的贡献是统一全国，增强了多民族大家庭的团结，最后奠定了中国的版图。一方面指出了清朝在历史上的反动落后一面，同时又区分了前期的成就和鸦片战争以后的腐朽衰落。拿本书和国外历史百科全书中的中国部分相比较，读者当会发现其不同之处。

条目的释文，一般采取学术界所承认的通行说法。如果众说纷纭，各有短长，则以一说为主，附带提供其他说法。如“占田课田制”条（1483页）末云：“对于占田、课田令文，学术界理解不一，其关键是对占田、课田的含义、性质及其相互关系的认识。”以下举出有关这几方面的各种不同意见。对于占田课田制的产生，也列出四种不同说法。这样处理，有利于使用百科全书者扩大知识面，进一步探讨问题。

近几十年来，中国历史中社会经济领域的研究有长足进步。一方面是由于唯物论观点深入人心，一方面由于各个历史时期经济资料不断大量发现，如汉简、敦煌文书、吐鲁番文书以及房山石经题记、明清以来各地区、部门的档案材料等等。社会经济史研究的繁荣，当然反映到《中国历史》卷内，这是解放前中国史学界所未曾有过也不可能有的。举个具体例子，秦汉史部分政治制度条目数为52，社会经济条目49，几乎相埒。辽宋西夏金部分的政治制度条目数43，而社会经济条目44，超过了政治制度。这些数字不也从一个侧面反映社会经济史研究的扩大与深入吗！

解放前相当寂寞而近几十年繁荣昌盛起来的学术领域，还有民族史、中外关系史和历史地理。中国今天作为一个多民族国家屹立于世界，汉族与56个兄弟民族之间的关系融洽无间。历史上各民族之间虽然不免于敌对和战争，但友好、合作与融合终究是主流。本书在建立了中央或地方政权的少数民族之外，各个时期中于史有征的少数族都设有独立条目。而且时代越近条目数目越多。清代的民族条目近六十条，超过以往任何朝代，反映了清代奠定中国版图及民族关系的复杂多样。中国与外国的关系，除设中外文化交流的长条外，各断代就有关国别、人物、宗教、交通、制度、机构、典籍等分别设立条目，合而观之，不啻为一部完整的中外关系史。中国历史悠久，地域广袤，经历不少王朝，政区多次变化。建置与地名的变迁分合，极为复杂错综，为世界其他国家所未见。故自清朝以来，地理沿革成为专门之学。解放后，在谭其骧等专家钻研创导之下，旧式的沿革地理蜕变发展为现代科学的历史地理学，并在大学设立了专业。《中国历史》卷中的历史地理条目，就历代政区、制度、都城、都市、边界、运河、长城等设立条目，体现了中国历史地理学的成就。

《中国历史》卷的插图，也颇具特色，形成本书另一优点。全书彩图插页共152页，收图大小共约七百幅。另有文中单色插图约一千五百幅。彩图给与读者的第一个印象，是比较新鲜，极少令人产生似曾相识之感的图片。近年考古新发现的资料在书中触目皆是，如辽宁出土的红山文化彩塑女神头（插页一）、陕西法门寺出土的琉璃瓶、波斯琉璃盘（插页五一），等等，充分利用了80年代的考古成就。其次是负责插图的同志苦心搜索，值得钦佩。如明代大运河上的戎克船，挂用了当时日本来华名僧画家雪舟的绘画，是其一例。雪舟是以用写真方式描绘明代中国山水著称的。插图优点之三，是尽量采用较早的图画，如孔子像用宋代马远作（插图八），屈原像用明代朱约佶作（插页九），避免用现代作品，给读者以渊源有自的观感。优点之四是密切配合本文负责插图的同志努力搜寻，提供了足够的图片。优点之五是印刷精美。如甲骨文、汉简文字等，虽尺寸甚小，而异常清晰，极为难能可贵。

本书是供读者检索的，因而在检索的方式上也考虑得颇为周到。卷首有“条目分类目录”，分政治史等八大块依时代顺序排列，然后是彩图插页目录。卷末年表之后有“条目汉字笔画索引”和按汉语拼音字母顺序排列、更为详尽的“内容索引”。凡条目释文中出现的，皆被收录，可以当一部中国历史辞典使用。

粗略翻阅，感到尚有不足之处。一、不平衡：如有的分支严格按照规划原定数字，控制得较紧。有的分支较松，字数遂大为超过。虽然时代较近部分理应较详，终不宜过于悬殊。又如南朝北朝各设一条，南朝条综合宋齐梁陈加以概述，并与北朝约略对比，可以补这四代独立条之不足。而北朝条则过于简略，二者不太相称。二、遗漏与重复：大的遗漏尚未发现。书中附地图多幅，而缺地图目录。书首的“中国历史”特长条撰写颇为费力，而与后面长短条目又不免重复。或由于《大百科全书》规定总的体例，不得不设。但就本卷而言，似无必要。1547 页单色图有“《中国古代社会研究》封面”，图 144 页又有同书封面彩图出现。三、文字：百科全书文字应确切而简练，本书大体达到要求。但因依据的史料文白不同，所以古代部分的条目文字近于文言，而现代的条目近于白话。文字既要简明扼要，文言的表达方式因而显出优越性。但由于未能很好掌握文言，书中出现个别文字修辞欠妥甚至欠通之处，影响了释文的确切性。如 411 页“执教文史”——“执教”一词下不能加宾语。634 页“自视缺陋”——“自视缺然”是成语，出自《庄子·逍遥游》，意为“自己感到不足”。承改一字，便不可通。1606 页“甚笃汉学”——四字貌似简练的文言，其奈无法理解何！以上不足之处，作为常务副主任，难辞失职之咎！这些缺点，只有等将来修订再版时来弥补了。

（原载《光明日报》1992 年 8 月 23 日）

经验？教训？

我第一次参加高等学校历史教材的编写工作，是 1960 年编世界现代史。那是 1960 年的秋季，为了反对所谓“赫鲁晓夫修正主义”，北大牵头，联合人民大学、师范大学、师范学院的部分教师和个别高年级同学，总共三十多人，集体编写一部世界现代史，目的是通过教材来“反修”。参加者都是党员，组成支部。我根本和世界现代史不沾边儿，更无党内领导经验，但服从组织调动，这个远非适当人选的党员，竟担任了支部书记兼编写组长。事情过去近三十年，现在只是记得，大家并不查阅任何资料，而花费了大量时间“坐而论道”，研究在叙述历史过程中如何突出正确观点，批判修正主义。发现有不少问题弄不清，不知怎样评论才算正确，于是集中起来，汇报给当时任北京市委文教书记的邓拓同志，请他解答。我们提的一些问题和他如何解答，我都已不复记忆。但听了以后所得总的印象，至今还很清楚。那就是，他看来对编写这部教材并不太感兴趣，比较冷淡；而对于不少我们认为棘手不易处理的问题，他提出的解决办法是：“躲开不要写好了！”说老实话，我当时对邓拓同志的解答报告是不满意的，但认为原因是他研究中国资本主义萌芽，不研究世界现代史。现在回想起来，才真正了解，邓拓同志有他自己正确的想法和不得已的苦衷，又不能向我们这些极“左”影响下“指向哪里打向哪里”的党员们透露，就只有采取那种澹泊模棱的态度了。

这部世界现代史教材完成了初稿，没有付印，编写组到 1961 年夏间解散。幸亏没有印，因为它对世界现代史的教学肯定起不了什么作用。更何况，几十年奉为现代史圭臬的《联共党史》今天完全失去信誉，世界现代史上有名人物，竟有蒙冤五十年之久才得平反的布哈林。所以，世界现代史这门课究竟能否成为严格意义上的科学，是否有条件白纸黑字写成教育青年的教材，我看大可讨论。但我回顾这个编写组一年左右的经过，记忆中还是留下较深印象的。编写组先设在城内人民大学，后迁市委党校。这三十几个人，在困难时期，团结一致，努力工作的精神，始终是旺盛的。当时所反的是否为“修”姑且不论，但在学习列宁某些著作方面，大家确实下了些功夫，不能说白费。大部分同志以后继续搞世界现代史，有个别同志以后转到其他领域，也作出成绩，如北师大治明史的顾诚同志，和北师院治唐史的翁俊雄同志。特别应当提到北师大历史系王绍樾同志。他在编写组的组织领导和业务方面，都起了很好的作用。不幸以后久病不愈而去世。现在记下这部不为人知的世界现代史教材编写经过，同时也借此悼念他。

1961 年夏秋以后，在周扬同志领导之下，成立了高校文科教材办公室，主持编写高等学校文科教材。北大历史系主任翦伯赞同志任历史组组长，我任副组长。翦老着手纠合志同道合者，主编《中国史纲要》，而我与武汉大学吴于廑同志受命主编四卷本《世界通史》，分别负责东西方。如果说这两部分有什么经验，现在看来，首先是周扬同志苦心孤诣地借此纠正了1958年以来高校文科大拔白旗后的混乱状态。高校文科的老教授们都受到程度不同的批判，中外历史课中的古代部分压缩到可怜地步，学生上讲堂讲课，没学过近代史的学生以群众运动方式编写近代史教材……如此等等。当时送来的以群众运动方式搞的世界史教材不知有多少份，实际上没有一种能成为编写的基础。虽然名义上我们是总结提高群众运动的成果，实际则遴选了上古、中古部分主编各一人，近代部分主编三人，由他们另起炉灶，亲自动笔撰写，个别章节找了人协助。全书不包括现代部分，也是明智的决定。稿子写成后，由吴、周和各部分主编一起通读定稿，仍然收到集思广益的效果。总主编也参加写一部分，记得近代史明治维新一章和中古史中外关系一章即由我执笔。这种做法，可以说是釜底抽薪，摆脱了大跃进中群众运动粗制滥造的成果，为1962年到1966年间的教学秩序的安定创造了一些条件。

根据周扬同志的意见，《世界通史》编写原则要求材料确切、丰富，避免西欧中心论，观点大体平实妥当，为一般所接受，能够稳定几年不变动。粉碎“四人帮”后，在吴于廑同志领导下，又组织某些方面的同志进行修改，有所提高。这部四卷本《世界通史》二十余年来在历史系教学中多少起了点作用，原因即在于此。在我手边经常使用的一本年表上，我曾写下“自勉”的一段话：“三窟狡兔（编写及定稿历经党校、华北、民族、前门饭店等地，数不止三，举其成数），四面受敌（东坡言读书当八面受敌，此四面谓上古、中古、近代、现代），一心向上（鼓足干劲、力争上游），百倍努力（余仅通东方各国史事，总领全书，力所弗逮。惟有依靠群众，贯彻领导意图，黾勉从事）。”这些话多少表达出当时参加教材工作的老知识分子的共同的心情。

我们曾经考虑如何突破苏联教材的框架，以各时期具有世界意义的重大事件为核心，围绕它来叙述当时有关史事。这种想法与中国传统的纪事本末体较接近，亦即西方一般历史教材的写法。但我们终未能作到，仍是先按社会发展阶段纵分，再在每阶段内横分国家和地区。这是中药店里分门别类装药抽屉的框架。这种框架只适宜于教师讲课后指定学生分别章节查找参考，而不能作为一部整体历史来阅读，不能从中体现世界历史发展的线索和某一时期的全貌，从而对历史发展规律获得深刻理解。最近读到《光明日报》（1988年10月19日《史学》）所载车福彦同志（北大历史系1959年毕业生）的文章《谈改革我国历史教材体系》，她指出历史教材框架必须改革，要避免教条化、概念化、简单化，不能把有血有肉、五彩缤纷的历史搞得贫乏枯燥，看不见人物的活动、文化艺术的繁荣等等。她的议论是针对本国历史教材而发的，但对四卷本《世界通史》以及其他高校历史教材，同样或多或少适用。希望今后编写教材的同志对此文予以充分重视。

前几年原教育部高校文科教材办公室委托我主编一部《中外文化交流史》。他们建议主编全权邀约撰写人，使我得以约请我认为合适的作者合作，事半而功倍。由于每位作者分担一国或一地区，彼此专门各异，因而没有组织大家集体讨论，而是要求每位作者就近请一二同行审阅，然后与主编单线联系商讨，最后由主编定稿。主编对稿子有所删订，而论点一般尊重原作。这样做节省不少时间财力，效率较高。但主编一人所见究有未周，所以个别章节难免疏失错误，只得由主编负责，以后设法纠正了。

最后，我想就这部《中外文化交流史》谈一点经验之外，但又绝非无益的意见。解放后，我到过一些亚非欧美国家，和我国驻外使馆文化处官员们有所接触。发现他们多忙于“门市买卖”，如接待国内来访的体育队、杂技团等等，忙乱得不可开交。这些工作当然要做，但我认为他们平时应当集中精力钻研了解驻在国的文化、历史以及中国与驻在国文化交流的知识等等，而官员对这些似乎兴趣不大，无暇顾及。对比之下，外国就迥然不同。使领馆官员，尤其文化教育方面的，对驻在国的文化、历史等大都颇为注意，有些人还深有了解。法国著名汉学家伯希和，清末就曾在法国驻北京使馆工作。1982 年我为赴美国到大使馆办理签证，一位姓萨歧的二等秘书（?）接待我。他兼通中日文，问了我的研究领域后，他马上提到王仲荦教授所著《魏晋南北朝史》，并且说前几天在新华书店看到陈列着木宫泰彦著《中日文化交流史》的中译本。这一番话使我大吃一惊！我国春秋时代就有“觇国者”一词，意为观察了解别国的人。我看今天洋人来华“觇国者”都能胜任愉快，利用驻在期间了解我国，积累知识，将来若干年卸任之后，回国就成为有关中国某些方面的专家，可谓一举两得。我想我们的“觇国者”们，不妨先从《中外文化交流史》这本教材入手，了解一下中国与驻在国的文化关系吧。

（原载《优秀教材编写经验专集》）

燕大校史上被遗忘的一页
——国文专修科

燕京大学除去办过一个制革专修科之外，还有过一个国文专修科，附属于国文系。它的学制两年，主要目的是训练中学国文教员，给他们进修机会，提高水平。入学报名不限资历，只考国文、历史两门。据我所知，1929年和1930年连办过两期，每期十几个学生，我是1930年考进来的，学号604。专修科主任由国文系主任马鉴（季明）先生兼任，由他指导选课，主要是选国文系的课程。记得我曾想选洪煨莲先生的“初级历史方法”，马先生说：“洪先生脾气很大，要求很严，你不要选了。”我想马先生是怕我学不好，给专修科丢脸。谁料两年以后我由辅仁转入燕京历史系。终于投到洪先生门下，此所谓人生际遇也。

时隔六十余年，往事如烟，当时同学有哪些人，已记忆不清。比我高一班的同学中记得有河南人孙海波，是跟容庚先生学古文字的。他后来编过甲骨文字典，在河南大学教书。是一位颇有知名度的教授。徐文珊跟顾颉刚先生专治《史记》，后来似在台北师范大学任教。国民政府要人吴鼎昌的女儿吴元俊和我都在容庚先生的“说文研究”班上。容先生的教学法是在黑板上写楷书，叫学生上去写这个字的小篆体。吴的古文字学颇有根柢，差不多都写得出来。据说她很以才学自负，声称非博士不嫁。后来果然与刘廷芬先生之弟刘廷蔚博士结婚。前些年在台北燕京校友会的记事中，还曾见到吴的名字。班上还有一位专修科二年级女生张德英，经常与吴元俊穿同样衣料的旗袍，大约两人是好朋友。据学生名录所载籍贯，张是安徽秋浦县（今名东至）人，与我同乡。不过我从未回过安徽，几乎没有什么家乡意识了。

专修科中一部分中学教师年龄都比较大，记得二年级的赵澄和栾植新都是近四十的人。解放后在北大碰见过栾，他的女儿栾洱元在燕京北大图书馆工作。女生中有两位年岁较长的夫人，一是张寿林先生的夫人陆秀如，一是陈鸿舜先生（后任燕大图书馆长）的夫人蒋清兰。

我这班同学中，最熟的是苏州人瞿润缗（子陵）。我们两人都喜欢古文字学，很谈得来。他写过一篇《说壴》，我为之作跋，刊于广州中山大学《文史研究所辑刊》一卷二期（1931）。曾协助容庚先生研究并编过燕大国学研究所所藏甲骨文，后参加中华书局《辞海》编辑部，虽然时间不长，因为工作出色，1937 年《辞海》出版后，编辑者中列了他的名字，此人后不知所终。

还有两位较熟的同班沈国华（后改名沈心芜）和黄毓霖（后改名黄肃秋）。我们三人合拍过一张相片，还在上面题了个 ×× 社（已记不清）字样，其实并未结成什么社。“文革”中被追究结社性质，有何活动，使我哭笑不得。沈心芜后任国文系助教，专修科毕业生而任此职，说明他的成绩得到承认。沈后因揭发系主任陆侃如先生某事，陆被迫离职，沈也离开燕京，听说后来在兰州大学任教。

黄毓霖在校时从事进步活动，毕业后教中学，属被国民党及日伪当局列为拘捕对象。1946年随同一批进步文化人士到台湾，创建了台湾师范学院。因被国民党特务机关列入被捕名单，1949年5月返回大陆，入华北解放区。后任职人民文学出版社，古典文学方面著述颇多。1979年任警官大学教授，1989年逝世。

来自河北省的中学老师和泰（培元），颇活跃，被选为专修科我班班会主席。70年代我在“梁效”，偶然遇到郭化若老将军，才知道和培元到了延安，担任毛主席的秘书。后在延河游泳，不幸溺水而死。可能他在学校时已是党员了。

1932年我从辅仁大学转入燕大历史系（学号32310），专修科同班四川人杨继珊因故尚未毕业，我和他在二食堂住了一年同屋。杨的中文修养很好，记得他给国文系本科袁姓女生捉刀写过毕业论文。他的同乡好友曹葆华常从清华来找他。专修科同班尚有四川人胡坤达。湖南人文勉，胡是当时中央大学数学教授胡坤升之弟。

专修科同班中直到晚年还相过从的，只有王重民（有三）先生的夫人刘修业。她曾在北平图书馆工作，后与先生同赴巴黎伦敦调查敦煌卷子，又随王先生到华盛顿国会图书馆编善本书目。她研究小说史与敦煌文献，极为勤奋努力。1950年我为庆祝先父六十生日编论文集，她曾惠赐大作《吴承恩年谱》。有三先生去世后，她以整理出版王先生遗稿为己任，花费大量时间精力，寻找有利途径，一部又一部出版，令人敬佩无已。承她不弃，还曾令我撰写过序文。她后来移居燕东园公寓，我住24号容庚先生故居，不时见面。可惜的是，她耳聋听不见我说话，而我又听不懂她“南蛮鴃舌”的福建方言，除去一次偶然谈到他的好友另一同班周国端之外，直到她1993年去世，竟未得机会好好共同回顾一下国文专修科的往事！

我在台湾《国文月刊》上，看到署名陶芳辰的作者所写有关中学国文教学的文章。记得专修科同班中有女生即此名，不知是否一人。又闻萧乾先生曾入燕大国文专修科，沈从文先生曾投考而未取，是否确切，就不得而知了。

1997年1月5日写成

《周一良集》后记

编入这个集子里的文字，从1934年的《魏收之史学》算起，时间跨度已有六十余年，在此期间，许多文章曾先后以《魏晋南北朝史论集》（中华书局，1963年）、《魏晋南北朝史札记》（中华书局，1985年）、《魏晋南北朝史论续编》（1991年，北京大学出版社）和《中日文化关系史论》为书名出版刊行于世。由于它们有的印制年代太早，有的印数较少，因此很久以前便在书店消失了，许多需要它们的人，便只能通过图书馆或别的途径才能看到它们。虽然1992年曾应首都师范大学出版社之邀，编过一本"学术论著自选集"，但受篇幅体例之限，仍不能满足一些同志的需求。

我的文字能够提供研究者做为参考，这是我深感荣幸的事情，但把许多年来写的东西全部编出来合集刊行，却使我产生一些顾虑，它们是否都有重新阅读的价值？我有必要留下一个所谓完整的"记录"吗？我的研究生刘雪枫同志为此曾对我苦苦相劝，辽宁教育出版社的沈放同志以他的热情和对学术的尊重最终让我打消了出版"全集"的惶恐与顾虑，并承他厚意，慨然允诺用繁体竖排制版，又不以“全集”命名，此番心意，实在令人感动。

阎步克同志和北大历史系的一些学生为搜集誊抄散佚的文章做了许多工作，我应当向他们表示感谢。因为身体的原因，未能将从前的东西做一次校勘，只能以原来面目示人，这也是比较令人遗憾的。

周一良

1997 年 6 月于北京大学朗润园

《世说新语》批校（凡六卷四册）

周启锐整理　祝总斌校对、标点

【整理说明】

《世说新语》是我国中古时期的一部名著。内容涉及由东汉至刘宋政治、经济、社会、文学、思想、宗教等方方面面，史料相当丰富。周一良先生生前对这部著作有着精湛的研究，为世人所熟知。现将他阅读《世说新语》（光绪十七年思贤讲舍刊本）随手所作眉批择要整理发表如下，以飨读者。

这些眉批，反映了周先生极其深厚的学术功底，除版本学、校勘学、文字学、训诂学、史学、文学外，还包括敦煌学、佛学和对日本学者有关研究成果的了解；且多有精辟独到之见。如《言语篇》“丞相小极”。眉批在一般考证基础上，进而举康僧会、支娄迦谶（均东汉末人）等译《旧杂譬喻经》四部佛经，“我极不能度汝”诸语，“极”字均与“疲”意联系，指出“诸‘极’字皆此义也”。《文学篇》“一往奔诣”，前人无注。眉批称：日译“一举に核心にせまられる”；又据《品藻篇》关于“诣”“彻诣”有“深核”意之内证，以为“日译得之”。《雅量篇》，“未知一生当著几量屐”，眉批“唐写本‘量’‘两’二字盖可互易”，引《晋书》《南齐书》证之；特别是举《鸣沙石室佚书》收唐水部式“若水两过多”云云，断定“言‘水两’者数处，皆‘量’字也”。《规箴篇》“上下权要”。眉批称此“‘上下’唐写本作‘弄’，是也”；难得的是，还广引魏孝文帝吊比干文碑、魏齐郡王祐妃常氏墓志、杨乾墓志、尔朱绍墓志的“卡”字等，充分证成其说。《排调篇》“每共围棋，丞相欲举行，长豫按指不听”，“举行”，前人无注。眉批引日本恩田仲任《世说音释》“谓下子于局上曰行，既下复举去曰举行”，上下文遂通。

眉批中还有不少正文字句的简单重复。如“和峤生孝，王戎死孝”“奴价倍婢”“试守孝子”“题目”“白事”“令史受杖”等等，当是为了记下、突出一些具有研究意义的名词、问题，以备查找、斟酌。限于篇幅，兹从略。

又眉批是周先生于五十年中积累下的。朱墨笔起于20世纪30年代，黑墨笔续于40年代，而黑铅笔则再续于70年代末，反映了周先生对《世说新语》半个世纪锲而不舍的研究历程。由于我们水平有限，对眉批有的字迹辨认不准，加上眉批所引书又未能全部寓目、核对，此次整理错误在所难免，敬希识者指疵。

2004年6月

凡例

1. 凡字下有横线（__）者，除注明乃原文朱墨，黑墨笔，黑铅笔勾线或指对调字外，或表示该字是错字、衍字、异体字；或为补注。

2. 凡△，指缺脱字。

3. 凡方括号（[ ]）内字：

甲、如在某人姓名、别名或字后，乃对该人之字或姓名的增注。

乙、有时则或为补入之缺脱字，或为其前错字之改正字。

封面红铅笔题记：

朱笔为30年代读时所写，黑笔为40年代手迹，铅笔则70年代重读时所记也。1978年1月2日题

《世说新语》卷上之上

〔黑墨笔〕陈垣《云冈石窟寺之译经与刘孝标》（燕京学报）据《开元录》考定吉迦夜译经，孝标检笔受。《南史》四九记峻在平城居贫不自立，与母并出家为尼僧，既而还俗。（《梁书》五十本传无）陷魏盖在泰始五年（469），即魏书皇兴三年徙青州民于京师也。据《文选》重答刘秣陵诏书注引峻自序，还江南在永明四年（486）。

谢承《后汉书》曰：徐穉字孺子，豫章南昌人。清妙高跱，超世绝俗。〔朱墨〕时。

袁宏字奉高。〔朱墨〕闳。

奉高之器，譬诸泛滥，虽清易挹也。〔朱墨〕耳。

陈寔△字仲弓，颍川许昌人。〔朱墨〕传曰寔。

季方持杖后从。〔朱笔〕宋本作“从后”。

各论其父功德，争之不能决，咨于太丘。太丘曰：“元方难为兄，季方难为弟。”一作“元方难为弟，季方难为兄。”〔朱墨〕刘盼遂引《规箴篇》注：王珉声出兄珣右，时人语曰“法护非不佳，阿弥难为兄”及陆龟蒙《小名录》一“僧珍（珉小字）难为兄，法护（珣小字）难为弟”为证，谓“一作”为是。今案《北齐书》卅一王晞传，邢子良与晞在

洛两兄书曰："贤弟弥郎意识深远，恐足下方难为兄。"是古人亦自有此说法也。〔黑墨字〕又案邢子良评，亦以解作"贤弟难为兄"为宜。〔黑墨字〕《魏志》九曹爽传注引《魏略》桓范条：其妻曰："君前在东坐（东中郎将）欲擅斩徐州刺史，众人谓君难为作下，今复羞为吕屈，是复难为作上。"亦足证《世说》注"一作"为长。〔黑墨字〕《蜀志》一刘备传注引《山阳公载记》：备还谓左右曰："孙车骑长上短下，其难为下，吾不可以再见之。"

华歆遇子弟甚整，虽闲室之内，严若朝典。〔朱墨字〕俨。

秦、汉以来，腊之明日为祝岁，古之遗语也。〔朱墨〕初。

母患，方盛寒水冻，母欲生鱼。〔朱墨〕冰。

夜则趁鼠。〔朱墨〕趁。

李康《家诫》曰：黄书侍坐于先帝，时有三长史俱见。〔朱墨〕昔尝。

慎乃为大。上曰：办言得之矣。〔朱墨〕卿。

王隐《晋书》曰：嵇本姓溪，其先避怨徙上虞，移谯国铚县。〔黑铅笔〕徙当是从〔朱墨〕奚。

武帝谓刘仲雄曰。〔朱墨〕宋本无曰字。

刘毅字仲雄，东莱掖人。〔朱墨〕宋本"掖"作"不夜"。

闻和哀苦过礼，使人忧之。〔朱墨〕宋本无"礼"字。

仲雄曰：和峤虽备礼，神气不损；王戎虽不备礼，而哀毁骨立。臣以和峤生孝，王戎死孝。陛下不应忧峤，而应忧戎。〔黑铅笔〕和峤生孝，王戎死孝。

桓夫人生赵王伦，字子彝。〔朱墨〕柏。

扶风王骏。虞预《晋书》曰：骏字子臧，宣帝第十三子，好学至孝。〔朱墨〕宋本"三"作"七"案《晋书》三八宣五王传言宣帝九男，不云骏是第几子。依次叙数之，骏当是第七子。宋本作七为是，十字则衍文也。

王平子，胡毋彦国诸人，皆以任放为达，或有裸体者。（此后二次出现

"毋"字)〔朱墨〕宋本皆作"母"。

乃割炙以瞰之。〔朱墨〕啖。

王隐《晋书》曰：祖纳……九世孝廉。纳诸母三兄，最治行操，能清言。〔朱墨〕宋本皆作"讷"。

有人戏之者曰："奴价倍婢"。祖云："百里奚亦何必轻于五羖之皮邪？"《楚国先贤传》曰："百里奚字凡伯，楚国人，少仕于虞为大夫。"〔黑铅笔〕奴价倍婢。〔朱墨〕井。

今当步走，儋两儿尽死。〔朱墨〕担。

父颖有高名，彝少孤。〔朱墨〕颢。

以业慈清静，而不耐风尘。〔朱墨〕滋。

庾云：卖之必有买者，即当害其主。〔朱墨〕复。

谢太傅绝重褚公，常称："褚季野虽不言，而四时之气亦备。"〔黑铅笔〕《晋书》九三裒传，桓彝谓褚有"皮里春秋"。

父治，武昌太守。〔朱墨〕洽。

外请杀车中牛祭神。真长答曰：丘之祷久矣。〔黑铅笔〕《韩非》外储说右下：秦昭襄王病笃，杀里中牛。

《续晋阳秋》曰：帝讳昱，字道万，中宗少子也，仁闻有智度。〔朱墨〕明。

人宁可使妇无帏邪？〔朱墨〕裈。

咸宁中，诏尚余姚公主，迁中书令，卒。(红铅笔勾线)〔黑铅笔〕咸安(371—372)。

殷仲堪既为荆州，值水俭，食常五碗盘。(红铅笔勾线)〔黑铅笔〕《宋书》六一江夏王义恭传"五醆盘"。

谓为试守孝子。(红铅笔勾线)〔黑铅笔〕试守孝子本页夹纸笺注：试守孝子。

企生挥泣曰：今日之事，我必死之。〔朱墨〕涕。

因语恭：卿东来。〔黑铅笔〕东来，谓自东来。

遗巳聚敛得数斗焦饭，未展归家，遂带以从军。战于沪渎，败。军人溃散，逃走山泽，皆多饥死。〔朱笔〕以。饿。

韩后果为吏部尚书。大吴不免哀制，小吴遂大贵达。（红铅笔勾线）〔黑铅笔〕《类聚》廿引宗躬孝子传，坦之每祭辄号痛断绝，至七祭吐血死。“不免哀制”指此。

《晋安帝纪》曰：隐之既有至性，加以廉洁，奉禄颁九族，冬月无被。桓玄欲革岭南之弊，以为广州刺史。去州二十里有贪泉。〔朱墨〕俸。水。

因赋诗曰：石门有贪泉，一歃重千金。试使夷齐饮，终当不易心。〔黑铅笔〕《书抄》三八引《晋中兴书》，诗曰：“古人云此水，一饮直千金。”

太中大夫陈韪后至，人以其语语之。韪曰：小时了了，大未必佳。（黑墨点点）〔黑墨笔〕《宋书》九四戴法兴传：“大将军彭城王义康，于尚书中觅了了令史。”

孔融被收，中外惶怖。时融儿大者九岁，小者八岁。二儿故琢钉戏，了无遽容。〔黑铅笔〕周亮工因树屋《书影》三，记金陵童子有琢钉之戏。

二子曰：安有巢覆，而卵不破者哉。〔朱墨〕毁。

客曰：足下但因伛为恭，△不能答。〔朱墨〕而。

徽归、刘头著帻出见。〔朱墨〕褠。

《典略》曰：刘桢字公乾，东平宁阳人，建安十六年，世子为五官中郎将，妙选文学，使桢随侍太子。酒酣，坐欢，乃使夫人甄氏出拜。坐上客多伏，而桢独平视。他日，公闻，乃收桢，减使，输作部。《文士传》曰：桢性辩捷，所问应声而答。坐平视甄夫人，配输作部使磨石。武帝至尚方观作者，见桢匡坐正色磨石。武帝问曰：“石何如？”桢因得喻己自理，跪而对曰：“石出荆山悬岩之巅，外有五色之章，内含卞氏之珍。磨之不加莹，雕之不增文，禀气坚贞，受之自然。”〔黑铅笔〕《水经》谷水注载，听讼观西比接华林隶簿，昔刘桢磨石处也。又引《文士传》言，太祖以为不敬，送徒隶簿。后太祖乘步牵车，乘城降阅，簿作诸徒咸敬，而桢拒坐磨石不动。“簿”

当即“部”字，“簿作”疑“作簿”之误。〔朱墨〕世（指太字）。死（指使字）

我淮南已来，画无遗策，四海共知，持此欲安归乎。〔朱墨〕将。

故黄初时，无所事任。〔朱墨〕宋本“事任”二字作“仕”。

至年十五，阳病，数数狂走五里三里。〔朱墨〕佯。

洁白，黑发，赤唇，明目，鬓须不多。〔朱墨〕宋本无。

以听凤凰之鸣，雄鸣六，雌鸣六。〔朱墨〕亦。

《魏志》曰：艾字士载，棘阳人，少为农人养犊（红铅笔勾线）……后见司马宣王，三辟为掾，累迁征西将军。伐蜀。〔黑铅笔〕“农人”指为典农部民，非农夫之谓。《三国志》魏志邓艾传注引《世语》，邓艾少为襄城典农部民。《晋书》四八段灼传：上疏追理艾云，“艾本屯田掌犊人，宣皇帝拔之于农吏之中”。〔朱墨〕宋本无（指“三”字）。

其进止无不同，而造事营生，业亦不异。常与嵇康偶锻于洛邑，与吕安灌园于山阳，不虑家之有无。〔朱墨〕宋本“不同”作“固必”。人（指“之”字）。

笑曰：可复尔耳。〔朱墨〕何。

晋武帝始登阼，探策得“一”。……王者世数，系此多少。帝既不说，群臣失色，莫能有言者。侍中裴楷进曰：“臣闻天得一以清，地得一以宁，侯王得一以为天下贞。”帝说，群臣叹服。〔黑墨〕《艺文类聚》五引《武陵先贤传》潘京为州辟，进谒，值社会，因得见，次及，探得不孝。刺史问：“辟士为不孝邪？”京举板答曰：“今为忠臣，不得复为孝子。”

各是一物，△所以为主也。〔朱墨〕之。

满奋畏风。在晋武帝坐，北窗作琉璃△屏△，实密似疏，奋有难色，帝笑之。〔朱墨〕宋本作“琉璃扇屏风”。

旧说云“隋侯出行。……后衔明月珠以报其德，光明照夜同昼，因曰隋珠。

左思《蜀都赋》所谓隋侯鄙其夜光”也。〔朱墨〕宋本皆作“随”。

昔武王伐纣，迁顽民于洛邑。……得无诸君是其苗裔乎？〔朱墨〕《洛阳伽蓝记》五：洛阳城东北有上高里，殷之顽民所居处也。高祖名闻义里，迁京之始，朝士住其中，迭相讥刺，竟皆去之。是此传说自西晋历六朝犹存也。《魏书》七九成淹传：行到朝歌，王肃问此是何城？淹言昔武王灭“纣都朝歌城”。肃言“故应有殷之顽民也”。淹言“昔武王灭纣，悉居河洛，中因刘石乱华，仍随司马东渡”。肃知淹寓于青州，乃笑而谓淹曰“青州间何必无其余种”。淹以肃本隶徐州言“青州本非其地，徐州间今日重来，非所知也”。

诸名士共至洛水戏。[黑墨]中朝洛滨游晏之风，至北魏犹尔。《魏书》七五尔朱世隆传：今旦为令王借车牛一乘，终日于洛滨游观。

我与王安丰说延陵、子房，亦超超玄箸。(红铅笔勾线)〔朱墨〕著。

《晋阳秋》曰：……乡人王济，豪俊公子，为本州大中正。访问弘为乡里品状。〔黑铅笔〕《魏志》十四刘放传注引《晋阳秋》：楚乡人王济，豪俊公子也，为本州大中正，访问关求楚品状。此处宏（弘）字疑衍。

凡在朝者，人怀危惧。乐令既允朝望，加有婚亲。〔朱墨〕处。

指以示陆曰：“卿江东何以敌此？”陆云：“有千里莼羹，但未下盐豉耳。”〔蓝圆珠笔〕《唐大和上东征传》记鉴真记其二次东航时，所携物品中有甜豉三十石。盖豉有盐甜之别耶。〔黑铅笔〕祁骏佳《遁翁随笔》上，“说者谓千里乃吴中湖名也。”《南史》崔祖思传亦有“千里莼羹”之语。又杜公别贺兰馆诗云，“我恋岷下芋，君思千里莼”，以“千里”对“岷下”，并是地名，尤可证也。“未下”乃“末下”，亦是地名。

故光武△尝谓景丹曰……。〔朱墨〕皇帝。

崔正熊诣都郡。都郡将姓陈。(红铅笔勾线)[黑铅笔]“郡将”指太守，《三国志》魏志七臧洪传：洪为广陵太守张超功曹，称超为“郡将”。《晋书》六一刘乔传，刘弘与东海王越书，称乔为吾“州将”，以其为豫州刺史，以汉人称太守为“郡将”之例称之也。又卷八九周崎传称湘州刺史谯王承为“州将”。又卷八九沈劲传，以刑家不得仕进，“郡将”王胡之深异之，“郡将”即吴兴太守。卷七六王廙传附胡之，历郡守、侍中、丹阳尹，郡守即沈劲之吴兴郡守也。《梁书》四三韦灿传，柳节下是“州将”，指柳仲礼为司州刺史。《陈书》十二沈恪传，吴兴武康人，梁新渝侯肖映为“郡将”，召为主簿。《陈书》一高祖纪新喻侯肖映为吴兴太守。《陈书》十九虞寄传，及谢病私庭，每诸王为“州将”，下车必造门致礼，《南史》四七胡谐之传，范柏年土断属梁州华阳郡。初为“州将”刘亮使，出都咨事。

元帝始过江，……谓顾骠骑曰：“寄人国土，心常怀惭。”荣跪对曰：“臣闻王者以天下为家，……愿陛下勿以迁都为念。”〔朱墨〕敬胤案元帝永嘉元年以顾荣为安东军司，五年进号镇东，荣为军司。其年〔黑墨点点〕荣卒。后七岁，元帝方为天子，岂得此时便为陛下，已曰迁都邪。〔黑墨〕《晋书》六八本传永嘉六年卒。

过江诸人，每至美日，辄相邀新亭，藉卉饮宴。（红铅笔勾线）〔朱墨〕敦煌本残类书新亭条《世记（疑“说”之误）》曰：“江（江上脱过字）诸人，每至暇日，相邀出新亭，藉卉饮宴。周侯中坐而叹曰风景不殊，举目有江山之异。”《晋书》王导传亦作“江山”。《通鉴》作“江河”。[黑铅笔]日译作“风の色，日の光”，较理解为景色更确。

卫洗马初欲渡江，形神惨顿，语左右云见此芒芒。〔朱墨〕茫。

顾司空未知名，诣王丞相。丞相小极，对之疲睡。〔朱墨〕《文学篇》中朝时有怀道之流条：“有诣王夷甫咨疑者，值王昨已语多，小极，不复相酬答。”又卫玠始渡江条：“遂达旦微言，王永夕不得与。玠体素羸，恒为母所禁。尔夕忽极，于此病笃，遂不起。”〔黑墨〕康僧会译《旧杂譬喻经》第廿一分"我极不能度汝"；第卅三分"犹极欲卧"。又失译《杂譬喻经》第四分"令不睡极□"。《喻经》第六三分"身体伤破，疲极委顿"。支娄迦谶译《旧杂譬喻经》第十一分"今已老极疲不中用"。诸极字皆此义也。《晋书》六二祖逖传："又令数人担米，伪为疲极，而息于道。"

父播，光禄大夫。琨少称儁朗，累迁司徒长史、尚书右丞，迎大驾于长安。〔朱墨〕蕃。〔朱墨〕宋本作尚书左右丞。据《晋书》六二本传当作"左丞"。

虞预《晋书》曰：峤字太真，太原祁人。少标俊清彻，英颖显名。为司空刘琨左司马。〔黑墨〕日本恩田仲任《世说音释》引《正字通》曰"道书名金为太真"。梁渐子（渐子二字可能有误）随笔曰："温峤字太真，以丹峤产金，故列为字。"

顾司空时为扬州别驾，援翰曰。〔朱墨〕授。

上问扬雄、李寻，对曰。〔朱墨〕宋本"李寻"二字作"雄"。

尸黎密，塚曰高坐。〔朱墨〕宋。

历安丰、新蔡、西阳太守。〔朱墨〕内史。

年少，一坐之颜回。〔黑铅笔〕"年少"犹言"少年"。《文学篇》时流年少；《方正篇》"此年少非唯围棋见胜""后来年少""黄吻年少"；《排调篇》闻一年少怀问鼎；《尤悔篇》群谢年少，注"遣诸不经事年少"，《佚文》王昙首条，王名家年少。

从猎，将其二儿俱行。〔黑铅笔〕《御览》三八五作"其第二儿齐庄"。

弟子有泣者，有不泣者。和以问二孙。玄谓：被亲故泣，不被亲故不泣。〔朱墨〕宋本作"彼亲故泣，彼不亲故不泣"。

入般涅槃。卧北首。〔朱墨〕床。

宣武不得已而先之，因曰："伯也执殳，为王前驱。"简文曰："所谓无小无大，从公于迈。"〔黑铅笔〕chancellor follows the king 洪煨莲让叶理绥所引成语也，亦是此意。

松柏之质，经霜弥茂。〔朱墨〕宋本作“凌霜犹茂”。

君曰：“松柏之姿，经霜犹茂。臣蒲柳之质，望秋先零。”〔朱墨〕凌。榆。

引超入曰：天命修短，故非所计，政当无复近日事不？〔朱墨〕否。〔黑墨笔〕《晋书》玖本纪作“故当无复近日事邪”。□□□□失译《大方便佛报恩经》肆恶友品“故当万有一冀”。俱作“故”为是。

庄子曰：往矣，吾亦宁曳尾于涂中。〔朱墨〕宋本无。

家世奉法，尝于余杭山沈思道行，冷然独畅。〔朱墨〕宋本作“沈思道术，行吟独暢”。

秉群从父率礼相承。〔朱墨〕宋本无。

刘真长为丹阳尹，许玄度出都，就刘宿。〔朱墨〕宋本无。〔黑铅笔〕出都。

子文叔敖羞与管仲比德。〔朱墨〕晏。

玄答：“有辞致也。”〔朱墨〕山。

会宾僚出江津望之，云：“若能目此城者，有赏。”顾长康时为客，在坐，目曰。〔黑铅笔〕目此城者有赏。〔朱墨〕因。

松栝枫柏，擢干竦条。〔朱墨〕疎。

林岫便已皓然。〔朱墨〕自。

张资《凉州记》曰：天锡字〔公〕纯嘏，安定乌氏人。〔朱墨〕宋本无。

宣武移镇南州，制街衢平直。（黑墨点点）〔黑墨笔〕南州。〔黑铅笔〕谓姑孰。

何以共重吴声？（红铅笔勾线）〔黑铅笔〕当时南方重洛阳语音，此言重吴声，未详。

有人答曰：“无省。”当时殊忤旨。〔朱墨〕绝。

以罪伏诛。〔朱墨〕宋本无。

谢答曰：将不畏影者，未能忘怀。〔朱墨〕“将不”即“将无”。

《世说新语》卷上之下

民有在草不起子者（红铅笔勾线）〔黑铅笔〕“起”犹言“举”。

老父在太丘，强者绥之以德。〔朱墨〕先。

性高明而率△，至为贾充所亲待。〔朱墨〕朗。烈。

承冲淡寡欲，无所循尚。〔朱墨〕修。

任让在帝前戮侍中钟雅。〔朱墨〕录。

《语林》曰：任名颙，时宜在都，预王公坐。〔朱墨〕宦。

謇字道真，仕至郡功曹。〔朱墨〕直。

以何见客劳损，欲〔白〕断常客。〔朱墨〕宋本无。

白事甚好，待我食毕作教。〔黑铅笔〕于白事之后作教。

题白事后云：若得门庭长……〔黑铅笔〕门庭长《晋书》六十李含传：“以短檄召含为门亭长。”

望卿摆拨常务，应对玄言。〔朱墨〕共。

云：向从阁下过。〔朱墨〕阁。

谢公时，兵厮逋亡，多近窜南塘下诸舫中。或欲求一时搜索，谢公不许，云：若不容置此辈，何以为京都。（红铅笔勾线）〔黑墨笔〕谢安宽政。《晋书》七九本传：“德政既行，文武用命，不存小察，弘以大纲，威怀外著，人皆比之王导，谓文雅过之。”

王大为吏部郎，尝作选草，临当奏，王僧弥来，聊出示之。（红铅笔勾线）〔黑铅笔〕吏部郎作选草，当即所谓小选。

三日而诛乱法大夫少正卯。〔朱墨〕七。

在水上据屐。融果转式逐之，告左右曰（据字红铅笔勾线）〔黑墨〕转式。〔黑铅笔〕“据”即据胡床之据，谓垂足而坐。

钟会撰《四本论》始毕，甚欲使嵇公一见。置怀中，既定，畏其难，怀不敢出，于户外遥掷，便回急走。〔黑铅笔〕王叔珉补正：杨校笺本作“既诣”，云《御览》三九四引《世说》作“既诣”，《续谈助》四作“既诣宅"，今依《御览》。案"定"乃"宅"之误，上又脱诣字也。《御览》三九四引作"既诣定"，"诣"字未脱，"定"亦"宅"之误，《御览》作畏其有难。文多不载，惜哉！

此理仆以为△极。〔朱墨〕理。

但应诺诺。〔朱墨〕宋本"诺诺"二字作"之"。

文章叙录曰："自儒者论以老子非圣人，绝礼弃学。晏说'与圣人同'，著论行于世也。"〔黑铅笔〕何晏著论，说老子与圣人同。

乃谓客曰"身今少恶，裴逸民亦近在此，君可往问"。〔黑铅笔〕"身"犹言我，见下〔殷〕中军为庾公长史条。

客问乐令旨不至者，乐亦不复剖析文句，直以麈尾柄确几曰。（红铅笔勾线）〔黑铅笔〕《庄子》天下篇："指不至，至不绝。"《列子》仲尼篇："指不至。"

唯好庄子，聊应崔譔所注，以备遗忘云。〔朱墨〕隐。

时人咸以为王弼之亚，辟司空掾、太傅主簿。〔朱墨〕宋本太傅主簿，作太学博士。

阮宣子有令闻，太尉王夷甫见而问曰："老庄与圣教同异？"对曰："将无同？"太尉善其言。〔黑铅笔〕将无同。〔黑铅笔〕《晋书》四九阮瞻传，《御览》三九零人事部三一，又二零九职官部，皆作王戎问阮瞻。

傲然无营，家无儋石之储，晏如也〔朱墨〕担。

冷然若琴瑟。〔朱墨〕宋本无。

嵇康声无哀乐论，略曰：夫殊方异俗。〔朱墨〕他。

嵇叔夜养生论曰：夫虱箸头而黑，麝食柏而香，颈处险而瘿，齿居晋而黄，岂唯蒸之使重无使轻，芬之使香无使延哉。〔朱墨〕得。轻。勿。〔黑铅笔〕《抱朴子》〔《文选》五三李注引〕又《淮南子》。《五杂组》："晋国多枣，食之齿黄。"

谢镇西少时闻殷浩能清言，故往造之。殷未过有所通，为谢标榜诸义。（红铅笔勾线)〔黑铅笔〕日本译“通”为“通问候”，参下文“通寒暑”。

支道林在白马寺中将冯太常共语。〔黑铅笔〕“将”犹言“同”。

不失，则同于大通矣。〔朱墨〕道。

庄生建言人道，而寄指鹏鷃。〔朱墨〕大。

忽言及四本，便苦汤池铁城，无可攻之势。〔朱墨〕若。

《神农书》曰夫有石城七仞。〔朱墨〕十。

王都领域，不与交言。(红铅笔勾线)〔黑铅笔〕王都领域，不与交言。领域，日译坚く心をとざして。〔黑铅笔〕《援鹑堂笔记》三六：领域如雄都紧县之义，又或作领天下国家，作（领？）恶全好之领，言王方都一郡，治域中事也。

许掾年少时，人以比王苟子（苟子，王修小字也）。〔黑铅笔〕王叔珉补正：杨校笺本注，从沈校本“循”作“修”，案“修”字是。修之字敬仁，小字苟子，“苟”与“敬”义相应。“苟”己力反，非“苟且”之“苟”。《说文》敬，肃也，从攴苟。苟，自急敕也。

时诸人士及于法师并在会稽西寺讲。〔朱墨〕林。

今日与谢孝剧谈一出来（红铅笔勾线)〔黑铅笔〕剧谈，下文江左殷太常条“扬州□□谈至剧”身与君别多年，君义言了不长进（红铅笔勾线)〔黑铅笔〕疑当作“言义”。

后精渐归支，意甚不忿。〔朱墨〕情。

弟子如言诣支公，正值讲，因谨述开意。往反多时，林公遂屈。厉声曰：君何足复受人寄载。(名德沙门题目曰)(红铅笔勾线)［红铅笔］名德沙门题目〔朱墨〕宋本“载”下有“来”字。

领略粗举，一往参诣。由是知之。(红铅笔勾线)［黑铅笔］一往参诣。日译要点をかいつまんで挙げただけで一気に核心にせまつた。

谢因问殷：“眼往属万形，万形来入眼不？”〔朱墨〕宋本无。

如眼触目则不能见彼。〔朱墨〕色。

谢有问，△殷无答，疑阙文。〔朱墨〕而。

导则俱绝有相之流，升无相之彼岸也。〔朱墨〕为。

张凭举孝廉，出都，负其才气，谓必参时彦。［黑铅笔］日译政務をかたづけて。

清言弥日。因留宿至晓。张退，刘曰："卿且去，正当取卿共诣抚军。"〔黑铅笔〕王叔岷补正："取"读为"聚"。《庄子》天运篇："取弟子游居寝卧其下"，覆宋本取作聚，即取聚通用之证。

咨嗟称善，曰："张凭勃窣为理窟。"即用为太常博士。（红铅笔勾线）〔黑铅笔〕"勃窣"，见《汉书》司马相如传，《文选》子虚赋注引韦昭注。

《文字志》曰：安神情秀悟，善谈玄速。〔朱墨〕远。君一往奔诣，故复自佳耳。（红铅笔勾线）〔黑铅笔〕一往奔诣，日译一舉に核心にせまられる〔黑铅笔〕品藻篇"郗嘉宾道谢公"条："右军诣"、"不得称诣"，注"凡彻诣者盖深核之名也"。此处诣当亦此意，日译得之。

庆校众本皆然。〔朱墨〕广。

事数，谓若五阴、十二入、四谛、十二因缘、五根、五九、七觉之声。〔朱墨〕力。属。

后蜀果土山崩。〔朱墨〕上。

殷难之，羊云："君四番后，当得见同。"殷笑曰："乃可得尽，何必相同。"乃至四番后一通。殷咨嗟曰："仆便无以相异。"叹为新拔者久之。（红铅笔勾线）［黑铅笔］日译いくら議論を盡してみてもどうして同意見になるものか。意見は等しくなつてしまつた。

煮豆持作羹，漉菽以为汁。〔朱墨〕豉。

思蚤丧母，雍怜之，不甚教其书学。及长，博览名文，遍阅百家。〔朱墨〕宋本作"思少孤，不甚教其书学。"

至终乃上。初作蜀都赋云。〔朱墨〕止。

碧鸡振翼而云披。〔朱墨〕雲。

昔孟母以三徙成子，曾父以亨家存教。〔朱墨〕烹豕。

凡诸注解，皆思自为，欲重其文，故假时人名姓也。〔黑铅笔〕假时人名为注。〔朱墨〕名。

使人荷锸随之，云：死便掘地以埋。〔朱墨〕宋本无。

行则操卮执瓢。〔朱墨〕瓠。

乐为述己所以为让，标位二百许语。（红铅笔勾线）〔黑铅笔〕“标位”犹言“标举”。

江左殷太常父子，并能言理。（红铅笔勾线）〔黑铅笔〕叔侄称父子，《汉书》疏广传，《晋书》谢安传皆有此例。

声既清会，辞文藻拔，非尚所曾闻。〔朱墨〕又。

袁伯彦作名士传成。［红铅笔］伯彦二字对调。

王浚仲为竹林名士。〔朱墨〕沖。

笑曰我尝与诸人道江北事，特作狡狯耳。（黑墨点点）〔黑铅笔〕《宋书》四一明恭王皇后传“若行此事，官便应作孝子，岂复得出入狡狯”。《南齐书》四二萧坦之传“少帝于宫中，及出后堂杂戏狡狯”。《异苑》五“此为狡狯”。

殊可观。东亭在侧，极叹其才。袁虎云：“当令齿舌间得利。”（红铅笔勾线）〔朱墨〕绝。

以宏一时文宗，又闻此赋有声，不欲令人显闻之。〔朱墨〕问。

一坐之间，诔以之成。（红铅笔勾线）〔黑铅笔〕日译あつという間に。

林残故竹。〔朱墨〕松。

桓玄初并西夏，领荆、江二州、二府、一国。〔黑铅笔〕都督府及后将军府、南郡公。

《世说新语》卷中之上

此人尤能以通家年少遇我。〔黑铅笔〕年少。〔朱墨〕犹。

《世语》曰：玄至廷尉，不肯下辞。廷尉钟毓自临履玄，玄正色曰："吾当何辞？为今史责人邪？"（红铅笔勾线）〔黑铅笔〕下辞。〔朱墨〕令（指今字）。

召百官议其事，昭垂涕问陈泰曰。〔朱墨〕泪。

朋党之论弗人也。〔朱墨〕入。

济自比被卖，左迁国子祭酒。〔朱墨〕此。

况以天下之广，而不相容也。〔朱墨〕宋本作天子之属。

山该字伯伦，司徒涛长子也，雄有器识。仕至左卫将军。〔朱墨〕雅。

向雄为河内主簿有公事不及雄，而太守刘淮横怒遂与杖遣之。雄后为黄门郎，刘为侍中，初不交言。武帝闻之，敕雄复君臣之好。（红铅笔勾线）〔黑铅笔〕主簿与太守之间称"君臣之好"。

昔在晋初，河内温县领校向雄，送御牺牛，不先呈郡，辄随比送洛。〔朱墨〕牧。此。

为兵主求攻伐。〔朱墨〕来。

门中一铃下有唱家前。充问："此何府也？"〔黑铅笔〕"有唱家前"未详。日译作お入りください，据《搜神记》十六"唱客前"、《通雅》二四文职门铃阁条，"虏充见铃下唱客前"，引此事正作"客"。〔黑铅笔〕"前"即谒见之意，下周伯仁为吏部尚书条，"既前，都不问病"；《雅量篇》桓公伏甲条，"相与俱前"，谢太傅与王文度条，"日旰未得前"；《任诞篇》裴成公条"不通径前"；《仇隟篇》王右军素轻蓝田条，"后诣门自通，主人既哭，不前而去"；《佚文》谢万与安共诣简文条，"无帻衣可前"，"但前不须衣帻"；《佚文》旧制三公领兵入见条，"皆交戟叉颈而前"。

令女郎莊严，使充就东廊。（红铅笔勾线）〔黑铅笔〕庄严即装饰。

为三日毕，还见崔。〔朱墨〕宋本无。

华艳当时显，嘉异表神奇。〔朱墨〕宋本作"当显时"。

即字温休，温休盖幽婚也。〔黑铅笔〕反切。

且从容调谏，理或可安。〔朱墨〕讽。

王丞相初在江左，欲结援吴人，请婚陆太尉。（黑墨点点）对曰：培塿无松柏，薰莸不同器。〔黑墨〕王导欲结援吴人。

杜预《左传》注曰：培塿，小阜；松柏，大木也。薰，香草；莸，臭草。〔黑铅笔〕培塿、松柏，语见《左襄》廿四年，薰莸语见《孔子家语》致思篇。

于时谢尚书求其小女婚，恢乃云："羊、邓是世婚"。（红铅笔勾线）〔黑铅笔〕《御览》五四一引《世说》作"平婚"。

性绞直果侠。〔朱墨〕狡。

临别流涕，抚其背曰："奴好自爱。"（阿奴，谟小字）〔黑铅笔〕"阿奴"乃当时第二人称，亲昵之词，如谢奕称弟"安"（《世说》德行）。余例见《世说新语》札记。

举兵讨之，奔至江南败死。〔朱墨〕宋本"败死"作"为人所杀"。

《颉别传》曰：王敦讨刘隗，时温太真为东宫庶子，在承华门外。（红铅笔标点）〔黑铅笔〕东宫庶子。"承华门外"，疑承华门为东宫正门，故多以承华称东宫。

敦使勇士路戎等，搤而杀之。〔朱墨〕伏。

平子从荆州下，大将军因欲杀之。〔朱墨〕伺。

值中原乱，招合流旧三千余家。〔朱墨〕六。

我宁山头望廷尉，不能廷尉望山头。乃作乱。〔黑铅笔〕山头廷尉二语不可解。或指宁从建康以外望廷尉，不能身系廷尉以求外援。日译作廷尉に山上を望ませるわけにはいかない，亦不甚可通。又"廷尉垒"地名，见《宋书》《晋书》苏峻传，袭用二语。

苏峻时，孔群在横塘，为匡术所逼，王丞相保存术。（黑墨点点）〔黑墨笔〕王导保存匡术。

因众坐戏语，令术劝△酒，以释横塘之憾。〔朱墨〕群。

少好学，隐退而求实进止。（红铅笔勾线）〔朱墨〕才（指“求”字）。〔黑铅笔〕日译本作隱棲してものことの實を求めて進退した。

冰出镇武昌，充自京驰还。〔黑铅笔〕京谓京口。

庾既下床。〔黑铅笔〕下床。

自过江来，尚书郎正用第二人。〔黑铅笔〕尚书郎用第二人。

王述转尚书令，事行便拜。〔黑铅笔〕事指文书。

既云堪，何为复让人？言汝胜我，定不如我。〔黑铅笔〕“定”犹言“终究”。

孙兴公作庾公诔，文多托寄之辞。〔黑铅笔〕托寄之词。

羲字叔和，太保亮第三子，拔尚率到。（红铅笔勾线）〔朱墨〕尉。〔黑铅笔〕率到。

颇以刚直见疏，尝听记，简都无言。〔朱墨〕讯。

伊便能捉杖打人不易。（红铅笔勾线）[黑铅笔]不易，日译为くわばらく。

《汉书》曰：王莽宗族凡十侯、五大司马。〔朱墨〕宋本五大司马下有“外戚莫盛焉”五字。

蓝田大怒，排文度下膝曰：恶见文度已复痴。[黑铅笔]日译おまえがこんなに馬鹿とは知らなかつた。

宋明帝《文章志》曰：太原中新宫成，议者欲屈王献之题榜。〔朱墨〕元。

袁孝尼尝请学此散，吾靳固不与，广陵散于今绝矣。〔朱墨〕未。

王戎为侍中，南郡太守刘肇遗筒中笺布五端。戎虽不受，厚报其书。（红铅笔勾线）〔朱墨〕《晋书》王戎传作“筒中细布五十端”。《南史》一宋武纪：广州尝献入筒细布一端八丈，帝恶其精丽劳人，制岭南禁作此布。戴凯之《竹谱》：“单竹大者如腓，虚细长爽。岭南夷人取其笋未及竹者，灰煮，绩以为布，其精者如縠焉。”岂即所谓“筒中笺布”乎？

《晋诸公赞》曰：楷息瓒，取杨骏女。骏诛，以相婚党。〔朱墨〕楷。

王夷甫问遐，当时何得颜色不异？答曰“直是暗当故耳”。（红铅笔勾线）〔黑铅笔〕日译作た（だ？）勝負に夢中になつていただけです。

庾时颓然已醉，帻坠几上，以头就穿取。〔朱墨〕堕。

徐答云：“下官家故可有两娑千万，随公所取。”（黑墨点点）〔黑墨笔〕两娑千万，参《北史》八一李业兴传之“萨四十家”。

自谓理构多如，辄每谢之。〔朱墨〕知

王丞相主簿欲检校帐下。公语主簿“欲与主簿周旋，无为知人几案间事”。〔黑铅笔〕周旋。此亦“若不容置此辈，何以为京都”及“思我愦愦”之意。

因叹曰：“未知一生当箸几量屐？”神色闲畅，于是胜负始分。（黑墨点点）〔黑墨笔〕《晋书》二七五行志上：“元康、太安之间，江淮之域有败屩自聚于道，多者至四五十量。”与此处几“量”，皆“两”也。唐人写“量”“两”二字盖可互易。《鸣沙石室佚书》收唐水部式“若水两过多”，即与上下用水处，相知开放云云。言“水两”者数处，皆“量”字也。又《南齐书》四一张融传“并履一量”。

沈令起彷徨，问“牛屋下是何物△？”〔黑铅笔〕何物人。〔朱墨〕人。

《晋阳秋》曰：吴人以中州人为伧。〔黑墨笔〕慧琳《音义》六五善见律音义（玄应撰）伧吴条下云《晋阳秋》曰：“吴人为（谓）中国人为伧人，俗又总谓江淮间杂楚为伧。”《玉篇》三人部：“吴谓中国人为伧。”《汉书》贾谊传注引晋灼“吴人骂楚人曰伧”。

唯有一郎在△床上坦腹卧。〔朱墨〕东。

妻太傅郗鉴女，名璿，字子房。〔朱墨〕宋本子房下有“也”字。

过江初拜官，舆饰供馔。羊曼拜丹阳尹，客来蚤者，并得佳设。〔黑铅笔〕佳设。汪藻《世说叙录》校异、《晋书》四九羊曼传皆作“相饰”（指“舆饰”）。

伯仁笑曰阿奴火攻，固出下策耳。（黑墨点点）〔黑墨笔〕“阿奴”，疑为当时俗语，非必为仲智之字也。《魏书》九八萧昭业传：临死执昭业手曰：“阿奴，若忆翁当好作。”又昭业呼何氏曰“阿奴暂起去”。

顾和始为杨州从事。月旦当朝，未入顷，停车州门外。〔黑铅笔〕州即州廨。

待收信还，得不定，乃出。论者以劭为优。〔黑铅笔〕得不定，“不”字疑衍。

含笑曰郗生可谓入幕宾也。〔黑铅笔〕郗超字嘉宾。

望阶趋席，方作洛生咏，讽“浩浩洪流”。桓惮其旷远，乃趣解兵。〔黑铅笔〕王叔珉补正：“选”犹“善”也，《汉书》武帝纪，“知言之选”，应劭注：“选，善也。”“趣”读为“促”。

明公何有壁间著阿堵辈。（红铅笔勾线）〔朱墨〕须（指“有”字）。

命部左右。〔朱墨〕却。

征虏将军谢安立此亭，因以为名。〔黑墨〕谢安二字疑有误。梁世征虏亭，犹为东行者祖送之所。《陈书》二四袁宪传“及君正将之吴郡，溉祖送于征虏亭。”

损米。愈觉有待之为烦。〔黑铅笔〕“有待”，谓凡夫。

《晋安帝纪》曰戴逵字道安。〔朱墨〕宋本作“安道”。

徐向局。客问淮上利害。〔黑铅笔〕局即棋盘，杜诗“老妻画纸为棋局”。

牛马驴骡驼十万头匹〔朱墨〕宋本无。

谢太傅谓子敬曰：可将当轴，了其此处。[黑铅笔]“可将当轴，了其此处”，日译作ひとつ乗り出してあの辺をかたずけてやろうか。

汝故是吴兴溪中钓碣（黑墨点点）耳，何敢诪张。……谢徐抚掌而笑曰：“卫军，僧弥殊不肃省，乃侵陵上国也。”（红铅笔标点）〔朱墨〕陈寅恪先生曰“碣”当是“狗”字之误。〔黑墨笔〕《简傲篇》阮思瞻谓谢万

“新出门户”。［黑铅笔］日译作身の程も知らず。

然君实△乱世之英雄。〔朱墨〕是。

避乱荆州，刘表待之宾客礼。〔朱墨〕以。

刘牧非霸王之才，而欲以西伯自处，其败无日矣。〔朱墨〕宋本矣以下七字作：“累迁尚书令，赠太常。”

涛居魏晋之间，无所标明。［红铅笔］名。

邓粲《晋纪》曰勒手不能书。〔朱墨〕宋本作“勒不知书”。

志大其量，终当死坞壁间。〔朱墨〕无。

王大将军既亡，王应欲投世儒，世儒为江州；王含欲投王舒，舒为荆州。含语应曰：“大将军平素与江州云何，而汝欲归之？”应曰：“此乃所以宜往也。”〔黑铅笔〕

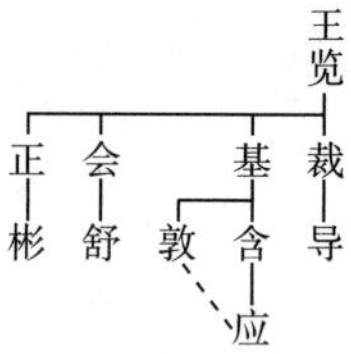

丞相在坐，代篇之解。〔朱墨〕惧。

有足疾，比来见天子尚不能拜，何跪之有。〔朱墨〕欲。

△传曰舒字处明，琅邪人。〔朱墨〕王舒。

庾云卿自求之。〔朱墨〕试。

四坐嗟叹，嘉喜酣畅。〔朱墨〕善。

殊有确然之志（确然二字红铅笔勾线）〔朱墨〕绝。

卿乃尔好利何不焦头（红铅笔勾线）［黑铅笔］日译ひとつここで乗り出して見ないかね。日本《世说钞补》谓系“马头”之误。乃蒲博用语。

符坚将问晋鼎（下文四处“符”字皆同）〔朱墨〕宋本皆作“苻”。

褚期生少时，谢公甚知之，恒云：褚期生若不佳，者仆不复相士。〔黑铅笔〕王叔珉补正："者"犹"则"，属下读。《晏子春秋》内篇谏上："令章遇桀纣，者章死久矣。"《荀子》解蔽："比至其家，者失气而死。""者"并犹"则"也。

历尚书令、仕光禄大夫。〔朱墨〕左。

王自计才地，必应在己。〔朱墨〕许。

赏誉第八上〔朱墨〕〔上〕宋本无。

天姿聪朗。〔朱墨〕明。

汝南陈仲举，轩轩若千里马。〔朱墨〕如。

知世将乱，避地辽东。〔朱墨〕世。

移比近郡，以观其意。〔朱墨〕北。

复往羊许小悉。（红铅笔勾线）〔黑铅笔〕"小悉"或即"小息"，少选之意。

女生五子乘、洽、式、亮、悦也。〔朱墨〕秉。给。忱。

莫识其真。〔朱墨〕意。

并有品望。〔朱墨〕器。

时类惮其风节。〔朱墨〕传。

济有人伦鉴识，其雅俗是非，少有优润。〔红铅笔〕宋本作"少所优调"。

毓与参佐射戏……加博措闲雅，殆尽其妙。〔黑铅笔〕"射戏"当即"博射"。博措。

年三十，作焆鸟、水硙二赋。〔朱墨〕宋本作"十三"。"碓"。

清谈闲默，以坟典自娱。〔朱墨〕淡。

每见此人，则莹然犹廓云雾，而睹青天。〔朱墨〕宋本"天"下有"也"字。

与乐君言，觉其简，至吾等皆烦。〔朱墨〕宋本"烦"下有"也"字。

《世说新语》卷中之下

赏誉第八　下〔朱墨〕宋本无。

穆字季子，汲郡人，贞淑平粹。〔朱墨〕真。

卒有二鹅，苍者胡象，后明当入洛。〔朱墨〕胡。

《王氏谱》曰濛父讷，娶颍州庾琮之女，字三寿也。〔黑墨字〕当作“川”。

庾太尉目庾中郎：家从谈谈之许。〔黑铅笔〕“从”当即从父之省称。

虞预《晋书》曰△逖字士稚。〔朱墨〕祖。

每语世事，则中宵起坐。〔朱墨〕或。

吾常以卿言为意，殊未有得。〔朱墨〕绝。

不知使负实。［黑铅笔］不知使负实，日译作認めない時には實際以上に惡く考えがちなものだ。

而建平民傅密等，叛迎蜀贼。〔朱墨〕逆。

时人欲题目高坐而未能。〔黑铅笔〕题目〔朱墨〕《北齐书》三八辛术传：“天保末，文宣尝令术选百员官。参选者二三千人。术题目士子，人无谤讟。”

时年二十有七。〔朱墨〕宋本“七”下有“矣”字。

丞相治杨州廨舍，按行而言曰“我正为次道治此尔”。何少为王公所重，故屡发此叹。〔朱墨〕汪本考异此条注曰今西州也。《平阳记》曰杨州廨，王敦所创也。杨州旧治寿春。唯刘繇治曲阿。吴范、诸葛恪则建业。晋自周浚至王敦，仍吴之旧。敦后领州牧。及桓温、桓玄悉治（沿？）敦。王茂弘以来及桓谦则在建康。永嘉元年顾荣诛陈敏。杨州刺史刘机治建康。王敦代机。元帝渡江居城府，敦便立州廨于此。及王茂弘为州，又修舍，守令之制置，多茂弘遗事也。宋大明中，分此廨为二王第。元徽初改创，今无复昔构矣。〔黑墨笔〕“西州”见《晋书》七九谢安传。《宋书》八二沈怀文传，世祖时，西阳王子尚为杨州，居职如故。时荧惑守南斗，上乃废西州旧馆，使子尚移居东城以厌之。怀文曰："天道示变，宜应之以德，今虽空西州，恐无益也。"不从，西州竟废矣。

见一空宇，有似廨署。〔朱墨〕舍。

谓亮有廊庙之器，翼有臣世之才。〔朱墨〕匡。

优游山林六七年，闻征召不至。〔朱墨〕间。

谢公称蓝田"掇皮皆真"。〔黑铅笔〕王叔珉补正：犹言"举体皆真"也。"举体"犹通体。《排调篇》范启与郗嘉宾书，"举体"与"掇皮"互用，明其义相同。

简文目庾赤玉：省率治除。谢仁祖云：庾赤玉胸中无宿物。（红铅笔勾线）〔黑铅笔〕省率治除。日译無駄なおざり気なくきれいさつばりしている。

林公谓王右军云。〔朱墨〕宋本无。

阮［裕］光禄云："王家有三年少：右军、安期、长豫［王悦］。"〔黑铅笔〕王承、王应皆字安期。

温集载其下洛表曰。〔朱墨〕平。

孙遂沐浴此言（红铅笔勾线）〔黑铅笔〕沐浴日译心服した。下谢车骑问谢公条注引《语林》，"便沐浴为论兄辈"，日译亦作"心服"。《左传》僖廿四年有"沐则心覆"语。皇甫谧《三都赋》序："各沐浴所闻，家自以为我土乐，人自以为我民良。"《弘明集》十二范泰与生观二法师书："损婆始来，义观之徒莫不沐浴钻仰。"

简文云：渊源语不超诣简至，然经纶思寻处，故有局陈。〔黑铅笔〕日译筋目だつて思慮を重ねる點ではもとより周到なる配慮がある。

释道安为慕容晋所掠，欲投襄阳。……乃分僧众。……〔朱墨〕俊。仍。

法汰以十二卒。〔朱墨〕宋本作"以十五年卒"。

孙绰为惔诔叙曰。〔朱墨〕诔。

刘尹语末后亦小异，回复其言，亦乃无过。〔朱墨〕迴。

王长史与刘尹书，道渊源“触事长易”。〔黑铅笔〕《易》系辞上，触类长之。日译何事につけても易の理を展開する

谢安初携幼释同好，养志海滨。〔朱墨〕稚。

谢公云“司州造胜遍决”。〔黑铅笔〕日译談論がいい所にくるといつぺんに問題を解決してしまう。

我家亦以为彻朗。〔朱墨〕傲。

柯一作打，又作仃，又作打。〔朱墨〕朾。

谢胡儿［朗］作著作郎，尝作王堪传，不谙堪是何似人，咨谢公。谢公答曰“世胄亦被遇”。堪，烈之子。阮千里［瞻］姨兄弟，潘安仁中外。安仁诗所谓“子亲伊姑，我父唯舅。”是许允壻（全文为朱墨标点）〔黑铅笔〕〔朱墨〕宋本阮千里以下另为一条。〔黑铅笔〕姨兄弟，日译“相婿”。

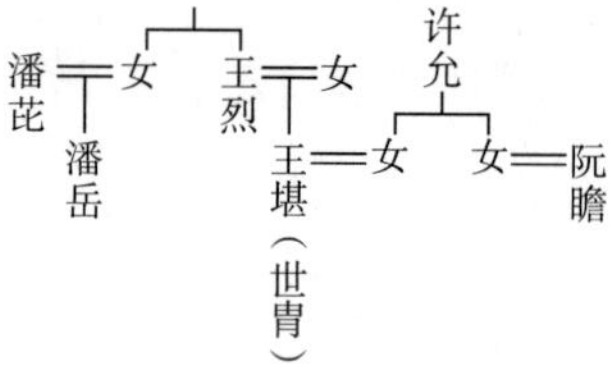

谢公语王孝伯：君家蓝曰，举体无常人事。〔朱墨〕田。

按述虽简，而性不宽裕。投火怒蝇，方之未甚。〔黑铅笔〕“投火”见《左》定三年邾子。“怒蝇”见《三国志》十五梁习传注引《魏略》王思。

足下勿以开美求之。〔黑铅笔〕开美，日译“启发”。

虽不相关，正是使人不能已已。〔朱墨〕自。

子敬与子猷书，道“兄伯萧索寡会，遇酒则酣畅忘反。”〔黑铅笔〕兄伯或指凝之。

忱以为然，而虑弗见令。〔朱墨〕用。

乃于王坐责让恭曰。〔朱墨〕嗔。

恭，正亮沈烈；忱，通朗诞放。〔朱墨〕直。亢。

《蜀志》曰：周瑜领南郡。〔朱墨〕为。

自州郡庶几。（红铅笔勾线）〔黑铅笔〕《援鹑堂笔记》三六“庶几”乃谓当时名士，国志多见。如《吴志》张承传云“凡在庶几之流，无不造门”，及顾邵传，“州郡庶几”云云。又王羲之誓墓文：“母兄鞠育，得渐庶几。”

论王霸之余策，览倚仗之要害。〔朱墨〕伏。

后有△当不，则公议其得失，以为褒贬。〔朱墨〕得失。

累迁杨州刺史、镇东将军、司空，谋逆伏诛。〔朱墨〕宋本“司空”作“以其”。

以其△德高，追赠太尉。〔朱墨〕名。〔黑铅笔〕

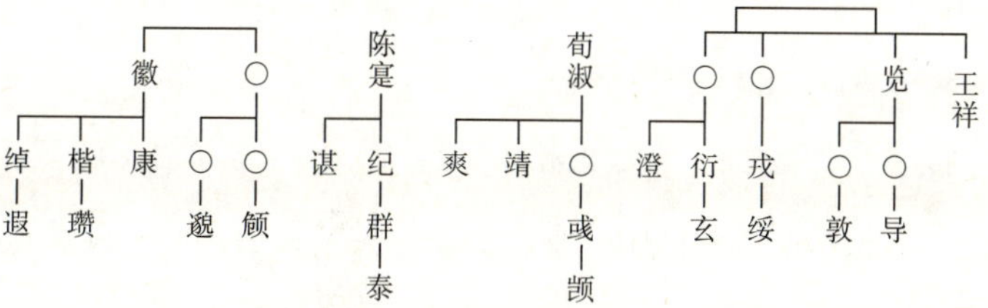

王夷甫太解明，乐彦辅我所敬。〔红铅笔〕鲜。

不能亏损恭素之行。〔朱墨〕以。

王大将军在西朝时，见周侯辄扇障面，不得住。〔黑铅笔〕“西朝”即洛阳，又见下刘丹阳、王长史在瓦官寺集条，《黜免篇》诸葛宏在西朝少有清誉条。

季伦斩妓，会无异色。〔朱墨〕曾。

会稽虞骙元皇时与桓宣武同侠。〔黑铅笔〕日译本谓“侠”当作“僚”。《晋书》七六虞斐［注：斐字同上］传言与谯国桓彝，俱为吏部郎，“宣武”或“宣城”之误。

王大将军下，庾公问：△卿有四友，何者是。〔朱墨〕闻。

答曰君家中郎［庾凯］、我家太尉［王衍］、阿平［王澄］、胡毋彦国。〔朱墨〕母。

一丘一壑自谓过之。〔黑铅笔〕《汉书》叙传："一壑渔钓，则万物不奸其志；一丘栖迟，则天下不易其乐。"

王丞相云：顷下论以我比安期［王承］、千里［阮瞻］，亦推此二人。唯共推太尉，此君特秀。〔黑铅笔〕疑有误。

宋祎曾为王大将军妾。〔黑铅笔〕《艺文类聚》四四笛条谓：宋祎，石崇之妓绿珠弟子，入晋明帝宫中，后以赐阮遥集。又见《初学记》十六，陆龟蒙《小名录》上。

然旷澹处，故当不如尔。〔朱墨〕宋本作"旷然"。

历会稽内史、侍中、司徒。〔黑铅笔〕司徒当是司空，见《晋书》六七本传。

稽叔夜儁伤其道。〔朱墨〕嵇。

刘尹抚王长史背曰：阿奴比丞相，但有都长。（红铅笔勾线）〔黑铅笔〕阿奴。"都长"谓体貌都闲，雅性长厚，见《文选》四七袁宏三国名臣序赞，李善注。

安石居然不可陵践，其处故乃胜也。〔朱墨〕宋本无。

失士众之心。〔朱墨〕和。

便向还南，遂自溃乱。〔朱墨〕回。

渊源蒸烛之曜，岂喻日月之明也。〔黑铅笔〕蒸，日译おがら（麻茎）。

安石故相为雄。〔朱墨〕与。

刘尹云人言江虨田舍，江乃自田宅屯。〔黑铅笔〕日译江はどうして豊かな莊園の主なのだ。

又有水碓、鱼池土窟，其为娱目欢心之物备矣。（红铅笔勾线）〔黑铅笔〕土窟当即窑洞。

胡之好谈谐，善属文辞，为当世所重。〔朱墨〕讲。

郗嘉宾道谢公造膝，虽不深彻，而缠绵纶至。又曰："右军诣嘉宾。"嘉宾闻之云："不得称诣，政得谓之朋耳。"谢公以嘉宾言为得。凡彻诣者，盖深核之名也。谢不彻，王亦不诣。谢、王于理，相与为朋俦也。（红铅笔勾线）〔黑铅笔〕"右军诣嘉宾"，嘉宾二字衍。日译"彻"为切り込む，"诣"为深いところにとどく〔黑铅笔〕彻诣。

不知者不负其才，知之者无取其体。〔黑铅笔〕不负其才。日译その才能を認める。

嵇公勤着脚，裁可得去耳。〔黑铅笔〕《高僧传》四：嵇努力裁得去耳。

时有人称庾太尉理者。羡曰此公好举宗本槌人（红铅笔勾线）〔黑铅笔〕此公好举宗本槌人。〔朱墨〕素（指宗）。

袁彦伯为吏部郎。子敬与郗嘉宾书曰："彦伯已入，殊足顿兴往之气。故知捶挞自难为人，冀小却，当复差耳。"（红铅笔勾线）〔黑铅笔〕小却即稍后。《援鹑堂笔记》三：疑过江后郎官选官资轻。故王坦之云，"过江尚书郎正用第二人"，又王筠云，"王氏过江以来未有居郎位者"，又汉明杖郎，魏世韩宣为尚书郎，亦以职事受罚，背缚待杖（事见裴潜传注）。"捶挞"云云，或指此类。然王国宝传云，"中兴膏腴之族唯作吏部，不作余曹"，则吏部亦为高授。（杖郎《南史》萧琛传尤详）。

叹曰：人固不可以无年。〔黑铅笔〕人固不可以无年，古今中外一理也！

王孝伯道谢公"浓至"。〔黑铅笔〕浓至，日译至てと情がこまやかだ。

《列仙传》云朔是楚人。〔朱墨〕曰。

齐桓二世，何不以幽厉疑之。〔朱墨〕卜。

问上曰：今治也，乱也？〔朱墨〕邪。

明周易，（仰观风角占相之道），声发徐州，（号曰神童）。冀州刺史裴徽（召补文学，一见清论纶［疑衍］终日，再见转为别驾，至十月举为秀才。临辞，徽）［举秀才］谓曰：“何、邓二尚书有经国才略（干），于物理［无］不精也。何尚书神明清彻，殆破秋豪，君当慎之。自言不解易中九［事］，必当相问。比至洛，宜善精其理［也］。〔朱墨〕宋本亦无“无”字，宋本作“毫”（指“豪”字）。

“辂曰：若九事皆至［王］义［者］，不足劳思［也］。若阴阳者，精之久矣。”辂至洛［阳］，果为何尚书［问］［所请，共论易九］事，九［事］皆明。何曰“君论阴阳，此世无双也。”时邓尚书在［坐］曰：“此君善易，而语初不论［及］易中辞义，何邪？”辂［寻声］答曰：“夫善易者不论易［也］。”何尚书含笑赞之曰：“稍谓要言不烦也。”〔朱墨〕宋本“皆”作“比”，“至”亦作“王”（指第一行“若九事皆至［王］义［者］”）。

因谓辂曰：“闻君非徒善论易［而已］，至于分蓍思爻，亦为神妙，试为作一卦，知位当至三公不？又［顷］梦［连］青蝇数十［头］来鼻［头］上，驱之不去，有何意故？”辂曰：“鸱［鸮］天下贱［贼］鸟［也］，及其在林食桑椹，则怀我好音。况辂心过草木，注情葵藿，敢不尽忠，唯［察］之尔。”〔朱墨〕宋本无“顷”字。宋本无“鸮”字。“食”下有“其”字。宋本“我”作“其”。

今君侯位重山岳，势若雷霆［电］。〔朱墨〕宋本“山”作“东”。

交疎［而］吐诚，今人以为难。〔朱墨〕宋本亦有“而”字。

“常畏大［天］网罗，忧祸一旦并，岂若集五湖，从流唼浮萍。承［永］宁旷中怀，何为怵惕惊。”［盖］因辂言惧而赋［著］诗［也］。〔朱墨〕宋本亦作“永”。

帝曰“公所［欲］言［者］何邪？”［瓘］欲言而［复］止者三。因以手抚床曰：“此坐可惜。”［帝］意乃悟，因谬曰：“公真大醉也［耶］。”以示太子［令］处决。太子不知所对。贾妃以问外，人［或］代太子对，多引古［词］

义。给使张弘［泓］曰："太子不学，陛下所知，［今］宜以见事断，不宜引书也。"妃从之。弘［泓］具草［奏］，令太子书呈，帝［读］大说，以示瓘。于是贾充语妃曰："卫瓘老奴，几败汝家。"妃由是怨瓘，后遂诛［之］。〔黑铅笔〕尚书处事。

阳字景祖，高尚［平］人。〔朱墨〕宋本亦作"平"。

鲲曰："不就［敢］朝观，鲲惧天下私议［也］。"敦曰："君能保无变乎？"对曰："鲲近日入［朝］觐，主上侧席，迟得见公。"（红铅笔勾线）〔黑铅笔〕迟得见公。〔朱墨〕《晋书》四九鲲传：出鲲为豫章太守，又留不遣，藉其才望，逼与俱下。

罗既至，初不问郡［家］事。〔黑墨字〕郡家，犹前家、台家之类唐写本是也。

按万未死之前，安犹未仕，高卧东山，［又］何肯轻入军旅邪？《世说》此言迂谬已甚。〔黑铅笔〕《简傲篇》言谢万北征，谢安"审其必败，乃俱行"。

双甄所指不避陵壑〔黑铅笔〕《左》文十年杜注，"将猎张两甄"，《通鉴》九十胡注战陈"有左右甄"，即"左右翼"。

王绪、王国宝相为唇齿并上下［弄］权要。王氏谱曰："绪字仲业，太原人。祖延［早终］。父乂抚军。晋安帝纪曰绪为会稽王从事中郎，以佞邪亲幸，［间］王珣、王恭［于王。王恭］恶国宝与绪乱政，与殷仲堪克期同举，内匡朝廷。及恭［表］至，乃斩绪［于市］，以说诸侯。"〔朱墨〕六朝碑版弄字有写成卡者，后世遂为二字。唐写本作"弄"，是也。魏孝文吊比干文碑"执垂益而谈卡兮"，即弄字。又如魏齐郡王祐妃常氏墓志"明慧之鉴，允昭于载卡之春"。杨乾墓志"幼不好挵。"加手作挵，且不作卡，竟成卡字矣。尔朱绍墓志"弱不好卡"。

衡即［便］以离合义解之。或谓此妇［人］即娥灵［也］。〔黑铅笔〕离合义。

王敦引军垂至大桁，明帝［自］出中堂。［使］温峤［为］丹阳尹（温峤［为］三字与丹阳尹三字对调）［帝令］断大桁，故未断，帝大怒瞋目［盛］，左右莫不悚惧。按《晋阳秋》邓［粲］《晋纪》皆云：敦将至，峤烧［破］朱雀桥，以阻其兵［势］，而［此］云“未断［大］桁，致帝怒”，大为讹谬。〔朱墨〕汪本考异此条下注曰《丹阳记》曰大桁者，吴时南津大桥也。名曰朱雀桥。安（疑案）吴东门号青龙门，西门号白虎门，北门曰玄武，而南门乃曰公车，未备四方之名。则桥曰朱雀，将用配三门邪？大宁二年，王含军至，丹阳尹温峤烧绝之，以遏南众。定后京师显有事故，乏良材，无以复之，故榱□白盘为浮船。至咸康三年，侍中孔议复桥，于是税术之行者，其材又值苑官初创，乃将架桥转以治城，故浮航相仍至今。太元中，骠骑府立东桁，改朱雀为大桁。《晋起居注》曰白舟为桁，都水使者王让立之。

郗司空［愔］在北府，桓宣武恶其居兵权。〔朱墨〕《晋书》六七郗超传：时愔在北府，徐州人多劲悍。

宣武得笺大喜［嘉］，即诏转公督五郡、会稽太守。《晋阳秋》曰：大司马将讨慕容暐，表求申劝［勒］平北［将军］愔及袁真等严办［辩］。［朱墨］宋本亦作平北将军。

唯东亭一人常在前，觉数十步，诸人莫之解。石头等既疲倦，俄而乘舆回［向］，诸人皆似从官。唯东亭弈弈［常自］在前，其悟捷［摄］如此。〔朱墨〕宋本“回”亦作“向”。〔黑墨〕上文“三十里觉”。《晋书》七七蔡谟传：“方之于前，倍半之觉也。”盖当时成语，有程度之意。《晋书》四七傅玄传：“古以步百为亩，今以二百四十步为一亩，所觉过倍。”觉，盖有增加余剩之义。〔黑铅笔〕王叔珉补正：《御览》九三引“觉”作“较”。《楚词》九叹远游：“服觉皓以殊俗兮”，王注：觉，较也。

晋明帝［年］数岁，……答曰“‘日远’，不闻人从日边来。”……乃答曰

［云］“日近”。元帝失色曰［率］尔［问］“何故异昨日之言邪？”答曰：“举目［则］见日，［举目］不见长安。”〔朱墨〕唐写本注云案《桓谭新论》孔子东游，见两小儿辨问其远近日中时远（此句疑有脱讹）。一儿以日出近，日中远者，日初出大如车盖，日中裁如盘，盖此远小而近大也。言远者日月初出，怆怆凉凉，及中如探汤，此近热远怆乎？明帝此对，尔二儿之辨耶也。

儿云：已足，不［复］须［复］睟［也］。〔朱墨〕乃。

因指与［语］南郡：“此皆汝家故吏佐。”〔朱墨〕宋本亦作语。

或曰：敦尝坐武昌钓台。……应知鼓又善于敦也。〔朱墨〕宋本亦无此注。

帝时为太子，好养武士。（“养武”二字对调为“武养”。）〔朱墨〕宋本亦作“好武养士”。

王大将军始欲下都，［更］处分树置。［朱墨］宋本作“更分树置”。

［其］意气如此。唯與桓［温］友善。……翼［之］为荆州，雅有［正］志。〔朱墨〕宋本亦无“温”字。宋本作“大志”。

未被举而童隶已呼为镇恶郎。〔黑墨〕未被举已呼为郎。

三军叹服，河朔后［遂］以［为］其名断疟。〔黑铅笔〕河朔以桓石虔之名断疟。

陈林道在西岸。《晋阳秋》曰逵为西中郎将，领淮南太守，戍历阳［也］。〔黑铅笔〕历阳称西岸。

中国方乱，夫以吴越之众，［三江之固］，足以观成败。〔黑铅笔〕三江谓吴松、钱唐、浦阳，见《通鉴》六三建安五年胡注引韦昭说。

《世说新语》卷下之上

何平叔美姿仪，面至白。魏明帝疑其傅粉，正夏月与热汤饼，既啖，大汗出，以朱衣自拭，色转皎然。〔黑铅笔〕《书抄》一三五引《语林》作

“文帝”。从《魏略》“与帝相长”之语观之，则作文帝为是。

嵇康身长七尺八寸，风姿特秀。〔黑铅笔〕魏1尺约24.12公分，7尺8寸为188.13公分。

祖士少〔约〕见卫君长，云此人有旄仗下形。〔黑墨〕卫永。

投陶公求救。陶公云：“肃祖顾命不见及。且苏峻作乱，衅由诸庾，诛其兄弟，不足以谢天下。”……庾风姿神貌，陶一见便改观。〔朱墨〕宋本无“求救陶公”四字。郎瑛《七修类稿》二三辩证类《世说新语》纪事多谬条谓：“殊不思陶乃尚事功，而厌清谈，饮有限，而鄙时流者，岂丰姿神爽使能改欲诛之意，且得欢宴终日邪？”今案此条专着意于庾之风姿神貌，其事遂若可疑。《假谲篇》所记盖近其实。《俭啬篇》陶公且叹庾非唯风流，兼有治实，亦其一证。

使吏殷浩、王胡之之徒。〔朱墨〕佐。

公徐云：诸君少住，老子于此处兴复不浅。〔黑铅笔〕老子。〔黑墨〕《宋书》九一潘综传：骠亦请贼曰：“儿年少，自能走，今为老子不走去。老子不惜死，乞活此儿。”是老子非自傲之词，如今人所云也。

王敬豫［恬］有美形，问讯王公。王公抚其肩曰：“阿奴（黑墨点点），恨才不称。”又云：“敬豫事事似王公”。〔黑墨〕王恬。〔朱墨〕宋本“王公”二字不叠。〔黑墨〕雅量篇：伯仁笑曰：“阿奴火攻，固出下策耳。”与此处王导称王恬为阿奴，疑皆非小字，实系当时有此称谓也。

王右军见杜弘治叹曰。〔黑墨〕杜乂。

时人目王右军飘如游云，矫若惊龙。〔黑铅笔〕《晋书》本传论者称其笔势云云。

或以方谢仁祖不乃重者。〔黑铅笔〕方，通谤，卢文弨说。不乃重者，未详。

长史从门外下车，步入尚书，着公服。〔朱墨〕宋本“着”作“省”，无“公服”二字。

相王作辅，自然湛若神君。《续晋阳秋》曰：帝美风姿，举止端详。〔朱墨〕宋本无“然”字。安。

何得自没。（红铅笔勾线）〔黑铅笔〕自没，日译身を投ずる。

乃自吴寻二陆。〔朱墨〕入。

郗嘉宾得人以己比符坚，大喜。〔朱墨〕苻。

今日视此虽近，邈若山河。……中朝所不闻，江左忽有此论，皆好事者为之也。（黑墨点点）〔黑墨〕今日视此虽近，邈若山河。〔朱墨〕盖（指“皆”字）耳（指“也”字）。

公于白石祠中许赛车下牛，从来未解。（红铅笔勾线）〔黑铅笔〕“未解”，犹言未还愿。

莫景之间，志在流水。〔黑铅笔〕《世说新语补》索解谓：“莫景之间”，犹言暂时。

《中兴书》曰超年四十一，先愔卒。〔朱墨〕二。

复叙有为之教，栖神导气之术，以观之。〔朱墨〕外。

论五帝三王之义。〔朱墨〕皇。

于汲郡北山土窟住。（红铅笔勾线）〔黑铅笔〕土窟，参石崇《金谷诗序》，见品藻篇注。

未仕宦时当独寝。〔朱墨〕常。

歌［吹］自箴诲，自称孔郎，游散名山。〔朱墨〕宋本无“吹”字。“名山”二字作“山石”。

值己匮乏，村人亦如之。〔朱墨〕知。

骈之身往候之，疾终。〔朱墨〕值。

束带蹑屐而诣焉。（红铅笔勾线）〔黑铅笔〕当是“履”。

未尝出京邑，人士思欲见之。〔黑铅笔〕出京邑，即入京邑。

观其运用吐纳，风流转佳，加己处之怡然。〔朱墨〕宋本无。〔黑铅笔〕

运用吐纳。

遂诱俱入郡。〔黑铅笔〕郡，指郡廨。

为戴公起宅，甚精整。戴始往旧居，与所亲书曰：近至剡，如官舍。〔黑铅笔〕《艺文类聚》三六、《御览》五一零引作“始往居”，“如入官舍”。

婴母见之。〔朱墨〕谏。

云正伏魄时过。因不复前而叹曰。（黑墨点点）〔黑墨〕伏魄。〔黑铅笔〕当即“覆魄”。前。

赵母嫁女，女临去，敕之曰：“慎勿为好。”女曰：“不为好，可为恶邪？”母曰：“好尚不可为，其况恶乎。”〔朱墨〕敦煌本残类书：昔人有女，将嫁，其父诫之曰：“慎勿立善名。”女曰：“当作恶可乎？”父曰：“善名尚不可立，而况于恶乎。”后闻之曰：“善哉。训言鸟恶网罗，人恶胜己，岂虚也哉。”

许允妇是阮卫尉女，德如妹。《魏略》曰：允字士宗，高阳人，少与清河崔赞俱发名于冀州……（红铅笔勾线）〔朱墨〕敦煌本残类书：许允妇者，阮卫尉德妹，奇丑有德艺。交礼，允更无复入，家人、父母深为忧。允会有客，婢视之还答云：“是桓桓者。”即桓范也。妇云：“无忧矣，当必劝入。”桓果语许允云：“阮家丑女嫁卿者，故当有意，卿宜察之。门承儒胄，必有德艺。”许允便入，既见即欲却出。妇知其出去必不来，便捉其衫裾停之。许允因谓曰：“妇有四德，卿有几？”妇答曰：“新妇所乏者，唯容耳。”即问允曰：“然士有百行，君有其几？”允云：“皆备。”妇曰：“夫百行之中以德为首，君好色不好德，何谓皆□□。”妇放衫，允不敢去，甚有愧惭色，乃谢退，遂雅相敬重。许允为吏部郎，多任用乡里，有人告明帝，明帝收之。其妇出阁，隔纱帐戒允曰：“明主可以理夺，难以情求。”允至帝前，核问。允对曰：“臣比奉诏，各令举尔所知。臣之乡人，臣所知也。陛下试之，若材称，赦臣罪；材不称职，请罪臣。”上覆之，皆官得其人。于是乃释允。衣服破坏，诏赐新衣物。允被收，举家号哭。阮新妇神色自若云：“必无忧，寻当还也。但煮仓米粥，待之，须之而至也。”

帝前取事视之，乃释然。（红铅笔勾线）〔黑铅笔〕事即文书。

许允为晋景王所诛。门生走入告其妇，妇正在机中，神色不变，曰蚤知尔耳。《魏志》曰：初领军［许允］与夏侯玄、李丰亲善。〔朱墨〕敦煌本残类书：许允为晋景王所诛，门□走入告其妇，妇正在机中织，神色不变，叹曰：“故知耳尔。”织仍不止。门生欲抱其儿藏之，妇曰“无□君事”。后提子徙居墓侧，积年露宿，晨夕哭临。景帝闻之，使大将军钟会看之，并视□□□□若子神采及父，当收养之，所司供给。帝惭其妇，悔之不已。

允回遑不定。〔朱墨〕走。

历本州。〔黑铅笔〕本州谓冀州。

王公渊娶诸葛诞女。入室，言语始交，王谓妇曰：“新妇神色卑下，殊不似公休耶？”妇曰：“大丈夫不能髣髴彦云，而令妇人比踪英杰。”〔朱墨〕敦煌本残类书：王公渊取诸葛诞女。入室，言语交，王谓妇曰：“新妇神采卑下，殊不似公休耶。”妇曰：“大丈夫不能髣髴彦云，而令妇人比踪英杰，岂不愧哉。”

母曰：此才足以拔萃，然地寒，不有长年，不得申其才用。……兵见数年果亡。（此段红铅笔标点）〔黑铅笔〕地寒，不有长年，不得申其才用。《品藻篇》王珣疾条：珣亦言“人不可以无年”，谓其父洽，年廿六而卒，名德过王坦之，而人以相比。

王司徒〔浑〕妇，钟氏女，太傅曾孙。〔朱墨〕敦煌本残类书：司徒王胄之妇，即是太傅钟□□之女，有儁才女德。而钟氏与郝女为娣姒，雅相亲重。钟不以贵陵郝，郝不以贱下钟。东海家内，则郝夫人之令范；京陵家内，则钟夫人之轨仪。

陶公少有大志……〔朱墨〕敦煌本残类书卖发条，记侃母事言："陶侃字士衡，丹阳人也。鄱阳范逵遇侃宿云云。"丹，当是误字。

湛头发委地下，为二发（一作髲）、卖得数斛米。〔黑铅笔〕卖发。

后啅为十郡中正。〔黑铅笔〕"十郡"当作本郡。

尝以坩鲊饷母。母封鲊付使。〔朱墨〕鲊。

主始不知，既闻，与数十婢拔白刃袭之。（红铅笔勾线）〔黑铅笔〕"拔白刃"可省为拔白，见《南齐书》七东昏纪，二九周盘龙傅。〔朱墨〕敦煌本残类书：桓宣武平蜀，以李势女为妾。甚有宠，私置之后斋公主初不知，既闻，领数十婢将棒袭之。正值李梳头立于床上，发委藉地，姿貌绝丽，肤色玉曜。不为动容，徐下地，结发敛手而言曰："国破家亡，父母屠□□，偷存旦暮，无心以生，今日若能见煞，实惬本怀。"主乃掷刀杖，泣而前抱之曰："我见汝尚□□爱，心神凄怆，何况贼种老奴耶。"因厚礼相遇。

谢公夫人帏诸婢，使在前作伎，使太傅暂见，便下帏。太傅索更开，夫人云：恐伤盛德。（红铅笔标点）〔黑铅笔〕妙！

王家见二谢，倾筐倒庋。〔朱墨〕屣。

王郎逸少之子，人材亦不恶，汝何以恨乃尔？〔朱墨〕宋本"材"作"身"，是也。人身，六朝人习语。如《宋书》一百序传：沈邵，人身不恶。《梁书》廿陈伯之传：临川内史王观，僧虔之孙。人身不恶，便可召为长史。《魏书》二十四崔道固传：崔道固人身如此，岂可为寒士至老乎？《北齐书》卅一王昕传亦有"好门户，恶人身"之语。《北齐书》卅九祖珽传：项羽人身亦何由可及。亦曰"身材"。《北齐书》卅八赵彦深传：然叔坚身材最劣。

皆不叩而应，声响韻合。〔朱墨〕音。

坐者来之信，密遣问之，实用故车脚。〔黑铅笔〕《南齐书》三十薛渊传：去车脚，使人轝之。

《语林》曰武子性爱马，亦甚别之。（红铅笔勾线）〔黑铅笔〕别马。

合一剂汤与之，一服即大下。〔黑铅笔〕大下。

好加理后，恺之见封题如初。〔朱墨〕复。

七月七日法当晒衣。〔黑铅笔〕七月七日晒衣。

围坐相向大酌。时有群猪来饮，直接去上便共饮之。〔黑铅笔〕《晋书》四九阮咸传作“围坐相向，大酌更饮”。更饮即轮流。

仲容借客驴，箸重服自追之，累骑而返。〔黑墨〕“重服”即丧服也。《晋书》四七傅咸传：逮至汉文，以天下体大，服重难久，遂制既葬而除。〔黑铅笔〕累骑。

毕茂世云：一手持蟹螯，一手持酒栢，拍浮酒池中，便足了一生。（红铅笔勾线）〔黑铅笔〕《南史》四六：“乃脱衣，口衔三头，拍浮而还。”蟹螯。“拍浮”，犹今言扑腾。庐山远公话（《变文集》190页）：“凡人渡水，第一须解怕（拍）浮，不解，徒劳入水。”则“拍浮”即游泳。

不见糟肉，乃更堪久。（红铅笔勾线）〔黑铅笔〕糟肉堪久。

谢镇西酒后于盘案间，为洛市肆工鸲鹆舞，甚佳。〔朱墨〕上。

雍州在内见有毾㲪云：阿乞那得此物。（红铅笔勾线）〔黑铅笔〕毾㲪。

郗出见之。〔朱墨〕觅。

至日，乃往荆州门下书佐家。〔朱墨〕夕。

温为席起别，友至尤晚。〔朱墨〕赴。

民始怖终慚。〔朱墨〕怪。

臣有一奴，善吹笛，目相便串，请进之。〔黑铅笔〕“相便串”，犹言相配合。串即惯。

此儿生有奇耀，宜目为天人。〔朱墨〕字。

自号上顿。（红铅笔勾线）〔黑铅笔〕大饮为“上顿”。

家虽贫，有人说鍜者。〔朱墨〕就。

遂因酒转无朝夕礼。（红铅笔勾线）〔黑铅笔〕“朝夕”疑即日常之意。谢奕传作朝廷礼。

阮思旷在坐曰：新出门户，笃而无礼。（黑墨点点）〔黑墨〕新出门户。《宋书》六十荀伯子传：常自矜荫藉之美。谓王弘曰：“天下膏粱，唯使君与下官耳，宣明之徒不足数也。”六三王昙首传：琅玡临沂人，太保弘少弟也。……与从弟球俱诣高祖。时谢晦在坐。高祖曰：“此君并膏粱盛德，乃能屈志戎旅。”昙首答曰：“既从神武之师，自使懦夫有立志。”晦曰：“仁者果有勇。”高祖悦。是王氏居膏粱，而谢晦不与也。

坐少时，王便入门。〔朱墨〕宋本“门”作“问”，疑是“阃”误。

王子敬兄弟见郗公，蹑履问讯。〔黑墨〕《南齐书》虞玩之传：太祖镇东府，朝野致敬。玩之犹蹑屐造席。太祖取屐视之，讹黑斜锐，蒵断，以芒接之。

《世说新语》卷下之下

以受性拘系，不闻礼义。〔朱墨〕闲。

《荀氏家传》曰隐祖昕，乐安太守。父岳，中书郎。〔黑铅笔〕当从《荀岳志》作乐平太守。中书郎当作中书侍郎。墓志右侧称隐司徒左西曹掾。

丞相以腹熨弹棋局曰“何乃淘”。……刘曰：“未见他异，唯闻作吴语耳。”〔黑铅笔〕弹棋局。〔黑墨〕王导作吴语。〔黑铅笔〕《癸巳类稿》七《伙颐何乃淘还音义》云：伙颐之颐是“合上音”，“何字一句，即《史记》之伙颐，言其热至此。乃淘，一句，今吴语那杭，文言奈何”。《乃淘还音义》云：乃淘，宋时写作“恁行”，元人作“那杭”“那桁”亦作“那行”，见《老学庵笔记》。亦作“能亨”，见《癸辛杂识》。宋人诗多作“奈何”。

每共围棋，丞相欲举行，长豫按指不听。〔黑铅笔〕恩田仲任《世说音释》谓下子于局上曰行，既下复举去曰举行。

许文思往顾和许。〔黑铅笔〕《雅量篇》注引《晋百官名》及《许氏谱》有许璪，字思文。

顾乃命左右取△枕上新衣。〔朱墨〕机。

笑曰卿乃复有行来衣乎？〔黑铅笔〕日译よそ行きの服。

尹子曰天地四方曰宇。〔朱墨〕尸。

自驰还夏。〔朱墨〕宋本“夏”下有“口”字。

支道林因人就深公买印山。〔黑铅笔〕《言语篇》及《高僧传》四竺道潜传作“岬山”。

郝隆七月七日出日中仰卧，人问其故，答曰我晒书。〔黑铅笔〕七月七日晒书。

桓公目谢而笑曰：郝参军此过乃不恶，亦极有会。〔黑铅笔〕日本《世说》笺本谓“此过”犹“这回”。《音释》谓犹言“这一段”。《御览》九八九引作“此通”。

庾园客〔爰之〕诣孙监。〔朱墨〕爰（此段后面又有两处“园”作“爰”）

司马景王、陈、钟诸贤。〔黑铅笔〕《世说音释》谓陈群、钟会。

作诗不能者，罚酒三升。〔朱墨〕斗。

殷曰㮰腊亦放，何必其铊铃邪。（红铅笔勾线）〔黑铅笔〕㮰腊。铊铃。杨勇校笺引饶固庵说：㮰腊即洒腊，为梵语 Sádava 之汉译，古典梵乐七调（Raga）之第五也。“铊铃”喻雅音，言其与梵响胡音相反。

张苍梧是张凭之祖。……阿翁讵宜以子戏父。〔黑铅笔〕谭小培谓其父谭鑫培曰：“你子不如我子。”谓其子富英曰：“你父不如我父。”笑话之意当出于此。

［唯］读佛经，营治寺庙而已［矣］。〔朱墨〕宋本无。

复可所难。〔黑铅笔〕疑是“复何所难”。

尝经郡△境，问此郡多士有谁乎？〔朱墨〕人。

是第四王等诸郎。〔朱墨〕五。

将黄门及婢二十人。〔黑铅笔〕黄门，《汰侈篇》、石崇传“黄门交斩美人”，则两晋贵族家皆有黄门。

吾昔与安期、千里，共在洛水。〔朱墨〕宋本作“后贬蔡曰：吾与安期、千里共在洛水集处，不闻天下有蔡充儿。”正忿蔡前戏言耳。

逢其迎吏，游旅北舍。〔朱墨〕逆。比。

别敕左右多与茗汁，少箸粽汁，尽辄益，使终不得食。〔黑铅笔〕茗汁。粽汁。《援鹑堂笔记》三六《南史》张缵传：缵死后，书卷珍宝财物湘东须摭取之，“以粽蜜之，属还其家”。则粽似可经时藏蓄之物。

殷荅曰：真长标同伐异，侠之大者。〔黑铅笔〕“侠之大者”，日本笺本谓“自卑尊人”。

桓公入洛。……登平乘楼。〔黑铅笔〕“平乘楼”，乃平乘大船上之船楼。《晋书》六九戴若思传有“舫屋”，七六王廙传有“舫楼”，《仇隟篇》王大将军执司马愍王条，注引王廙别传：倚船楼长啸。

问其须要。〔朱墨〕道。

君何不寻遂初赋，而强知人家国事。〔黑铅笔〕“知”，犹言管。

王右军闻大嗔曰三祖寿（一作台）乐器虺瓦（一作瓩凡）。〔黑铅笔〕日译本引《小雅》斯干“维虺维蛇”及“载弄之瓦”，谓“虺瓦”指女子。〔黑墨〕恩田仲任《世说音释》九，三祖寿条下引《通鉴》宋顺帝纪：“三祖风流”云云，胡注：“三祖谓太祖、高祖、烈祖。”据此则“一作台”是也。盖此笛原铜雀台乐所用也。

箸腻颜帢，缟布单衣。〔黑铅笔〕腻颜帢。〔黑墨〕《世说音释》九，缟当作榻。《史记》“榻布、皮革千石”，榻，吐合切，叠布也。马援“都布单衣”，注云：即答布。答布即蕃布之稍粗也，即榻布也。

言语应对之可称者，谓之语林。〔黑铅笔〕裴启《语林》。

尚长女僧要，适庾和；次女僧韶，适殷歆。〔黑铅笔〕女子以僧为名。

旧目韩康伯将肘无风骨。〔朱墨〕捋。〔黑墨笔〕《世说音释》九，疑当作“将牢”。胡三省曰：将牢，谓先自固，而不妄动也。犹今人之言把稳也。盖言韩康伯将牢太过，所乏者矫矫风节也。一良案“将牢太过”见《晋书》一一六姚苌载记。

桓南郡每见人不快，辄嗔云。〔黑铅笔〕《世说》笺本谓“不快”即痴。

命骑追之，已觉多许里。追士因问向姥：“不见一黄须人（黑墨点点）骑马度此邪？”姥曰：“去已久矣，不可复及。”于是骑人息意而反。〔朱墨〕《捷悟篇》魏武尝过曹娥碑下条：“我才不如卿，三十里觉（唐写本）。”王东亭作宣武主簿条：“时彦同游者，连镳俱进。唯东亭一人常在前，觉数十步。”与此“已觉多许里”之“觉”同义。〔黑墨续写〕《晋书》七七蔡谟传“倍半之觉”。

因下玉镜台一枚。〔朱墨〕《文苑英华》一五四：梁简文帝同刘咨议咏春雪诗：“思妇流黄素，温姬玉镜台，看花言可插，定自非春梅。”

刘氏，政谓其姑尔，非指其女姓刘也。〔朱墨〕若姑姓刘氏，姑女焉得不姓刘乎。

即庾亮子会妻父彪，已见上。（红铅笔勾线）〔黑铅笔〕日译本注，当从《方正篇》二五改“文彪”。

用旧义在江东，恐不办得食。〔朱墨〕往。

猿鸣三声泪沾裳。〔朱墨〕一。

桓公坐有参军椅，烝薤不时解。〔黑铅笔〕“椅”当是人名。烝薤。王叔珉补正：杨校笺本作“桓公坐有参军椅，食蒸薤不时解”。云椅，《书钞》一四五引《世说》作名倚。《御览》八四七引《世说》作椅；又九七七引《世说》作猗。蒸上《书钞》一四五引有食字，今据增。案《御览》八四七未引此文。八四九引此文仍作椅。

九七七引此椅作猗。有注云：音羁，箣取物也，椅当作猗，属下读。掎，猗正假字。《诗》七月“猗彼女桑”。毛传“角而束之曰猗”。猗亦掎之借字。朱氏《通训定声》有说。《说文》掎，偏引也，故此文可训为箣取物。《书钞》一四五引此文“椅”作“名倚”，蒸上有“食”字。以“倚”为参军名，属上绝句，则蒸上当有食字。如《御览》九七七所引之注，为孝标逸注，则《书钞》所引不足据矣。又“不时”犹“不即”，陶诗“时还读我书”，时，亦与“即”同义。

使人作新安人歌舞离别之辞。〔朱墨〕宋本“使人”二字作“倡伎”。

此客必能作贼。（黑墨点点）〔朱墨〕“作贼”，六朝习语，非谓盗窃也。《梁书》十三沈约传：约说高祖，谓：“若不早定大业，稽天人之望，脱有一人立异，便损威德。若天子还都，公卿在位，则君臣分定，无复异心。君明于上，臣忠于下，岂复有人方更同公作贼。”与此同意。又《魏书》六六崔光韶传：“凡起兵者须有名义，使君今日举动，直是作贼耳。”七三杨大眼传：“召诸蛮渠示之曰：卿等若作贼，吾政如此相杀也。”〔黑墨〕《宋书》八五王景文传：“吾自了不作偷，犹如不作贼。”偷、贼并举，尤为确证。

济与从兄恬不平。〔黑铅笔〕当从《晋书》四二王济传作王佑，王恬乃王导次子，琅玡王氏也。

少时，还有一人声及之。〔朱墨〕果。

当与并榻。（红铅笔勾线）曰子敬实自清立，但人为尔多矜咳。（红铅笔勾线）〔黑铅笔〕并榻。尔多，犹言如此多。矜咳，日译为おこりたかぶる。

扬州大佛来上朋。〔黑铅笔〕《宋书》三一五行志、《晋书》二八五行志中“上朋”作“上明”。

卿形虽散朗，而内△劲狭。〔朱墨〕实。

雅字茂建，东海上人。〔朱墨〕沂。

尝夜与国宝△雅相对。〔朱墨〕及。

王敦参军有于敦坐樗蒱，临当成都，马头被杀。〔朱墨〕者。〔黑铅笔〕《酉阳杂俎》续集四：“魏戏法，先立棋于局中，余者白黑围绕之，十八筹成都。”

迄于崇贵，乡品犹不过也。〔黑铅笔〕乡品不过。

亮后密往，值邵弹鸟于林。〔朱墨〕复。

作此寂寂，将为文景所笑。〔黑铅笔〕作此寂寂，日译鸣りをひそめる。

遣相王宠幸媒尼左右。（红铅笔勾线）〔黑铅笔〕媒尼左右，日译据《晋书》二七五行志中、六四道子传：“姏姆尼僧”，谓“媒”当作“姏”，老女也。

考掠千数，卒无一言，锯杀之。〔朱墨〕遂。

谓帝望其意气〔黑铅笔〕望其意气，《世说音释》谓意气指馈饷。

天时尚暖，䱷鱼虾鲝未可致。〔朱墨〕鲩。

熙出在幽州，甄留侍姑。〔朱墨〕任。

粲不明而神伤。〔朱墨〕哭。

充就乳母手中鸣之，郭遥望见。〔黑墨〕《异苑》十载此事作：充就乳母怀中鸣撮。

刘璨《晋纪》曰：〔黑铅笔〕当是邓粲《晋纪》，刘、邓二字每相误也。

大王笃实佳士，非将御之才。〔黑铅笔〕大王指元帝。

王陵廷争。〔黑铅笔〕“王陵廷争，陈平从默，但问克终云何耳。”此语大有意味。

《世说新语》佚文

车早急出。〔黑墨笔〕急犹假也。

车遂不敢去，尽急还台。〔黑铅笔〕尽急谓假满。

当有大手笔事。（红铅笔勾线）〔朱墨〕《陈书》廿六徐陵传：世祖高宗之世，国家有大手笔皆陵草之。又卅陆琼传：及讨周迪、陈宝应等，都官符及诸大手笔，并中敕付琼。

黄初末，吴人发长沙王吴芮塚。〔黑铅笔〕发吴芮冢。

客早者并得佳设。（红铅笔勾线）〔黑铅笔〕此条见《雅量篇》，不应收入佚文。

《世说新语》考证

世说叙录〔黑墨笔〕一良案：汪藻书久佚。日本前田侯尊经阁藏宋本有之，近景印行世。其书刻工姓名，与董弅刻于严州之《刘宾客文集》全同，盖亦董刻严州本也。

（原载《中国典籍与文化论丛》第8辑，北京大学出版社）

和平按：《周一良批校〈世说新语〉》一书由国家图书馆出版社于2012年2月，用再造善本的方法影印原大套色线装刊出。白化文教授撰《前导》，北大历史系田余庆师撰《前言》，有兴趣的读者可取此书与这里的录文对观。

《魏书》批校

祝总斌、王铿、叶炜整理

扉页

【红铅笔】朱笔为20世纪30年代在史语所时手迹，墨笔为40年代在清华时所书，铅笔则70年代重读时所记。回首前尘，四十余年矣。1979年2月记于燕东园，时正草写北朝诸史札记。

《魏书》目录

○隋文帝以收书不实，平绘《中兴书》叙事不伦，命魏澹、颜之推、辛德源更撰《魏书》九十二卷……

【朱笔】《隋书》五八澹传称平绘《中兴书》“事不伦叙”。然隋《（经籍）志》及两唐《（经籍、艺文）志》皆无此书。燕郡蓟县有平氏。《魏书》九四有平季。《北齐书》二六有平鉴。《魏书》八四平恒，蓟人，博学，为著作佐郎。

卷一

○献帝讳邻立。

【铅笔】《奚智（墓）志》称："始与大魏同先，仆脍可汗之后裔。中古迁移，分领部众，遂因所居，改为达奚氏焉。逮皇业徙嵩，更新道制，敕姓奚氏。君故大人大莫弗乌洛头之曾孙，内行羽真散骑常侍镇西将军云中镇大将内亦干之孙，兖州治中卫将军府长史步洛汗之子。"又奚智子真墓志，"莫弗乌洛头"作"乌筹"，"内亦干"作"干"，"步洛汗"作"翰"。《智志》又言："头（莫弗乌洛头）年耆多策，每蒙引议，下关之谋，时亦预焉。"《真志》作："国祚经始，百务怠殷，帷谋幄议，每蒙引预，故外抚黎庶，内赞枢衡。又尝为昭成皇帝尸，位尊公傅，式拟王仪，蒙赐鸡人之官，肃旅之卫。"

○答曰："上恨汝曹谗杀太子……"

【朱笔】《通鉴》八十晋武帝咸宁三年："谓诸大人曰：'可汗恨汝曹谗杀太子'。"胡注："此时鲜卑君长已有可汗之称。"《魏书》《北史》皆作"上"，未知司马氏与胡氏何本？按《宋书》九六鲜卑、吐谷浑传："乙那楼喜拜曰：'处可寒。'虏言'处可寒'，宋言尔官家也。"是鲜卑确用可汗之称，不独蠕蠕为尔也。

○桓皇帝讳猗。

【铅笔】四兽形金饰板，背面有"猗□金"三字。见岡崎敬《中国の歴史》第三册《魏晋南北朝の世界》。

○猗卢……乃从琨求句注陉北之地。

【铅笔】句注亦称陉岑。罗氏（振玉）《石交录》二载：代王猗卢墓碑残石，存六大字，文曰王猗卢之碑。柯昌泗得于山西。其阴刻狩猎图，审其文字，殆碑额之末行，三字之前行未必为"代"字，殆立于晋之中叶。下距昭成建国尚二十年，故体在隶、楷间。

○夏五月，朝诸大人于参合陂。

【朱笔】《通鉴》九六咸康五年五月，代人谓他国之民来附者皆为乌桓，什翼犍分之为二部，各置大人以监之。弟孤监其北，子寔君监其南。

卷二

○明年有榆生于埋胞（衣）之坎，后遂成林。

【朱笔】《文苑英华》一九七王褒塞下曲“塞禽唯有雁，关树但生榆”。罗振玉《三韩冢墓遗文目录》跋云，其王室所生子女瘗胞（衣）亦有志，则为中土所无。又云诸志中纪元当宋辽金时。

○是月刘显弟亢泥率骑掠奴真部落，既而率以来降。

【朱笔】《通鉴》一百六“刘显弟肺泥帅众降魏”，“亢”作“肺”；《皇后传》《库仁传》皆作“亢”。下“亢泥迎窟咄”，疑此又是一人。当从《通鉴》作“肺”也。迎窟咄者，《通鉴》作“亢埿”。慕容氏破刘显后，垂又立显弟可泥为乌桓王，以抚其众，见《通鉴》一百七。是显诸弟俱以“泥”为名。

○诏大军所经州郡复赀租一年，除山东民租赋之半。

【朱笔】《晋书》卷一百四《石勒载记》：“阅实人户，户赀二匹，租二斛。”（《魏书》）卷四下“复民赀赋三年，其田租岁输如常”；卷三神瑞二年有“赀调”，疑即户调，依资产而课者也。中原均田后遂废，高昌犹行之。高昌国租佃契约文书（吴震《介绍八件高昌契约》，文物1962年七、八期），有赀租百役，又赀合文书，登录各户土地，换算斛数以表示各户资产，为课赀租依据。

○杏城卢水、郝奴……率其种内附。

【墨笔】卷四下太平真君六年三月“酒泉公郝温反于杏城”，当与此郝奴为一族。

○常山王遵等率众五万讨破多兰部帅木易于。

【朱笔】《通鉴》一一二作袭"没奕干"于高平。(《魏书》)二八《和跋传》"讨贺兰部别帅木易干，破之"；九五《赫连屈孑传》姚兴"高平公破多罗没奕干，妻之（屈孑）以女"。

卷三

○太宗……登国七年生于云中宫，太祖晚有子，闻而大悦。

【朱笔】太祖崩年卅九，则登国七年不过二十三岁，遂言"晚有子"，知北朝诸帝生子之早。

○诏平南将军、相州刺史尉古真

【朱笔】《通鉴》一一六"古"作"太"（义熙十年八月）。《魏书》二六本传"弟太真，太宗初为平南将军、相州刺史。"《通鉴》作"太"者，是当时犹未讹作"古"也。

○河西饥胡屯聚上党，推白亚栗斯为盟主。

【墨笔】山胡白龙，见（太武帝）延和三年纪，白氏岂即龟兹人乎？

○诏……叔孙建讨西山丁零翟蜀、洛支等，悉灭余党而还。

【墨笔】西山丁零翟蜀、洛支，翟是丁零之姓，洛支疑蜀姓，犹（《魏书》）卷二九《叔孙建传》之言"羌姚"也。《通鉴》一一八（义熙十三年十一月）胡注"西山，魏安州之西山"。按叔孙建镇邺，此"西山"当在定、相一带，非密云之安州也。又按（《魏书》）四上神元年纪闰十月，"定州丁零鲜于台阳、翟乔等二千余家叛入西山"，诏叔孙建"击之"，是西山在定州。按密云亦有丁零，见（《魏书》）四上延和元年七月纪。

○筑长城于长川之南……延袤二千余里。

【铅笔】滨口（重国）谓二千余里长城之说不可信。因源贺、高间（二人皆上言筑长城）、《水经注》皆未之及，盖止是片断土垒，延和初立六镇时早已倾圮。见《正光四、五年之交后魏兵制》。

卷四上

〇帝以河南兵少，诏摄四镇。乃治兵，将西讨。

【朱笔】“摄四镇”，谓收四镇之人北渡也。（《魏书》）三五《崔浩传》宦者赵倪曰：愿陛下摄骑避之。即此意。

〇诏曰……而二寇俱灭，师不违律。

【铅笔】“二寇”《崔浩传》所谓“西灭赫连，北破蠕蠕”也。

〇十有一月乙丑，行幸冀州。己巳，校猎于广川。

【铅笔】魏太武帝东巡碑，见《水经·滱水注》。“校猎”当作“校射”，“广川”当从《水经注》作“广昌”。碑文见罗氏（振玉）《石交录》。

〇难当奉诏摄上邽守。

【朱笔】《通鉴》一二三（元嘉十三年八月）杨难当：“请奉诏，摄上邽守兵还仇池。”此“摄”犹前言“摄”四镇。

卷四下

〇太平真君四年十一月甲子车驾至于朔方，诏曰……

【铅笔】《宋书·索虏传》（元嘉二十年）所载即此诏文，而较详。

〇杀其渠帅，余徙居冀、相、定三州为营户。

【墨笔】营户。（《魏书》）七上延兴元年十月，沃野、统万二镇敕勒之“遗迸”，亦徙此三州为营户。又二年三月连州敕勒徙配青、徐、齐、兖四州为营户。卷八景明二年九月免寿春营户为扬州民。

〇选六州兵勇猛者二万人，……南略淮泗以北……

【墨笔】“六州兵”，未知何六州。(《魏书》) 七上延兴三年纪，七月，“诏河南六州之民”云云，从“南略淮泗”之语见之，或即河南六州耶。

〇盖吴为其下人所杀，……永昌王仁平其遗烬。高凉王那破盖吴党白广平，生擒屠各路那罗于安定。

【墨笔】(《魏书》) 三十《尉拨传》：“出为杏城镇将。在任九年，大收民和，山民一千余家，上郡徒各、庐水胡八百余落，尽附为民。”当即盖吴胡众也。

〇吐京胡阻险为盗。……山胡曹仆浑等渡河西，保山以自固，招引朔方诸胡。

【墨笔】吐京胡。吐京当即山西离石南石楼县地之吐京郡，西邻黄河。

“山胡”曹仆浑。(《魏书》) 十四《扶风公处真传》即作“吐京胡”。十六《元他传》同。

(《魏书》) 七上纪延兴元年十月“朔方民曹平原招集不逞，破石楼堡，杀军将”，疑与山胡之曹皆出昭武（九姓）。

〇恭宗监国，曾令曰：“……其制有司课畿内之民，使无牛家以人牛力相贸”云云。

【铅笔】《通典》一、《元龟》四九五亦载此文。

卷五

页三

〇杀副将驸马都尉万古真，巨鹿公李恢、雍州刺史鱼玄明。

【铅笔】《鱼玄明专（砖）志》称，皇兴二年戊申岁十一月癸卯朔十九日辛酉，安西将军、雍州刺史□康公鱼玄明之铭。鱼玄明又见（《魏书》卷三〇）《陆真传》、（《魏书》卷四九）《李恢传》。[《汉魏南北朝墓志汇编》（以下简称《汇编》）赵超，天津古籍出版社，2008 年版《鱼玄明之铭》页三五]

卷七上

页一

〇（皇兴）三年夏六月辛未，立为皇太子。

【铅笔】《北魏曹天度造千佛石塔题记》[天安元年（466）五月五日] 已称“皇太后皇太子□□无穷”，与本纪不合。且本纪言，皇兴三年始立太子，则天安元年时亦不应有太子之称。题记见史树青《北魏曹天度造千佛石塔》文（《文物》八〇年第一期）

页六

〇其有鳏寡孤独贫不自存者，复其杂徭。

【铅笔】（《魏书》）卷六十《韩显宗传》：“南州免杂徭之烦”，盖指地方徭役，与此同。

页十

〇一夫制治田四十亩，中男二十亩

【铅笔】一夫治田四十亩，中男二十亩，此当即当时劳力所能胜任，均田制下露田四十亩之所由来也。

卷七下

页二

〇故依局割民，阅户造籍

【铅笔】崛敏一（《均田制研究》页 149）引松永雅生文，谓“局”当作，即“纠”，为纠察官之意。造以分离民户，割民即解散合户也。案“局”疑“弓”之讹，即“卷”字。

页九

〇甲子，诏罢祖裸。

【朱笔】《通鉴》一三七作“魏罢租课”，胡注：“租课”（李）延寿《魏纪》作“祖裸”。似《通鉴》原本《魏书》，身之所见此纪犹未误为“祖裸”也。惟“罢租课”亦不可解。

页十五

〇中中者守其本任

【朱笔】《北史》同《通鉴》一三九，“中”字不迭，是也。（《魏书》卷）二一上《广陵王羽传》：“顾谓羽曰：‘上下二等，可为三品，中等但为一品。所以然者，上下是黜陟之科，故旌丝发之美，中等守本，事可大通。’”是无“中中”一等也。

页二十一

〇以代迁之士皆为羽林、虎贲

【铅笔】（已见十九年纪）《玉海》一三七引《后魏书》：“太和十九年八月乙巳，选武勇之士十五万人为羽林虎贲，充宿卫。”

【墨笔】《通鉴》一四〇作“军士自代来者”云云。

页二十一

〇司州之民，十二夫调一吏，为四年更卒，岁开番假，以供公私力役。

【朱笔】《通鉴》一四〇删“为四年”云云九字。

【铅笔】十二人出一人服役，每年更换，十二人轮完四年，每人每年服役四个月，三人轮完一年，即三丁兵岁。大统十三年（547）计帐有六丁兵卅人。（《周书》）武帝纪称保定元年（561）“改八丁兵为十二丁兵，率岁一月役”。或谓计帐之六丁兵卅人为工匠，然建德六年（577）始放杂户为民（周本纪、隋刑法志），计帐之卅人是民户，盖普通农民服力役者也。王棣说

页二十五

○敕勒树者相率反叛。

【朱笔】(《魏书》) 一〇三《高车传》:“高祖召高车之众随车驾南讨，高车不愿南行，遂推袁纥树者为主，相率北叛。”四四《宇文福传》:“寻以高车叛，命……追讨之。”一六《江阳王继传》:“高车酋帅树者拥部民反叛，诏继都督北讨诸军事。”是敕勒与高车得互称也。又见(《魏书》二四)《邓颖传》、(《魏书》一八)《广阳王深传》。又十九中《任城王澄传》亦云“高车树者”。

卷八

页三

○发畿内夫五万五千人筑京师三百二十三坊。(中华本无“五千”二字)

【朱笔】《北史》四本纪无“三”字。(《北史》) 一六《广阳王嘉传》“表请于京四面筑坊三百二十，各周一千二百步。”《魏书》一八《(广阳王嘉) 传》同。《通鉴》一四四作“请筑洛阳三百二十三坊，各方三百步。”

页四

○扬州小岘戍主党法宗袭萧衍大岘戍，破之。

【铅笔】小岘在合肥东，大岘在小岘之东，与临朐之大岘山无干。

卷九

页一

○皇太后出俗为尼，徙御金墉。

【墨笔】西晋金墉城为皇后太子幽禁黜退之处。又《晋书》三一

《武悼杨后传》"废诣金墉城"。《惠贾后传》："已修金墉城，将废之。"《惠羊后传》："颖奏废后为庶人，处金墉城。"

页一

○梁州刺史薛怀古破反氐于沮水。

【朱笔】据（《魏书》）六一本传，"古"当作"吉"，宋本亦误"古"。

页十二

○（正光）二年……五月辛巳，南荆州刺史桓叔兴自安昌南叛。

【铅笔】《梁书》系此事于普通二年七月。《穆纂（墓）志》称："南荆州刺史桓叔兴蛮夷狂敩（赵书作"勃"），背国重恩，归投伪主。时召君为东荆长史加前将军，统军追贼。君弛文振武，抚众威恩。士不衔枚而自嘿，马阙袜而能强，追战剋（赵书作"尅"）捷，横尸掩路。……以（赵书作"从"）大魏正光二年二月己亥朔十八日丙辰卒于京师宣年里宅。"则桓叔兴之叛不可能在五月或七月。（《汇编》页一二一）

页十七

○诸州镇城人，本充牙爪

【墨笔】"州镇城人"指边地军户而言，与下文某郡民起兵反之称民者不同。

卷十一

页三

○（普泰元年）三月癸酉……骠骑大将军、仪同三司、左卫将军、大都督、晋州刺史、平阳郡开国公齐献武王封勃海王，增邑五百户。

【铅笔】滨口（重国）谓三月初高欢尚屯兵大王山下，未东出与冀州高氏联合，且尚是尔朱氏一部将，恐未必即授王位。《北齐书》纪（卷一）载普泰元年二月（欢）已次信都，三月封欢渤海王。但入冀州实在四月，故三月封王不可信。且下九月记皇子子恕封渤海王。（《魏书》卷十一）《出帝纪》太昌元年（五三二）九月子恕改封沛郡王。（《魏书》卷三二）《高湖传》言（高欢父）树生太昌初追封渤海王，则欢之自称渤海盖在此时。《北齐书》卷三《文襄纪》言中兴元年（531）立为渤海王世子，（《魏书》卷十一）《出帝太昌元年纪》即位诏亦称欢为渤海王，当是后世追改。

页四

○加骠骑大将军、北华州刺史公孙略仪同三司。

【铅笔】《公孙略（墓）志》称字永略，辽东人，废帝时授安西将军、银青光禄大夫，寻加车骑将军、右光禄大夫，复为左卫将军、仪同三司加散骑常侍，普泰元年除使持节骠骑大将军，都督华州诸军事、华州刺史。志又详叙其早年历官。（《汇编》页三三三）

卷十二

页三

○勒城门、殿门及省、府、寺、署、坊门浇人，不简王公，无限日，得雨乃止。

【铅笔】浇人以求雨。

【墨笔】此岂泼寒胡戏之类乎？

页十六

○奴婢三百人，水碾一具，田百顷

【铅笔】《北齐书·文宣纪》记此事作“奴婢二百人”。又（《北齐书》）卅二《陆法和传》“田一百顷、奴婢二百人”。三百人疑误。《颜氏家训·止足篇》亦言良田十顷须奴婢廿人，皆一人耕五十亩也。崛敏一《均田制研究》第四章。

卷十三

页八

〇王叡出入卧内，数年便为宰辅，赏赉财帛以千万亿计，金书铁券，许以不死之诏。李冲虽以器能受任，亦由见宠帷幄，密加锡赉，不可胜数。

【铅笔】冯太后大似武则天，有为之女主必有嬖幸，此岂出于生理需要乎？武则天年八十而犹善自涂泽，冯太后死时只四十九也。（《新唐书》卷七六《后妃传》：“太后虽春秋高，善自涂泽，虽左右不悟其衰。”）

页八

〇（太和）十四年，崩于太和殿，时年四十九。

【铅笔】斯〇九九六《杂阿毗昙心经》卷第六题记：“……是以使持节侍中驸马都尉羽真太师、中书监领秘书事车骑大将军都尉（？）〔《英藏敦煌社会历史文献释录》（社会科学文献出版社，2007年7月。以下简称《英》书）作‘督’〕诸军事启（开）（《英》书作‘启’）府、洛州刺史昌黎（《英》书作‘梨（黎）’）王冯晋国（冯太后兄），仰感恩遇，撰写十《一切经》、一一经一千四百六十四卷，用答皇施。愿皇帝陛下、太皇太后德苞久远（《英》书作‘九元’），明同三曜，……大〔《英》书作‘太（大）’〕代太和三年岁次己未十月己巳二十（《英》书作‘廿’）八日丙申于洛州所书写成讫。”

页十六

〇唯后每谓夫人等言：“天子岂可独无儿子，何缘畏一身之死而令皇家不育冢嫡乎？”

【铅笔】胡后虽有此顾虑，而卒未见杀，盖迁洛之后立子杀母之俗已废。

页十六

○召入掖庭为承华世妇……进为充华嫔。

【铅笔】孝文定制有视三卿之三嫔及视六卿之六嫔，不知充华嫔何属。《北史》十三“河清新令”有九嫔之名称，无“充华”。隋炀自制嘉名，着之于令，九嫔最末曰“充华”。（北齐）“河清新令”廿七世妇亦无“承华世妇”。

卷十四

页五

○（元鸷）累迁领军、畿部都督。

【铅笔】《（元鸷）墓志》作“京畿都督”。（《汇编》页三四二）

页十

○（元天穆）特除太尉，封上党王

【铅笔】《（元天穆墓）志》于“封上党王”下云“仍除侍中兼领军将军、使持节骠骑大将军、京畿大都督”。（《汇编》页二七六）

页十

○幽州前北平府主簿河间邢杲

【朱笔】“北平”似“平北”之误。

页十一

○诏天穆与齐献武王讨，大破之。杲乃请降，传送京师，斩之。增天穆邑万户。

【铅笔】《（元天穆墓）志》言天穆为行台大都督。

卷十五

页五

○又预教左右取死囚十人，皆着蛮衣

【铅笔】着蛮衣而蛮人不能别，是形状无大异也。

页六

○常山王遵，昭成子寿鸠之子也。

【朱笔】《元昭墓志》“曾祖兜”，不作“遵”，历官亦不甚合。（《汇编》页一四四）

【铅笔】遵字勃兜，见《元侔（墓）志》阴（同上，页六十），《元昭志》称“曾祖兜”。

页六

○（元遵）子素

【铅笔】《元侔志》阴、《元保洛（墓）志》、《旧唐书·元行冲传》俱作“素连”。（《汇编》页五九）

【朱笔】《元昭志》“祖连，常山康王”，不作“素”，而官谥皆合。

【铅笔】《（元和）姓纂》四误为“素达”。

页七

○即拜内行阿干

【墨笔】“内行阿干”当即（《魏书》）廿七《穆崇传》附《乙九传》之“内行长者”。廿六《长孙肥传》附《（长孙）头传》之“内行长”。“内行长”又见三十《刘尼传》、三四《陈建传》、四四《罗伊利传》《苟颓传》《薛虎子传》、八一《山伟传》、八三下《于天恩传》。

页七

○陪斤子昭，小字阿倪。

【朱笔】《(元)昭志》称昭“征西大将军、定州刺史、常山简王第三子”。

页八

○昭从弟晖

【铅笔】传以晖为忠子,《北史》(十五)以为悝之弟,德之子。《(元晖)墓志》言晖父河间公于德,又见元愔、元悛二志,称为“简公”,则《魏书》误也。(《汇编》《晖志》页一一〇、《愔志》页二三二、《悛志》页二三一)

页八

○寻出为雍州刺史

【铅笔】出为雍州乃胡国珍所荐,见(元昭)墓志。

页十

○(河间公德)赠曹州刺史。

【朱笔】《(元德墓)志》无曹州。《隋地理志》“济阴郡后魏置西兖州,后周改曰曹州。”则德之卒不在魏世矣。(《汇编》页五六)

页十六

○冀土宽广,界去州六七日。

【铅笔】界指边界,州指州治。

卷十六

页二

○熙有七子。长子他,袭爵。

【朱笔】《(他子)元显(墓)志》“祖大汗”。(《汇编》页三五九)

页三

○(元他)世子吐万,早卒,赠冠军、并州刺史、晋阳顺侯。

【朱笔】《元显志》:“父万，并州刺史、淮南王。”

页六

○益州刺史……王贾诸姓，州内人士，法僧皆召为卒伍，无所假纵。

【铅笔】《(八琼室金石)补正》二五隋《慧日道场僧惠云墓铭》称:“法师俗姓贾氏，河南洛阳人。祖怀德，本州主簿，父成，梁司空元法僧咨议参军、衡阳令。法僧在魏作镇彭城。□□随□，翻入梁国。法师圣善，金陵旧姓，故诞于建邺焉……以开皇十四年，岁次甲寅三月十二日辰时……”陆氏谓惠云即传中之“王贾诸姓”，牵合益州与徐州误，法僧为司空，见《北史》本传及《梁书》《南史》帝纪及本传。

页十一

○(元馗)出除安西将军、东秦州刺史。建义初，卒于州。

【朱笔】《元(《魏书》卷十六作“馗”)(墓)志》“复授安西将军北华州刺史，当州都督”，又云“春秋四十七，薨于河阴銮驾之右”，又言“有子礼宗”。(《汇编》页二五五)

页十二

○(元纂)子伯和袭，……子思略……思略弟叔略……

【铅笔】《元暐(墓)志》称“字仲冏”，据《(册府)元龟》二八四、二八〇及萧宝夤传、封伟伯传，仲冏谋举兵反宝夤，为所杀，其事当在缺叶(因各本《魏书》此处缺一叶)。参罗振玉《丁戊稿·集释三》。(《罗雪堂合集·丁戊稿·南平王元暐墓志跋》)(《汇编》页二一六)

页十五

○继字世仁……永安二年薨

【铅笔】《元继(墓)志》言“前佐司徒府记室参军事、大将军从事中郎新平冯元兴等”刊石云云，冯元兴传所叙相合，唯（元兴）志作新平（郡）人，继字志作“仁世”，薨年为永安元年，与孝庄纪同。（《汇编》页二五九）

卷十八

页一

○东平王翰，真君三年封秦王。

【铅笔】此秦王翰与昭成之子之秦王翰（见卷十五）为两人。

页三

○彧本名亮，字仕明，时侍中穆绍与彧同署，避绍父讳，启求改名。

【铅笔】避同官者之父讳。

页六

○百家为党族，二十家为闾，五家为比邻。百家之内，有帅二十五，征发皆免，苦乐不均。

【铅笔】越智（重明）说当作廿五家为闾，参《通鉴》一五八大同七年。依此数计算，应有帅 26 人，松本善海谓：“党族正一人在外”，福岛繁次郎谓当作 25 家为闾，则共 25 帅。（《魏书》）卷四四《薛虎子传》“州镇戍兵，资绢自随”，即服兵役者应纳之资粮之绢。（《魏书》）六九《袁翻传》有“实绢”，盖亦资绢。松本文见《史学杂志》五三之三。

页八

○孝友在郡积年，以法自守。

【铅笔】《北齐书》二八、《北史》十六本传皆作“在尹积年”，郡指魏郡，天平元年改魏郡太守为魏尹。孝友自沧州刺史迁此官则为贬也。福岛氏说。

页十二

○拜卫大将军、尚书令，除仪同三司……既居仪同，又任端首……

【铅笔】“端首”指尚书令。

页十三

○一生推迁，不过军主。

【铅笔】“推迁”当是迁延之意。《梁书》三四《张缵传》作“前刺史岳阳王詧推迁未去镇”。《通鉴》一六二“詧推迁未去”，《周书》四八本传作“詧迁延不受代”。《梁书》五一《何胤传》，“推迁簿官，自东徂西”。《陈书》（卷二十）“推迁不至”。《宋书》（卷四十一）“推迁俛俛，未及自闻”。

页十四

○今六镇俱叛，二部高车亦同恶党。

【朱笔】“二部高车”即上文之东西部敕勒也。

页十七

○（元深）子湛，字士渊。

【朱笔】父名渊而子字士渊，疑有误，当从《元湛（墓）志》作“士深”，盖后人误以为避唐讳而改耳。（《汇编》页三五六）

【铅笔】《元湛志》：“父讳渊，……广阳忠武王。母琅邪王氏，父肃，尚书令司空宣简公。”“俄以本官监典书事。逸文脱简，罔不捃摭，毁壁颓坟，人所穷尽。既质含百练，公辅之望自高；气逸千里，王佐之才久立。乃除太尉公，王如故。位冠人爵，□（赵书作“任”）总天纲，赞杰遂贤，兴仁隆化。”湛妃王令媛，志称其祖琛，齐司徒从事中郎，祖母，宋江夏王义恭之女，父翊，魏侍中司空孝献公，母元氏，任城王澄女。

卷十九

上页一

〇阳平王新成，太安三年封，拜征西大将军。后为内都大官。薨，谥曰幽。

【朱笔】阳平王太妃李氏墓志作“幽”，元钦墓志作“哀”。

上页二

〇薨于青州刺史，谥曰庄王。

【朱笔】阳平王太妃李氏墓志“庄”作“惠”。

上页三

〇京兆王子推，太安五年封。

【铅笔】元液墓志云京兆康王谥恭。元悰、元睟、元遥、元定、元灵曜、元斌、元袭、元瑗诸墓志皆称子推为康王，不云谥恭。传载子推子三人，据元液墓志，子推尚有子名坦谥宣者。并元定及元袭之父洛州刺史武公，则子推子凡六人。均见《集释》四。

上页五

〇子冲，袭。无子，国绝。

【朱笔】元睟墓志，讳睟，字子冲。

上页八

〇一日三羊，三日一犊。

【朱笔】“三羊”，当从《北齐书·元晖业传》作“一羊”。

上页八

〇晖业弟昭业，颇有学尚，位谏议大夫。

【朱笔】晖业尚有弟永业，名钻远，有墓志。

上页十

〇子逞，字万安。

【朱笔】逞有长子始和，字灵光，早卒，有墓志。

上页十二

〇以修义为雍州刺史。卒于州。

【铅笔】墓志称"军次汧城，弥留寝疾，薨于军所"。《太平寰宇记》三二言正光三年置东秦州于汧城。传误雍州。见《集释》四。

【朱笔】修义弟固，字全安，有墓志。

中页十六

〇澄表上《皇诰宗制》并《训诂》各一卷。

【朱笔】当即文明太后所著之《皇诰》，见太后传。

中页十七

〇都城府寺犹未周悉。

【墨笔】太和十八年（494）定迁洛之计，至是约廿年而府寺犹未周悉。

中页二十六

〇昧爽坐都厅，召尚书及丞郎毕集。

【铅笔】都厅，即卷十四元子思传之都堂。

中页三十一

〇嵩弟赡，字道周。高祖时，自口大夫稍迁宗正少卿、龙骧将军、光州刺史、散骑常侍、左将军，迁平东将军、兖州刺史。颇爱书史，而贪暴好杀。澄深耻忿之，绝其往来。

【铅笔】元瞻墓志：初为步兵校尉，转员外散骑常侍，又迁前军将军，显武将军，徙宗正少卿。又墓志记赡死于河阴之役。墓志叙其死称：折柱之悲，事同捐珠（《史记·循吏传》索隐引《韩诗》），崩维之怨，情深罢市（《晋书·羊祜传》）。元诱、元寿安墓志皆用此二典，与传所云贪暴好杀全异。见《集释》四。

下页七

〇复克三关，展威辟境。

【铅笔】克三关，黄岘、武阳、平靖。

下页十八

〇攻赭阳，不克，败退而还。

【铅笔】赭阳在叶县西南。

下页十九

〇夺禄一周，微示威罚也。

【铅笔】夺禄一周，谓一年。

卷二一

上页二

〇于时王国舍人应取八族及清修之门。

【铅笔】《通鉴》卷一四〇胡注："舍人"指妃嫔，"八族"指代来八家。"清修"当指汉族高门。

上页八

〇树字秀和，美姿貌，善吐纳。

【朱笔】温子升作墓志，见《艺文类聚》四七。

下页四

〇职俸便停，亲、国二事，听三分受一。

【铅笔】亲、国二事，当指国秩及亲恤。

卷二二

页六

〇广平王怀

【铅笔】元怀墓志称：春秋三十，熙平二年三月廿六日丁亥薨。……谥曰武穆。出帝纪、《洛阳伽蓝记》《金石录》二一范阳王碑跋皆同。亦有作文穆者，见此传、《（新）唐书》宰相世系表十五。

此志之外，如元悌、元灵曜、元夫人赵光志皆云武穆。据怀子元悌墓志，怀有子赞，袭爵，见《（新）唐书》宰相世系表十五下。赞随孝武入关，仕后周，见出帝太昌元年纪、陆子彰传、裴伯茂传、《北齐书》魏收传、《周书》元伟传、《隋书》李士谦传。均见《集释》四。

卷二三

页七

○库仁弟眷，继摄国事。

【朱笔】《通鉴》一〇五、一〇六皆作刘头眷，一〇六称鲜卑刘头眷击破贺兰部。

卷二四

页三

○并州平，以谦为阳曲护军，赐爵平舒侯、安远将军。

【墨笔】《水经》汾水注：《魏土地记》曰阳曲胡寄居太原界，置阳曲护军治。

页七

○延弟白泽，年十一，遭母忧，居丧以孝闻。

【朱笔】《南史·梁简文纪》所著有《新增白泽图》五卷，隋唐志并有《白泽图》一卷，不著撰人。洪氏《经典集林》、马氏《玉函山房辑佚书》皆有辑本。巴黎藏有《白泽精话图》残卷，有图与说。《开元占经》一一六引孙柔之《瑞应图》云：黄帝巡于东海，白泽出，能言语，达知万物之精，以戒于民，为除灾害。此白泽之命名，倘亦此意乎？

页二十八

○纂弟献，奉朝请、司空西合祭酒、员外常侍、河阴令。寻迁镇远将军、谏议大夫。肃宗末，除冠军将军、颍州刺史。建义初，闻尔朱荣入洛，朝士见害，遂奔萧衍。

【铅笔】隋《邓□（郭玉堂云原是“昺”字，运石时残去）墓志》称：字宝明，南阳新野人。祖献，魏散骑常侍、颍州刺史，归梁，授散骑常侍、左卫将军、鄱阳县开国公；考鸿，梁智武将军，归周，授仪同常侍、使持节熊中义三州诸军事、熊州刺史。《南史》大通二年纪作豫州刺史邓献、《梁书》同，皆误。见《集释》九。

卷二七

页四

〇遂留弟观，字闼拔，袭崇爵。

【朱笔】穆亮墓志作曾祖闼，《穆纂墓志》又止言高祖跋。

页六

〇子平国，袭爵。尚城阳长公主。

【铅笔】《穆亮墓志》称：父平国，尚城阳、长乐二公主。

页十一

〇后高祖将自小平泛舟幸石济。

【铅笔】“小平”当即“小平津”（在洛阳北），《北史》即有“津”字。

卷二九

页三

〇娥清欲寻水而往。

【朱笔】娥清传亦作“寻”。《通鉴》一二一作“循”，胡注：清盖欲循泾水而进。

卷三十

页八

〇世祖以兵少，乃摄河南三镇北渡。

【朱笔】据本纪三，当作“四”。

【铅笔】《通鉴》卷百二一亦作“四”（胡注：四镇，金墉、虎牢、滑台、碻磝），疑不确。碻磝必不在内，此传下文亦只言及三镇（按：卷三十三页十【铅笔】“滑台、虎牢、洛阳三城”，金墉在洛阳）。

页十一

〇丘堆，代人也。

【朱笔】《丘哲墓志》称：镇西大将军、都督定州诸军事、定州刺史、临淮公库堆之孙。

【铅笔】《丘哲墓志》又称：乞银曹、比和真曹、宿卫曹、四曹尚书洛州诸军事、洛州刺史乞直之子。丘哲妻《鲜于仲儿墓志》称：大魏孝昌二年八月十八日，故乞银曹、比和真曹、□纥曹、四曹尚书奏事给事洛州刺史、河南河阴丘使君之长子，威远将军、太尉府功曹参军之命妇鲜于氏墓志。

页十三

〇尼驰还东庙。

【铅笔】东庙在白登山，白登在平城之东。

页十八

〇于时郡县斩叛胡翟猛雀于林虑山，猛雀遗种窜于行唐及襄国。

【墨笔】当是丁零之翟，《北史》无此节。卷三三张蒲传即作丁零翟猛雀。

卷三二

页一

〇高湖，字大渊，勃海蓨人也。……雅为乡人崔逞所敬异。

【朱笔】崔逞，清河东武城人，曰乡人，未详。

页三

〇拔弟睹儿，美容貌，膂力过人，尤善弓马。

【铅笔】睹字，《广韵》谓同猪，是也。其弟名苟儿，即狗儿。

页九

〇逞兄适，字宁祖，亦有名于时。

【朱笔】《北史》“适”作“遹”。

【铅笔】朝阳西南五公里发现墓碑，题“燕建兴十年（395）昌黎太守清河武城崔遹”，见《文物》1981 年第四期。

页十三

〇恺子伯达弃母及妻李氏，南奔河表。

【铅笔】河表疑当作江表。

卷三三

页一

〇后匿于长乐之经县，数年而卒。临终谓其子侄等曰：

【朱笔】《地形志》：冀州长乐郡领县八，无经县者。《北史》作匿于长乐，数年而卒。临终，谓其子经曰云云。

页四

〇屈遵，字子皮，昌黎徒河人也。

【墨笔】真君八年，并徒何入广兴，属昌黎郡。见地形志。

页十八

〇俄而召先读《韩子连珠》二十二篇。

【铅笔】《北史》“连珠”下有“论”字。梁玉绳《瞥记》四云：韩子之文，往往先经后传，其体类乎连珠，而所谓廿二篇，疑是六反八说八经也。

页十九

〇佥曰：此子英俊，贾谊之后，莫之与京。

【铅笔】《北史》“英俊”作“英英”，与“京”为韵，是也。

卷三五

页五

〇赐浩御缥醪酒十觚，水精戎盐一两。

【墨笔】水精戎盐，当是供食用者。卷五三李孝伯传：戎盐治诸疮，白盐食盐乃供食者。何也？《宋书》四六张畅传，戎作柔。

页十三

〇世祖沿弱水西行，至涿邪山。

【铅笔】亦作涿涂山。古代高阙塞北千余里，今蒙古满达勒戈壁附近。（中戈壁省）

页十八

〇以始封代土，后称为魏，故代、魏兼用。

【铅笔】《元鉴墓志》末称：维大代大魏正始四年。司马晒（景和）妻《孟敬训墓志》称：魏代扬州长史、南梁郡太守、宜阳子司马景和妻墓志铭。

页二十三

〇浩既工书，人多托写《急就章》。……世宝其迹，多裁割缀连以为模楷。

【墨笔】《周书》四七黎景熙传：从祖广，尝从吏部尚书清河崔玄伯受字义，又从司徒崔浩学楷篆，自是家传其法。

卷三六

页二

○比三五日，消息小差，当相见。

【铅笔】“消息”犹“调养”。

页四

○早晚当灭

【铅笔】“早晚”疑问之词，犹“早晚下三巴”也。

页七

○（李）式子宪

【铅笔】《八琼室金石补正》十八收《仪同三司文静公李宪墓志》，称赵国柏仁人。志所记世系可与传及《新唐书·宰相世系表》互相补充订正，见《补正》。

页七

○诏（李）宪为使持节、假镇东将军、徐州都督。

【铅笔】《李宪墓志》称“征东将军东讨都督”。（《汉魏南北朝墓志汇编》（以下简称《汇编》）赵超，天津古籍出版社，2008年版，330页。）

页八

○子希远，字景冲……希远兄长钧……希远第二弟希宗，字景玄。

【铅笔】《李宪墓志》：“长子希远，字景冲，州主簿，少丧。子长钧，字孝友，开府参军事。第二子希宗，字景玄……”下列子妇亦先希远妻，次长钧妻，然后希宗妻。

【朱笔】《李宪墓志》长子希远，子长钧，第二子希宗。《李宪传》希远之庶长兄剑，即长钧，史误为二人。《碑》称长钧字孝友，岂先名剑，字长钧，后以字行，又别字孝友邪？长钧乃宪庶长子，故志列在长子后，次子前。

页十八

○仲璇以孔子庙墙宇颇有颓毁，遂改修焉。

【朱笔】(《金石萃编》卷31)《李仲璇修孔子庙碑》曰："乃命工人修建容像。孔子曰：'从我于陈蔡者皆不得及门也。'因历叙其才以为四科之目。生既见从，没若之何。故颜氏庶几，着易于易辞；起予者商，纷纶于文诰，是则圣人之道须辅佐而成。故曰：'吾有由也，恶言不闻于耳。'所以雕素侍于其侧，今于设象圣容，奉进儒冠于诸徒，亦青衿青领。"

卷三七

页二

○还京，(司马文思)为怀朔镇将。

【墨笔】司马氏降人为怀朔镇将。《魏书》三八《王慧龙传》："世祖初即位，咸谓南人不宜委以师旅之任，遂停前授(洛城镇将)。"而世祖之世南人主兵屯边者，不一而足，是世祖之识也。

页五

○延宗……子裔，字承业。世宗时，(司马)悦等为(司马)裔理嫡，还袭祖爵。位至后军将军。卒，赠征虏将军、洛州刺史。……悦，……子朏……。

【铅笔】庾信《周大将军司马裔碑》，(严可均)《全后周文》十三引《文苑英华》九〇四，碑作"字遵胤……父悦"，疑裔本悦之子，为延宗后，而悦又以朏为嗣也。据碑文裔至周建德元年始卒，传文有误。

庾信撰《(周大将军琅邪壮公)司马裔墓志铭》，见《全后周文》十六引《文苑英华》九四七。

页七

○永元元年，城人白早生谋为叛逆，遂斩悦首，送萧衍。

【铅笔】《周大将军司马裔碑》文“时值乱离，衅起萧墙，遂终非命，公遗腹载诞，流离寇逆。”当即指白早生杀司马悦事。

页十

○（司马）道寿长子元兴袭父爵。

【朱笔】《全后魏文》五七有《魏故宁朔将军、固州镇将、镇东将军、渔阳太守、宜阳子司马元兴墓志铭》，元兴名绍。

页十

○子景和……清河内史

【朱笔】又《全后魏文》五七《景和（司马昞）志》云“转授清河内史”，此郡名重，特以人举。景和妻孟氏，清河人，亦有志。(《全后魏文》五七《司马景和妻墓志》)。又均见《汇编》页七二、页一一七。

【铅笔】孟县司马氏四志俱乾隆廿年出土，故严氏收入全文。(《全后魏文》卷五七司马元兴、司马景和妻、司马昞、司马升。)

卷三八

页四

○方舟顺流，五日而至，自沃野牵上，十日还到，合六十日得一返。

【墨笔】五日而至，十日还到，与六十日一返数目不合，十日误。

页七

○（刁）纂弟遵，字奉国

【朱笔】《全后魏文》五七有《刁遵志》，遵乃高允之婿，正始中为太尉高阳王咨议参军事，俄而转大司农少卿，莅事未几，迁使持节都督洛州诸军事、龙骧将军、洛州刺史，熙平元年秋七月廿六日，薨于位。

页十一

○王氏世齇鼻，江东谓之齇王。

【铅笔】《南史·宋前废帝纪》“骂孝武帝为‘齇奴’”，即今之酒糟鼻。

卷三九

页一

○属世祖遣将讨沮渠无讳于敦煌，无讳捐城遁走。（李）宝自伊吾南归敦煌，遂修缮城府，规复先业。遣弟怀达奉表归诚。世祖嘉其忠款，拜怀达散骑常侍、敦煌太守，别遣使授宝使持节、侍中、都督西垂诸军事、镇西大将军、开府仪同三司、领护西戎校尉、沙州牧、敦煌公，仍镇敦煌，四品以下听承制假授。

【铅笔】《周巩宾暨妻陈氏志》称：“张掖永平人也……曾祖澄，西河鼎望，行满乡间，后凉召拜中书侍郎、建威将军、玉门太守。属凉王无讳，拥户北迁，士女波流，生民涂炭，乃与敦煌公李保立义归诚，魏太武皇帝深加礼辟，授使持节、大鸿胪、散骑常侍、高昌、张掖二郡太守，封永平侯，赠凉州刺史。”〔赵万里《汉魏南北朝墓志集释》（以下简称《集释》）第五册，图版三九二，科学出版社 1956 年。〕

页四

○转平北将军、平州刺史。还，平东将军、徐州刺史。

【朱笔】“还”当从《北史》（卷一百）作“迁”，宋本亦误。

页十一

○柬弟神儁，小名提。

【铅笔】《李挺（墓）志》称讳“挺”，字“神儁”。称李宝征西大将军，称父佐为昭侯，与传异。又称以功封千乘县侯，征入拜大司农卿，庄皇纂统，拜散骑常侍，领殿中尚书。又称元妻侍中、太常、文贞公彭城刘芳第二女，字幼妃，未期而亡。又娶丞相江阳王继第三女，字阿妙，薨于穰城。又娶太傅清河文献王第三女，字季聪。（《汇编》页三五〇）

卷四一

页十三

○时（源）子雍新平黑城

【铅笔】隋《苏慈（墓）志》，祖树仁，魏黑城镇主。《（太平）寰宇记》三十六临真县（肤施境）下（注）云“黑城在县东廿五里库利东流川交口，赫连勃勃置。大象二年于此置郡，其城缘山坡崎岖不正，故名黑城。”……至周改置偏城郡。《集释》八引杨守敬说。（《集释》第二册，页九十第五册，图版四〇九）

卷四二

页一

○迁秦州刺史，将军如故

【朱笔】“秦”当作“泰”。

页十一

○是时镇将元伊利表（青州刺史郦）范与外贼交通

【铅笔】青州刺史之外又有镇将。

卷四三

页一

○以功拜吴兵将军、领步兵校尉。

【墨笔】毛修之领吴兵而有吴兵将军之号，然其他如秦兵楚兵等号似皆虚称，盖非实领其地之人也。

页四

○（唐）和率骑五百先攻高昌。

【朱笔】《北史》（卷二七）作“先攻高宁”。

页八

○子景蛮，庄帝时，抚军将军、金紫光禄大夫。

【铅笔】《笱景（墓）志》称景字景峦，祖侍中、司空、河东王，考平北将军、并州刺史。景封博野县开国伯，后进爵为公，食邑千五百户，卒赠卫大将军、仪同三司、冀州刺史。（《汇编》页二五七）

页九

○薛野賭，代人也。

【墨笔】《北齐书》二六《薛琡传》：“其先代人，本姓叱干氏。”

页十五

○建安是淮南重镇，彼此要冲，得之则义阳易图，不获则寿春难保。

【铅笔】《通鉴》一四三（永元二年）“建安戍主（安定）席法友”，胡注《北史》言边城、建安，边城郡治期思，则建安亦当相近。光州固始地，当义阳、寿春之中。

卷四五

页一

○属杏城镇将郝温及盖吴反。

【墨笔】杏城镇将郝温疑是屠各胡之郝氏。

页六

○但三鸦险要，非卿无以守也。（中华本《魏书》作“险恶”）

【铅笔】三鸦在今鲁山、南召之间。

页六

○（韦彧）稍迁平远将军、东豫州刺史。

【铅笔】东豫州治广陵，今息县。

卷四七

页五

○南徐州刺史沈陵密谋外叛，……勒宿豫之众逃叛。

【铅笔】南徐州当即治宿豫，今宿迁。

页七

○（卢道虔）谥曰恭文。

【朱笔】《北史》（卷三〇）：“谥曰文恭。道虔好《礼》学，难齐尚书令王俭《丧服集记》七十余条。为尚书同僚于草屋下设鸡黍之膳，谈者以为高。昧旦将上省，必见其弟然后去。奴在马上弹琵琶，道虔闻之，杖奴一百。”

页八

○（卢正通）妻郑氏，与正通弟正思淫乱

【朱笔】《北史》（卷三〇）“郑”作“谢”。

页十九

○父母亡，然同居共财。

【朱笔】“然”当从《北史》（卷三〇）作“后”。

卷四八

页十四

○东郡太守、蒲阴子中山刘策。（中华本《魏书》作“蒲县”）

【铅笔】魏《刘颜专（砖）志》称“中山蒲阴永安乡光贤里人也”，又言“祖策，散骑常侍征虏将军、东郡太守、蒲阴子”，“父遂，州西曹、郡功曹”。（《汇编》页八八）

页十九

○寻授使持节、散骑常侍、征西将军、怀州刺史。（高）允秋月巡境，问民疾苦。至邵县……

【朱笔】（《魏书》卷一〇六上）《地形志》怀州河内、武德二郡无邵县。

卷四九

页五

○军达九里山

【铅笔】（《魏书》卷一〇六中）《地形志》彭城有九里山。

卷五十

页一

○守辎重于武原。

【铅笔】（《魏书》卷一〇六中）武原在下邳西北。

页二

○分击吕梁，绝其粮运。

【铅笔】泗水自彭城东南过吕县南，泗水上有石梁，故曰吕梁。见《水经注》（卷二五泗水）。

页二

○刘彧东徐州刺史张谠据团城。

【铅笔】团城东北有东莞县郓亭。见《水经注》（卷二五沂水）。（东莞有郓亭。今在团城东北40里，犹谓之故东莞城矣。）

页三

○路亦由下邳入沂水，经东安。

【铅笔】〔《晋书·地理志（下）》〕晋惠帝“分（徐州）东莞置东安”。唐沂水地。

页十二

○后乃徙二城民望于下馆，朝廷置平齐郡怀宁、归安二县以居之。

【铅笔】《通鉴》一三二（泰始五年）：“置升城、历城民望于桑干，立平齐郡以居之。”

页十三

○江阴夷楚，敢拒王命

【铅笔】江阴即江南，夷犹岛夷，楚即淮南楚子也。

页十三

○济北、太原，同时消溃

【铅笔】（《魏书》卷一〇六中）太原侨置，一曰升城。在今山东长清。

卷五一

页五

○士民奸通

【铅笔】“士民”疑当作“土民”。

页七

○遣平西将军杨灵珍击文度所置仇池太守杨真

【铅笔】历城后改建安，去仇池百廿里，见《水经注》(卷二〇漾水)。

页九

○封敕文，代人也。

【铅笔】《北史》(卷三七)“本姓是贲”，当即俟汾。

卷五二

页十二

○诗曰：“汤汤流汉，蔼蔼南都。载称多士，载耀灵珠。邈矣高族，世记丹图。启基郢城，振彩凉区。”

【朱笔】据此诗是宗氏原出荆郢，徙居凉州，疑与南阳之宗氏为同源也。

卷五三

页四

○戎盐治诸疮

【墨笔】戎盐参《宋书》五九《张畅传》(中华本作“柔盐”)、《水经(卷三)·河水“至河目县西”注》。

页十四

○(李)冲求立三长者，乃欲混天下一法。

【墨笔】“混天下一法”疑指混郡县、部落为一而言。

页二十三

○(李冲)年才四十，而鬓须班白，姿貌丰美，未有衰状。

【墨笔】此所以得幸于太后也。

【铅笔】文明太后死于 490 年，时李冲约 40，太后 49 也。

卷五四

页七

〇因地却敌，多置弓弩。

【铅笔】《北史》（卷三四）作“因施却敌”，是也。

页十一

〇闾上表曰：……修复祭仪，宗庙所以致敬；饰正器服，礼乐所以宣和。增儒官以重文德，简勇士以昭武功。虑狱讼之未息，定刑书以理之；惧蒸民之奸宄，置邻党以穆之；究庶官之勤剧，班俸禄以优之；知劳逸之难均，分民土以齐之。

【铅笔】高闾论孝文帝改革：祭仪、器服、儒官、勇士、刑书、邻党、俸禄、分土。

页十三

〇泝淮而上，须经角城。

【铅笔】角城在淮水之阳，淮阳又在角城北十八里，治宿豫。见《通鉴》一四六（天监五年二月）胡注。

卷五五

页三

〇博通经史及《苍》《雅》《林》《说》。

【墨笔】《林》《说》当是《字林》《说文》。

页十七

〇领兵数千邀（萧）衍饷军于邵阳

【铅笔】邵阳洲在凤阳东北淮水中。

卷五六

页一

〇郑羲，字幼驎，荥阳开封人。

【铅笔】开封晋时属荥阳。《八琼室金石补正》（以下简称《补正》）十四《兖州刺史荥阳文公郑羲下碑》："高祖略……石氏勃兴，拨乱起正，征给事黄门，持节，迁侍中、尚书，赠扬州刺史。曾祖豁……后燕中山尹、太常卿、济南贞公。祖温，道协储端，燕太子瞻事。父煜，仁结义徒，绩着宁边，拜建威将军、汝阴太守。""以才望见陟，迁中书侍郎。又假员外散骑常侍、阳武子。南使宋国，宋主客郎孔道均，就邸设会。酒行乐作，均谓公曰：'乐其何如？'公答曰：'哀楚有余，而雅正不足。其细已甚矣，而能久于（乎）？'均嘿然而罢。移年而萧氏灭宋。"

页二

〇乃就家征（郑羲）为中书令。

【铅笔】（《补正》）十四《兖州刺史荥阳文公郑羲下碑》："迁给事中、中书令，总司文史，敷奏惟允，国之律令，是所议定。"

页三

〇可赠以本官，加谥文灵。

【铅笔】（《补正》十四）《兖州刺史荥阳文公郑羲下碑》言："谥曰文，祭以太牢。"（《补正》二二）郑述祖《天柱山铭》称文贞公。

页六

〇（郑道昭）迁秘书监、荥阳邑中正。出为平东将军、光州刺史，转青州刺史，将军如故。复入为秘书监，加平南将军。

【铅笔】（《补正》十四）《兖州刺史荥阳文公郑羲下碑》称道昭"秘书丞、中书侍郎、司徒咨议、通直散骑常侍、国子祭酒、秘书监、司州大中正、使持节、督光州诸军事、平东将军、光州刺史"。

《云峰山郑道昭题刻十七种》之《论经书诗》称“魏中书侍郎、通直散骑常侍、国子祭酒、秘书监、司州大中正，出为使持节、督光州诸军事、光州刺史”。

《太基山郑道昭题刻十五种》之《仙坛诗》亦曰司州大中正。又天柱山道昭题刻三种之《东堪石室铭》同。(《郑道昭与四山石刻》，于书亭，人民美术出版社，2004 年，第 114、118、120 页。)

页六至七

○（郑道昭）子严祖……严祖弟敬祖……敬祖弟述祖，武定中尚书，……述祖弟遵祖……遵祖弟顺。

【铅笔】《补正》二一《河清三年光州刺史郑述祖重登云峰山题记》称：“大齐河清三年五月廿四日，使持节、都督光州诸军事、□□大将军、仪同三司、光州刺史郑述祖，字恭文，即魏镇北将军、秘书监、青光相三州刺史、文恭公荥阳道昭之子，魏大鸿胪卿、北豫州刺史、司空□□严祖之第三弟。先君之临此州也，公与仲兄豫州敬祖、叔弟光州遵祖、季弟北豫州顺祖，同至此镇。于时公年始十一……常披鹿皮裘子，此州人士呼为道士郎君。及长，官历司徒左长史，再履尚书，三为侍中，沧瀛冀赵怀兖，行正，得此十州。”《补正》二二有天统元年《郑述祖天柱山铭》，亦称：“凡诸身历瀛赵沧冀怀及兖光，行正十州刺史、北豫州大中正。”十州之十疑写作□，乃七字而误释为十也。同卷又有《郑述祖云居馆题记》，所记官位同，称：“司徒左长史、尚书、侍中、太子少师、太常卿、车骑大将军、仪同三司、左光禄大夫、北豫州大中正、瀛赵沧冀怀兖光，行正十州刺史。”

光州治光城，今光山。北光山，乃掖县也。

页十

○（郑）子忠，字周子。右军将军、镇远将军。

【铅笔】《补正》十五《镇远将军郑道忠墓志》称："讳道忠，字周子。……始为高阳王国常侍……转卫尉丞，加明威将军，抑而为之，非所好也。会五营有缺，俄意在焉。事等嗣宗，聊以寄息，徙步兵校尉、本邑中正，迁镇远将军、后军将军……以正光三年十月十七日卒于洛阳之安丰里宅。"

页十一

○（郑先护）寻除前将军、广州刺史、假平南将军、当州都督。……后元颢入洛，庄帝北巡，先护据州起义兵，不受颢命。颢遣尚书令、临淮王彧率众讨之，先护出城拒战。

【铅笔】《隋寇奉叔（墓）志》称永安元年广州郑使君辟公为主簿，寻行鲁阳太守。明年临淮王元彧来袭广州，公身自拒战，应时摧殄，荣勋行赏，封鲁阳男。（赵万里《汉魏南北朝墓志集释》卷八）

页十八

○顷东北数州，频年淫雨

【墨笔】东北数州谓在洛阳之东北也。

卷五七

页十

○又除（崔孝芬）都督三荆诸军事、车骑将军、假骠骑将军。

【铅笔】三荆钱（大昕）云荆东荆南荆也，荆州亦称西荆，辛纂行西荆州事。（见《廿二史考异》卷二八）

页十六

○（崔敬邕）高祖时，自司徒主簿转尚书都官郎中

【朱笔】《全后魏文》五七有《（崔）敬邕（墓）志（铭）》，年廿八，被旨起家为司徒主簿，孝文改制创物，以尚书都官郎中兼吏

部郎，诠叙彝伦，九流斯顺。〔《汉魏南北朝墓志汇编》(以下简称《汇编》)，赵超，天津古籍出版社，2008 年版，页九八。〕

〇（崔敬邕）以本将军出除营州刺史。

【朱笔】《(崔敬邕）志》云：永平初，圣主以辽海戎夷，宣化伫贤，肃慎契丹，必也绥接，于是除君持节营州刺史，将军如故。(《汇编》页九八)

卷五八

页十一

〇我家入魏之始，即为上客

【墨笔】(《魏书》卷）四四《宇文福传》祖活拨入国为第一客。

页十三

〇（杨）椿还华阴踰年，普泰元年七月，为尔朱天光所害

【铅笔】《元馗（墓）志》言司空杨公［津］征为参军，君杨氏之甥，及太保［椿］遇害关右，君亦滥同其祸，以普泰元年六月廿九日卒于华阴。(《魏书》卷十一)《前废帝纪》言七月壬申杨椿等被害。是年七月己巳朔（据陈垣《二十史朔闰表》中大通三年），四日为壬申，与志云六月廿九日相差五日。(《汇编》页三〇一)

页二〇

〇贼帅鲜于修礼起于博陵

【墨笔】鲜于修礼起于博陵当即上文《(杨）昱传》就食于冀定瀛三州之北镇饥民也。

卷五九

页六

〇公主更不检恶

【铅笔】《北史》（卷二九《刘昶传》）作“检忌”，是也。即下文所谓“不关言，能为隐忍”。

页十六

○莫折念生窃号天子

【墨笔】《梁书》三九《羊侃传》称秦州羌莫遮念生，多有所据。《晋书》卷一二五《乞伏乾归载记》吕光部下有莫者羖羝。《（元和）姓纂》卷十“十九铎·莫折”下云“本羌姓，代居渭州襄城县”。

卷六十

页十一

○君人者，以天下为家，不得有所私也。

【朱笔】“君人者”云云以下另是一事，其上似当有“又曰”二字。

【铅笔】《北史》（卷四十《韩显宗传》）亦脱。

卷六十一

页十七

○（张）谠仕刘骏，历给事中、泰山太守、青冀二州辅国府长史，带魏郡太守。

【铅笔】青冀二州同治历城，魏郡当是齐郡；又案，《宋书》卷三六《州郡志二》冀州领有侨置之魏郡，或不误。

卷六十三

页六

○（王）绍，字三归。历官太子洗马、员外常侍、中书侍郎。卒，赠辅国将军、徐州刺史。

【铅笔】《王绍（墓）志》祖奂“夫人陈郡殷氏，父道矜，太中大夫”，父肃“夫人陈郡谢氏，父庄右光禄大夫、宪侯”，又言绍字安宗。（《汇编》，第八二页。）

页六

○（王）肃临薨，（肃前妻）谢始携二女及（王）绍至寿春。世宗纳其女为夫人，肃宗又纳绍女为嫔。

【铅笔】《世宗贵华王普贤（墓）志》称普贤王肃之女，“（考）昔钟家耻，投诚象魏。夫人痛皋鱼之晚悟，感树静之莫因，遂乘险就夷，庶恬方寸”（《汇编》，赵超，第六九页）。又《元湛（墓）志》称父广阳王渊，母琅琊王氏，父肃，尚书令、司空、宣简公。（《汇编》，第三五六页。）

页八

○（宋愔）兴安五年卒。

【朱笔】兴安，文成年号，无五年，或太安之误。（中华本校勘记，张森楷云：五当是二之讹。）

卷六十四

页十四

○初，（张）彝曾祖幸，所招引河东民为州裁千余家，后相依合，至于罢入冀州，积三十年，析别有数万户。

【墨笔】（《魏书》）卷六九《裴瑗传》“太和中，析属河北郡”盖即此事。

卷六十五

页二

○高祖曰：“伯玉天迷其心，鬼惑其虑；守危邦，固逆主，乃至如此。”

【铅笔】：齐南阳太守房伯玉，此处宜交代。

页二十五

〇萧衍求通和好，朝廷盛选行人，以（李）谐兼散骑常侍，为聘使主。谐至石头，萧衍遣其主客郎范胥当接。

【朱笔】《北史》（卷四三《李谐传》）：“梁武使朱异觇客，异言（李）谐、（卢）元明之美。谐等见，及出，梁武目送之，谓左右曰：‘朕今日遇勍敌，卿辈常言北间都无人物，此等何处来？’谓异曰：‘过卿所谈。’”

页二十六

〇江南称其才辩。

【朱笔】《北史》（卷四三《李谐传》）：“谐为人短小，六指，因瘿而举颐，因跛而缓步，因謇而徐言，人言李谐善用三短。”

卷六十六

页一

〇诏（李）崇以本将军为荆州刺史，镇上洛。

【铅笔】（《魏书》卷一百六下）《地形志》：“洛州太延五年置荆州，太和十一年〔钱（大昕）云当作十八年，见《廿二史考异》卷三十〕改，治上洛城。”

页十六

〇（崔）亮乃奏为格制，不问士之贤愚，专以停解日月为断。虽复官须此人，停日后者终于不得；庸才下品，年月久者灼然先用。

【铅笔】（《魏书》卷九）《肃宗正光四年纪》“或新解郡县，或外佐始停”，即此停解。（《魏书》卷十一）《前废帝纪》“其未老欲外选者，听解”，亦卸任之意。《魏书》卷五九《萧宝夤传》“或停休积稔，或分隔数千”。

页十八

○（崔）士和，历司空主簿、通直郎。

【铅笔】崔頠，士和之第二子，志见《补正》二十。

卷六十八

页七

○请取武官中八品将军已下干用贞济者，以本官俸恤，领里尉之任，各食其禄，高者领六部尉，中者领经途尉，下者领里正。……诏曰：“里正可进至勋品，经途从九品，六部尉正九品诸职中简取，何必须武人也？”

【铅笔】经途，城内大路。（《魏书》）卷二天赐三年纪“经途洞达”。《隋百官志》（《隋书》卷二七）北齐新都三县条有经途尉。

诸职、职人指流外官，即唐之职掌人。（《魏书》）卷七六《卢同传》“职人及出身”。北齐天统三年纪（《北齐书》卷八）“九州职人”与“内外百官”对言，又见四年纪。（《魏书》卷）七下太和十四年“内外职人”。（《魏书》卷一百一十）《食货志》“职人输七百石，赏一大阶，授以实官”（品分上下阶，各为半阶，合为一阶，二阶合为一大阶）。（《魏书》卷一百一十一）《刑罚志》“职人赏二阶”。（《魏书》）卷十建义元年纪，“职人优两大阶，亦授实官”。知职人流外可转入流内，故防贱民混入职人。（《魏书》）卷九神龟元年纪职人“皆五人相保”，《通典》十四作正始年间“遂令在位者皆五人相保”，范围较宽。

卷六十九

页三

○（崔叔仁）性轻侠，重衿期

【铅笔】“衿期”当即“衿契”。

页九

○咸阳王禧为司州牧，辟（裴仲规）为主簿，仍表行建兴郡事。

【朱笔】(《魏书》卷一百六中)《(地形）志》洛州无建兴郡，未详。(《魏书》卷）七一《裴衍传》“肃宗除散骑侍郎，行河内郡事。寻除建兴太守，转河内太守”。建兴郡又见（《魏书》）卷七二《李述传》。

页十九

○校练粮仗，部分见定，处置得所。

【墨笔】“见定”当即《晋书》四二《王睿传》之“人名定见”，见《魏晋南北朝史札记》第 50 至 51 页，中华书局，1985 年。

卷七十

页三

○萧鸾遣将鲁康祚、赵公政众号一万，侵豫州之太仓口。

【铅笔】豫州治新息县广陵城，与齐义阳隔淮相对，太仓口当在北岸，见胡注（《通鉴》卷一四一建武四年十二月）。

页三

○时裴叔业率王茂先、李定等来侵楚王戍。

【铅笔】胡注《水经注》鲖阳县有葛陵城，城东北有楚武王冢，盖于此置戍（《通鉴》卷一四一）。

卷七十一

页三

○（裴叔业）遣信诣豫州刺史薛真度，具访入国可否之宜。……乃遣子芬之及兄女夫韦伯昕奉表内附。

【铅笔】魏《檀宾墓志》称，“年始廿，为齐徐州刺史裴叔业启为府主簿。于时朔马南侵，吴戈北扫，接矢徐方，交刃州境，自非雄明挺秀，无以委居边捍。逆表君为涡口戍主。君乃修陈生之奇，习黄公之策。功名申于齐京，威略闻于魏阙。转君宁朔将军步兵校尉，镇戍寿春。君识否泰于将来，鉴安危于未兆，知云台将崩，苇巢难固，遂同裴氏，送城归魏。时以君深识鲁生之机，洞照衔璧之觃，授君左中郎将，俄拜建兴太守”。志言宾“字子颖，兖州高平平阳县都乡籍陵里人”。(《汇编》页一五八。)

页二十

○（夏侯道迁）食邑一千户……国秩岁入三千余匹

【铅笔】食邑千户而岁入三千余匹，是一户三匹也。

页二十四

○（王世弼）除冠军将军、南徐州刺史，拟戍钟离，……后以本将军除东徐州刺史。

【铅笔】(《魏书》卷一百六中)《地形志》楚州治钟离，失书南徐之名。(《魏书》卷一百六中)《地形志》东徐州孝昌元年置，与传不合。

卷七十二

页二

○（阳藻）拜燕宣王庙于长安。还，授宁远将军，赐爵魏昌男。

【铅笔】文明太后父冯朗追赠燕宣王，立庙长安，见(《魏书》)卷八三上《冯熙传》。

页十二

○贾思伯，字士休，齐郡益都人也。

【朱笔】下（同卷）《曹世表传》“武威贾思伯”未详，疑“威”

字下脱一人名，而“贾”字上又夺“齐郡”二字，《北史》（卷四五《曹世表传》）同。

【铅笔】《北史》（卷四七）本传明言“其先自武威徙焉”，非有脱文。神龟二年《（金石）萃编》二八《贾思伯碑》（立在兖州）“君讳思伯，字士休，武威姑臧人也”，“青州□□录本州岛□中正、州主簿、齐郡太守，君童龀之中……”（《魏书》卷三三）《贾彝传》称“本武威姑臧人”（按《文物》1992年第八期《贾思伯墓志》，出土于山东寿光县，亦作“齐郡益都人”，又称“其先乃武威之冠族。……九世祖机，避地东徙，遂宅中齐”。）

页十八

○（李象，兴和）三年卒，赠骠骑大将军、仪同三司、冀州刺史，谥曰文简，以子子贞预义之勤也。

【朱笔】《北史》（卷四五《李象传》）“象从容风素，有名于时，丧妻无子，终竟不娶，论者非之”，与此异。

页二十四

○朱元旭，字君升，本乐陵人也。

【铅笔】朱元旭之弟《朱岱林墓志》文见严可均《全北齐文》卷八。

卷七十三

页三

○（奚康生）转泾州刺史

【铅笔】奚康生于泾州南石窟寺立碑，文见罗氏（罗振玉）《石交录》三，《丁戊后稿》有跋。

页五

○杨大眼，武都氐难当之孙也。少有胆气，跳走如飞。然侧出，不为其宗亲顾待，颇有饥寒之切。

【铅笔】《（金石）萃编》二八《杨大眼造象记》称“辅国将军直阁将军□□□□梁州大中正安戎县开国子仇池杨大眼”。又见《补正》十二（《杨大眼题记》），言：“安戎隶略阳郡，于仇池为近，当据以正史文。梁州大中正则史所不载。”

页十二

○玄州刺史邢豹

【朱笔】（《魏书》卷一百六）《（地形）志》无玄州，宋本同，当有误。

卷七十四

页一

○北秀容既在划内

【墨笔】《类聚三代格》十八“关并烽候事”：“贞杂太政官符应准长门国閞勘过白河菊多两划事。右得陆奥国解称，捡旧记，置划以来，于今四百余岁矣。至有越度，重以决罚，谨捡格律，无见件划。然则虽有所犯不可辄勘，而此国俘囚多数，出入任意，若不勘过，何用为固？加以进官杂物触色有数，商旅之辈窃买将去。望请，勘过之事，一同长门……奉敕，依请。承和二年十二月三日”。（《国史大系》第二五卷《类聚三代格；弘仁格抄》，黑板胜美编辑，东京：吉川弘文馆，2000年，第564页。此书现藏国家图书馆）又惟宗直本《令集解》六《职员令》：“大国，守一人……三关国，又掌关划。”解曰：“谓：依律，关者检判之处；划者堑栅之所是。《释》云：划，栅也，阁也。《名例律》云：划谓堑栅之所，关，左右小关，亦可云划也。”（《国史大系》第二三卷《令集解前篇》，黑板胜美编辑，东京：吉川弘文馆，2000年，第164至165页。）《唐律·名例律·共犯罪而本罪别》条有“私度、越度关栈垣篱者，亦无首从”一节，疏议曰：“关谓检判之处，栈谓堑栅之所。”（《唐律疏议》，中华书局，1983年版，第117页。）又《唐律》八《卫禁律·私度关》条疏议云：“水陆关栈，两岸皆有防禁。”（第173页）越度之人皆日本律令所本也。疑古人“刬”“栈”通用。元人《名例篇释文》“刬垣”一条注云：“上楚限切。下音员。墙也。谓将锄刬平垣墙也。”（第628页）是撰《释文》者所见本原作“刬”矣。然北宋人之《律音义》又作“关栈”，注云“士谏切。编竖柴木，以断人行。”（第601页）

页二

○（尔朱）荣率其新部四千人追击

【朱笔】“新”宋本同，疑当作“所”。

页三

○并州牧子素和婆崘崄作逆。

【墨笔】《北齐书》卷五○《和士开传》“其先西域商胡，本姓素和氏”。

页三

○（尔朱荣）都督并肆汾广恒云六州诸军事

【铅笔】钱（大昕）云“广”当是“燕”之误（《廿二史考异》卷二八）。按胡注谓“广”当作“唐”云云，是也（《通鉴》卷一五二）。

页四

○惟愿广其配衣

【朱笔】“衣”疑是“卒”之误也，见（《魏书》）卷六九《袁翻传》，“加以配衣”，“应徙之兵，随宜割配”。

页四

○即遣发兵东引，直趣下口

【铅笔】“下口”胡注“盖指飞狐口”（《通鉴》卷一五二）。

页四

○自井陉以北，隘口以西

【铅笔】“隘口”当亦指飞狐口，《通鉴》卷一五二作“滏口”，远在井陉以南，非是也。

页十三

○仍出鲁阳，历三荆

【铅笔】据《通鉴》卷一五四胡注，东荆州后改曰淮州，荆州（南阳郡），南荆（舂陵郡）。

页十三

○（尔朱荣）曾关补定州曲阳县令，吏部尚书李神儁以阶悬不奉，别更拟人。

【铅笔】“关补”《通鉴》一五四胡注“先补授而后关吏部”。

页十七

【铅笔】《唐语林》六：“孝明郑太后，润州人也，本姓尔朱氏，相者言其当生天子。李锜据浙西反，纳之。锜诛后，入掖庭，为郭太后侍儿。宪宗皇帝幸之，生宣宗。”（《唐语林校证》，宋王谠撰，周勋初校证，中华书局，1987年版，第574页。）

卷七五

页三

○（尔朱兆）令人频征献武王于晋州，乃分三州六镇之人，令王统领。

【铅笔】三州六镇之人，当谓三州中所在之六镇人，源怀巡行北边六镇恒燕朔三州。

页六

〇又加（尔朱仲远）车骑大将军、左光禄大夫，转使持节、本将军、徐州刺史兼尚书左仆射、三徐州大行台，寻进督三徐州诸军事，馀如故。

【铅笔】三徐州，《地形志》：徐、东徐（下邳）、北徐（钱大昕据《隋志》“琅玡郡旧置北徐州”，谓当治琅玡之即丘）。

页九

〇自此五等大夫遂致猥滥。

【铅笔】“五等大夫遂致猥滥”指太中大夫、中大夫、下大夫、中散大夫、散员大夫。

页十四

〇时东雍赤水蜀贼断路。

【铅笔】“东雍赤水蜀贼”，《通鉴》一五四，记此事于中大通二年，北魏敬帝建明元年（530）。

卷七六

页二

〇（卢）同又奏曰：臣顷奏以黄素为勋，具注官名、户属……

【铅笔】户属当即上文“郡县三长之所”。

页五

〇张烈字徽仙，清河东武城人也，高祖赐名曰烈，仍以本名为字焉。

【铅笔】《（八琼室金石）补正》二五隋《尼修梵石室铭》：俗姓张氏，清河东武城人，瀛洲刺史烈之第三女……有同县崔居士，南青使君之第五子，以德义故归焉。

卷七七

页十四

〇悠弟俊，字叔义，有文才，东益州征虏府外兵参军。

【铅笔】东益州治武兴（今陕西略阳），见《地形志》。

〇稍迁中坚将军、司徒录事参军、广州大中正。

【铅笔】广州，永安中置，治鲁阳，武定中徙治襄城，见《地形志》。

卷七八

页一

〇（孙绍）初为校书郎，稍迁给事中，自长兼羽林监为门下录事。

【铅笔】门下录事，《北史》同，晋宋志皆无。又见《官氏志》，从第五品中。掌出内文奏，见七九《范绍传》。七九《冯元兴传》附曹道，言为门下录事。

页七

〇骁骑将军刁整家有旧训，将营俭葬，（张）普惠以为矫时太甚，与整书论之，事在《刁雍传》。

【朱笔】三八《刁雍传》不载，此事见八四《刁冲传》。

页二十三

〇其昔尝全食足户充本减从令式者

【铅笔】“令式”当为“今式”。

卷七九

页七

〇世宗后欲代之，恐其背叛，拜（刘）桃符征虏将军、豫州刺史……

【铅笔】当从《北史》作“东豫州刺史”。

卷八十

页三

○（叱列）延庆，（尔朱）世隆姊婿也。

【铅笔】叱列延庆妻《尔朱元静（墓）志》（《集释》七）称：弟司徒公博陵王，二弟彭城王、太宰，三弟尚书令（世隆），四弟御史中丞，五弟朝阳王。均与尔朱彦伯传同。惟彦伯传称四弟“御史中尉”及五弟“朝阳县开国伯”。

○寻除（叱列延庆）都督恒云燕朔四州诸军事、大都督兼尚书左仆射山东行台北海郡开国公……

【铅笔】恒、云等四州而言山东行台，恐有误。下文言四州行台。

页四

○斛斯椿字法寿，广牧富昌人也。父敦，肃宗时为左牧令。

【朱笔】《北史》：其先世为莫弗大人。父足，一名敦。《地形志》无广牧郡富昌县，唯朔州附化郡有广收县，当即“牧”之讹，当今山西寿阳北。

【墨笔】莫弗，高车官号，疑斛斯氏亦出自高车也。

页九

○建义初，拜（樊子鹄）平北将军晋州刺史……

【朱笔】《地形志》：晋州，孝昌中置唐州，建义元年改。

卷八一

页二

○时天下无事，进仕路难，代迁之人多不沾预。

【墨笔】天下无事，代迁之人进仕路难，知魏末之乱不仅起自六镇，中央代人固亦跃跃欲试矣。

页三

〇（山伟）与宇文忠之之徒、代人为党，时贤畏恶之，而爱尚文史，老而弥笃。

【墨笔】六镇之叛代表代北武人，而山伟等代表鲜卑文士对汉化之反动。

页四

〇刘仁之，字山静，河南洛阳人。其先代人，徙于洛。父尔头，在外戚传。

【朱笔】《北史》仁之乃刘库仁弟子、罗辰之曾孙。而刘库仁乃独孤部人，是匈奴而非鲜卑也。此言其代人，非是。下卷八三上《外戚传刘罗辰传》亦言代人，两卷皆非伯起原书。

〇祖莹，字元珍，范阳遒人也。

【朱笔】温子升为作墓志，见《艺文类聚》四十七。

卷八三上

页七

〇冯熙字晋昌，长乐信都人。

【铅笔】《北史》八十本传作“晋国”，斯〇九九六号写本《阿昆昙心经》卷六题记亦作“冯晋国”，恐“昌”字误。

卷八三下

页一

〇高肇，字首文，文昭皇后之兄也。自云本渤海蓨人，五世祖顾，晋永嘉中避乱入高丽。

【墨笔】七七《高崇传》：四世祖抚，晋永嘉中与兄顾避难奔于高丽。

页三

○（高）肇长兄琨早卒，袭扬封渤海郡公，赠都督五州诸军事、镇东大将军、冀州刺史，诏其子猛嗣。

【铅笔】《（八琼室金石）补正》十五《魏故龙骧将军营州刺史高懿碑》称："讳贞字羽真，祖左光禄大夫、勃海敬公，纯嘏所钟，式诞文昭皇太后。是为世宗武皇帝之外祖。考，安东将军、青州刺史、庄公。即文昭皇太后之第二兄也。"贞为高扬之孙，高偃之子。偃为文昭第二兄，《皇后传》以为文昭弟者，误也。

页八

○李延寔，字禧，陇西人，尚书仆射冲之长子。

【铅笔】据元勰妃《李媛华墓志》（见《汉魏南北朝墓志汇编》第148页）："妃父冲，兄延寔，弟休纂，故太子舍人，弟延考今太尉外兵参军"，传皆不载。

页九

○长子彧，字子文，尚庄帝姊丰亭公主，封东平郡公。

【铅笔】同上元勰妃李氏志："女季望，今安阳乡主，适今员外散骑侍郎清渊世子陇西李彧，父延寔"，传之"丰亭公主"当即"季望"。

卷八四

页十一

○生徒窃云：张生之于左氏，似不能说。

【铅笔】"张生"之"生"当是"先生"之省。

页十五

○徐遵明……年十七，随乡人毛灵和等诣山东求学。

【墨笔】《李业兴传》称遵明“羌博士”，是北魏末年西陲文化低落，中心已移之山东矣。《周书》三八《苏亮传》：武功人也，初举秀才，至洛阳，遇河内常景。景深器之，退而谓人曰：秦中才学可以抗山东者，将此人乎。

卷八五

页六

○（温子升）为广阳王渊贱客，在马坊教奴子书。

【墨笔】“贱客在马坊教奴子书”，《北齐书》三八《赵彦深传》：“初为尚书令司马子如贱客，供写书。”

卷八八

页五

○（明）亮进曰：臣本官常侍，是第三清。今授臣勇武，其号至浊，且文武又殊，请更改授。

【墨笔】太和令制员外常侍从三品上，勇武将军从三品下。世宗颁制，散骑常侍从三品，勇武将军四品。

页七

○（杜纂）稍除积弩将军，领众诣淮迎降民杨葙等，修立楚镇，招纳山蛮。

【铅笔】“楚镇”当即“伧楚”之“楚”。

页十四

○事遂停寝。除大宗正卿。

【朱笔】《北史》“遂”作“虽”。

【铅笔】窦瑗异姓为宗正卿。

卷九一

页十三

〇（殷绍）太安四年上四序堪舆表曰：……

【墨笔】《隋书经籍志·经部》：汉末郎中郗萌，集图纬谶杂占为五十篇，谓之《春秋灾异》。《子部》五行家云：梁有《秦灾异》一卷，后汉中郎郗萌撰。刘昭注补《续汉天文志》，《开元占经》引郗萌占甚多。《文选》班固《典引》序云：永平十七年，臣与贾逵、傅毅、杜矩、展隆、郗萌等，召诣云龙门。是明帝时人。《书钞》一四九，《御览》二引《抱朴子》：宣夜之书亡，而郗萌记先师相传宣夜说云云。

页二十二

〇（江）式兄子征虏将军顺和亦工篆书。

【朱笔】齐天保五年清河王岳造西门豹祠碑左侧，有书官寮国史古今学士陈留江希遵篆一行，知江氏书法传习之久。碑右侧题年月。诸家著录皆不及。见范寿铭、顾燮光《河朔访古新录》卷二。

卷九三

页十八

〇侯刚，字干之，河南洛阳人，其先代人也。

【铅笔】《侯刚墓志》（见《汉魏南北朝墓志汇编》第 188 页）径言“上谷居庸人也”，言“父内小”，“太和五年文明太后调为内小，季年从驾襄沔，以军功转虎威将军、冗从仆射、尝食典御”。“尝”疑“尚”之误。

〇（侯刚）俄为侍中抚军将军、恒州大中正。

【铅笔】志言延昌四年为“本州大中正”。

卷九四

页四

〇（段霸）稍迁至中常侍、中护军将军、殿中尚书，领寿安少府。

【铅笔】“寿安少府”当是太后宫官。

页十三

〇王遇，字庆时，本名他恶，冯翊李润镇羌也，与雷党、不蒙俱为羌中强族。自云其先姓王，后改氏钳耳。

【墨笔】钳耳、雷党、不蒙皆羌中强族。九五《姚兴传》：兴安远将军不蒙世、扬武将军雷重等四千余人随平投水。

【铅笔】《姓纂》廿四盐：“钳耳氏，西羌人，状云周王季之后，为虔仁氏，音讹为钳耳氏。”《后汉书·西羌传》：“元初四年冬，西河虔人种羌万一千口诣邓遵降。”“党”石刻皆作“甞”。《广韵》四十二宕，“甞，丁浪切”。《氏族略》四，“甞氏”下注：“去声，今人呼为上声。”《姓纂》十虞，有夫蒙氏，即不蒙异译。王维《奉和圣制送不蒙都护兼鸿胪卿归安西应制》诗，即夫蒙灵詧。

页十六

〇白整者，亦因事腐刑，少掌宫掖碎职。

【铅笔】《张整（墓）志》称：“君讳整，字菩提，并州上党郡刘陵县东路乡吉迁里人。源出荆州南阳郡白水县。五世祖充，晋末为路川戍主，因宦遂居上党焉……暨世祖太平真君中，君以乡难入京，奉策宫掖……高祖嘉其祗笃，授以太官令，除中给事中，迁中常侍、立忠将军、云阳男。上美其勋绩，加大长秋卿、龙骧将军，委以六宫之事。春秋六十，景明四年十月廿一日寝疾薨于第……策赠平北将军并州刺史，男如故。”赵氏《集释》五云，整事迹又见《后妃传》《释老志》，亦作白整，《吊比干墓文》碑阴载侍从诸臣中有中给事录大官令上党郡白整，与志称“整，上党人”，亦合。

卷九六

页二十一

○自叡之僭江南，至于德文之死，君弱臣强，不相羁制，赏罚号令，皆出权宠，危亡废夺，衅故相寻……。

【墨笔】《魏书》卷三三《张济传》：济自襄阳还，太祖问济江南之事，济对曰：“司马昌明死，子德宗代立，所部州郡，迭相攻击，今虽小定，君弱臣强，全无纲纪。……（晋臣杨）佺期曰：‘晋之法制，有异于魏。今都督襄阳，委以外事，有欲征讨，辄便兴发，然后表闻，令朝廷知之而已。’”又卷三五《崔浩传》记浩言曰：“国家主尊臣卑，上下有序，民无异望。唯僭晋卑削，主弱臣强，累世陵迟，故桓玄逼夺，刘裕秉权。”又卷四一《源怀传》：“诏曰：不君不臣，江南常弊。……假令天罚宝卷，衍兵获进，则衍之主佐，又是乱亡遗孽。”又《晋书》卷一一七《姚兴载记》记载京兆韦华等：“率襄阳流人一万叛晋，奔于兴。兴引见东堂，谓华曰‘晋自南迁，承平已久，今政化风俗何如？’华曰：‘晋主虽有南面之尊，无总御之实，宰辅执政，政出多门，权去公家，遂成习俗。刑网峻急，风俗奢宕。自桓温、谢安已后，未见宽猛之中。’”

卷九七

页四

○（桓）玄……率军东下，至夏口，乃建牙传檄曰：“案扬州刺史元显凶暴……”（檄文颇长）。

【铅笔】《晋书》卷六四《司马道子传》、卷九九《桓玄传》皆止言玄移檄罪状元显，而未录檄文，此传可补其缺。

页四

○八日观佛，略人子女。

【铅笔】“观佛”，疑当作“灌佛”。

页十八

○神□二年，率众讨之。

【红笔】神□，世祖年号。二年，则宋元嘉六年矣！此当是太宗神瑞二年，晋义熙十一年也。宋本“神”下缺一字，后人妄填“□”字。

页三十四

○彧……僭即帝位，……未知子勋起兵，加子勋车骑将军、仪同三司。符至寻阳，邓琬乃投于地，攘袂而起曰：“殿下当开端门，何黄合之有！”

【红笔】《宋书》卷八四《邓琬传》：“（彧）令书至，诸佐吏并喜，造琬曰：‘暴乱既除，殿下又开黄合，实为公私大庆。’琬……乃取令书投地曰‘殿下当开端门，黄合是吾徒事耳。’”是“端门”“黄合”之言，有承而发。《魏书》不记佐吏之语，则琬语突如其来。然据此一事足知伯起之记宋事，虽多本传闻，亦杂南朝旧史。此处定是删节旧史而致如此也。

卷九九

页十八

（北凉沮渠）无讳因留高昌。（魏太平真君）五年夏，无讳病死，（弟）安周代立。

○【铅笔】《北凉且渠安周造佛寺碑》，题承平三年立石。吐鲁番出土且渠安周供养菩萨藏经第一，末署承平十五年丁酉，则安周代立之承平元年当为443年（癸未），即太平真君四年，而非五年也。见周肇祥跋（收入蒋文光《谈清拓孤本〈北凉且渠安周造佛寺碑〉》，载《社会科学战线》1979年第四期，吉林人民出版社）。

卷一〇三

页八

○吐贺真死，子予成立，号受罗部真可汗，魏言惠也。自称永康元年，率部侵塞。

【红笔】王树枏《新疆访古录》载莲华经残卷，末署永康五年，岁在庚戌七月。盖予成立二年，始建元，永康元年为魏献文帝天安元年（丙午，466）也。盖此前和平元年（460）蠕蠕灭沮渠氏，杀安周，立阚伯周为高昌王（《通鉴》卷一二九），高昌遂属蠕蠕，故写经者署蠕蠕年号也。

页十一

○正光初，丑奴母遣莫何去汾李具列等绞杀地万，丑奴怒……

【铅笔】《隋书》卷八四《室韦传》："每部有莫何弗三人以贰之。"《通典》卷一九七《突厥上》："其勇健者，……亦呼为'英贺弗'。""英"乃"莫"之讹。《辽史》卷一一六《国语解·世表》："'莫弗纥'，诸部酋长称，又云'莫弗贺'。"

页十七

○匈奴宇文莫槐，……其先南单于远属也。世为东部大人。

【红笔】《魏书》卷四四《宇文福传》："河南洛阳人。其先南单于之远属，世为拥部大人。"卷八一《宇文忠之传》："河南洛阳人也。其先南单于之远属，世据东部，后入居代都。"皆与此同。《新唐书·宰相世系表》亦沿用《魏书》。而此卷及卷八一，又皆后人取《北史》所补也。《周书》卷一《文帝纪》："代武川人也。其先出自炎帝神农氏，为黄帝所灭，子孙遯居朔野。有葛乌菟者，……鲜卑慕之，奉以为主”。不言出匈奴。然亦与拓跋之出黄帝者异，明非鲜卑种矣。而《通鉴》卷八一晋武帝太康六年：慕容涉归“与宇文部素有隙”。胡注“宇文部亦鲜卑种”，又引何氏《姓苑》曰：“宇文氏出自炎帝，其后以尝草之功，鲜卑呼草为俟汾，遂号为俟汾氏。后世通称俟汾（此二字疑是‘宇文’之误），盖音讹也。代为鲜卑单于。”胡说未知何本。《姓苑》虽言鲜卑呼草曰俟汾。亦未足证宇文为鲜卑族也。出自炎帝神农氏之传说，盖由俟汾为草义而附会之。按《通典》卷一九六《边防十三》“宇文莫槐出于辽东塞外，代为东部大人”，注：“晋史谓之鲜卑，后魏史云其先匈奴南单于之远属，又按后周书云出自炎帝，子孙逃漠北，鲜卑奉以为主。今考诸家所说，其鲜卑之别部。”胡注盖本此。然杜佑所谓“鲜卑别部”，谓本非鲜卑人，而服属鲜卑，为其一部也。如石勒羯人，而《魏书》卷九五称“其先匈奴别部”；卷二四《燕凤传》：“请于苻坚曰：代主初崩，臣子亡叛。……其别部大人刘库仁勇而有智，铁弗卫辰狡猾多变”；卷二三《刘库仁传》“刘虎之宗也”（卷九五“铁弗刘虎，南单于之苗裔”），则刘库仁以匈奴而为鲜卑别部。准此而言，杜佑意未必径以宇文为鲜卑。

卷一〇六上

页十三

〇襄垣郡，建义元年置。领县四。刘陵：二汉、晋曰潞，属上党，真君十一年改，后属。

【红笔】《张整墓志》（见《汇编》第43页）“并州上党郡刘陵县东路乡吉迁里人”。《志》造于景明四年十一月，是其时犹未改隶襄垣郡也。

页十五

○沧州，熙平二年分瀛、冀二州置。

【红笔】《魏书》卷一五《元洪超传》：“大乘贼乱之后，……上言‘冀土宽广，界去州六七百里，负海险远，宜分置一州，镇遏海曲。’朝议从之，后遂立沧州。”

页二四

○武德郡，天平初分河内置。

【红笔、铅笔】《金石萃编》卷三一载：怀州长史行武德郡事河南于子建，武定七年建沁水石桥记碑文称：“方割四县，在古州城置武德郡焉”，又云：“车马之所混□，舳舻之所凑集，颇是一都之要害，实为三魏之逵道。”

页二六

○五城郡，正平二年置，孝昌中陷，寄治西河。

【铅笔】东魏又置五城郡，以处降胡部落数千口，见《北齐书》卷三十《薛修义传》。

页二六

○东雍州，世祖置，太和中罢，天平初复。

【铅笔】《北齐书》卷十五《潘乐传》：“拜东雍州刺史，神武尝议欲废州，乐以‘东雍地带山河，境连胡、蜀，形胜之会，不可弃也。’遂如故。”

页二七

○邵郡，皇兴四年置邵上郡，太和中并河内，孝昌中改复。

【红笔】《魏书》卷六九《裴庆孙传》：“朝廷以此地（阳胡城）被山带河，衿要之所，肃宗末，遂立邵郡，因以庆孙为太守。”

页二七

○邵郡领县四：白水。

【铅笔】《姬伯度专（砖）志》称，正光四年五月廿四日河内郡白水县民姬伯度铭记。《集释》卷十一谓“志作于孝昌复郡前（见上条），以白水（县）隶河内（郡），固其所矣”；又言“县以水名”，见《水经·沁水注》。

页三六

○乐良郡，前汉武帝置，二汉、晋曰乐浪，后改，罢。正光末复。治连城。

【铅笔】魏《王舒专（砖）志》称“乐梁遂城人”，“乐梁”即“乐良”。《集释》卷十一有详考，且以为“连城”乃“遂城”之讹，而此“乐良郡”下失载遂城县。

卷一〇六中

页二六

○河阴郡领县一：河阴，晋置，太宗并洛阳（县），正始二年复属河南（郡）。

【铅笔】《魏书》卷七七《高谦之传》：“孝昌初，行河阴令。……旧制二县令（河阴、洛阳）得面陈得失。时佞幸之辈恶其有所发闻，遂共奏罢。谦之乃上疏曰：……臣亡父先臣崇之为洛阳令，常得入奏是非，所以朝贵敛手，无敢干政。近日以来，此制遂寝，遂使神宰威轻，下情不达。”

页三三

○东徐州，孝昌元年置。

【铅笔】《魏书》卷七一《王世弼传》“后以本将军除东徐州刺史”。世弼卒于正光元年，则东徐州不可能至孝昌元年始置。

卷一〇六下

页二一

○舞阴郡，孝昌中置。

【铅笔】《寇治墓志》世宗时“寻除冠军府长史，带舞阴太守”。治卒于肃宗正光六年正月（均见《集释》卷五），则舞阴郡早在孝昌之前已置。

页二二

○北南阳郡，领县二：北平、白水。

【铅笔】《张黑女墓志》“南阳白水人”。而《地形志中》广州所属南阳郡，无白水县。然称“南阳白水人也”之墓志又见北齐《法懃禅师墓志》《张起墓志》（均见《集释》卷七）、隋《张礼暨妻罗氏墓志》《张俭暨妻胡氏墓志》《张怦及妻东门氏墓志》（均见《集释》卷八）、《张囧妻苏恒墓志》《张业暨妻路氏墓志》《张达墓志》《明质墓志》（均见《集释》卷九）。

卷一一〇

页四

○旧制，民间所织绢布皆幅广二尺二寸，长四十尺，为一匹，六十尺，为一端。

【红笔】《流沙坠简·器物类》第五五简云：“任城国亢父缣一匹，幅广二尺二寸，长四丈，重廿五两，直钱六百一十八。”

页四、五

○太和八年，始准古班百官之禄，……先是，天下户以九品混通，户调帛二匹，絮二斤，丝一斤，粟二十石。（下略，请参看）后增调外帛满二匹。

【铅笔】太和八年税法，一户调帛五匹，絮二斤，丝一斤，粟二十二石九斗，再加预调二匹（按见《魏书》卷七上《高祖纪》太和八年六月诏，即上文之“后增调外帛满二匹”），合计一户调帛七匹，租粟二十二石九斗。如以一户十家计，则一家调帛二丈八尺，比均田制轻；租二石二斗九升，比均田制重。

【铅笔】《魏书》卷四上《世祖记》太延元年诏“计赀定课，……九品混通”。卷五三《李冲传》“九品差调，为日已久”。《晋书》卷七十《刘超传》“常年赋税，主者常自四出结评百姓家赀”。《晋故事》租调“九品相通”（见《初学记》卷二七《绢第九》）。堀敏一以为此太和八年“粟二十石”为西晋丁男租四斛（见同上《初学记》文）之五倍，户内当有丁男五人，恐怕这是和五胡时期实际上已经形成包含有许多丁男在内的大家族的情况相适应的。如同上《李冲传》载“民多隐冒，五十、三十家方为一户”；《晋书》卷一二七《慕容德载记》“或百室合户，或千丁共籍”（以上参堀敏一《均田制的研究》第 65 ~ 71 页，韩国盘等译，福建人民出版社，1984 年）。

页八

○虽建九品之格，而丰埆之土未融。

【铅笔】“九品之格”当指九品混通。

页八

○（高祖下诏行三长制）初，百姓咸以为不若循常，豪富并兼者尤弗愿也。事施行后，计省昔十有余倍。于是海内安之。

【铅笔】《魏书》卷四二《尧暄传》“于时始立三长，暄为东道十三州使，更比户籍”。卷八三上《闾毗传附闾庄传》“太和中初立三长，以庄为定户籍大使”。三长制又见卷七八《张普惠传》、卷十九中《元澄传》、卷十八《元孝友传》“魏令”。

页十三

○诸沙门有输粟四千石入京仓者，授本州统；若无本州者，授大州都。

【墨笔】“无本州者”，疑指外国僧人言。

卷一一三

页二

〇十二月，置八部大夫、散骑常侍、待诏等官。其八部大夫于皇城四方四维面置一人，以拟八座，谓之八国。

【朱笔】宋本亦作“大夫”。《通鉴》一一一胡注：“八部大夫，恐当作‘八部大人’。”二四崔玄伯传“及置八部大夫以拟八坐，玄伯通署三十六曹，如令仆统事”，亦作“大夫”。宋本仝。《北史》二一玄伯传作“大人”。

页三

〇皇子及异姓元功上勋者封王，宗室及始蕃王皆降为公，诸公降为侯，侯、子亦以此为差。

【铅笔】太和十六年降封，见七下本纪、《南齐［书］·魏虏传》。又称“开革”，见四二薛辩传。降一等例，见三八王琼传。降二等例，见六一薛安都传。

【铅笔】亲王指蕃王，二、三蕃王，见十九上广平王传。亲疏世减之法，见七八张普惠传。有袭爵而免减邑法，见八三下胡国珍传。

【铅笔】公爵以下赐异姓，公有开国郡县公及散公，侯有开国县侯及散侯。五等开建之始，有开国郡侯，见二九奚绪、六一薛达。官氏志无郡侯，郡侯位低于县公，以爵为主，而不依郡县为上下。

页四

【铅笔】北魏食邑不限于封爵土地，如廿一上广陵（息县）王羽食勃海之东光二千户，廿一下彭城王勰献一岁国秩（食邑收入）、职俸（官职俸禄）、亲恤（所赐绢谷），参七一夏侯道迁传。

页六

○太和中高祖诏群僚议定百官，著于令，今列于左。勋品、流外位卑而不载矣。

【铅笔】太和十七年六月，发布南征前夕，盖就原有官职综合而成。宫崎（市定）谓官品表中不少勋官，九品或流外之令史尚在八品，勋品云云一语，当在后令之官品表后，误列于此。（《九品官人法研究》第242页）

页十六

○国子学生（第七品中）。

【铅笔】太学助教尚在第八品中，或以国子生为名门起家之官。

页十九

【铅笔】本纪十九年十二月宣示职品令，不传。十九年令盖在王肃北来后订，五五刘昶传“士人品第有九,九品之外，小人之官，复有七等”。时先于天监七年梁官制流外七班十三年。疑齐已有之，魏与梁皆袭齐制。宫崎（市定）论《通典》三八言，定令方有伦序，即指十九年令。

页十九

○二十三年，高祖复次职令，及帝崩，世宗初班行之，以为永制。

【铅笔】廿三年令定第一至第三清官，见七七辛雄、八八明亮、十九元澄、八四儒林序、百三蠕蠕传。

【铅笔】北魏宦官品级甚高，中侍中正二品上，中常侍、中尹正三品上（前令）。后令降正四上。

【铅笔】此令中有大量地方官名，十七年令无刺史、太守，盖因带将军号，以其号为官品。孝文之末，将军滥且多，因定地方官官品。

【铅笔】两令中皆有不少散官（无员及员外），供临时差遣。见卷廿一上高阳王雍传。

【铅笔】将军皆武散官，六八甄琛传，“令长以将军居之”。（散号、戎号。）

页三一

【铅笔】六六崔亮传，灵太后令武官得依资入选。武官多带虚号将军，与吏部铨选无干。（吏部每以季月铨选，见太和十六年纪。《通典》十四）鲜卑武人得依资出身，又见八一山伟传。（本资，见五七崔挺、十一普泰元年纪。）

页三二

○四年七月，诏改宗子羽林为宗士。

【墨笔】廿一下彭城王勰传，“及车驾南伐，以勰行抚军将军，领宗子军，宿卫左右”。《梁书》三二陈庆之传“济阴王元晖业率羽林庶子二万人来救梁、宋”，又记杨昱等“率御仗羽林宗子庶子众凡七万，据荥阳拒颢”。《魏书》十一出帝纪，永熙三年五月丙戌：“增置勋府庶子，厢别六百人；又增骑官，厢别二百人，依第出身，骑官秩比直斋。”

页三八

○厍狄氏，后改为狄氏。

【铅笔】北齐厍狄回洛墓志盖、其妻斛律氏志盖、姜尉氏志文（分别见《汉魏南北朝墓志汇编》第414、407页），皆作“厍狄”，不作“库”。《姓纂》列韵去声十一暮，则字既与仓库之“库”无别，音亦不异，后代姓书写作“厍”，读为“舍”者，无据。

○柯拔氏，后改为柯氏。

【铅笔】《元和郡县图志》四（中华标点本在卷三）丹州，“春秋时白狄地，今其俗云丹州白室，胡头汉舌。其状似胡，其言习中夏。白室白狄语讹耳。近代号为步落稽胡，自言白狄之后”，参《周书·稽胡传》。丹州今宜川。

页四十

○太和十九年，诏曰：代人诸胄，先无姓族，虽功贤之胤，混然未分。

【铅笔】朝廷选人士，校其婚宦，见六十韩显宗传、三三公孙表传。宋弁定姓族，见六三本传，崔挺亦与共事，见五七本传。

卷一一四

页二

○凡为善恶，必有报应，渐积胜业，陶冶粗鄙，经无数形，藻练神明。

【墨笔】形，宋元明及宫内省旧宋本、《广弘明集》卷二《释老志》皆作“形”，高丽本作“劫”。

页十一

○乞胡之诞言，用老庄之虚假，附而益之，皆非真实。

【墨笔】《广弘明集》卷二作“接乞胡之诞言”，乞胡谓乞丐之胡，指释迦牟尼也。《魏志》一武帝注引孙盛《异同杂语》“抄集诸家兵法名曰接要”；又十九《曹植传》上疏有“搓风后之奇，接孙吴之要”，二语“接”字与此处用法仝。

页十六

○四年春，诏以鹰师为报德寺。

【铅笔】《元龟》作“四年正月丁巳，罢畜鹰鹞之所，以其地为报德佛寺。初，文明皇后生献文帝，帝立，尊为皇太后。至是，诏罢鹰师及诸鸷伤生之类、宜放之山林，以其地为太后立寺”。

页十八

○僧祇之粟，本期济施，俭年出贷，丰则收入。山林僧尼，随以给施；民有窘弊，亦即赈之。但主司冒利，规取赢息，及其征责，不计水旱，或偿利过本，或翻改券契，侵蠹贫下，莫知纪极。

【墨笔】《食货志》记庄帝初（528—9）卖官价，沙门统、维那皆在内。《北齐书》四六苏琼传："道人道研为济州沙门统，资产巨富，在郡多有出息，常得郡县为征。"

〇正光已后，天下多虞，工役尤甚。

【墨笔】《广弘明集》作"王役"。

页二十六

〇有仙人成公兴，不知何许人，至谦之从母佣赁。

【朱笔】成公，复姓。《荆楚岁时记》载有成公子安作《椒华铭》。正光五年，青州高阳郡新城县成买等造像题名，有姓成公等十余人（见《八琼室金石补正》卷十六）。张猛龙碑阴汶阳县祖望中有成公兴（见《金石萃编》卷二九）。碑建于正光三年，当非此人也。《北齐书》四六《宋世良传》："清河县东南有曲堤成公一姓，阻而居之，群盗多萃于此。人为之语曰：宁度东吴会稽不历成公曲堤。"

页三十二

〇诸道士罕能精至，又无才术可高。

【朱笔】《金石萃编》二七《张相队造像记》："延昌二年岁在癸巳三月乙卯朔廿九癸未，相为眷属造天尊一区。愿大小□从心。息男胡女息男□□、息女罗朱、胡妻杨兴文，道士张相队、相妻姚□姬、相妻□□□。"《广弘明集》四，天保六年度道士为沙门诏："祭酒道者，世中假妄，俗人未悟，仍有祇崇，曲蘖是味，清虚焉在。朐脯斯甘，慈悲永隔。上异仁祠，下乖祭典。"

《北齐书》批校

祝总斌主持　王铿、叶炜录文标点

第一册

卷一页一

〇第三子谧，仕魏，位至侍御史，坐法徙居怀朔镇……累世北边。

【墨笔】《魏书》卷三二《谧传》只言延兴二年九月卒，不及徙怀朔镇事。即使谧徙北镇经树□至欢亦不得言累世北边也。

卷一页三

〇后从荣徙据并州，抵扬州邑人庞苍鹰，止团焦中。

【朱笔】尒朱荣自秀容徙至并州，无抵扬州之理，魏扬州在寿春也。卷十九《蔡儁传》言太原庞苍鹰有先知之鉴，疑此扬州乃晋阳之误。神武以荣入晋阳，晋阳庞苍鹰留之，止其团焦中也。又案《梁书·武帝纪》，普通七年十一月克寿阳城，以寿春置豫州。太清元年以为南豫州。普通七年当孝昌二年，即《（魏书）地形志》所谓孝昌中陷。神武决无由至此矣。《北史》与此同。

【朱笔】钱氏《廿二史考异》曰："此扬州县名，在并州界中。高孝绪封扬州县开国公，即此。神武从祖兄子永乐，太昌初封阳州县伯，进爵为公。"今案：钱说非也。阳周县名属豳州赵兴郡，《地形志》豳州下云："皇兴二年为华州，延兴二年为三县（疑），太和十一年改为班州，十四年为邠州，二十年改焉。"阳周亦可作阳州。《周书》二八《权景宣传》附《郭贤传》："赵兴阳州人也"，犹武周川之或作武州川。是阳州县明在豳州，钱氏在并界之说未知何所据而云然。至苍鹰则《蔡儁传》明言太原人，此处复称邑人，则扬州定是晋阳之误矣。

卷一页五

〇神武曰："六镇反残，不可尽杀，宜选王素腹心者私使统焉。若有犯者，直罪其帅，则所罪者寡。"

【墨笔】卷廿《慕容绍宗传》，遂割鲜卑隶高祖。即指此葛荣众也。

卷一页六

〇于是自追神武，至襄垣。

【铅笔】追至襄垣，则上文自晋阳出滏口，乃欢之路线，时尚未达滏口（河北磁县石鼓山）也。

卷一页七

〇求粮相州刺史刘诞。

【朱笔】《北史》三三《李元忠传》，元忠称刘诞黠胡。

〇神武曰：尔乡里难制。

【墨笔】乡里不但指同乡，亦指同种族之人。《魏书》十五《元祯传》："祯告诸蛮曰：'尔乡里作贼如此，合死以不？'蛮等皆叩头曰：'合万死。'"《北史》六六《泉企传》："曾祖景言，魏太延五年率乡里归化，仍引王师平商洛"。

卷一页八

○永熙元年

【铅笔】中大通四年

○神武令封隆之守邺，自出顿紫陌。

紫陌在邺西北，《水经（注）》浊漳水"祭陌"。（紫陌）见幼主承光纪、胡后、尉景、崔暹、宋游道传。□□□□□□□及高聐、高僧护、乞伏保达等（墓）志。下文高欢葬于邺西北漳水之西，魏帝临送于紫陌。

卷一页十

○初，孝明之时，洛下以两拔相击，谣言曰："铜拔打铁拔，元家世将末。"

【朱笔】《隋书》一五音乐志，西凉、龟兹、天竺、康国、安国诸部乐乐器皆有铜拔之名。

卷二页六

○诏下三日，车驾便发，户四十万狼狈就道。

【铅笔】洛阳户 40 万，当有误。《地形志》洛阳郡领县二，户 3 659，口 15 072。乃迁邺以后数字。然以五口计，40 万户得二百万人，恐亦过大。《地形志》司州魏尹领县十三，户 122 613，口 438 024。此户 40 万或是人口。

卷二页十

〇十五日夜打簇。

【铅笔】《通鉴》一五九胡注引《北史》：魏氏旧俗，以正月十五夜为打簇戏，能中者即时赏帛。按《魏书》，孝静天平四年，春，正月，禁打簇相偷戏。盖此禁寻弛也。

〇丁未，神武请于并州置晋阳宫，以处配口。

【朱笔】《通鉴》一五九："欢上书言：并州，军器所聚，动须女工，请置宫以处配没之口。正月丁未，置晋阳宫。"

卷二页十一

〇王无，吾不能与鲜卑小儿共事。

【铅笔】"王无"，无即没。"鲜卑小儿"，按此语是侯景显然有别于鲜卑也。

卷二页十二

〇八月甲申，葬于邺西北漳水之西，魏帝临送于紫陌。

【朱笔】齐乞伏保达、公孙胋（墓）志俱言葬邺城紫陌之阳。

〇天保初，追崇为献武帝，庙号太祖，陵曰义平。天统元年，改谥神武皇帝，庙号高祖。

【朱笔】齐《赵道德墓志》，天统元年十月十二日立，称神武为太祖，又言"高祖揖让受图，更新实历"，是以文宣号高祖也。文宣高祖之号不见于本纪，止云乾明元年谥文宣，庙号威宗，武平初复谥文宣，庙号显祖。据《北史》本纪，则乾明以后武平以前天统初，曾改谥景烈，庙号威宗。然皆不及高祖之号。《后主纪》，天统元年十一月乙丑，太上皇帝诏改"太祖献武皇帝"为"神武皇帝"，庙号"高祖"，"献明皇后"为"武明皇后"；其"文宣"谥号委有司议定。

赵道德志立于十月，故犹称太祖也。盖其时文宣庙号高祖，是以改神武庙号曰高祖，后必更议文宣庙号。天统元年《纪》又云十二月庚午，有司奏改“高祖文宣皇帝”为“威宗景烈皇帝”。疑《文宣纪》乾明元年之“庙号威宗”即“高祖”之误也。《纪》言“武平初又改为文宣，庙号显祖”，而不言复号显祖，亦乾明初不号显祖而号高祖之一证。又《孝昭纪》，改乾明元年为皇建，十一月癸丑有司奏显祖文宣皇帝庙宜奏《文正》之乐，舞《光大》之舞，庚申诏以故太尉河东王潘相乐三人配飨显祖庙庭。《北史》“显祖”皆作“高祖”。盖乾明谥文宣，庙号高祖；天统初改谥景烈，庙号威宗；武平时又复谥文宣，庙号显祖也。

卷三页一

〇世宗文襄皇帝讳澄字子惠。

【铅笔】卷十五《尉景传》语“阿惠”。

【朱笔】《北史》五五《陈元康传》“神武曰：我性急，瞋阿惠，常如此”。

〇天平元年，加使持节、尚书令、大行台、并州刺史。三年，入辅朝政，加领军左右、京畿大都督。……元象元年，摄吏部尚书。

【朱笔】卷十三《清河王岳传》言“兴和（539—542）初，世宗入总朝政”。《魏书·孝静纪》，世宗天平二年始“起家为散骑常侍、骠骑大将军”，三年为“使持节、尚书令、大行台、大都督”，兴和元年夏五月来朝。此三年当是兴和元年之误，而天平元年则当做三年，元象元年更是兴和元年以后某年之误也。

卷三页三

〇宁人负我，不我负人。

【铅笔】《梁书》作“宁使我负人，不使人负我”。似与澄书立意不合，《（文苑）英华》（卷六八五）与《北齐书》文同。

第二册

卷四页三

〇灌然桑落

【铅笔】桑落，《荀子·宥坐》，齐《赫连子悦（墓）志》“狡徒桑落”。

卷四页十二

〇壬辰，罢相国府，留骑兵、外兵曹，各立一省，别掌机密。

【铅笔】高欢为相国、录尚书事、大行台。“留骑兵、外兵，各立一省”当是两事，“各”犹言“别”，指所谓并省也。

卷四页十九

〇是年，修广三台宫殿。

【朱笔】《复初斋文集》廿一《跋北齐造铜雀台石夆门铭》文云：“大齐天保八年九年造铜雀台石夆之门，百代之后见此铭者，当复知之。将陈骥承、娄晞，军主董侯，军副程显，幢主孙悦，幢主杨昙。中略。凡七行，后三行行二人，凡六人。分二列三行书之。按汉碑横列人名，皆先上列而后次列，此刻犹存古式也。”

卷四页二十二

〇帝如辽阳甘露寺。

【铅笔】辽阳山在今山西辽县，北魏以山名县。非辽东之辽阳。辽县当今左权县地。在太原赴邺城之中途。《北史·本纪》文宣自晋阳整兵而东，“司马子如逆帝于辽阳”，即此地。

卷四页二十三

〇乾明元年二月丙申，葬于武宁陵，谥曰文宣皇帝，庙号威宗。武平初，又改为文宣，庙号显祖。

【朱笔】《北史》：“始祖珽以险薄多过，帝数罪之，每谓为老贼。及武成时，珽被任遇，乃说武成曰：‘文宣甚暴，何得称文？既非创业，何得称祖？若宣帝为祖，陛下万岁后将何以称？’武成溺于珽说，天统初，有诏改谥景烈，庙号威宗。武平初，赵彦深执政，又奏复帝本谥，庙号显祖云。”

卷四页二十五

〇高祖平定四胡，威权延世。

【铅笔】四胡可能指尒朱兆等，谓韩陵之战也。《孝昭纪》论与此文同，而作“四方”，亦可通。《北史》亦作“四方”。卷十三《清河王岳传》，“高祖与四胡战于韩陵”。

卷六页四

〇朕纂承大业，思弘古典，但二王三恪，旧说不同，可议定是非，列名条奏。

【铅笔】《(金石)萃编》三九，开皇十三年《曹子建碑》称：“至十一世孙曹永洛等去齐朝，皇建二年蒙前尊孝昭皇帝恢宏古典，敬立二王，崇奉三恪，永洛等于时膺符表贡，面奉昭皇，亲酬圣诏，比经穷讨，皆存实录，蒙敕报允，兴复灵庙，馀嗣蒸当，四时受谒。”

〇诏九州勋人有重封者，听分授子弟，以广骨肉之恩。

【铅笔】九州勋人，九州军人见《废帝纪》，九州当指所谓三州六镇人。

第三册

卷七页一

〇大宁元年冬十一月癸丑，皇帝即位于南宫。

【铅笔】晋阳之南宫。

卷七页三

〇诏司空斛律光督五营军士筑戍于轵关。

【墨笔】河南济源县。五营军士未知何指，据《魏书·官氏志》，正始“四年九月诏：五校昔统营，位次于列卿。世移时变，遂为冗职”。齐亦未必复使五校领营也。

〇回造大总持寺。

【墨笔】“回造”犹言改造、变造。

〇又遣大将军达奚武帅众数万至东雍及晋州。

【铅笔】孝昌以后，置东雍于郑县，今陕西华县，置北雍于泥阳，今陕西耀县，与雍州并称三雍。《地形志》东雍领邵郡、高凉、正平三郡。

卷八页三

〇诏诸寺署所绾杂保户姓高者，天保之初虽有优敕，权假力用未免者，今可悉蠲杂户，任属郡县，一准平人。

【铅笔】杂保户，当即《（洛阳）伽蓝记》二殖货里（按在景宁寺条下）之太常民刘胡兄弟。

卷八页五

○诏以金凤等三台未入寺者施大兴圣寺。

【铅笔】天保九年，改铜爵台为金凤台。

卷八页九

○开府仪同三司尉破胡、长孙洪略等与陈将吴明彻战于吕梁南，大败，破胡走以免，洪略战没，遂陷秦、泾二州。

【铅笔】隋《韦略（墓）志》称："旧君行台尉雄受蜃南罚［？］尚书苏珍之任唯军正推毂之始，诏委征辟，启君从戎，委以机要。既而王师败绩，赴敌死。……时武平三年四月廿六日，战在秦州［六合］。"事又见《王琳传》《陈书·宣帝纪》《吴明彻传》，皆作太建五年，即武平四年，志或误也。《北齐书·循吏传》有苏琼字珍之，隋《食货志》齐"尚书左丞苏珍芝"（《御览》二六二引《北齐书》亦作"芝"），曾行徐州事。

卷八页十六

○游童戏者好以两手持绳，拂地而却上，跳且唱曰"高末"。

【铅笔】两手持绳，拂地而却上。此即今之跳绳也。

卷九页一

○往来外舍，侍从不过十人。

【朱笔】外舍，妇人自谓其母家也。《宋书》四一《明恭王皇后传》，太宗裸妇人视之，以为笑乐。后以扇障面，帝怒曰："外舍家寒乞，今共为笑乐，何独不视？"后曰："外舍之为欢适，实与此不同。"

【铅笔】外舍，见《后汉书·（和熹）邓后纪》《单超传》。

卷九页四

〇武成宠幸和士开，每与后握槊，因此与后奸通。

【铅笔】《（太平）广记》二五八高敖曹条（《启颜录》）“冢子地握槊，星宿天围棋”。

卷九页六

〇宫内称为舍利大监。

【铅笔】大监之称，见北魏诸墓志。

第四册

卷十页八

〇湝与广宁王孝珩于冀州召募得四万余人，拒周军。

【铅笔】隋《杨秀（墓）志》称：“授任城王皇子国治书，随府播迁，一十三祀。曲被言笑，和宓总归。会周武入齐，吊民问罪，满天尘壤，遍地干戈。……王以公……神略不群，才堪主将，遂令指麾兵卒，筹策军马。奏授仪同三司，与领军尉永贵捉冀州城，蒙赍奴婢八人、钱十五万、良马三匹、宝刀一口。……公乃宣威冀邑，运策漳滨，出猥虎于一城，屡先鸣于万里。但天道辅德，齐命告亡，……乃投冠背关，慕平子之归田；解绶离朝，同伯阳之去位。”

卷十页九

〇冯翊王润，字子泽，神武第十四子也。

【铅笔】《冯翊王修平等寺碑》，见（严可均）《全齐文》十。

卷十一页二

〇孝瑜妃，卢正山女，武成胡后之内姊也。

【铅笔】孝瑜妃，武成胡后之内姊。武成与孝瑜虽同年，实其叔父，是婚姻亦不讲行辈。

卷十二页四

○乐陵王百年，孝昭第二子也。

【铅笔】《齐故乐陵王墓志铭》称："肃宗大渐，导扬末命，移宝图于元子，奉神器于唐侯。皇上义重天伦，慈深引进，……大宁初，封乐陵郡王，食邑二万户。而穹旻寡惠，雾露成痾，小年不永，善言遽毕。□以恨动衣簪，悼结旒冕。以河清三年中薨于邸第。以岁次甲申三月己未朔二日庚申安厝在于邺城之西十有一里。"

卷十二页五

○妃把玦哀号，不肯食，月余亦死，玦犹在手，拳不可开，时年十四。

【铅笔】《百年妃斛律氏（墓）志》称："河清二年八月十九日薨于邺县永康里第，春秋十有五，岁次甲申三月己未朔二日庚申祔葬于武城西北三里。"《通鉴》一六八称皇建元年，百年五岁。

卷十二页九

○光就谓曰："天子弟杀一汉，何所苦。"

【铅笔】和士开，清都临漳人，其先西域商胡，本姓素和氏。见卷五十本传。此谓之汉者，"汉"字已成贱詈通称，不单指汉人言矣。

第五册

卷十三页二

〇叡小名须拔，……其母则魏华阳公主也。

【铅笔】《（八琼室金石）补正》二十收灵寿县之赵郡王叡造像，叡《造无量寿像记》，《造阿閦像记》，皆记琛及叡官位。琛领左右，不见本传。赵明诚《金石录》有北齐华阳公主碑，云讳秀艳，孝文之孙，广平王怀之女，齐（赵）郡王叡之母也。（《补正》）又收《高叡修定国寺颂》《定国寺塔铭碑》，皆在灵寿祁林山。

卷十三页六

〇母山氏，封为郡君，授女侍中，入侍皇后。

【铅笔】女侍中，孝文定制，女侍中视二品。见《魏书》十三《皇后传》。

卷十四页九

〇……齐州刺史建国……乂少谨。武平末，给事黄门侍郎。隋开皇中，为太府少卿，坐事卒。

【铅笔】隋《高虬（墓）志》称：字龙叉，渤海蓨人。祖长威，父子固。又称“武平四年，转给事黄门侍郎。隋初，除河南道行台膳部侍郎，寻除尚书膳部侍郎，又转功部侍郎，加通直散骑侍郎，判太府少卿，副将作大监检校营造事”。与此传乂历官相合，或是传名脱“龙”字，又讹“叉”为“乂”。据高建（墓）志，名建，字兴国。此传合名与字之一字为名，《魏书·高湖传》又讹“建”为“达”。

【铅笔】虬志言：薨于开皇二十年十月十三日，是年十月丁巳朔，十三日值己巳。《高祖纪》于是日杀元旻，乃以党太子勇获罪，则虬与之同日死，亦勇之党，见《房陵王勇传》载高祖诏文。

卷十五页一

〇窦泰，字世宁，大安捍殊人也。本出清河观津，曾祖罗，魏统万镇将，因居北边。父乐，魏末破六韩拔陵为乱，与镇将杨钧固守，遇害。泰贵，追赠司徒。

【铅笔】《窦泰（墓）志》称：字宁世，清河灌津人。又言祖盛乐府君，父司徒，皆才雄北边，有声燕代。志又称历宦显州、蔚州、相州刺史，与本纪同。

〇神武之为晋州，请泰为镇城都督，参谋军事。

【朱笔】《潘乐传》言：齐神武出牧晋州，“引乐为镇城都将”。盖在都督之下又有镇城大都督，历城齐州长史乞伏锐造像记言：元象二年，车骑将军、左光禄大夫、齐州长史、镇城大都督、挺县开国男乞伏锐。

卷十五页四

〇次子定远，少历显职，外戚中偏为武成爱狎。别封临淮郡王。武成大渐，与赵郡王等同受顾命，位司空。

【铅笔】《（金石）萃编》三五武平四年临淮王像碑称：“使持节都督青州诸军事、骠骑大将军、青州刺史、司空公、宁都县开国公、高城县开国公、昌国侯、临淮王娄公。”即定远也，事又见《和士开传》。

卷十五页五

〇库狄干，善无人也。

【铅笔】善无今右玉。

【朱笔】武平元年《比丘道能造像记》云：使持节、督定州诸军事、骠骑大将军、定州刺史、本州大都督、第一领民酋长、广平郡开国仪同三司、太宰库狄干。

卷十五页八

〇潘乐，字相贵。

【朱笔】“乐”亦作“洛”，北朝二字每互书之不别。如齐《张龙伯造像记》“人民安洛”，《常岳等造像记》“托生妙洛”，皆以“洛”为“乐”。

第六册

卷十六页四

〇梁将严超达等军逼泾州；又陈武帝率众将攻广陵。……进与超达合战，大破之，……回赴广陵。陈武帝果遁去。

【铅笔】齐《徐彻（墓）志》称：“还除广陵城主，而梁司空公陈霸先窃号金陵，偷生石首，率兹蛙蝇，迫我城墎。于是婴城固守，登陴力战，援师□著，丑徒潜骇。逐北追奔，聚鲸鲵而起观；擒魁执讯，积甲胄以成山。”

卷十六页五

〇东距汾河，西被风谷。

【铅笔】太原西五里有风峪山。《（大唐）创业起居注》：“因过太原，取龙山风谷道行幸”。《通鉴》（卷二七五 8 979 页）后唐刘后与李存渥奔晋阳，（存渥）走至风谷被杀。又见《北梦琐言》。胡注谓当做“岚谷”，非也。见《（金石）萃编》三三“风峪华严经石刻”下引《曝书亭集》。

卷十七页一

〇高祖倍侯利，以壮勇有名塞表，道武时率户内附，赐爵孟都公。

【铅笔】《北史》高祖内附，位大羽真。

〇斛律金，字阿六敦，朔州敕勒部人也。

【朱笔】《乐陵王妃斛律氏墓志》称朔州部洛人也。

【墨笔】《魏书》三《太宗纪》，永兴三年“十二月甲戌，蠕蠕斛律宗党吐抵于等百余人内属”。是蠕蠕有此姓。

卷十七页七

〇百升飞上天，明月照长安。

〇【朱笔】传世《阳瑾碑》，隋时物，斛（律）即作“斛”。又董珍陁经题字斛（律）作“斛”。

卷十七页十一

〇明月必背上着箭，丰乐随处即下手。

【朱笔】六朝所谓“字”者，大抵系小名，如明月、丰乐之类，其父用以呼子，自无是字之理。盖由小字移作“字”耳。

卷十八页四

〇魏自孝昌已后，天下多难，刺史太守皆为当部都督，虽无兵事，皆立佐僚，所在颇为烦扰。

【墨笔】刺史太守皆为当部都督，见（卷）十九张保洛、廿二李愍、四一暴显、四三封述。

【铅笔】司马子如（卷十八）

卷十八页六

〇孝昌中，北州沦陷，子如携家口南奔肆州，为尒朱荣所礼遇，假以中军。荣之向洛也，以子如为司马，持节、假平南将军，监前军。

【朱笔】《墓志》“屈迹云州主簿。大行台尔朱，梁郡王，蓄兹五变，将寻九合”，中略，“即假中坚将军领民都将。寻以明皇厌世，牝鸡遂晨，志父之甲，兴于义愤。以公为司马持节假平南将军监前军事”。

第七册

卷十九页六

〇刘贵，秀容阳曲人也。

【朱笔】贵墓志出安阳，题“魏故使持节侍中骠骑大将□太保太尉公录尚书事都督冀定瀛殷并凉汾晋建郏肆十一州诸军事冀州刺□郏肆二州大中正第一酋长敷城县开国公刘君墓志铭”，文云“君讳懿，字贵珍，宏农华阴人也。自豢龙启胄，赤乌降祥，磐石相连，犬牙交错，长原远叶，繁衍不穷，斧衣朱绂，蝉联弈世”，又云“起家□大将军府骑兵参军第一酋长”，末云“葬于肆卢乡孝义里”。翟中溶《古泉山馆金石文编》曰：“《唐宰相世系表》刘氏临淮一望出自汉光武，后有名彦英者，宋给事中通直散骑常侍，疑即志所云祖给事也。又有河南刘氏，本出匈奴之后。汉高祖以宗女妻冒顿，其俗贵者皆从母氏，因改为刘氏。左贤王去卑裔孙库仁，后魏南部大人凌江将军。弟眷生罗（辰），定州（刺史）永安敬公，五世孙环隽，北齐中书侍郎秀容懿公。以《魏书·地形志》证之，永安即阳曲所属之郡，秀容即敷城所属之郡，皆郡公也。疑刘懿实出左贤王去卑之后，作墓志者欲讳其裔出匈奴，故举旧望云宏农华阴人，且攀附临淮之给事为祖也。”今案翟说是也。《北史》卅一《高昂传》，“贵与昂坐，外白河役夫多溺死。贵曰：头钱价汉随之死。昂怒，拔刀斫贵”。《通鉴》一五七大同三年纪作：“外白治河役夫多溺死，贵曰：一钱汉，随之死！”知刘贵确非汉人。

【朱笔】二一《高昂传》，为之羽翼者，有刘贵珍，不知即贵否？

【铅笔】《(八琼室金石)补正》十九收《刘贵(墓)志》，称“君讳懿，字贵珎，宏农华□人也”，“复除使持节都督二汾晋三州诸军事骠骑将军晋州刺史。又行汾州事”，□有汾及南汾，故云二汾。“长子抚军将军银青光禄大夫都督肆州诸军事肆州刺史元孙。……世子散骑常侍千牛备身洪徽。妻大丞相勃海高王之第三女。次子肆州主簿徽彦。少子徽祖”。

卷二十页三

〇后主至齐州，以孝卿为尚书令。

【铅笔】“齐州”当从(幼主)本纪作“济州”。

卷二十页四

〇征讨三荆

【铅笔】三荆，荆治穰城；东荆治比阳，今泌阳；南荆治安昌，今枣阳。

〇梁司州刺史陈庆之复率众逼州城，雄出与战。

【铅笔】《静帝纪》系陈庆之攻魏于天平二年。《高湛(墓)志》：天平之始，襄城阻命，君文武两兼，忠义旧发，还城斩将，蛮左同归。朝廷嘉其能，缙绅服其义。假龙骧将军行襄城郡事。……寻除使持节都督南荆州诸军事镇军将军南荆州刺史。于是伪贼陈庆，率

旅攻围。孤城独守，载离寒暑，终能克保边隍，全□民境。复除大都督行广州事。（广州治襄城）

卷二十页十

〇诏绍宗为行台，节度三徐、二兖州军事。

【铅笔】三徐二兖，三徐当是徐州，治下邳之东徐，领东泰山、琅琊二郡之北徐州。二兖当为治瑕丘之兖州及治谯城之南兖，不包括治定陶之西兖。钱氏据《隋志》，北徐治琅琊之即丘。

卷二十页十四

〇刘胡仑、斛律可那律俱时构逆，以平为都督，讨定胡仑等。

【墨笔】疑即（卷）十九《高市贵传》之"恒州内部敕勒刘仑"。

卷二十页十五

〇子孝中嗣。弟长乂。武平末，侍中、开府仪同三司，封新宁王。

【铅笔】当从《北史》作"子孝冲嗣。孝冲弟长叉"。隋《冯忱妻叱李网子（墓）志》称"长叉"，齐封许昌王，隋封新宁公，传误。"长叉"又见《周书》大象二年纪、韦孝宽传、萧岿傅，《隋书》开皇二年、十七年纪、突厥传。冯忱见《隋书》冯慈明传。志称"父善慧，隋车骑将军、仪同三司"。即长叉之子。

卷二十页十六

〇永安中，西荆州为梁将曹义宗所围，俨应募赴之。

【铅笔】此当是治穰城之荆州，对于治比阳之东荆而言，遂称西荆。

第八册

卷二十一页三

〇诏听解侍中，司空如故，封长乐郡公，邑一千户。乾虽求退，不谓便见从许。既去内侍，朝廷罕所关知，居常怏怏。

【铅笔】《魏书》三八《王遵业传》记明帝时事，“与中书令陈郡袁翻，尚书琅琊王诵并领黄门郎，号曰三哲。时政归门下，世谓侍中、黄门为小宰相”。

卷二十一页二十一

〇尝谓祖珽云：“公是衣冠宰相，异于余人。”

【铅笔】《北史》（卷二四）有“以祖珽矜大，佞之云”二句，文义较完。

卷二十二页一

〇遭母忧，去任。

【铅笔】《北史》作“去任，归李鱼川”。

〇魏孝明时，盗贼蜂起。

【铅笔】《北史》言元忠为葛荣所执以随军。

卷二十二页二

〇见高祖，因进从横之策，备陈诚款，深见嘉纳。

【墨笔】《北史》记元忠与高祖论殷州□□事，此传所无。又有“刘诞黠胡，或当乖拒”之语，岂即契胡之恶称耶？然《周书》三三《赵刚传》魏文帝语，指叛羌有“黠羌小竖，岂足劳卿谋虑”云云，是“黠”可用在族名上作状语也。

卷二十二页十一

〇卿之妻子任在州住，当使汉儿之中无在卿前者。

【墨笔】“妻子任在州住”，盖是特例。

第九册

卷二十三页二

〇萧宝寅败于泾州，高平虏贼逼岐州。

【墨笔】“高平虏贼”当指敕勒酋长之胡琛也。

卷二十三页八

〇崔瞻文词之美，实有可称，但举世重其风流，所以才华见没。

【墨笔】风流与才华对举，盖指容貌举止也。

卷二十三页九

〇因患耳取急十余日。

【朱笔】《北史》“取”作“请”。（卷）卅四《杨愔传》亦言“取急就雁门温汤疗疾”，是可以言“取急”也。“取急”又见四五《颜之推传》。

卷二十四页八

〇今督将家属多在关西，黑獭常相招诱，人情去留未定。

【铅笔】卷二七《可朱浑元传》言“所部督将”。

【墨笔】“督将家属多在关西”，《通鉴》一五七胡注：此指言可朱浑道元、万俟普、刘丰生等部曲也。

卷二十四页十一

〇以预定策之功，迁骠骑将军、卫尉卿，别封长安县伯。

【铅笔】别封云云，又见《段韶传》,《乞伏保达（墓）志》(武平二年）称：天保元年“进爵东垣县子，别封建安县乡男，又除骠骑大将军，封化蒙县散男”。“乡男”又见《张保洛传》《张耀传》。

第十册

卷二十八页六

〇元韶，字世胄，魏孝庄之侄。

【朱笔】天保时立《西门豹祠堂碑》阴称“魏郡元韶”，又“魏郡穆子□”，疑即穆子容。

卷三十页六

〇至平城都，便不复肯进。

【朱笔】四九《宋景业传》“至平城都，诸大臣沮计，将还”，《北史》同。案上文宋本作“平都城”，知此及《景业传》皆误倒也。《通鉴》一六三亦作“平都城”，胡注：“《九域志》：辽州辽山县有平城镇。宋白曰：辽州平城县本汉涅县地，晋置武乡县，此地属焉。隋开皇十六年，于赵简子所立平都故城置平城县。”

卷三十页七

〇魏静云：“安置朕何所，复若为去？”

【朱笔】“若为”犹言“如何”。

〇魏静帝登车出万春门，直长赵道德在车中陪侍。

【铅笔】赵道德又见《北史·恩幸传》《魏书·静帝纪》《北齐书·安德王延宗传、方伎传》《隋书·刑法志》《御览》三一八引《三国典略》,《(赵道德)墓志》言：初除直荡都督，寻除正都督右将军太中大夫。世宗嗣业，补帐内亲信正都督，兼左右直长、安西将军，封河阴县开国男。加中军将军行定州六州，又加镇东将军，寻除征西将军，进男为子。高祖时，除卫将军，别封戎安县开国子，迁主衣都统，出为广武内史。迁假节泾州刺史。寻授持节都督南营州诸军事南营州刺史，加英雄城六州大都督，除仪同三司。入为备身正都督，食高密郡干。肃宗御极，改河阴伯，除车骑大将军假仪同三司。大宁初，授定州六州都督、定州中军都督、开府仪同三司、骠骑大将军。天统初，授使持节北徐州诸军事、北徐州刺史。天统元年五月十日卒于晋阳。

卷三十一页一

〇对曰：元景位望微劣。

【铅笔】自称字

第十一册

卷三十二页四

〇于是设供食，具大䭔薄饼。

【黑铅笔】大䭔薄饼,《玉篇》“蜀人呼蒸饼为䭔”。

卷三十二页六

〇琳本兵家。

【黑墨】兵家为湘东国常侍。

卷三十二页七

〇琳将帅各乘一舰，每行，战舰以千数，以“野猪”为名。

【黑铅笔】以“野猪”为名之因，见《南史》六四本传。

卷三十二页十

〇梁故建宁公琳，洛滨余胄，沂州旧族。

【黑墨】传首称会稽山阴人，当临沂兵家，土断为南人者□。

【黑铅笔】《南史》六四本传作“沂川”。

卷三十三页四

〇徐之才，丹阳人也。

【黑铅笔】《徐之才（墓）志》称东莞姑幕人，又言“五岁诵《孝经》，八年通《论语》。方数小学，经耳得心”。《南史》三二《张邵传附融传》称东海徐文伯。东海郡侨治京口，《北史·徐謇传》称丹阳人，《（太平）广记》二四七引《谈薮》称高平徐之才。

〇父雄，事南齐，位兰陵太守。

【黑铅笔】

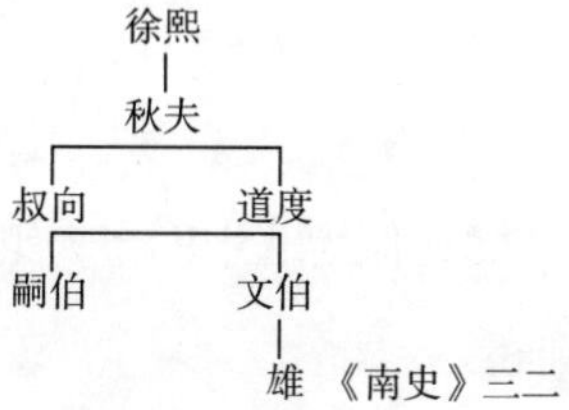

【黑铅笔】《南史》称雄祖父道度位兰陵太守，此误系于雄。《（墓）志》称雄早卒，终于员外散骑侍郎。

〇豫章王综出镇江都，复除豫章王国左常侍，又转综镇北府主簿。

【黑铅笔】《（墓）志》称“释褐豫章王国左常侍，豫章出牧淮夷，即转镇北府主簿”。

【黑铅笔】《（墓）志》称“永熙即位，封昌安县开国侯，食邑八百户，从班例也。……天保元年……别封池阳县开国伯，食邑五百户。……天统元年，食南兖州梁郡干。……即年别封安定县开国子……先是编籍高平，故加兖州大中正。……五年征诣晋阳，徙食兖州高平郡干，又为兖州大中正”。

卷三十三页六

〇故频有端执之举。

【黑铅笔】端执之举当指端右执法。

卷三十三页七

〇卿姓是未入人。

【黑铅笔】未入人，盖当时“亻”与“彳”多通用。

〇又以小史好嚼笔。

【黑铅笔】小史好嚼笔。《颜氏家训·勉学》篇：“负甲为兵，咋笔为吏。”

卷三十四页二

〇元颢入洛，时愔从父兄侃为北中郎将，镇河梁。

【黑铅笔】河梁即河桥。

〇愔时适欲还都，行达邯郸。

【黑铅笔】并州还邺经邯郸。

卷三十四页九

〇郑颐字子默，彭城人。

【黑铅笔】隋《韦略（墓）志》称：“本京兆人，今居徐州之彭城。……弱冠与州里郑子春、子信契濠上之游，相得甚忻”，又称“子信手不堪书，口占左右，粗述悲情。”郑子信又见《文苑传》序、

《张雕传》。《（墓）志》作于开皇中，此时子信尚健在也。

卷三十五页一

○文襄尝入朝，让之导引，容仪蕴藉，文襄目之曰："士礼佳舍人。"

【黑铅笔】舍人导引。

第十二册

卷三十六页二

○诏所在特给兵力五人。

【黑铅笔】兵力五人，《（洛阳）伽蓝记》三作"事力"。

卷三十六页四

○是时朝臣多守一职，带领二官甚少，邵顿居三职，并是文学之首，当世荣之。

【黑铅笔】居三职，据《北史》当在齐文宣时，此连灵太后令叙之，非是。

卷三十六页五

○东吴以还所未有也。原考证："《北史》'东'字下有'门'字。臣（姚）范按东门吴子死不忧，见《列子·力命》篇。"

【黑铅笔】《（洛阳）伽蓝记》"犹听东吴之句"，当即指东门吴。周（延年）、范（祥雍）两家，皆未指出。

卷三十七页三

○自魏、梁和好，书下纸每云："想彼境内宁静，此率土安和。"

梁后使其书乃去“彼”字，自称犹着“此”，欲示无外之意。收定报书云：“想境内清晏，今万国安和。”梁人复书，依以为体。

【黑铅笔】和好国书文句。

卷三十七页十一

〇但初起卿，斟酌如此。

【黑铅笔】斟酌即今所谓安排。

卷三十八页五

〇父奉伯，仕魏位中书舍人、行洛阳令。

【朱墨】《金石录》二二《北齐赠司空赵奉碑跋》：“碑云‘讳奉，字奉伯’，而《北齐书》及《北史》但云‘名奉伯’而已。碑又云，‘父清河府君，剖符东秦，着绩齐土，久于其职，遂即家焉，今为平原贝邱人也’。”

卷三十八页六

〇出为东南道行台尚书、徐州刺史，为政尚恩信。

【黑铅笔】隋《韦略（墓）志》称“天保末，赵使君彦深置行台省，以为侍郎。后阳使君斐辟为州都，兼户曹参军”，证之《阳斐传》，亦合。

卷三十八页八

〇然叔坚身材最劣。

【黑铅笔】身材即人材。

卷三十九页一

〇转黄门侍郎，领主衣都统。

【黑铅笔】主衣都统由黄门侍郎领之。

第十三册

卷四十页三

〇赫连子悦，字士欣，勃勃之后也。

【黑铅笔】《赫连子悦（墓）志》称："字士忻，化政代名人。……高祖勃勃，……曾祖伦，夏帝之第四子，酒泉王、太尉、录尚书。祖豆勿于，知机其神，来宾魏室，频牧雄州，大开书社。父仪同三司、豳恒二州刺史。……起家为征南府长史"。

卷四十页四

〇在郡满，更征临漳令。

【黑铅笔】《（墓）志》称"世宗总行台之任，转公为右丞，寻徙征西将军、临漳令。又与中书令邢子才、梁州刺史魏收议撰新令"。

〇后除郑州刺史，……入为都官尚书，……后以本官兼吏部。子悦在官，唯以清勤自守，既无学术，又闻风仪，人伦清鉴，去之弥远，一旦居铨衡之首，大招物议。由是除太常卿，卒。

【黑铅笔】《（墓）志》记子悦任阳州刺史、将作大匠、廷尉卿、南青州刺史、御史中丞、五兵尚书、夏州大中正、郑州刺史、都官尚书、吏部尚书、太常卿，武平二年十月任聘周使主，四年八月卒。

【黑铅笔】《（墓）志》称其为吏部，"激浊扬清，搜奇简异，草莱必进，管库无遗"。

【黑铅笔】《北史》本传载"天保中，为扬州刺史"，当从《（墓）志》作"阳州"。《金石录》载《子悦清德颂》亦作"阳"。

东魏于宜阳作阳州。

〇唐邕，字道和，太原晋阳人，其先自晋昌徙焉。

【黑铅笔】《(八琼室金石)补正》廿二《鼓山唐邕写经铭》称“特进、骠骑大将军、开府仪同三司、尚书令、并州大中正、食司州濮阳郡干、长安县开国侯、晋昌郡开国公唐邕”，“起天统四年三月一日，尽武平三年，岁次壬辰五月廿八日”。

卷四十页五

〇唐邕分明强记，每有军机大事，手作文书，口且处分，耳又听受，实是异人。

【黑铅笔】手、口、耳三者同时并用。

卷四十一页一

〇父诞，魏恒州刺史、左卫将军，乐安公。

【黑铅笔】《暴诞(墓)志》称“祖重，尚书郎、散骑常侍，父昶，厉威将军、雁门太守，……子特进、开府仪同三司、定阳王显”。诞孝昌元年七月十日卒于黄芪堆，武平元年迎葬于邺。黄芪堆，今山西山阴县境，见《魏书·穆帝纪》《水经·㶟水注》《北齐·文宣纪》《北齐·斛律金传》。

〇元象元年，除云州大中正，兼武术将军。

【黑铅笔】家朔边，故除云州大中正。

卷四十一页十

〇豫占云。

【黑铅笔】占，犹言供认。

卷四十一页十二

〇伏少从戎，以战功稍至开府、永桥领民大都督。

【黑铅笔】此永桥非洛阳城南之永桥，在武陟县西。

第十四册

卷四十二页十

〇显相将受魏禅，发晋阳，至平阳郡。

【朱墨】平阳郡远在晋阳之南，赴邺不须迂道至此。卷三十《高德政传》作“平都城”，《通鉴》同，疑此亦平都城之误也。《北史》亦作“平阳郡”。

卷四十二页十一

〇顷之，坐诏书脱误，左迁骠骑将军，积前事也。

【朱墨】宋本作“骁骑”是也。《官氏志》散骑常侍从第三品，骁骑第四品，骠骑则第二品矣。

卷四十二页十二

〇又魏收监史之日，立《高祖本纪》，取平四胡之岁为齐元。

【黑铅笔】平四胡当指532年韩陵之战。

〇隆化还邺，举朝多有迁授，封休之燕郡王。

【黑铅笔】武平七年改隆化元年，后主奔北朔州，安德王延宗即位晋阳，改隆化为德昌元年。帝入邺，增员授官。

卷四十二页十三

〇聿修坐为首僚，又是国之司宪，知而不劾，被责免中丞。

【黑铅笔】司徒左长史称首僚。

卷四十三页五

○惇不解剧谈，又无学术。

【黑铅笔】剧谈，参《世说·文学篇》“剧谈一出”。

卷四十三页九

○齐末又有并省尚书陇西辛悫、散骑常侍长乐潘子义并以才干知名。

【黑铅笔】《（金石）萃编》四十《洺州南和县澧水石桥碑》有“使持节、仪同三司、刺史辛公，以明德上才，褰帷此境。公名悫，字士信，陇西狄道人，……是以曳裾棘座，高步礼闱，市朝迁革，位望弥重”。

第十五册

卷四十四页十一

○后主在东宫，世祖选善书人性行淳谨者，令侍书，景仁遂被引擢。小心恭慎，后主爱之，呼为博士。……遂正常侍，左右与语，犹称博士。

【黑墨】卷三一《王昕传》：“王元景是尔博士，尔语皆元景所教。”又《王晞传》，参下《张雕传》。“呼为博士”，博士犹言老师也。参《北史·刘画传》《（南海）寄归内法传》。又《周书》一一《宇文护传》□母书：“四人同学，博士姓成，为人严恶。”卷一九《宇文贵传》“少从师受学，尝辍书叹曰：‘男儿当提剑汗马以取公侯，何能如先生为博士也。’”《北齐书》廿一《高昂传》：“谁能端坐读书，作老博士也。”

卷四十四页十五

○今者之谏，臣实首谋，意善形恶，无所逃死。

【黑铅笔】《北史》作“功恶”，功犹效果。

第十六册

卷四十五页五

○祖鸿勋，涿郡范阳人也。

【朱墨】魏齐皆以范阳县隶范阳郡，不称涿郡，此依汉名也。

卷四十五页十一

○又问释道两教。

【黑铅笔】问诏见《广弘明集》二四。

卷四十五页十七

○博览群书，无不该洽，词情典丽，甚为西府所称。

【黑铅笔】“西府”指镇西府。

○值河水暴长，具船将妻子来奔，经砥柱之险，时人称其勇决。

【黑墨】之推等不愿居周而入齐，其故可深长思。

【黑铅笔】实为从齐还梁，《观我生赋》注此云：“至邺，便值陈兴而梁灭，故不得还南。”

卷四十五页十九

○授犀函与鹤膝，建飞云及艅艎，北征兵于汉曲，南发饵于衡阳。昔承华之宾帝，实兄亡而弟及，逮皇孙之失宠，叹扶车之不立。

【黑铅笔】“鹤膝”矛名，见《方言》。《初学记》引《晋令》，水战有飞云船。《独断》绿车名曰皇孙车，天子有孙乘之。

卷四十五页二一

〇剟鬼录于岱宗，招归魂于苍昊。

【朱墨】三国以来传说，人死归于泰山。有泰山府君者，为鬼之主宰。六朝犹习用之。《八琼室金石补正》二二《齐功曹李琮墓铭》："漏尽易催，日斜不系，归岱宗而莫还，共公明而治鬼。"《文苑英华》三〇二庾信《和王少保遥伤周处士诗》："冥漠尔游岱，凄凉予向秦。虽言异生死，同是不归人。"

〇中原冠带随晋渡江者百家，故江东有《百谱》，至是在都者覆灭略尽。

【黑墨】《南史》五九《王僧孺传》："僧孺之撰，通范阳张等九族以代雁门解等九姓。其东南诸族别为一部，不在百家之数焉。"

卷四十五页二三

〇时患脚气。

【黑墨】脚气，《淳化阁帖》一梁武帝《与某书》云："数朝脚气，转动不得。"

卷四十五页二四

〇秪夜语之见忌，宁怀刷之足恃。

【黑铅笔】"夜语"见《(三国志)·魏志·杜袭传》，"怀刷"见《韩非·内储说下》。

第十七册

卷四十六页二

〇张华原，字国满，代郡人也。

【朱墨】《墓志》："君讳满，字华原，南阳西鄂人也。汉相留侯之苗裔。”

【黑铅笔】《墓志》大意谓渤海王（高欢）以君兼骠骑法曹参军。朝廷除王丞相，君亦寻补府属。妖寇作逆，猬聚咸阳，除君前将军、太中大夫。及令驰驲，觇彼形势。君径到贼所，宣其祸福，寻即报命，具陈事机。俄迁卫将军，右光禄大夫，加散骑常侍、丞相长史。建忠王万俟普拨，既等隗嚣，据河西以狼顾，又似（公）孙渊，跨辽东而鸱张。君轻传告晓，示导成败，雾解云除，翻为我有。除兖州刺史。天平四年五月卒于州。

卷四十六页四

〇起家奉朝请，累迁海西镇将。

【黑铅笔】海西镇将，《（魏书）·地形志》海州有海西郡，武定七年改置。

卷四十六页五

〇长史刘仁之谓业曰：“我处其外，君居其内，同心戮力、庶有济乎。”

【黑铅笔】典签居内，长史处外。

〇又与业别，执手曰：“今我出都，君便失援，恐君在后，不自保全。唯正与直，愿君自勉。”

【黑铅笔】出都即入都。

卷四十六页六

〇世宗以为京畿司马。

【黑铅笔】指京畿大都督府之司马。

〇文襄大笑，语前妄引贼者曰：“尔辈若不遇我好参军，几致枉死。”

【黑铅笔】“引”犹言“承引”，即承认也。

卷四十八页一

○叡少好弓马，有武干，为高祖帐内都督。

【黑铅笔】《（八琼室金石）补正》廿一收《娄睿华严经碑》称：“寺檀越主司徒公、使持节都督瀛冀光岐丰五州诸军事、瀛冀光岐丰五州刺史、食常山郡干、东安王娄睿；东安郡君杨。”左侧题：“王世子假都督岐州□军事、岐州刺史、仪同三司、左右直长、大贤直内备身□都督，食广州南阳峡城□县、海虞伯子彦、第二子通直散骑常侍仲彦。”

卷四十八页四

○长仁累迁右仆射及尚书令。

【黑铅笔】王鸣盛《蛾术编》谓仆射先右而后左，碑词尚夸，故重累言之。案，据后主本纪，长仁自右为左，和士开为右。长仁为尚书令，和士开由右为左。王氏先右后左之说非矣。

○后长仁倚亲，骄豪无畏惮。士开出为齐州刺史。长仁怨愤，谋令刺士开，事觉，遂赐死。

【朱墨】《隋书》二二《五行志》：“武平元年，童谣曰：‘狐截尾，你欲除我我除你。’其年四月，陇东王胡长仁谋遣刺客杀和士开，事露，返为士开所杀。”肥城有《陇东王感孝颂》，称武平元年正月立，《通鉴》天统五年四月记长仁刺齐州及赐死事，钱竹汀已辨其误。然竹汀谓《隋志》武平四年云云，与今本《隋书》不同，元本亦作武平元年童谣云云。又其年四月云云，盖长仁到州不一年而死也。

【黑铅笔】见《潜研堂金石文跋尾》及《金石萃编》三四，碑云：“开府仪同三司、尚书右仆射、尚书左仆射，尚书令，摄选，新除特进、使持节、齐州刺史、陇东王胡长仁。”

第十八册

卷四十九页二

○至辽阳山中，有猛兽去马十步，所追人惊怖将走。

【黑铅笔】辽阳山今左权县，山东趋晋阳所经。

卷四十九页六

○至石动桶，曰：“此弄痴人。”

【黑铅笔】“石动桶”当即卷十五《尉景传》“优者石董桶”。

卷五十页五

○遣兵士防送，禁于治书侍御厅事，俨遣都督冯永洛就台斩之，时年四十八。

【黑铅笔】《隋书》卷二一《天文志下》：“矫诏诛录尚书、淮南王和士开于南台。”南台谓御史台，即指治书侍御厅事也。

卷五十页九

○后主走度太行后，那肱以数千人投济州关，仍遣觇候。

【黑铅笔】《(魏书)·地形志》“济州治济北碻磝”，济州关当指此。

○狗汉大不可耐，唯须杀却。

【黑墨】“不可耐”为六代隋唐习语，日本圆珍《行历抄》载会昌中，日僧圆载留居中国，有失行，圆修□告之，载乃雇新罗僧排杀修不果：“新罗僧却来，曰：‘趁他不着。’载曰：‘叵耐，叵耐！’”

附注：该书已捐公。整理此文，受到北大历史系及一良后人大力协助。

《南齐书》批校

祝总斌主持　王铿、叶炜录文标点

第一册

南齐书序

【朱墨】钱（大昕）云：曾子固《序》但云校正讹谬，不云文有脱落，则宋时萧史固完善也。又按《史通·序例》篇，子显书当有序例一篇，刘知幾犹及见之。

卷十五《州郡志下》、卷三十五《高十二王传》、卷四十四《徐孝嗣传》、卷五十八《高丽传》各缺一页，卷五十九“史臣论”亦有缺文，江安傅氏藏宋刊本，盖绍兴蜀中重刊者，卷十五、卷卅五所缺两页犹存。

【朱墨】钱云：此序曾巩所作。彦若者，赵彦若；觉者，孙觉；洙者，孙洙；藻者，钱藻；宝臣者，丁宝臣也。

第二册

卷一页一

○中朝乱，淮阴令整字公齐，过江居晋陵武进县之东城里。

【黑铅笔】萧道成与刘裕原籍为大同乡，南渡后又同乡。

○寓居江左者，皆侨置本土，加以南名，于是为南兰陵兰陵人也。

【朱墨】钱云：郡县兼举，监本少“兰陵”二字，盖刊书者妄去之。《州郡志》“南徐州”无兰陵郡，盖齐初省并。

卷一页三

○封晋兴县五等男，邑三百四十户。

【黑铅笔】五等男而有封邑，于例不合。

○梁士民思之，于峨公山立庙祭祀。

【黑铅笔】特史家粉饰之词。

○十九年，竟陵蛮动，文帝遣太祖领偏军讨沔北蛮。

【黑铅笔】十五岁即领偏军，恐不可信。

○二十三年，雍州刺史萧思话镇襄阳。

【朱墨】《宋书》七八本传，为雍州刺史在廿年，廿二年即除侍中，领太子右率，廿五年再为雍州刺史。纪同。《南史·帝纪四》亦作廿三年。

○二十七年，索虏围汝南戍主陈宪。

【朱墨】《宋书》记：“索虏攻悬瓠城，行汝南郡事陈宪拒之”。

卷一页四

○新安王子鸾有盛宠，简选僚佐，为北军中郎中兵参军。

【朱墨】钱云：子鸾以北中郎将领南徐州刺史，此多一“军”字。

卷一页七

○太祖戎衣出门迎，即酌饮之。

【朱墨】《南史·帝纪四》："惧鸩，不敢饮，将出奔，（吴）喜告以诚，先饮之，帝即酌饮之。"

〇元徽二年五月，举兵于寻阳，收略官民，数日得士众二万人，骑五百匹。

【朱墨】《宋书》七九本传："虏发百姓船乘，使军队称力请受，付以榜解板，合手装治，二三日间，便悉整办。率众二万，铁骑数百匹。"

卷一页八

〇中堂旧是置兵地，领军宜屯宣阳门，为诸军节度。

【黑铅笔】宣阳门，台城南面中门。

卷一页十

〇七月，羽林监袁祇奔景素。

【朱墨】《宋书》七二、《南史》一四、《通鉴》一三四（袁祇）皆作"垣祇祖"。

卷一页十一

〇于是长刀遮粲、秉等，各失色而去。

【朱墨】《南史》："（王敬则）手自取白纱帽加帝首，令帝即位，曰：'今日谁敢复动，事须及热。'帝正色呵之。"

卷一页十二

〇高道庆家在华容，假还过江陵，道庆素便马，攸之与宴饮，于听事前合马槊，道庆槊中破攸之马鞍，攸之怒，索刃槊，道庆驰马而出。

【朱墨】《宋书》七四《(沈)攸之传》:“台直阁高道庆家在江陵，攸之初至州，道庆时在家，牒其亲戚十余人，求州从事西曹，攸之为用三人。道庆大怒，自入州取教，毁之而去。及还都，不诣攸之别。道庆至都，云:‘攸之聚众缮甲，奸逆不久。’杨运长等常相疑畏，乃与道庆密遣刺客，赍废帝手诏，以金饼赐攸之州府佐吏，进其阶级。……其后刺客事发。”

第三册

卷二页五

○乙巳，以新除尚书令、骠骑将军豫章王嶷为荆、湘二州刺史。

【朱墨】《南史四·帝纪》:“九月乙巳，复置南蛮校尉官。”案《南齐书》廿二嶷本传“晋宋之际，刺史多不领南蛮，别以重人居之”，嶷以刺史兼领，资费之盛，遂为近代莫比。非南蛮校尉之官已罢，而复置于是年。《通鉴》一三五与《嶷传》同。

卷二页六

○单贫及孤老不能自存者，即听番籍郡县押领。

【黑墨】番籍，郡县当即侨居郡县。

卷二页七

○三年春正月壬戌朔，诏王公卿士荐谠言。

【朱墨】《南史四·帝纪》“二月癸丑，罢南蛮校尉官”,《通鉴》一三五胡注:“晋武帝置南蛮校尉，至是罢。”

据(《南齐书》)卷四九《王奂传》，南蛮校尉之罢在建元二年。

卷二页八

○吾本布衣素族，念不到此，因藉时来，遂隆大业。

【黑墨】《豫章王嶷传》："常见素姓扶诏或着布屩"，又云，"谢安石素族之台辅。"

【朱墨】卷十六《百官志》四中郎将，"宋、齐以来，唯处诸王、素族无为者。"廿二《豫章王嶷传》："素姓三公长子一人为员外郎。"《南史》廿二《王骞传》："吾家本素族，自可依流平进，不须苟求也。"《宋书》五七《蔡兴宗传》："兴宗曰：'吾素门平进。'"《礼志五》："晋武帝时，护军将军羊琇乘羊车，诏曰：'羊车虽无制，犹非素者所服。'"《(南齐书)·礼志下》："近宋元嘉中，颜延作王球石志。素族无碑策，故以纪德。自尔以来，王公以下，咸共遵用。"(《宋书》)四一《孝懿萧后传》："孝皇陵坟本用素门之礼，与王者制度奢俭不同。"又《孝武文穆王皇后传》明帝使人为江敩作让婚表曰，"臣寒门悴族，人凡质陋"，又云，"如臣素流，室贫业寡"，又云，"媒访莫寻，素族弗问。自惟门庆，属降公主。"五六《谢瞻传》："言于高祖曰：'臣本素士，父、祖位不过二千石。'"七九《桂阳王休范传》："及太宗晏驾，主幼时艰，素族当权，近习秉政。"《陈书》十七《袁枢传》："昔王姬下嫁，必适诸侯，……汉氏初兴，列侯尚主，自斯以后，降嫔素族。"

○主衣中似有玉介导，此制始自大明末，后泰始尤增其丽。

【朱墨】卷廿三《褚澄传》"又赎渊介帻犀导"，介导盖今帻导之省称，或用玉，或用犀也。

卷二页九

○上姓名骨体及期运历数，并远应图谶数十百条，历代所未有。

【朱墨】《南史四·帝纪》"泰始三年，宋明帝遣前淮南太守孙奉伯往淮阴监元会。"

卷二考证

○五月立六门都墙 ○臣宗禹按《通鉴》云："自晋以来，建康宫之外城，唯设竹篱。会有发白虎樽者，命改立都墙。"

【朱墨】《南齐书》廿三《褚澄传附徐嗣传》时齐末东阳徐嗣善医术，"又春月出南篱门戏，闻笪屋中有呻吟声"，盖立都墙后仍袭用篱门旧备。

【朱墨】(《通鉴》卷一三五）言："白门三重关，竹篱穿不完。""上感其言"。

卷三页三

○癸酉，诏曰："城直之制，历代宜同，顷岁逋弛，遂以万计。虽在宪宜惩，而原心可亮。积年逋城，可悉原荡。自兹以后，申明旧科，有违纠裁。"

【朱墨】《南史四·帝纪》："癸酉，诏免逋城钱，自今以后，申明旧制。初晋、宋旧制，受官二十日，辄送修城钱二千。宋泰始初，军役大起，受官者万计，兵戎机急，事有未遑，自是令仆以下并不输送。二十年中，大限不可胜计，文符督切，扰乱在所，至是除荡，百姓悦焉。"

卷三页五

○莅民之职，一以小满为限。

【朱墨】《通鉴》一三五："宋末，以治民之官六年过久，乃以三年为断，谓之小满；而迁换去来，又不能依三年之制。"

○魏矜袁绍，恩洽丘墓，晋亮两王，荣覃余裔，二代弘义，前载美谈。

【黑铅笔】两王指刘氏、曹氏。

卷三页十二

○周盘龙为行兖州刺史。

【朱墨】《通鉴》一三六（六年）“四月桓天生复引魏兵出据隔城。诏游击将军下邳曹虎督诸军讨之”，大破之，俘斩二千余人。“明日攻拔隔城，……复俘斩二千余人。”《纪》失书，下八年放隔城俘，遂无所承。

○五月，以宕昌王梁弥承为河凉二州刺史。

【朱墨】钱云：齐世遵古二名不偏讳之礼（按齐高帝父名承之），未受宋禅前，则沿宋制偏避二名。

卷三页十三

○今产子不育，虽炳常禁，比闻所在，犹或有之。诚复礼以贫杀，抑亦情由俗淡。宜节以严威，敦以惠泽。主者寻旧制，详量附定，蠲恤之宜，务存优厚。

【朱墨】《南史四·帝纪》：“申明不举子之科。若有产子者，复其父。”

卷四页五

○居尝裸袒，着红谷裈杂采袒服。

【黑铅笔】袒服疑当作袙（服）。

第四册

卷六页一

○五年，为持节、监豫州郢州之西阳司州之汝南二郡军事、右将军、豫州刺史。

【朱墨】钱云：《州郡志》“司州汝南郡，寄州治”，州治即义阳，似非豫州所当兼督。而齐世除豫州者，例监督司州之汝南，未审其故。

卷六页六

○己巳，诏申明守长六周之制。

【朱墨】《南史五·帝纪》："(二月)己巳，诏申明守长六周之制，事竟不行。"

卷七页六

○巷陌悬幔为高障，置仗人防守，谓之"屏除"。

【朱墨】(《南齐书》)四八《孔稚珪传》："三年，稚珪疾，东昏屏除，以床轝走，因此疾甚。"

卷七页八

○帝有膂力，能担白虎幢。

【朱墨】《南史五·帝纪》："又甚有筋力，牵弓至三斛五斗。能担幢，初学担幢，每倾倒在幢杪者，必致踠伤。其后，白虎幢七丈五尺，齿上担之，折齿不倦。"

○何世天子无要人，但阿侬货主恶耳。

【黑铅笔】何世天子无要人，《南史五·东昏纪》范云谓朱光尚是"天子要人"。

卷七页九

○马被银莲叶具装铠，杂羽孔翠寄生。

【黑铅笔】寄生，(《南齐书》)卷一《高帝纪》"析竹为寄生"。

卷七页十

○是夜，帝在含德殿吹笙歌作《女儿子》，卧未熟。

【黑铅笔】《女儿子》当是曲名。

卷七页十一

○东昏侯亡德横流，道归拯乱，躬当翦戮，实启太平，推阉竖之名字，亦天意也。

【黑铅笔】指（阉人）黄泰平。

第五册

卷九页三十四

○后讳依旧不立训。

【黑铅笔】后讳依旧不立训，而东晋因后讳，改寿春为寿阳。

第八册

卷十四页三

○南琅邪郡。

【朱墨】卷四十《南海王子罕传》："上初以白下地带江山，徙琅邪郡自金城治之，子罕始镇此城。"

卷十四页五

○南汝阴郡：慎、汝阴……

【朱墨】子显《志》例，先举州所治郡，及郡所治县。考《宋书·州郡志》，南汝阴领县首为汝阴，云："所治即二汉、晋合肥县，后省。"钱氏据《宋书》泰始七年《纪》寇攻合肥，"杀汝阴太守"之文，谓汝阴郡治合肥。是也。而此列"慎"于汝阴县前，未详。

杨（守敬）图亦以郡治汝阴，慎县在其东北。又案《志》既云寿春“常为州治”，而此又以汝阴为州治者，盖（前）指刘宋一代，承义熙十二年云云而言也，南齐豫治，自治合肥。

卷十四页十

〇晋末以广陵控接三齐，故青兖同镇。

【朱墨】钱云“晋南渡，侨立徐、兖二州，常以一人领之”。然朱序镇淮阴，谯王恬、王恭镇京口，皆不镇广陵也。桓弘为青州，治广陵，而不兼兖州。其后刘藩为兖州，诸葛长民为青州，二镇仍分。长民还治京口，刘道怜为二州，镇京口。桓祇为青州，镇广陵，而不兼兖，刘怀慎代之亦同。此云“青兖同镇”者，谓义熙末两刺史同治广陵，非以一人兼领也。

卷十四页十三

〇建元初，徙齐郡治瓜步。

【朱墨】《南齐书》五三《刘怀慰传》“齐国建，上欲置齐郡于京邑，议者以江右土沃，流民所归，乃治瓜步”。

卷十四页十四

〇北东海郡，治连口。

【朱墨】卷二九《周山图传》建元二年：“表移东海郡治涟口”。

第九册

卷十五页八

〇襄阳石城疆场之地，对接荒寇。

【黑墨】卷三十《曹虎传》“善于诱纳，日食荒客常数百人”。

《宋书》八三《宗越传》“谭金，荒中伧人也。在荒中时，与薛安都有旧，后出新野，居牛门村”。《晋书》七三《庾翼传》记翼作荆州，称其“绥来荒远，务尽招纳之宜”。皆指西北方而言。然亦未可拘泥。如《晋书》七九《谢玄传》“镇慰荒杂”；同卷《(谢)万传》“俯顺荒余”，皆不必定指西北边也。(《晋书》一百)《苏峻传》言“乞补青州界一荒郡”，亦泛言之。《晋书》八一《桓伊传》称伊在豫州十年，“绥抚荒杂，甚得物情”。《晋书》七五《范宁传》“凡荒郡之人，星居东西，远者千余，近者数百，而举召役调，皆相资须，……今荒小郡县，皆宜并合”云云，“荒”谓荒残。

《晋书》七八《孔严传》记殷浩临扬州，云“引接荒人，谋立功于阃外”。

卷十五页十五

〇梁州：新巴郡。

【黑铅笔】太清三年梁《程虔（墓）志》(出襄阳)称：“梁故威猛将军、咨议参军、益昌县开国男、宋新巴、晋源三郡太程虔，字子猷，阴时六十八，……安定南阳白土人也。”《齐志》梁州有新巴郡，益州有晋康郡；《宋志》有晋原，无晋康，据《虔志》知当作晋源(《隋志》蜀郡晋原县)。

卷十五页二五

〇宁州，镇建宁郡。

【朱墨】言镇建宁郡，而下文以建平郡列第一，未详。《宋志》建宁郡第一，首县为味县，杨图在今云南曲靖，而(其)南齐图则系州于建平同乐，当今曲靖西南之马龙。窃意南齐味县由建宁度属，建平州治仍在焉，故建平列第一，而不以味县列建平郡首县。及言镇建宁，则子显之疏失也。

第十册

卷十六页十一

○用衣冠之余。

【黑墨】“衣冠之余”，意盖谓非士人。

○自二卫、四军、五校已下谓之西省，而散骑为东省。

【黑铅笔】东省、西省，见《郁林王纪》《明帝纪》，未审即此处所指否？

第十一册

卷十七页五

○《司马法》曰“夏后氏辇曰金车，殷曰胡奴车，周曰辎车”。

【黑铅笔】辎车未闻，当从《续汉志》及《宋志》作“辎”。

卷十七页七

○自四望至平乘，皆铜校饰。

【朱墨】敦煌本《残类书》赤车条《齐职仪》曰：太常卿，银章青绶，冠，绛朝服，佩水苍玉。王朗云：西京太常行陵，赤车十乘。

○漆画牵车。

【朱墨】宋本作“索”。

卷十八页七

○建元四年三月，白虎见安蛮虔化县。

【黑铅笔】据《志》，司州有安蛮左郡，属县有新化而无虔化。

○中兴二年二月，白虎见东平寿张安乐村。

【黑铅笔】东平郡侨置于山阳、盱眙间。

卷十九页二

○昼或见日，夜乍见月。

【黑铅笔】“乍见”即“或见”。

第十二册

卷二十页三

○建元元年，为皇太子妃。三年，后薨。

【朱墨】《南史》十一本传：“时议欲立石志，王俭曰：‘石志不出礼典，起宋元嘉中颜延之为王球石志。素族无铭策，故以纪行。自尔以来，共相祖习。储妃之重，礼绝恒例，既有哀策，不烦石志。’从之。”

○车驾数幸琅邪城，宫人常从，早发，至湖北埭，鸡始鸣。

【朱墨】《南史》十一“故呼为鸡鸣埭”。

○祖韶之，吴兴太守，父晔之，太宰祭酒。

【黑墨】“太宰”二字有误。

卷二十页四

○永明二年，纳为南郡王妃。

【朱墨】《南史》十一本传：“初将纳为南郡王妃，文惠太子嫌戢无男，门孤，不欲与昏。王俭以南郡王妃，便为将来外戚，唯须高胄，不须强门。今何氏荫华族弱，实允外戚之义。”

○嫡母刘氏为高昌县都乡君。

【黑铅笔】嫡母刘氏，不知即宋孝武之女山阴公主否？

卷二十一页一

〇出太子为持节、都督雍梁二州郢州之竟陵司州之随郡军事、左中郎将、宁蛮校尉、雍州刺史。

【朱墨】《南史》四四作"北"。

宋雍州治襄阳。梁州历治汉中南城，元嘉十年后治南郑。郢州治江夏。司州，武帝北平关、洛后立治虎牢；少帝景平初，没于魏；元嘉末，侨立于汝南，寻省；明帝复于南豫州之义阳郡立司州。

《宋志》宁蛮校尉治襄阳；四中郎将，第四品。戎蛮校尉同。刺史领兵者，亦第四品；不领兵，五品。

卷二十一页二

〇太子虑其为变，乃遣说柏年，许启为府长史。

【朱墨】《宋志》"四夷中郎将、校尉，皆有长史、司马、参军"，戎蛮府长史、司马，第七品。

〇柏年，梓潼人，徙居华阳，世为土豪，知名州里。

【朱墨】梓潼属益州，本属梁州，元嘉十六年改；华阳属梁州。

卷二十一页三

〇四年，迁使持节、都督南徐兖二州诸军事、征北将军、南徐州刺史。

【朱墨】齐南徐州治京口。宋武帝平河南，兖州治滑台；元嘉十三年，治邹山；又寄治彭城；二十年省；卅年六月复立，治瑕丘；宋末失淮北，侨立兖州，寄治淮阴；齐称北兖州。

卷二十二页一

〇豫章文献王嶷字宣俨，太祖第二子。

【朱墨】《艺文类聚》四五有沈约撰碑文。

○起家为太学博士、长城令，入为尚书左民郎、钱唐令。

【朱墨】《宋志》晋元帝增博士为十六人，不复分掌《五经》，谓之太学博士，在第六品。

○寻为安远护军、武陵内史。

【朱墨】《宋志》："魏、晋有杂号护军，如将军，今犹有镇蛮、安远等护军。""安远以加武陵内史"，第六品。宋武陵属郢州。

卷二十二页二

○迁中领军，加散骑常侍。

【朱墨】《宋志》领军将军一人，第三品。魏文帝始置领军，晋武初省，使中军将军羊祜统二卫前后左右骁骑七军营兵，即领军之任。祜迁罢，复置北军中候，永嘉中改曰中领军。其后数有改易，卒称领军。

○上流平后，世祖自寻阳还，嶷出为使持节、都督江州豫州之新蔡晋熙二郡军事、左将军、江州刺史，常侍如故。

【朱墨】宋江州治寻阳，豫州治汝南。

据《宋志》，大明时新蔡属豫州，晋熙属南豫州。《宋书》十《顺帝纪》，嶷为江州在升明二年。《宋志》又云："淮东自永初至于大明，便为南豫，虽乍有离合，而分立居多。爰自泰始甫失淮西，复于淮东分立两豫。今南豫以淮东为境，不复于此更列二州，览者按此以淮东为境，推寻便自得泰始两豫分域也。"窃疑泰始以后分南豫立豫州，晋熙亦在改属之列，又侨置新蔡郡于南豫州境耳。记之俟考。齐俱属豫州。

○仍徙都督荆湖雍益梁宁南北秦八州诸军事、镇西将军、荆州刺史，持节、常侍如故。

【朱墨】宋无湖州，乃“湘”字之误，《通鉴》一三五即作“湘”。

卷二十二页三

○复以为都督荆湘雍益梁宁南北秦八州诸军事、南蛮校尉、荆湘二州刺史，持节、侍中、将军、开府如故。

【朱墨】《宋志》南蛮校尉治襄阳，《齐志》护南蛮校尉府置佐史，隶荆州。

○二年春，虏寇司、豫二州。

【朱墨】齐司州治义阳，豫州治寿春。

卷二十二页四

○是时纂严，嶷以荆州邻接蛮、蜑，虑其生心，令镇内皆缓服。

【朱墨】卷七《东昏纪》“戎服急装”，《通鉴》一四二作“急装缚裤”，缓服与急装相对。又卷廿六《王敬则传》东昏侯“急装欲走”，《通鉴》一四一胡注：“急装谓缚裤也，戎装谓之急装。”

○义阳劫帅张群亡命积年，鼓行为贼，义阳、武陵、天门、南平四郡界，被其残破。

【朱墨】齐武陵属郢州，天门、南平属荆州。

卷二十二页六

○出篱门外乘轝鸣角。

【黑铅笔】篱门外即为郊外。

卷二十二页七

○常见素姓扶诏，或着布屩，不意为异。

【黑铅笔】扶诏当即传诏。

○臣在西朝拜王。

【黑铅笔】西朝当指在荆州。

○侠毂、白直，格置三百许人

【黑铅笔】格当指条例规格。

卷二十二页八

○北第旧邸，本自甚华，臣改修正而已，小小制置，已自仰简。

【黑铅笔】仰简当即呈报之意；又简当是简在帝心之“简”。

卷二十二页十

○扰籍检工巧，督恤简小塘。

【黑墨】扰籍云云，《南史》同，疑有脱误。

卷二十二页十四

○人生在世，本自非常，吾年已老，前路几何。

【黑铅笔】年四十九而云“已老”。

○汝等各自修立，灼然之分无失也。

【黑铅笔】灼然指“灼然二品”。

卷二十二页十七

○堂堂烈考，德迈前踪。

【朱墨】钱云：嶷为子显之父，故有烈考之称。

第十三册

卷二十三页一

○褚渊字彦回，河南阳翟人也。

【朱墨】《文选》及《艺文类聚》四五有王俭为渊所撰碑文。

〇渊少有世誉，复尚文帝女南郡献公主，姑侄二世相继。

【朱墨】钱云：下文云渊妻宋故巴西公主，而王俭撰渊碑文又云选尚余姚公主，盖由县主进封郡主，而南郡、巴西互异。

〇司徒建安王休仁南讨义嘉贼。

【黑铅笔】晋安王子勋起兵号年义嘉。

〇帝在藩，与渊以风素相善，及即位，深相委寄，事皆见从。

【朱墨】宋本作“夙”。案廿四《柳张二传》论曰，“体之以风素，居之以雅德”，似作“风”为长。又四三《何昌寓传》“以风素见重”。

卷二十三页三

〇今以近侍禁旅，进升中候，乘平随牒，取此非叨。

【朱墨】汉光武置北军中候，监五校营；晋永嘉中改曰中领军。

卷二十三页四

〇手取书授太祖。

【朱墨】元本《南史》作“事”。

【黑铅笔】当从《南史》作“事”。

卷二十三页七

〇升明中，为太祖太尉从事中郎，司徒右长史，太傅户曹属，黄门郎，领羽林监，齐世子中庶子，领翊军校尉。

【朱墨】《宋志》：“汉东京太傅府置掾、属十人，御属一人，令史十二人，不知皆何曹”，又云：“太傅不置长史。”据此传，则太傅有户曹矣。

卷二十三页八

○渊事主孝谨，主爱之，湛之亡，主表渊为嫡。

【黑墨】此颜黄门所谓“江左不讳庶孽”也。

卷二十三页九

○王俭字仲宝，琅琊临沂人也。

【朱墨】《艺文类聚》四六有沈约撰碑文，又五五及《文选》有任昉《王文宪集序》。

卷二十三页十

○宋世外六门设竹篱。

【朱墨】《南史》二二本传作“宋世，宫门外六门城设竹篱”。

卷二十三页十一

○褚渊弹琵琶，王僧虔弹琴，沈文季歌《子夜》，张敬儿舞，王敬则拍张。

【朱墨】《南史》二二本传：“于是王敬则脱朝服袒，以绛纠髻，奋臂拍张，叫动左右。……曰：‘臣以拍张，故得三公，不可忘拍张。’”《搜神后记》六：“庐江杜谦为诸暨令。县西山下有一鬼，长三丈，着赭衣袴褶，在草中拍张；又脱褶掷草上，作‘懊恼歌’。”“恼”当是“侬”之误。又见（《南齐书》）卅《曹虎传》。

卷二十三页十二

○是岁，省总明观。

【朱墨】《南史》二二本传：“宋明帝泰始六年，置总明观以集学士，或谓之东观，置东观祭酒一人，总明访举郎二人。儒、玄、文、史四科，科置学士十人，其余令史以下各有差。是岁，以国学既立，省总明观。”

卷二十四页一

〇柳世隆字彦绪，河东解人也。

【朱墨】《艺文类聚》四七有沈约撰行状。

卷二十四页五

〇辅国将军骁骑将军萧鸾。

【朱墨】宋本作“讳”。

钱云：汲古阁本注“鸾”字。今以《宋书·沈攸之传》考之，乃萧顺之，非齐明帝也。顺之梁武之父，故讳其名。

卷二十四页七

〇三年，出为使持节、督南兖兖徐青冀五州军事、安北将军、南兖州刺史。

【朱墨】齐南兖治广陵，兖治淮阴，徐治钟离，寄治郁州，冀与青共一刺史。

〇定攻寿阳，吾当遣援军也。

【黑铅笔】定犹言必，假设之词。

卷二十四页八

〇入为侍中、护军将军。

【朱墨】《南史》三八本传：“卫军王俭修下官敬甚谨，世隆止之。”案卫军当即左右二卫将军之一，《齐志》列护军后。《宋志》领、护军三品，二卫四品。

【黑墨】十六《百官志》："诸为将军官，皆敬领、护。"

卷二十四页九

○随府转为太傅五官，为义恭所遇。

【朱墨】太傅五官不见《宋志》。

卷二十五页四

○进为都督号、平西将军，增封为千五百户。

【朱墨】《宋志》"晋世都督诸军为上，监诸军次之，督诸军为下"，宋齐盖皆沿此制。崇祖本监豫、司二州诸军事，今进为都督也。

卷二十五页六

○父丑，为郡将军，官至节府参军。

【朱墨】郡将军不见《宋志》。

卷二十五页七

○太祖笑而无言，乃以敬儿为持节、督雍梁二州郢司二郡军事、雍州刺史，将军如故。

【朱墨】钱云：雍州刺史常兼督郢州之竟陵、司州之随郡，非书督郢司二州，《柳世隆传》（张敬儿）所称得其实。

卷二十五页八

○吾自分碎首于阁下，足下亦惧灭族于舍人。

【黑铅笔】灭族于舍人之"人"字，与上句"阁下"不相应，疑误。

卷二十五页十四

〇进号镇军将军，加散骑常侍，改为都督，给鼓吹一部。

【朱墨】《南史》四五本传前书“乃除雍州刺史，加都督，封襄阳县侯”，于此又云，“进号镇军将军，改督”，盖（李延寿）未悉南朝典制，遂致书法舛缪。

卷二十五页十五

〇道和出身为孝武安北行佐，有世名，颇读书史。

【朱墨】佐盖谓佐吏，如记室参军之类；行谓暂行也。行佐非一官名。

第十四册

卷二十六页一

〇王敬则，晋陵南沙人也。

【朱墨】齐晋陵属南徐州。

【黑墨】《南史》四五：“临淮射阳人也，侨居晋陵南沙县。”

〇景和使敬则跳刀，高与白虎幢等。

【黑铅笔】跳刀当是掷刀，亦掉丸之类。

卷二十六页六

〇寻与王俭俱即本号开府仪同三司，俭既固让，敬则亦不即受。

【朱墨】《南史》四五本传：“时徐孝嗣于崇礼门候俭，因嘲之曰：‘今日可谓连璧。’俭曰：‘不意老子遂与韩非同传。’”

〇臣若知书，不过作尚书都令史耳，那得今日？

【朱墨】《齐志》：“廿曹，各置郎中令史以下，又置都令史分领之。”

〇临州郡，令省事读辞，下教判决，皆不失理。

【朱墨】省事不见宋齐《志》。

卷二十六页七

○闻其衰老，且以居内地，故得少安。

【黑铅笔】内地指会稽，对荆、雍而言。

○三年中，遣萧坦之将斋仗五百人，行武进陵。

【朱墨】《南史》四五作“晋陵”。

○上知之，遣敬则世子仲雄入东安慰之。

【朱墨】李（慈铭）云：“世”字衍，下文世雄当是仲雄之误。六朝惟宗室诸王子当为嗣者称世子。褚渊子《贲》，及《陈显达》《周盘龙传》之世子，盖流俗通称，如公子之比。

卷二十六页八

○谢朓启事腾徐岳列如右。

【黑铅笔】腾犹腾谤之“腾”。

○敬则招集配衣，二三日便发。

【黑铅笔】“配衣”当是“配卒”。

卷二十六页九

○公儿死已尽，公持许底作？

【黑墨】持许底作，【黑铅笔】犹云以此何为。

○见征虏亭失火。

【黑墨】征虏亭，自都入东送人之所。

○敬则之来，声势甚盛，裁少日而败，时年七十余。

【朱墨】《南史》四五：“凡十日而败，时年六十四，朝廷漆其首藏在武库。”

卷二十六页十

〇地黄村潘妪善禁。

【黑铅笔】禁犹言咒。

卷二十六页十二

〇高宗即位，进太尉，侍中如故，改封鄱阳郡公。

【朱墨】《南史》:“后以太尉封鄱阳郡公，为三公事，而职典连率，人以为格外三公。”

卷二十六页十三

〇是时虏频寇雍州，众军不捷，失沔北五郡。

【朱墨】《通鉴》一四一胡注:“五郡谓南阳、新野、南乡、北襄城并西汝南、北义阳二郡太守也。”

卷二十六页十五

〇建安殿下秀德冲远，寔允神器。

【黑铅笔】郢州刺史建安王宝寅。

〇萧雍州、房僧寄并已纂迈，旌鼓将及。

【黑铅笔】纂迈之“纂”当即纂严之意。

卷二十七页三

〇伪东莱太守鞠延僧数百人据城，劫留高丽献使。

【黑铅笔】高丽献使取道东莱入建康。

〇朝廷以怀珍为使持节、都督徐兖二州军事、辅国将军、平胡中郎将、徐州刺史，封艾县侯，邑四百户，督水步四十余军赴救。

【朱墨】《宋志》有平越中郎将，治广州，主南越，无平胡之称，盖因事而置，非常典也。钱云，王元载为徐州刺史，亦带平胡中郎将。

卷二十七页四

○固请不就，乃除黄门郎，领虎贲中郎将、青州大中正。

【朱墨】《宋志》平原郡属冀州。义熙中立北冀州，治青州，后省；文帝元嘉九年，又分青州立。怀珍为青州中正，未详所以。

又案《南史》四九本传："其先刘植为平原太守，因家焉。祖昶从慕容德南渡河，因家于北海都昌。宋武帝平齐，以为青州中从事。"《宋志》北海郡都昌县属青州，故怀珍得为青州中正也。子显失书，遂不可解。

卷二十七页九

○署事有卿名，我便不复细览也。

【黑铅笔】署事，事指文书。

卷二十七页十二

○泰始初，迁辅国将军、清河广平二郡太守、幽州刺史。

【朱墨】钱云:《宋州郡志》未见侨立幽州之文，盖侨置未久而旋废也。

卷二十七页十三

○出为持节、监徐州军事、平北将军、徐州刺史。

【朱墨】齐徐州分南北，南治京口，北治钟离。《武帝纪》永明十年"右卫将军王玄邈为北徐州刺史",《通鉴》一三八亦止云"夜攻徐州城"，胡注："徐州城即钟离城。"

《梁书》批校

祝总斌主持　王铿、叶炜录文标点

第一册

卷一页一

○高祖武皇帝讳衍，字叔达，小字练儿。

【朱墨】《颜氏家训·风操篇》："梁武帝小名阿练。"

《太平广记》一一〇"王珉妻"条引《辨正论》：珉妻逢胡僧而孕，"及生能语，能解西域十六国梵音，大聪明，有器度，即晋尚书王洪明身也。故小名阿练"。《晋书》六五《珉传》："二子：朗、练"，又似非小名练之意。盖聪明练达也。又，卷三二三"王胡"条未注出处：元嘉中，梦其亡叔，谓之曰："汝既已知善之当修，返家寻白足阿练。此人戒行精高，可师事也。""长安道人足白，故时人谓之白足阿练也。"此所谓阿练，未详何意。又三八七"王练"条引《冥祥记》："王练字玄明，琅琊人也，宋侍中。父珉相识有一胡沙门，辄云我若后生，得为此人作子，于近愿亦足矣。顷之，沙门病亡。亡后岁馀，而练生焉。始能言，便解外国语。又自然亲爱诸胡，过于汉人。咸谓沙门审其前。故珉字之曰阿练，遂为大名云。”今案练或是道家修炼之意，犹练师之称矣。《广弘明集》四《武帝舍道事佛疏文》曰：“弟子经迟迷荒，耽事老子，历叶相承，染此邪法。习因善发，弃迷知返。今舍旧医，归凭正觉。”是梁武固家世信道，故小名用道家语也。疏首曰“天监三年四月八日，梁国皇帝”云云，是即位始改。武帝第六子邵陵王纶，初亦信道。释藏（陪八又驾八，转引自《全梁文》）载纶遵敕舍老子，受菩萨戒，启云：“臣昔未达理源，禀承外道。如欲须甘果，翻种苦栽；欲除渴乏，反趣咸水。今启迷方，粗知归向。受菩萨大戒，戒节身心。舍老子之邪风，入法流之真教。天监三年四月十七日侍中前将军丹阳尹邵陵王臣萧纶启。”其改事佛，略与武帝同时也。

《周书》四七《强练传》：“不知何许人，亦不知其名字。魏时有李顺兴者，语默不恒，好言未然之事，当时号为李练。士人以强类练，故亦呼为练焉。”《隋书》二三《五行志》：“开皇末，渭南有沙门三人，行头陀法于人场圃之上，夜见大豕来诣其所，小豕从者十馀。谓沙门曰：‘阿练，我欲得贤圣道，然犹负他一命’。言罢而去。”又一条亦言“武帝时有强练者”云云。

卷一页二

○荆州本畏襄阳人，如唇亡齿寒，自有伤弦之急。

【朱墨】“如”当从《南史》作“加”，犹言“加之”也。

卷一页五

○行事不得相闻，不得妄有所道。

【铅笔】“相闻”犹“讯息”。

○山阳惑于众口，判相嫌贰，则行事进退无以自明，必漏吾谋内。

【铅笔】“判”犹言“定”，“漏”犹“落”。

卷一页八

〇即日遣冠军竟陵内史曹景宗

【朱墨】上文下文皆曰“太守”，而此称“内史”。案《南齐书》四十，竟陵王子良薨后，子昭胄嗣。以封境边虏，建元元年改封巴陵王。“建元”乃“永元”之误。卷九《景宗传》：“永元初为竟陵太守。”盖已是昭胄改封后矣。此檄永元三年二月作，仍曰内史，未详。

卷一页十三

〇义军追至宣阳门

【铅笔】宣阳门在朱雀桁北。

卷二页三

〇以弟中护军宏为扬州刺史，封为临川郡王；南徐州刺史秀，安成郡王；雍州刺史伟，建安郡王；左卫将军恢，鄱阳郡王；荆州刺史憺，始兴郡王。

【朱墨】《南史》：“自郡王以下，列爵为县六等。皇弟、皇子封郡王，二千户；王之庶子为县侯，五百户，谓之诸侯；功臣爵邑无定科。”

卷二页三

〇凡后宫、乐府、西解、暴室，诸如此例一皆放遣。

【铅笔】《南史》本纪“例”字下有“被幽逼者”四字。

卷二页六

○今端右可以风闻奏事，依元熙旧制。

【朱墨】《宋书》四二《王弘传》："奏弹谢灵运末云：'内台旧体，不得用风声举弹，此事彰赫，曝之朝野，执宪蔑闻，群司循旧，国典既颓，所亏者重。臣弘忝承人乏，位副朝端，若复谨守常科，则终莫之纠正。所以不敢拱默，自同秉彝。违旧之愆，伏须准裁。'高祖令：'端右肃正风轨，诚副所期。岂拘常仪，自今为永制。'"其事在义熙十二三年间。义熙十五年改元元熙，明年而禅宋。此元熙旧制，当即指弘事也。梁武重申此制，是有宋一代又未尝行矣。又弘当时为宋国尚书仆射、领选，其称内台，盖指晋台而言。《陈书》二六《徐陵传》："出为上虞令，御史中丞刘孝仪与陵先有隙，风闻劾陵在县赃污，因坐免。"梁武帝中大通时事也。《太平御览》七七一引《元嘉起居注》："有司奏：风闻余姚令何玢之造作平床一架，乘舴艋一艘，精丽过常，用功兼倍。请免玢之官。"是宋初犹以风闻奏事也。

卷二页八

○八月，魏陷司州

【朱墨】钱云：是岁，司州刺史蔡道恭卒，城陷魏。四年，以郑绍叔为司州，移治南义阳。其后，夏侯亶代马仙琕自南义阳徙镇安陆，故领太守。张惠绍、康绚皆然。绚天监十八年征还，不知何人代之。普通七年，夏侯夔刺司州，亦领安陆太守。大通二年，魏元显达以义阳内附，改为北司州，梁之失义阳，计廿五年。中大通二年，陈庆之都督南北司，义阳复为重镇。

卷二页十

○夏四月……甲寅……诏曰……增官司于诏狱

【朱墨】《南史》："夏四月甲寅，初立诏狱。诏建康县置三官，与廷尉三官分掌狱事，号建康为南狱，廷尉为北狱。五月，置集雅馆以招远学。"

【铅笔】置建康三官见元年八月纪

卷二页十一

○置左右骁骑、左右游击将军官。

【朱墨】盖分置左右二人也，宋齐骁、游各一人。

卷二页十二

○分湘、广二州置衡州

【铅笔】梁初有衡州，无西衡州，元帝时置东衡州，见《陈书》世祖天嘉元年纪、《欧阳頠传》，其后遂称衡州为西衡州，以别于治曲江之东衡州。西衡州见宣帝太建五年纪，《钱道戢传》。隋《羊玮（墓）志》称"曾祖雄，梁天监十三年除给事冠军将军、通直散骑常侍、西衡州刺史"，其时尚无东衡州，称西衡州，盖追书耳。（《（汉魏南北朝墓志）集释》卷八）

卷二页十三

○乙丑，增置镇卫将军以下各有差。

【朱墨】《南史》："增置镇卫将军以下为十品，以法日数；凡廿四班，以法气序；不登十品，别为八班，以象八风。又置施外国将军廿四班，合一百九号。"

卷二页十四

○雉兔有刑，姜宣致贬

【铅笔】梁玉绳《瞥记》曰："盖用《孟子（梁惠王下）》而误者，当作'麋鹿有刑，齐宣致贬'，帝博学亦有此误。"

卷二页二十二

〇使郡无旷土，邑靡游民

【黑墨】《文馆词林》六七〇作"居无旷士"。

卷三页二

〇信威将军义州刺史文僧明以州叛入于魏

【朱墨】四年六月始分霍州置义州，此时不应有义州也。《魏书》一〇一《蛮传》亦称："萧衍义州刺史边城王文僧明举州内属。""义州寻为萧衍将裴邃所陷。"廿八《裴邃传》同。

卷三页七

〇三月辛未，舆驾幸同泰寺舍身。

【朱墨】《南史》："初，帝创同泰寺，至是开大通门以对寺之南门，取反语以协同泰。三月，改元大通，以符寺及门名。"

卷三页十二

〇高祖升法座发金字摩诃波若经题

【黑墨】发题犹开题。

卷三页十八

〇置桂州于湘州始安郡

【铅笔】天监六年已分广州置桂州。

卷三页二十一

〇监所责民，蠲复二年

【朱墨】“监”谓“陵监”也。

卷三页二十四

〇魏司徒侯景求以豫章、广、颖、洛、阳、西扬、东荆、北荆、襄、东豫、南兖、西兖、齐等十三州内属

【朱墨】《通鉴》一六〇：“请举函谷以东，瑕丘以西，豫、广、颍、荆、襄、兖、南兖、济、东豫、洛、阳、北荆、北扬等十三州内附。”详见《考异》。此“章”字衍。“阳”当作“扬”。惟《纪》有西扬，《通鉴》从《景传》作“北扬”。《纪》有东荆，《通鉴》从传但云“荆”。

〇遣司州刺史羊鸦仁、兖州刺史桓和、仁州刺史湛海珍等应接北豫州。

【朱墨】卅九《鸦仁传》：“诏鸦仁督士州刺史桓和之、仁州刺史湛海珍等应接。”宋本亦作“士”。《通鉴》一六〇作“督兖州刺史桓和”，注云《梁纪》作“土州刺史桓和”。今宋本此纪亦作“兖”。则南宋时盖已有作“土”、作“兖”两本。《鸦仁传》之“士”则“土”之误也。“《五代志》：梁土州在汉东郡土山县。”

卷三页二十八

〇高祖崩于淨居殿

【黑墨】《南史》七《本纪》：“疾久口苦，索蜜不得，再曰‘荷，荷’，遂崩。”《北堂书钞》一四七引李轨《晋太康起居注》：“尚书令荀勖久疾羸毁，赐蜜百升。”

卷三页二十九

○皇太子、宣城王亦于东宫宣猷堂及扬州解开讲。

【朱墨】“解”，盖谓州廨也。天监元年，西解、暴室一皆遣放。《通鉴》一四五胡注：解读廨。

○庶事繁拥，日傥移中，便漱口以过。

【朱墨】《广弘明集》二四沈约《述僧中食论》：“食之于人，不可顿息。其于情性，所累莫甚。故推此晚食，并置中前，自中之后，清虚无事。因此无事，念虑得简。……故云往古诸佛，过中不餐，此盖是遣累之筌蹄，适道之捷径。”

卷四页六

○大赦改年

【朱墨】《南史》：“改元天正”。

卷五页十五

○武陵王纪窃位于蜀，改号天正

【朱墨】诸书俱作“天正”。案豫章王栋为侯景拥立，改元天正。纪不应与同。两者必有一误也。

卷五页二十四

○《洞林》三卷

【朱墨页下】（洞）当从《南史》作“词”。

卷六页八

○史臣侍中郑国公魏征曰

【黑墨】《文苑英华》七五四《史论》一何之元《梁典高祖事论》。

卷七页四

○自可随流平进，不须苟求

【黑墨】《晋书》七三《庾亮传》，亮《让中书监书》有云："向使西京七族、东京六族皆非姻族，各以平进，纵不悉全，决不尽败。"

卷八页一

○或命作剧韵

【铅笔】"剧韵"当即所谓"险韵"。

卷九页九

○迁安北将军、宁蛮校尉、雍州刺史，庆远重为本州

【黑墨】河东解人，而以雍州为本州。

卷十页五

○便道先到江阳

【朱墨】"阳"当是"陵"之误。

卷十页七

○蔡道恭……父郡，宋益州刺史

【朱墨页下】(郡),《南史》作"那"，不误。

卷十页十一

○湘俗单家多以赂求州职

【朱墨】《南史》:"单门多以赂求州职。"

○赆送一无所取

【铅笔】《南史》五五传："送故一无所取。"

卷十页十三

○若检巴西一郡籍注

【朱墨】《南史》作"巴西二郡"，是也。乃指巴西、梓潼二郡而言，时俱治涪城也。

卷十页十五

○至其西沮田舍

【黑墨】田舍即庄园也，五一《庾诜传》："尝乘舟从田舍还，载米一百五十石。"

卷十一页一

○国家故当无恙

【铅笔】国家指齐明帝。

○高祖曰：汉北有失地气，浙东有急兵祥……

【铅笔】萧衍之预测，托乎天象，而实言人事。

卷十一页四

○黄钺未加，非所以总率侯伯。

【铅笔】示意西台加萧衍黄钺。

卷十一页九

○高祖欲荣之，使为本州，乃授（吕僧珍）使持节、平北将军、南兖州刺史

【黑墨】"世居广陵"，即以南兖为本州。

卷十二页二

○进号辅国将军、南平太守，寻迁侍中、冠军将军、太守如故。

【朱墨】宋、齐之制，冠军皆在辅国上，大抵由辅国进号冠军。此以辅国进冠军，是同于宋、齐。

卷十二页三

○席阐文，安定临泾人也。

【黑墨】《周书》四四《席固传》："其先安定人也。高祖衡，因后秦之乱，寓居于襄阳。仕晋，为建威将军，遂为襄阳著姓。"

卷十二页四

○天下真人，殆兴于吾州。

【铅笔】吾州指雍州，京兆所属。此处则是襄阳之雍州，萧衍所镇也。

卷十二页九

○叡自以信受素薄

【铅笔】信受素薄，言不信佛教。

卷十三页一

○王未之知也。会游秦望，使人视刻石文，时莫能识，云独诵之。

【朱墨】《南史》："王未之知。后克日登秦望山，乃命云。云以山上有秦始皇刻石，此文三句一韵，人多作两句读之，并不得韵；又皆大篆，人多不识，乃夜取《史记》读之令上口。"

卷十三页六

〇约先期入，高祖命草其事。

【铅笔】“事”即文件，指诏书等。

卷十四页四

〇参掌诏册，并典国史。

【朱墨】《南史》：“建元二年，始置史官，淹与司徒左长史檀超共掌其任，所为条例，并为王俭所驳，其言不行。淹任性文雅，不以著述在怀，所撰十三篇竟无次序。”

〇今为南司，足以震肃百僚。

【铅笔】“南司”，指御史中丞。

卷十四页七

〇我若登三事，当以卿为骑兵

【黑墨】《北齐书》三一《王昕传》：“太尉汝南王悦辟骑兵参军。旧事，王出射，武服持刀陪从，昕未尝依行列。”

卷十五页三

〇永明二年，诏征朏为散骑常侍、中书监。

【铅笔】当是“永元二年”，东昏年号也，三年即为和帝中兴元年。

卷十六页四

〇齐永明中，为剡县令

【朱墨】《南史》：“为豫章王嶷主簿，与彭城刘绘俱见礼接，未尝被呼名，每呼为刘四、张五。”

卷十六页五

○郡犯私讳，改永宁为长宁。

【铅笔】犯私讳（父名永）改郡名。

卷十六页八

○迁左光禄大夫、开府仪同三司、丹阳尹、侍中如故。

【朱墨】《南史》：“既为公，须开黄阁。宅前促，欲买南邻朱侃半宅。侃惧见侵，货得钱百万，莹乃回阁向东。”

卷十七页四

○迁使持节督豫、北豫、霍三州诸军事、信武将军、豫州刺史、领南汝阴太守

【朱墨】钱（大昕）云：是时豫州治合肥，南汝阴郡亦侨置于合肥。《冯道根传》：“天监八年，假节督豫州诸军事、豫州刺史、领汝阴太守”，亦当为南汝阴。道根征还，而仙琕代之。

卷十八页五

○康绚……其先出自康居

【黑墨】《（八琼室）金石补正》十七东魏篇有《殷朋先题记》，云：“殷朋先为康胡七人泐恶捺佛愿造像一泐”。

卷十九页三

○（刘坦）天监三年，迁西中郎，卒

【朱墨】钱（大昕）云：宋、齐以后，四中郎将皆皇子弟为之。庶姓无除授者。坦盖迁西中郎司马耳。

卷十九页四

○（乐蔼）俄迁御史中丞，领本州大中正

【铅笔】“本州大中正”，盖指荆州。

卷二十页三

○司马朱士略说季连求为巴西郡，留三子为质。季连许之。

【朱墨】《南史》：“召兵算之，精甲十万。临军叹曰：‘据天险之地，握此盛兵，进可以匡社稷，退不失作刘备。’”

卷二十页四

○陈伯之，济阴睢陵人也。

【黑墨】《魏书》六一本传作“下邳人”。

卷二十页五

○车骑将军王广之

【黑墨】王广之，沛郡相人，见《南齐书》二九本传。

卷二十一页三

○每旦为粥于郡门

【铅笔】郡门指郡廨之门。

卷二十一页五

○臣太祖是谢仁祖

【朱墨页下】《南史》“太”作“曾”。

卷二十一页十六

〇又为侍中，领秘书监

【朱墨】《南史》：又为侍中，领秘书监。尝奏用琅邪王筠为殿中郎。武帝嫌不取参掌通署，乃推白牒于香橙地下。搏曰：“既是所知而用，无烦参掌署名。”

卷二十二页三

〇安成康王秀

【朱墨】《艺文类聚》卷四七有刘孝绰撰（安成康王）碑文。

卷二十二页十三

〇迁……镇西将军、益州刺史……便道之镇

【朱墨】四川云阳有恢题名石，高一尺六寸，文云：“天监十三年十二月，鄱阳王任益州军府，五万（萬）人从此过，故记之。”（见《八琼室金石补正》卷十一）

卷二十二页十五

〇始兴忠武王憺

【朱墨】徐勉撰憺碑，见严（可均）辑《全梁文》卷五十。

卷二十二页十六

〇郙州在南岸数百家

【朱墨】“州”，当从《南史》作“洲”。下同。

卷二十二页十七

〇始兴王，民之爹

【朱墨】《南史》：荆土方言谓父为爹。

卷二十二页十七

○降意接士，常与宾客连榻而坐

【铅笔】《南史》五一《萧韶传》："接（庾）信甚薄，坐青油幕下，引信入宴，坐信别榻，有自矜色。信稍不堪。"又《萧猷传》："在州颇僭滥，客筵内遂有香橙，不置连榻。"

卷二十二页十八

○盖亦汉之间平矣

【朱墨】河间曰间，未免不词。

卷二十三页二

○懿将行隆昌故事

【铅笔】隆昌，郁林王年号，郁林为明帝萧鸾所杀。

卷二十三页四

○床有膝痕

【铅笔】床有膝痕，是在床亦跪坐也。

卷二十三页四

○出为使持节督南徐州刺史

【朱墨】此当是督南徐州诸军事、南徐州刺史。宋、齐二史向是全书，《南史》每简略如此。非也。

卷二十三页五

○永阳嗣王伯游，……敷之子

【朱墨】徐勉撰敷墓志，见严（可均）辑《全梁文》卷五十。

卷二十四页二

○领军管天下兵要……制局监皆近幸

【铅笔】《南史》云："宋孝建以来，制局用事，与领军分权，典事以上皆得呈奏，领军垂拱而已。"

卷二十四页二

○若悉诛诸蛮，则魏军无碍

【铅笔】群蛮抵御魏人。

卷二十四页六

○用为……襄阳太守，又以边外致辞；改除……永嘉太守，复云内地非愿。

【铅笔】襄阳边外，永嘉内地

卷二十五页一

○国史诏诰，仪体法律

【铅笔】《通鉴》一四五及《南史》皆作"体"。

宋贾嵩《华阳陶隐居内传》引《本起录》："先生于吉凶内外仪体表笔（章），爰及笺疏启牒，莫不绝众"。《云笈七签》一〇七陶翊《华阳隐居先生本起录》作："吉凶内外仪礼表章。"（或）疑（仪体）当作"仪礼"。此说非是。当即《隋书经籍志·仪注篇》之"晋仪""宋仪""吊答仪""吉书仪"之"仪"。"仪体"或当时习语，"仪礼"

则范围过大。

《宋书》四二《王弘传》："凡动止施为，及书翰仪体，后人皆依仿之，谓为王太保家法。"

卷二十五页四

○送终之礼，殡以期日

【铅笔】期日，犹一日。

卷二十五页四

○爰自小选，迄于此职

【黑墨】小选，谓吏部郎。

卷二十五页十三

○及翰飞东朝

【铅笔】东朝，谓悱任太子舍人，"出入宫坊者历稔"。见下悱传。

卷二十六页五

○元嘉之末，开辟未有，故太尉杀身以明节，司徒当寄托之重，理无苟全

【铅笔】袁淑死于元凶劭之手，赠太尉。司徒指袁粲。

卷二十六页七

○琛性通脱，常自解灶

【铅笔】解灶，盖即祀灶，上文言"禁杀牛解祀"。

卷二十六页八

○时称之曰：无对日下，惟舅与甥

【朱墨】无对，犹卷廿七《到洽传》言“日下无双”也。

卷二十六页八

○拜日，八座丞郎并到上省交礼

【铅笔】到上省交礼，参《宋书·百官志上》。

卷二十六页八

○陆杲是臣通亲，小事弹臣不贷

【朱墨】《宋书》六四《郑鲜之传》：“外甥刘毅权重当时，……义熙六年，鲜之使治书侍御史丘洹奏弹毅曰：‘……中丞鲜之于毅舅甥，制不相纠，臣请免毅官’。”疑梁改晋制也。晋世舅犹不能纠甥，杲乃以甥纠舅，知必是法所许矣。丘洹言“不相纠”，则晋制甥亦不能纠舅可知。

卷二十七页一

○陆倕字佐公

【朱墨】《艺文类聚》卷四九有梁元帝太常卿陆倕墓志铭。

卷二十八页二

○昔阮彧、颜延有二始之叹

【朱墨】“彧”当从《南史》作“咸”。《晋书》四九《阮咸传》：“荀勖每与咸论音律，自以为远不及也，疾之，出补始平太守。”今湖北均县也。《宋书》七三《颜延之传》：“出为始安太守，领军将军谢晦谓延之曰：‘昔荀勖忌阮咸，斥为始平郡，今卿又为始安，可谓二始。'" 始安，今广西桂林也。

卷二十八页六

○晋安王纲承制

【朱墨】本作"讳"字。后人误以简文曾封晋安王，遂易以纲字，而不一考也。《敬帝纪》："讳方智，……承圣元年封晋安王。"三年十一月，江陵陷，王僧辩、陈霸先议以帝为太宰，承制，迎返京师。又，四年三月纪裴之横拒魏战死事。则如易"讳"字，当作"方智"矣。

卷二十八页八

○卿伧人，好不辩族从

【朱墨】《颜氏家训·风操篇》载此事。

卷二十八页八

○攻平静、穆陵、阴山三关

【铅笔】穆陵关，在光山附近，非山东临朐之穆陵（关）。

卷二十八页九

○围魏东豫州刺史元庆和于广陵，入其郛

【朱墨】钱（大昕）云：此魏侨立之广陵。《地形志》："东豫州，太和十九年置，治广陵城。"《隋志》："汝南郡之新息县，后魏置东豫州"，即广陵城所在矣。《（武帝）纪》中大通四年改魏南兖州为谯州。以羊鸦仁为刺史，即今亳州。据此传则谯州之名先已有之，但不知治于何所耳。

卷二十九页六

○纶乃昼夜兼道游军入赴

【朱墨】“游”，当从《南史》作“旋”，文义乃明。否则将疑纶自京口援京邑，何以至钟离矣。

卷二十九页十

○除秘书丞

【朱墨】《南史》：“尤工楷隶，公家碑碣皆使书之。除秘书丞，武帝谓曰：‘为汝能文，所以特有此授。’”

卷三十页一

○裴子野，字几原

【朱墨】《艺文类聚》卷四八有梁元帝散骑常侍裴子野墓志铭。

卷三十页一

○俄迁兼廷尉正，时三官通署狱牒

【铅笔】三官通署狱牒，三官当指丞下之正、监、平，皆第六品。

卷三十页二

○性不憛憛，情无汲汲

【铅笔】《札朴》三《憛》条：《广雅》：“馀憛，怀忧也。”冯衍《显志赋》：“终馀憛而洞疑。”

卷三十页二

○其叙事评论多善，约见而叹曰：吾弗逮也

【朱墨】《南史》：“其叙事评论多善，而云‘戮淮南太守沈璞

（沈约父），以其不从义师故也。’约惧，徒跣谢之，请两释焉。……兰陵萧琛言其评论可与《过秦》《王命》分路扬镳。”

卷三十页四

○谥曰贞子

【朱墨】《南史》：“先是，五等君及侍中以上乃有谥，及子野特以令望见嘉，赐谥贞子。”

卷三十页五

○从内弟率尤推重焉

【铅笔】内弟谓母方之表弟，非后人指妻弟。

卷三十页六

○及为舍人，同官者皆润屋

【黑墨】中书通事舍人皆富。

卷三十一页四

○直是东国贱男子耳

【朱墨】下启又自称“东国贱人”，皆昂之谦词也。陈郡袁氏原是旧族，昂临终敕诸子有“释褐从仕，不期富贵，但官序不失等伦”“无惭乡里”之语，皆是士族语气。

卷三十二页六—页七

○又表省南司州，复安陆郡，置上明郡

【铅笔】庆之卒于大同五年。据《羊鸦仁传》，七年尚有南司州（杨守敬疏）。而隋《羊玮（墓）志》言：“祖磊……梁太清元年除南司州刺史”，是太清初司州尚未废，此治安陆之梁之南司州也。《羊玮（墓）志》又言“磊性晓天运，鸾飞魏国，永熙二年，除车骑大将军……南司、定、光三州诸军事、南司州刺史”。东魏南司州治义阳，正始初为郢州，后入于梁。梁谓之北司州，梁末丧乱，复归于魏，以邺中已有司州，故加南以别之（钱大昕说）。此魏之南司，即磊入魏后所任也。《羊玮（墓）志》之定州，当是《（魏书）地形志》之南定州，与南司、光州合称三州，东西相邻。赵（万里）说见《汉魏南北朝墓志集释》卷八。

卷三十二页八

〇兰钦，字休明，中昌魏人也

【朱墨】《晋书·地理志》：冀州中山国有魏昌县。此盖脱“山”字，更误倒为昌魏耳。

卷三十三页七

〇又使撰妇人事二十余条，勒成百卷

【朱墨】二十余条何以能勒成百卷？“十”疑“千”误。

卷三十三页七

〇秘书丞天下清官，东南胄望未有为之者

【朱墨】《南史》：“后引见于玉衡殿，谓曰：‘卿东南物望，朕宿昔所闻。卿言宰相是何人，不从天下，不由地出。卿名家奇才，若复以礼律为意，便是其人。’”

卷三十三页十二

〇高祖雅好虫篆

【朱墨】文词曰“虫篆”，犹廿六《顾协传》言“同官皆润屋”，谓富也。皆六朝文字恶习，然宋、齐两史中固无之。

卷三十三页十四

○好恶之间，必待明鉴

【铅笔】是避姚察讳。

【朱墨】此卷史臣论系姚察作，则诸传亦出其手，不应自讳其名。盖思廉纂修追改之耳。

卷三十三页十六

○悱妻文尤清拔

【朱墨】《艺文类聚》卷三八有刘令娴祭夫文。

卷三十四页二

○且年甫强仕，方申才力

【铅笔】《南史·顾协传》所谓“北方高凉，四十强仕”，张氏范阳人。

卷三十四页二

○缵……尚高祖第四女富阳公主

【朱墨】缵既高祖舅子，是内兄弟也，于富阳公主为从父，而尚之何也？六朝此类正多，如蔡兴宗女之嫁袁彖，徐湛之子恒之之尚太祖女南阳公主，皆以姑行而嫁侄辈。宋文帝女淮阳（公）主嫁江湛子恁，又使其孙元凶劭之子伟之娶恁女，亦错乱而不以为异也。

卷三十四页四

○振长缨于承华

【铅笔】承华（太子宫）：缵为太子舍人，转洗马、中舍人。

卷三十四页五

○鞠三川于茂草

【铅笔】“三川”犹言三河，谓畿内。

卷三十四页五

○在苍精之将季

【铅笔】苍精之季一段，当指东昏。

卷三十四页六

○化致升平，于兹四纪

【铅笔】天监元年（502）至此大同九年（543）为四十年，一纪谓十年。

卷三十四页七

○于是近睇赭岑，遥瞻鹊岸

【铅笔】“赭岑”与下文“赤崖”，皆指赤壁。

卷三十四页八

○钦辅吴之忠谅

【铅笔】“辅吴”谓张昭。

卷三十四页九

○延五纪乎岷汉

【铅笔】建安十九年（214）刘备入益州，魏景元四年（263）蜀亡。

卷三十五页四

○河南雌伏，自此重升

【朱墨】《南史》“升”作“叨”。盖是“河南”乃以丹阳尹比汉晋之河南尹，为丞故曰“雌伏”，“重叨”言再为之也。

卷三十六页五

○驭二龙于长途

【朱墨】江淹亦有此语，谓谢览、举兄弟也，见《南史》举本传。

卷三十六页七

○欲以卿代为行事

【黑墨】诸传有言“行佐”者，亦即行事。

卷三十六页七

○我通不受饷

【铅笔】“通”犹言一律。

卷三十八页一

○异年数岁，外祖顾欢抚之

【铅笔】《南齐书》五四《顾欢传》：“吴郡盐官人也。祖赳，晋隆安末，避乱徙居……父使驱田中雀，欢作《黄雀赋》而归，雀食过半。”《南史》七五本传：“吴郡盐官人也，家世寒贱，父祖并为农夫。”陈（朝）马枢《道学传》作“吴郡吴人”，见陈国符辑本引《三洞珠囊》。

卷三十八页一

〇天下唯有文义棋书，卿一时将去

【黑墨】义者，谈义之义。

卷三十八页二

〇览事下议……诸事便了

【铅笔】览事、诸事，事皆指文件。

卷三十八页四

〇刺史临川王辟为祭酒从事，琛始出都

【铅笔】出都犹言入都。

卷三十八页七

〇虽是处雕流，而关外弥甚

【黑墨】“关外”，《通鉴》卷一五九大同十一年纪胡注云：谓淮、汝、潼、泗新复州郡在边关之外者。

卷三十八页十二

〇致于贫窭，无可施设

【铅笔】施设指饮食。

卷三十九页三

○仕魏为中书令、司州刺史

【朱墨】钱（大昕）云：“本纪作郢州刺史，此误。魏之郢州与梁之司州本一地。”

卷三十九页五

○汝等可归奉东朝

【黑墨】东朝，犹敦煌出北朝写本梁武帝《东都发愿文》称东都也。

卷三十九页六

○北人虽谓臣为吴，南人已呼臣为虏

【朱墨】（《梁书》卷）四六，胡僧佑，南阳冠军人，自南人视之固伧楚也。大通时陷没魏。中大通时又南归。大宝二年，侯景西侵，僧佑御之，任约呼之为“吴儿”。

卷三十九页七

○时景既卒至，百姓竞入，公私混乱，无复次第……侃命斩数人，方得止。

【朱墨】《南史》：“是时梁兴四十七年，境内无事，公卿在位，及闾里士大夫莫见兵甲。贼至卒迫，公私骇震。时宿将已尽，后进少年并出在外，城中唯有侃及柳津、韦黯。津年老且疾，黯懦而无谋，军旅指㧑，一决于侃，胆力俱壮，简文深仗之。”

卷四十页二

○所莅以清白自修，性又率俭……

【朱墨】《南史》："时何敬容以令参选，事有不允，溉辄相执。敬容谓人曰：'到溉尚有余臭，遂学作贵人。'……溉祖彦之初以担粪自给，故世以为讥云。"

卷四十页三

〇刘显字嗣芳

【朱墨】严（可均）辑《全梁文》十三有简文帝《戎昭将军刘显墓铭》。

卷四十页四

〇于座策显经史十事

【铅笔】策犹问也。

卷四十页七

〇外国澡灌一口

【黑墨】龟兹国献"澡灌"，灌当作罐。

卷四十页七

〇鄱阳嗣王范得班固所上《汉书》真本

【朱墨】萧琛在宣城得之南度之北僧。僧谓："三辅旧老相传，以为班固真本。"琛求得之。天监九年，出为江夏，以之饷范。见（《梁书》）廿六《（萧）琛传》。

卷四十一页一

〇王规字威明

【朱墨】《艺文类聚》四九有梁简文撰《庶子王规墓志铭》。

卷四十一页十

〇台佐加貂，始自球也

【铅笔】台佐加貂，指司徒左长史兼散骑常侍。

卷四十二页五

〇宣城嫡嗣之重

【铅笔】宣城嫡嗣之重，指简文子宣城王大器。

卷四十三页二

〇但中流任重，当须应接

【铅笔】中流任重，谓江州为中流。

卷四十五页一

〇仍除中兵，在限内

【黑墨】“在限内”未详。(《梁书》卷）四七《刘霁传》稍迁宣惠晋安王府参军，兼限内记室。又见同卷《褚修传》。

卷四十五页四

〇遣五千兔头肉薄苦攻

【黑墨】兔头，当是兵士之名，犹虎斑也。《南史》六三本传作“景军肉薄苦攻”。

卷四十五页四

〇退据仓门，带江阻险

【铅笔】仓门，疑即临江之门，粮运就近入仓之所。

卷四十五页四至页五

〇命给船百艘以老其意

【铅笔】老其意犹固其意。

卷四十五页十二

〇西羌乌合，本非勍寇

【铅笔】称宇文周为西羌。

卷四十六页一

〇大宝二年，侯景寇京陕

【朱墨】荆州当时称陕西，元帝又都江陵，遂曰京陕矣。实不词也。

卷四十六页七

〇父智伯，与高祖邻居

【铅笔】与高祖邻居，“高祖”上当有“梁”字，否则与上文宋高祖混。

卷四十七页五

〇主上知尊侯无罪

【朱墨】尊侯之称见《颜氏家训·风操篇》。

卷四十七页六

〇法度矜之，命脱其二械

【铅笔】二械当指手与足。

卷四十八页三

〇仍为总明馆学士

【朱墨】馆当作观。

卷四十八页十七

〇北来人儒学者……音辞鄙拙，惟广言论清雅，不类北人

【铅笔】言论与音辞对举，知指语音。

卷四十八页十七

〇而音革楚夏，故学徒不至

【铅笔】“革”疑是隔。

卷四十九页五

〇肩吾字子慎

【朱墨】《艺文类聚》四八有梁元帝《中书令庾肩吾墓志》。

卷四十九页九

〇臣愚谓军官是素族士人，自有清贯……若吏姓寒人

【铅笔】此段文字费解。《南史》（七二）作“永元诸军官”。

【铅笔】吏姓寒人与素族士人对举。

卷五十页三

〇近代有沛国刘瓛……则关西孔子

【黑墨】或比瓛于（东汉）杨震也。

卷五十页八

〇寻为治书侍御史。旧郎官转为此职者，世谓为南奔

【铅笔】御史台称南台、南司，故有南奔之云。

卷五十页十七

〇昭明太子薨，新宫建，旧人例无留者

【黑墨】更立太子宫，旧官僚例不留。

卷五十页十九

〇历监义阳、武宁郡，累任皆蛮左，前郡守常选武人

【黑墨】蛮左郡，用武人。

卷五十一页二

〇铄素有风疾，无故害妻

【铅笔】风疾即疯疾。

卷五十一页四

〇胤字子季，点之弟也

【朱墨】《艺文类聚》三七有梁简文帝撰《征君何先生墓志》。

卷五十一页九

〇外兄王晏贵显，屡至其门

【铅笔】父之姊妹之子为外兄。

卷五十一页十一

〇又著论云：夫至道之本，贵在无为；圣人之迹，存乎拯弊……

【铅笔】“本”与“迹”之理，亦将无同也。

卷五十一页十一

○丘、旦将存其迹，故宜权晦其本；老、庄但明其本，亦宜深抑其迹

【铅笔】糅合丘、旦与老、庄。

卷五十一页十一

○尼丘是故不足

【铅笔】尼丘当作丘、旦。

卷五十一页十二

○陶弘景字通明

【朱墨】《艺文类聚》三七有梁简文帝撰《华阳陶先生墓志》及《隐居先生陶弘景碑》。《文苑英华》八七三有邵陵王纶撰《隐居贞白先生陶君碑》。

【铅笔】《南史》七六《陶弘景传》较详。

卷五十一页十二

○……乃中山立馆，自号华阳隐居

【朱墨】萧纶所撰碑文云：“先生曰：夫子云：‘隐居以求其志，行义以达其道。’吾闻其语，未见其人。我今义通无复其一，请同求志之业。故自称隐居。”

卷五十一页二十

○乘舟……载米一百五十石，有人寄载三十石。既至宅，寄载

者曰：君三十斛，我百五十石

【黑墨】斛、石互用。

卷五十一页二十一

○庾承先字子通

【朱墨】《艺文类聚》三七有梁元帝《庾先生承先墓志》。

卷五十二页一

○鱼豢《魏略·知足传》方田、徐于管、胡

【朱墨】钱（大昕）云：鱼豢盖以田畴、徐庶、管宁、胡昭四人标为止足也。

卷五十二页二

○悉裹以苇席，弃之路旁

【朱墨】（苇席）宋本作笙。《南史》作苇。桂未谷曰："左太冲《吴都赋》'桃笙象簟'刘渊林注云：'桃笙，桃枝簟也。吴人谓簟为笙'。"（《札朴》四）桂说是也。盖谈人不解笙席之谓，改从《南史》耳。

卷五十三页十二

○永元中，江夏王宝玄于京口为护军将军崔慧景所奉，入围宫城，远豫其事。事败，乃亡抵长沙宣武王，王深保匿焉。远求得桂阳王融保藏之，既而发觉，收捕者至

【朱墨】此段所述不了了。《南史》："豫崔景慧败亡事，抵尚书令萧懿，懿深保匿焉。会赦出。倾之，懿遭难，子弟皆潜伏，远求得懿弟融藏之，既而发觉。"云云。

卷五十三页十三

○当时士大夫坐法皆不受立……就立三七日不款

【朱墨】(不受立)《南史》作“不受测”;《南史》(“就立”)“就”下有“测”字。

卷五十四页五

○（林邑）王高式胜铠

【铅笔】“铠”即“跋摩”之义译。

卷五十四页七

○有罪者，先斋戒三日，乃烧斧极赤，令讼者捧行七步；又以金环鸡卵投沸汤中，令探取之。若无实者，手即焦烂；有理者则否。

【铅笔】此即日本古代之盟神探湯（くがたち）。

卷五十四页三十六

○芮芮国

【朱墨】鄯善出《金刚般若波罗蜜经残卷》末署：“大同元年正月一日，散骑常侍淳于阙于芮芮愿造金刚般若经一百引今阙届梁朝谨卒本誓以斯功果普施人境。”

卷五十五页八

○勿杀我，得一见七官，申此谗贼

【朱墨】《南史》五二《武陵王纪传》称世祖曰七官，世祖弟也；誉亦称之为七官，世祖侄也。

卷五十六页一

○侯景，字万景

【铅笔】《隋书》二二《五行志上》："侯景小字狗子。"

卷五十六页一

○景始以私众见荣，荣甚奇景

【黑墨】《文苑英华》六五〇魏收《为侯景叛移梁朝文》："叨忝名器，事出尔朱。"又六四五杜弼《(为东魏)檄梁文》："侯景一介役夫，出自凡贱，身名沦蔽，无或可纪。直以趋驰便习，见爱尔朱。"

卷五十六页二

○扬州刺史乐恂

【朱墨】扬当从本纪作阳，在河南宜阳，非淮南之扬州也。

卷五十六页三

○齐文襄……以书喻景曰：盖闻……

【铅笔】此书又见《北齐书·文襄纪》，无先王云云以前一节，此下亦有删节。

卷五十六页三

○孤子相于，偏所眷属

【黑墨】于字疑误。

【铅笔】当从《北齐书·文襄纪》作依。

卷五十六页四

○合门大小，并付司寇

【铅笔】“并付司寇”下《北齐书》有“意谓李氏未灭”云云数语，不宜删。或是脱误。

卷五十六页五

〇即使终君之世

【铅笔】(即使)《北齐书》作“必使”。

卷五十六页五

〇所部文武，更不追摄

【铅笔】“追摄”犹言撤销。

卷五十六页六

〇往年之暮，尊王遘疾

【铅笔】“尊王”指高欢。

卷五十六页六

〇虽形势参差

【铅笔】《北齐书》作“虽复权势参差”。

卷五十六页九

〇景至京口，将渡

【朱墨】《南史》：“景至江将渡。”《通鉴》亦无至京口之文，采石横江无京口之名，此必误也。

卷五十六页二十八

〇往年任约败绩，良为此也

【黑墨】任约败绩由于水战，参《陈书》十三《徐世谱传》。

卷五十六页三十

○床上常设胡床及筌蹄，着靴垂脚坐

【朱墨】（段公路）《北户录》载刘孝仪《谢东宫赐五色藤筌蹄一枚启》：“炎州采藤，丽穷绮缛。”

读书题记

一九二二

《孝经》

按：此书为上海涵芬楼借江阴缪氏藏传是楼影写宋相台本影印，原书版框高营造尺六寸四分、宽四寸二分。封面有周叔弢所写题记："此影钞本现藏张庾楼十二丈处。壬戌十月给一良。乙丑十二月得传是楼所藏宋刊本对阅过一过，无一字差。盖宋本刻画精好，故影写时无脱误，惟小圈间有失写处。刻工姓氏曰寿昌、曰翁凡二人，此本不录。卷末木记为宋本所无，盖从他经移附此后，若不见宋本原书，无以正此失矣。弢志。丁卯正月庾楼以此本归余，遂与宋本为延津之合，其分散盖二百年矣。"壬戌为1922年，乙丑为1925年，丁卯为1927年。虽无周一良题识，但为其私塾发蒙所读《孝经》，特存此纪念。

一九二六

《金俊明字孝章梅花册》

丙寅季夏，周一良记。

按：民国十三年（1924）杭州吴氏藏，中华书局玻璃版，大洋一元二角。丙寅为 1926 年。

《周虢季子白盘放大本》

丙寅六月，师匡表兄见赠。

此册放大多失原样，师匡三表兄既言之矣，而原来小字亦多残缺破坏，今取是器原拓本参正之，其绝断及失真处用朱笔补之然后可见其精妙。有正书局此种古器拓片尚有数册，他日当尽求其原拓以补石印本之不足者。盖石印非珂罗版所能比，久则失真，或较拓片为肥，或较为瘦，或拓本所有而已泐，或拓本仅微见而石印反显明尽，石印为弊也甚矣。人之不可不足真也，然而今之习篆隶者岂能尽得拓本而悉习之耶。丙寅冬十一月冬至日参校毕灯下记。

按：民国十一年（1922）三月第五版，有正书局出版。封面篆书书名为周一良写，帖内有“孙氏大利”印，书末有“周氏大利”印、“大周”印。孙鼎在书前有题识：“甲子年所读碑。有正书局所放之钟鼎文多失其原样，如是本之十二行‘卿王’之‘王’字放大本已失上一横，又其他之改变处甚多也。甲子十二月八日灯下记。”孙鼎，字师匡，周一良五姑母之子，与兄、姐三人由周暹抚养，毕业于上海交通大学电机系，在上海、天津等地创建新安电机厂。爱好收藏古泉。甲子为 1924 年。丙寅为 1926 年。

一九二七

《新レい语原解积の字引》

周一良，十六年二月三日于天津。

此书于日本人士亦甚有益，而我辈学日语者读会话读本及阅小说之外，翻阅此书日记数语定为功课，久之于日语中极通俗普通之闾巷语言于教科书中无有者皆谙之矣！惜今日我国习英语者尚无此一册也。十六年七月四日周一良记。

按：服部嘉香著，实业之日本社发行，大正十五年十二月十日发行，题记时间在 1927 年。

《秦公敦小子碑》

一良初学隶书即临《小子》凡数十通，乃舍去习他碑。窃以为学隶者以《小子》入手最宜。而习《小子》欲得其至处亦最难。四叔云《小子碑》愈临愈见其佳处，诚然也。政固及四叔所藏杨叔公残碑笔意皆与《小子》相近，而较《小子》易临也。

丁卯十月初四日一良识。

王静庵先生谓：斯器之铸在德公徙雍以后，雍与西虢壤土相接，其西去陈仓亦不甚远，故其文字体势与宝槃猎碣血脉相通。予习篆多年素不嗜钟鼎，而独爱此三者及秦刻石汉碑额。先生之言先得我心矣。

己巳新正初五日太初识。

按：丁卯为 1927 年，己巳为 1929 年。

《近世日本世相史》

周一良，十六年十二月。

按：斋藤隆二著，大正十五年（1925）博文馆出版。在此书后的丛书目录中，《源氏物语》《保元物语》《土佐日记》《源平盛衰记》都被标出拟购买。是目前藏书中所购日文书中最早的。题记时间为一九二七年。

一九二八

《国文丛书》第十八册

周一良，戊辰新正月十一日购于日本东京博文堂书店。

按：此书为《神皇正统论》等九种书的丛书本，日本大正十五年九月丰文馆出版。出版题记时间为 1928 年。

《日本古典研究》

周一良，十七年二月二日购自日本东京大明堂。

按：植木直一郎著，昭和二年（1927）大明堂书店出版。题记时间在1928年。

《林注近松名作选》

周一良，十七年二月二日购自日本。

按：关根正直著，昭和二年（1927）三月明治书院发行。题记时间在1928年。

《纲要日本纹章学》

周一良，戊辰又二月廿九日。

按：沼田赖辅著，昭和三年（1928）一月东京明治书院出版。戊辰为1928年。

《支那学研究第一编》

十八年八月廿九日周一良买到。

按：斯文会编，昭和四年（1929）四月刊。

《左传真伪考》

周一良，十七年十二月二日购于天津书局。

按：此书为陆侃如译，新月书店出版，1927年10月上海印刷。题记时间1928年。

一九三〇

《日本口语法讲义》

十九年一月十一日周一良买到。

自来日本文法学家不论讲文语口语，大抵都被西洋文法一局局定，很少能解放出来，自创新说，以适合于日本固有性质的，所以讲来讲去，终有许多难通的地方。山田氏对于这一点颇有识见，他将日本品词的性质和西洋的一一比较过，看出它们决不能若合符节，它的书于是就与众不同，然而的确是日本的日本文法，而非蒙着西洋皮的欧化日本文法！只是他太喜欢精密了，一个品词中的分类，不惜去条分缕析，而且每条都给它们下个定义，有许多不能通分的也勉强分开，自然不免繁琐讨厌了，但也难怪，这原是文章专家的本色啊！

十九年七月二日，周一良志于津沽之犟礼堂。

按：此书山田孝雄著，东京宝文馆藏版，题记时间在 1930 年。

《クリスマス·カロル》

予既于昨年年末读此书原文一过，当时程度尚浅，未能尽通。今复于真木堂见此译本□亟购来拟校阅一过为难当不少也。

十九年四月十二日，一良。

按：クリスマス·カロル（圣诞颂歌）此书デイツケンス作（狄更斯？）森田草平译，昭和四年四月二十日发行，岩波书店，题记时间在 1930 年。

《曹子建诗注》

十九年十一月九日，周一良买于北平商务印书馆。

按：黄节选注。民国十九年（1930）四月初版，上海商务印书馆线装铅排兼葭楼丛书。两卷。题记时间为 1930 年。

《通俗编》

通俗编，一良题于海淀燕京大学，十九年十一月十八日。

按：乾隆十六年（1751）武林竹简斋藏板，无不宜斋雕本，三十八卷，六册全。题记时间为 1930 年。

《二十史朔闰表附西历回历》

十九年十一月廿一日买于燕京大学。

按：陈垣著，励耘书屋丛刻本。燕京大学国学研究所国学门丛书，1925 年出版。题记时间在 1930 年。

一九三一

《金石书录目》

廿年三月二日周一良买到。

按：容媛辑，民国十九年（1930）刊于北平。史语所单刊乙种之二。

明版《石林燕语》

石林燕语，一良校读。

廿年春（1931）一良在燕京读书，从马季明教授研究宋人笔记，取此书读一过并加标点，位制分类目录卡片。此本讹误颇多，如用叶氏石林遗书校刊本勘之，皆注于页上，此本始稍稍可读矣。五月廿六日一良灯下记。

原序：宣和五年（1123），余既卜别馆于卞山之石林谷，稍远城市，不复更交世事。故人亲戚时时相过周旋。嵁岩之下，无与为娱，纵谈所及多故实旧闻，或古今嘉言善行，皆少日所传于长老名流，及出入中朝身所践更者；下至田夫野老之言，与夫滑稽谐谑之辞。时以抵掌一笑。穷谷无事，偶遇笔札，随辄书之。建炎二年（1128），避乱缙云而归。兵火荡析之余，井闾湮废，前日之客死亡转徙略相半，而余亦老矣。洊罹变故，志意销隳，平日所见闻，日以废忘，因令栋□集为十卷，以石林燕语名之，其言先后本无伦次，不复更整齐。孔子论虞仲、夷逸曰："隐居放言。"而公明贾论公叔文子曰："夫子时然后言，人不厌其言。"子曰："其然。"夫言不言，吾何敢议？抑谓初无意于言而言，则虽未免有言，以余为未尝言可也。八月望日，石林山人序。

《石林燕语》十卷，稗海本，一良校读。

按：宋叶梦得，十卷，一函四册。扉页上还有周一良从稗海本《石林燕语》中抄录下来的石林山人原序。此书点校眉批多处。

《汉石经残字集录续编》

《汉石经残字集录三编》

《汉石经残字集录补遗》一卷

辛未（1931）春日周一良买于北平，时在燕大。

按：此四册一套，另一册见本书第 33 页《汉石经残字集录》。

《铁云藏龟》

廿年周一良买到，时夏居家居。

按：刘鹗藏，辛未（1931）孟夏月蟫隐庐印行，三册。

《世界大事年表》

廿年八月廿六日买于天津，一良记。

按：此书为傅运森编，商务印书馆出版。题记时间在 1931 年。

《高昌》

廿年九月二日周一良买到。

按：黄仲良编，第一分本。西北科学考察团丛刊之二，考古学第一辑。

《国学论文索引续编》

周一良，廿年九月十九买于北平图书馆。

按：此书未见版权页。题记时间在 1931 年。

一九三三

《中国佛学史》第一编

廿二十月叔迦三叔给我，一良。

按：秋浦周叔迦撰。最上云音室。民国铅排，册全。周叔迦，名明夔，字志和，室名最上云音室。著有《唯识研究》《因明新论》《中国佛学史》等。

一九三四

《姓名判断名附字典》

廿三年二月三日周一良自日本买到。

初读东系堂日报，见此书首冠姓名判断四字，误以为乃为作者读之字典，盖日本人姓氏名字之汉字录不易读出，即日人亦多为所苦也，也孰知乃投机性质之命名字典耶。

按：昭和八年七月文阳堂版。题记时间在 1934 年。

《荡气回肠曲》

一良，廿三年十一月十七日。

按：王悠然集。大江书铺发行，1933 年 3 月第三版，册全。大洋五角。内有藏书票“悠然”。题记时间在 1934 年。

一九三五

《三李词》

蓝纸朱墨，此册刻工暨纸张皆精致可爱，足以副三李之词章。懿最喜诵后主清照词，因以奉贻。乙亥新秋一良识。

按：三李者，唐李白、南唐李煜、宋李清照也。光绪庚寅夏香海阁刊本，东瓯郭博古斋刻字。题识时间为 1935 年。

《日本史论文要目》

廿四年十月廿八日从日本买到，一良。

按：大塚史学会高师部会编，昭和九年出版。题记时间在 1935 年。

一九三六

《校补三国疆域志》

周一良廿五年一月十九日买于天津。

陶元珍书评，载图书季刊三卷四期，廿五年十二月。

按：此书为金兆丰著，商务印书馆发行。廿五年是 1936 年。

《昭明太子集》

廿五年一月十九日，周一良买于天津。

按：册全。四部备要本。

《弘明集》

廿五年一月十九日，周一良买于天津。

按：册一。四部备要子部。

《亭林诗文全集》

廿五年一月十九日周一良买于天津。

按：顾亭林撰，四册一函。

《杜氏通典》

廿五年四月买于北平直隶书局，一良记。

按：唐杜佑著，二百卷，十六册，光绪二十七年（1901）八月上海图书集成局遵武英殿聚珍版校印。其中一至三册有大量眉批。

《魏略辑本》

廿五年五月购于北平来薰阁，志于燕京。

一良藏书。

百分之九十见于三国志裴注，又何必辑耶？是为辑而辑也！

按：二册，书名为甲子孟夏王泽永题。陕西文献征集处刊。

《清代官书记明台湾郑氏亡事》

周一良，廿五年七月。

按：民国十九年（1930）中央研究院史语所出版。封面还有大段中英文题识。题记时间在1936年。

《内阁大库书档旧目》

周一良，廿五年十月。

按：民国廿二年（1933）中央研究院史语所编印。史料丛书之三。题记时间在1936年。

《秦汉金文录》

周一良，廿五年十月。

按：东莞容庚撰集。中央研究院史语所专刊之五。民国廿年（1931）十二月印于北平。五册。题记时间在1936年。

《敦煌劫馀录》

周一良，廿五年十月。

按：陈垣编，中央研究院史语所专刊之四，民国廿年三月，中央研究院出版。

《校辑宋金元人词》

廿五年十月寄懿于旧京，一良。

按：赵万里编，七十三卷，五册全。民国廿年二月中央研究院历史研究所印行。题记时间在 1936 年。

《延平五户官杨英从征实录》

周一良，廿五年十月。

按：民国廿年五月中央研究院史语所编印。史料丛书之一。题记时间在 1936 年。

《金石书录目》

廿五年十一月寄懿于旧京，一良记于鸡鸣寺畔。

按：容媛辑，民国十九年刊于北平。史语所单刊乙种之二。

一九三七

《洛阳伽蓝记》

三辅故事，张氏二酉堂本。

洛阳伽蓝记钩沉，唐晏钩沉本。长白唐晏号元素，亦号涉江。清末避地沪上，尝设丽泽文舍教授生徒。民国九年（1920）庚申逝世。有《海上佳月楼诗稿》等。门人丰润张之沂刊行。其订杨衒之书，盖亦托其怀旧之思耳。依水经注体例厘定格式，亦为吴氏伽蓝记集证所已尝试。至文字史实之考订殊嫌草率，虽出吴氏集证之后，实亦不能过之也。廿六年（1937）四月一良记于南京北极阁下。

按：版权不详。

《斯坦因西域考古记》

周一良，廿六年四月廿五日于南京。

按：此书为向达译，中华书局出版，民国廿五年（1936）九月上海印刷。购买当在 1937 年中央研究院工作期间。

《中国之旅行家》

一良，廿六年五月于南京。

按：此书为冯承钧译，尚志学会编，商务印书馆出版，1926 年 11 月上海第一次印刷。题记时间在 1937 年。

一九三八

《水道提纲》

水道提纲，廿七年三月购于天津劝业场。

按：齐召南。辛巳（1881）冬月上海文瑞楼重校。八册。袖珍本。题记时间为 1938 年。

《颜氏家训》

廿七年三月以何义门手宋揆本比勘一过，沈本即抱经所据。然颇有宋本佳处，卢氏未从。且注中亦失记者，如卷一《兄弟篇》“可为爱弟不及爱子乎”，宋本“为”作“怨”。《治家篇》“鸡豚之善”，宋本“善”作“膳”。卷二《慕贤篇》“一皆使之”，宋本“使”下有“典”字。卷三《勉学篇》“上荆州必称峡西”，宋本“峡”作“陕”，皆是其例。唯何校举凡点画异同悉从宋本校正，过于琐屑，兹不复著。何氏批语了无新解。卷三《勉学篇》“三九公谯”下云疑谓上巳重阳说，颇新颖可喜，然三九指三公九卿言，乃六代习语，义门所疑亦未当耳。予垂髫时初获读黄门之书于《勉学》《书证》《音辞》诸篇。虽不能了了，独窃喜其论人情世事，剖析入微，即千百年后犹若面对，以为修身立德大有益也。廿五年入中央研究院，专读南北朝史书旁及当时子部、集部，更喜此书多记当代风俗人情。暇辄翻阅卢、赵两家外并参考鄞县全祖望、兴化李详以及近人息县刘盼遂、长沙杨树达之说，翻检所得有足与正史相发明者并著于书眉。友人邓嗣禹君哈佛燕京社翻译是书，□□弛函商校文章篇世人或有文章引诗□鼓渊之者，宋书已有屡游之诮一节，卢、刘二家具言未详，予竟于金楼子中获得佐证，知黄门所谓世人者鲍明远也。质之嗣禹相于□□。今者嗣禹原游海外，切磋之乐既不可复得，而海内云扰，神州鼎沸，予□所蓄之影明本家训亦不知流落何地。今录义门校本诚不胜感喟矣！三月六日一良灯下记于天津泰华里寓庐。

按：北齐颜之推著。朝阳郑氏用卢氏抱经堂本刊。

《续恒言录》

嘉兴沈匏庐先生手稿，一良校录。

此于八年前所录也，当时断为匏翁未定之稿，曾略为校勘而未竟其业。廿五年刊劳丈所藏沈氏遗稿，以此书既非定本，又多与钱霍诸家书相同，遂未付梓人。廿七年夏，友人顾君起潜驰书索所刊遗集，并有意于匏庐年谱之作。因重检出此册及当时所为跋文观之，浅浅词燕曷腾汗颜，而马齿徒增，学植不进，良可悲也。

廿七年六月十八日一良识于沽上泰华里寓庐。

按：此书为手稿本，附顾廷龙题识："太初学长闻龙有纂匏庐年谱之志，即承贶以所刻十经斋遗集。竭一日之力讽诵一通，复蒙检示手钞续恒言录稿，当敬传录一本，惟人事纷纭，不知何日可以脱稿奉教也。□荷宠爱，汗颜无地。戊寅闰望顾廷龙记。"题记时间为1938年，即戊寅。

《梦溪笔谈》（影宋本）

影宋本梦溪笔谈，廿七年孟夏一良题于沽上泰华里寓庐。

按：宋沈括著，二十六卷，贵池刘世珩玉海堂影宋（宋乾道本）丛书之十五，乙卯（1915）一月付黄冈陶子麟刊，丙辰（1916）冬竣。

《历代社会风俗事物考》

廿七年十一月三日买于天津，一良记。

按：此书为尚秉和著，商务印书馆出版，1938年4月长沙第一次印刷。题记时间在1938年。

《〈世说新语〉引得（附刘注引书引得）》

世说一书不可解处太多，此引得仅就可解项目编制，不可解者仍付阙如，为用殊狭耳。廿七年十一月，一良识。

刘注只有引书引得，亦为美中不足。

按：此书为引得第十二号，1933 年 5 月出版。

《六朝文絜》

此书刻印皆极精工，纸张亦好，殊为悦目。廿七年孟冬，予以病后静养不能治史，因取是册与室人萝厂共读之，期以能背诵而后已，亦怡养性情之一道也。惟予藏此书只存上册，盖有赵中令半部论语治天下之意。十二月十二日灯下一良识于泰华里寓庐屏除丝竹之室。时萝厂在侧为予制无缝之天衣，炉火熊熊，一室皆春。

按：此书仅存上册，光绪丁丑（1877）读有用书斋摩镌。

《汪悔翁乙丙日记》

廿六年（1937）七月自白门重返旧都，持宇学兄见贻，越年（1938）记于天津泰华里，一良。

按：邓之诚文如辑录，册全，明斋丛刻。

《学斋占毕》

戊寅？上巳？余结缡于邓氏。书□王君□青以是册暨红印本墨表四纂为贺，越两月记于天津泰华里寓庐，一良。

按：江板印刷。

一九三九

《敝帚》

此稿当是江右人作。其人曾至日本、福建诸地，诗与字皆不俗，惜于行实全不能从诗中考见耳。廿八年一月获于厂甸，十六日灯下记于天津。一良。

按：此书为手抄本。作者“丙辰（1916）七月录书稿，除夕后补录”。书中另有诗稿手迹若干张。

《古今注》（影明本）

此书原本藏袁寒云许，丰润张氏据以影印，芝秀堂乃方孝孺所用称号，原本系从宋本刻者也。廿八年四月一良笺于沽上。

按：晋大傅丞崔豹字正熊。册全。封面为周一良篆书。题记时间在1939年。袁寒云此书后归周暹，又归天津图书馆，丰润张氏为张庾楼。

一九四〇

Sanskrit-English Dictionary

此书藏于自庄严堪盖二十年，一良来美治梵文始获用，不知他年能读此书否耶？廿九年四月二日由津与萝厂照片六张，乾儿抓周照片三张同寄到，一良识于剑桥。

一良参考用书。三十八年七月重装订。

按：Sir Monier Monier-Williams 著，Oxford at the Clarendon Press1899 年出版。题记时间在 1940 年、1949 年。

一九四二

The Little Clay Cart

周一良，中华民国三十一年八月买于哈佛合作社。

在哈佛学梵文，曾读此剧本原本。但购得英译本后竟未过目。三十年后，写简明世界史教材中印度封建社会一章，始裁读之，亦所谓养兵千日矣。七二年六月记于燕东园。

按：此书由 Revilo Pendleton Oliver 自梵文本翻译，由 the University of Illinois under the Auspices of the Graduate School Urbana 出版。

一九四五

《归田琐记》

民国三十四年十一月六日购于地安门外书摊，合□万元，时米价每斤□元。

按：道光乙巳年刻山东园藏板。八卷四册。

一九四六

Esoteric Buddhism

周一良，三十五年四月买于剑桥。

按：A. P. Sinnett 著，Houghton Mifflin and Company1887 年出版。题记时间在 1946 年。

Auld Lang Syne

尝读书马氏自传及其夫人所辑手札，心仪其人。坊间每见此书，前集记马氏与文学艺术界人交游始末，此集所记则天竺知识，并有关吠陀经文，颇不多见。三十五年五月九日购于美洲剑桥之图亭书店，一良。

按：F. Max Muller 著，1902 年纽约出版。题记时间在 1946 年。

《李卫公会昌集（别集、外集、补遗）》

1946 年 9 月从金门归国于山猫号舟中读之。越年记于天津。周一良。

三十年后再读。1976 年 9 月记。

按：此书为李德裕撰，商务印书馆发行。民国廿六年（1937）五月上海初版。

《陶渊明之思想与清谈之关系》

卅五年十二月，寅丈见贻，记于燕大镜春园，一良。

按：此书为陈寅恪著，燕京大学哈佛燕京学社刊印，民国卅四年（1945）九月出版。此书为目前在藏书中所发现的很少的与陈寅恪交往的资料，书中有大量眉批。

《秦妇吟校笺》

三十五年，寅恪先生见遗，一良识于燕大贝公楼。

按：陈寅恪著，庚辰（1940）四月刊于昆明，内有三十余处眉批，书末有附识。

一九四七

《一个中国女人的自传》

书评载《大公报》图书副刊1947年，署名“岱侣”。

按：此书为杨步伟著，由赵元任译成英文，1947年纽约出版。扉页上有：“一良邓懿惠存，赵杨步伟赵元任寄赠，柏克莱，戊子元旦。”

《佛所行赞》

在美曾读庄士敦校本《佛所行赞》，归国后又从自庄严堪旧书篦中检出此册，回并插架。三十六年五月太历元宵夜一良记于天津。

按：梵文本，1893年牛津出版。题记时间在1947年。

《游仙窟》：古佚小说丛刊初集第一种

三十六年六月卅日以两千五百元收于西单商场。

一良记于骑河楼。

郭在贻有《游仙窟释词》，载《杭州大学学报》1981/4。

按：古佚小说丛刊初集第一种，海宁陈氏校印，开明书店发行。题记时间在1947年。

《汉石经残字集录》

此书原存四叔父处，嗣为柯燕舲先生，假（??）岁柯氏藏书散出厂肆，向觉明先生购得，因以见还，遂志，颠末前后十年矣。三十六年八月一良。

按：上虞罗振玉编。此书为汉熹平石经残字，集录一卷，补遗一卷。题记时间为1947年。

一九四八

《牟子丛残》

二十年二月叔迦叔给我，一良记于北平二眼井。

十七年前受此书于叔迦叔时未究心释氏之学，不遑细读也。近年稍稍涉猎内典，于此书颇致疑惑，终以序文史实之确切莫能解释。今日复取阅一过，恍惚若有所悟，亦不敢自信耳必是也。当年展社四人，志辅叔避地沪渎，柯燕舲遁迹津沽，叔迦叔留在旧京，而先四叔则墓木已拱矣。回忆二眼井时宛如目前，而旧游皆星散。掩卷惘然。时三十七年七月十六日灯下炎热识于清华园。

予撰《理惑论时代考》，既系汤锡予先生见告朝鲜有单行本《牟子》，与弘明本颇有异同，而遍觅不得。1950年6月，获见神尾弌春氏《东方文化杂考》中朝鲜本《牟子仁就□》一文，始知即神尾氏藏本影印行世者也。书题《道家论辩牟子理惑论》，不著撰人，亦不载序文，第一叶栏外右下方有“曹亿真雨主”五字，卷尾□白有“大施主御侮将军田连宗”十字，止有廿一篇。据神尾氏考订其删节约起高丽文宗（1047—1082），以后其刊印多□李朝世祖时（1456—1468）。书板犹存忠□南燕瑞山之开心寺云。此本与予所推论殊无关系，然文字颇有异同，尚存旧注，因备记于书眉。六月廿六日。一良记。

按：此书为展社丛书第一集第一种，公记印书局代印。二十年是1931年，书中大量眉批，且夹有周祖谟信一封。

《元和姓纂》

三十七年二月廿二日以五万元买于厂甸，一良记于清华之胜因院寓庐。

按：唐林宝撰，阳湖孙星衍、歙洪莹同校。嘉庆七年刊版，古歙洪氏校藏，金陵书局校刊。光绪六年（1880）工竣。

《新疆访古录》

三十七年二月二十二日以二万元买于厂甸，一良。

按：王树枏著。二卷全。有“古天沐印”印、“云峤甫字选斋”印。

《冬青室诗钞》

三十七年四月太冲表兄见贻，一良。

按：丁亥嘉平月印，册全。封底有语：十二日伯萃邀饮晤，重看林集语□为写联帖语曰：“修八尺有馀，饮一石亦醉。”题识时间为 1948 年。

《中央研究院历史语言研究所集刊第二十本（上册）》

三十七年八月十五日从南京寄到，一良。

按：此书为商务印书馆发行，1948 年上海印刷，内收有周一良著《领民酋长与六州都督》。

《番禺叶氏遐庵藏书目录》

三十七年九月起潜兄自沪见寄，一良识于清华园。

按：民国三十七年八月印行。合众图书馆藏书分目之二。

《中国分省新图（战后订正第五版）》

三十七年十月三日以金圆券六元八角买于东安市场，一良。

按：此书为丁文江等编，申报馆出版，1948 年上海印刷。

《金刚般若波罗密经》

三十七年十一月，陈庆华先生见遗，一良识于清华。

按：此书为桥本光宝等译编，东京蒙藏典籍刊行会刊行，昭和十六年（1941）印刷。题记时间为 1948 年。

一九四九

《教案史料编目》

此书珍珠港事变后燕京已无存。三十八年一月廿六北京解放后以金圆券十元买于东安市场。一良。

按：吴盛德等编，燕京大学宗教学院出版，1941 年 1 月出版。

《世界历史大年表》

三十八年（1949）五月廿七日以人民券120元买于东安市场。一良。

1961年夏间编修世界通史教材，书以自勉。三窟狡兔，党校、华北、民族、前门等饭店，数不止三，举其成数。四面受敌，东坡言读书当八面受敌，此四面谓上古、中古、近代、现代。一心向上，鼓足干劲，力争上游。百倍努力，仅通东方各国史实，总领全书力所弗逮。唯有依靠群众，贯彻领导意图，黾勉从事。

此书于1967年抄家时抄走，十年来读史时手头无年表供翻检，极感不便。1977年8月21日，整理捆载归还之图书，无意发现此册，如见故人，喜可知也。时值华主席宣布第一次“无产阶级文化大革命”以粉碎“四人帮”为标志胜利结束。

毕竟是书生所用书。魏老追悼会归来。1980年5月6日记。

教登二级，不为不达；岁开七秩，不为不年；插架图书，不为不富；研考文史，不为不勤。因祸得闲，豁达自安，既仕则隐，党之驯民。1983年4月读钱竹汀自题像赞，略改数字以自况。

“未曾经眼书须读，久已萦心事可忘。”萧公权先生诗句。1984年6月莲生兄来函写寄。其情怀可以玩味，因录之。思想能抽象继承，亦能抽象假借也。一良书于燕东园廿四号。

1989年2月3日访美国，只拟短期勾留，行箧中唯携此册。

“处事当用复杂脑，待人应以单纯心。”取林肯语为联。1989年9月于布朗克司。

“人固不可以无年”，王珣语见《世说·品藻》。“发白齿落，属乎形骸；至于眼耳，关于神明，那可便与人隔”——王羲之妻郗璿语，见《贤媛》。1989年冬在布朗克司校订马氏英译《世说》，天逢二语，录一备忘，盖自况也。郗寿至九十。

《归园田居》之三：道狭草木长，夕露沾我衣。衣沾不足惜，但使愿无违。1990 年 12 月 16 日读景蜀慧论文中论陶诗一章，录此四句，时将登记也。

必有体国经野之心，而后可以登临山水；必有济世安民之识，而后可以考古论今。顾亭林语，见《历代帝王宅京记》徐元文序。

孔子：学而不思则罔，思而不学则殆。朱熹：读书无疑者则需有疑，有疑者却要无疑，到这里方才是长进。

弗兰西斯·培根（1561—1626）：阅读使人渊博，谈论使人机灵，写作使人准确。

真理是时间的儿子。

大丈夫可使人亲，不可使人狎。可使人爱，不可使人媚。可使人敬，不可使人畏。可使人相忘，不可使人忽。可使人倚赖，不可使人假托。可使人推崇，不可使人忌。明赵世显《松亭晤语》。

虽然大器晚成，卓荦全凭弱冠争。（杂诗三〇二）从来才大人，面目不专一。龚定庵句。

按：此书为铃木俊等编，平凡社出版，昭和十七年八月东京改订第二次印刷。出版时间在 1942 年。此十四条题记分别抄录在书前书后。

《能》

此册虽鼠啮之馀而图版颇足资参考。目前东瀛书籍不易购求，予时适讲授室町时代历史，因以人民券 30 元收之。

三十八年五月二十七日，一良记。

按：此书松木龟松著，昭和十八年一月二十日发行，题记时间在 1949 年。

《日本杂事诗》

1949 年 11 月买于隆福寺，一良。

按：黄遵宪著，武田熙编，民国卅三年（1944）发行，定价 25 元。内有标点。

一九五〇

《唐代海东藩阀志存》

1950年3月1日收于厂甸，价人民券3 000元，约合小米二斤，一良。

按：丁丑（1937）仲冬校印。

《汉学东渐丛考》

1950年3月1日买于厂甸，价人民券3 000元，约合小米二斤，书中所收加藤氏论大日本史一文曾征引予说，断章取义，只取褒赞，德川氏书者盖日本人狭隘的爱国主义致然也。一良。

按：此书为梁盛志著，新民印书馆出版，1944年4月北京第一次印刷。

《敦煌曲子词集》

周一良，1950年4月12日，价人民券6 500。

按：此书为王重民辑，商务印书馆出版，1950年1月上海第一次印刷。

《樊南文集详注》

1950年5月以人民券500元买于东安市场，不足小米半斤之价也，噫兮。一良。

按：唐李商隐著，冯浩注。四部备要集部，上海中华书局据原刻本校刊。八卷。

《辛稼轩先生年谱》

1950年6月以人民券500元买于西单，约合小米半斤之价也。一良。

按：此书为邓广铭著，商务印书馆出版，1947年12月上海第一次印刷。

《张菊生先生七十生日纪念论文集》

此家大人六十生日谢刚主先生所赠也，1950年7月，一良记。

解放前祝嘏之纪念文集只有蔡元培、金毓黼及此册而已。解放初有《周叔弢先生六十生日纪念论文集》。日本无虑有百余种矣。

按：此书为胡适等编，商务印书馆出版，1937 年 6 月上海再版。

《日难日本历史》

1950 年 10 月 21 日以 3 000 元买于市场，一良记于清华。

白柳武司（1884—1949），号秀湖。静冈县人，早稻田大学学习期间即参加平民社活动。后属加藤时次郎之直行团，任《直言》编辑。后创刊《火鞭》，反对早稻田纯文艺思想，关心俄国文学（克鲁泡特金、托尔斯泰等），后研究历史，著有《财尔太平记正续编》《民族日本历史》等等。

按：白柳秀湖著，昭和十六年东洋书店发行。

一九五一

《朝鲜国王来书》

1951 年 2 月 11 日买于厂甸，一良。

按：民国二十二年（1933）二月北平故宫博物院文献馆印。

《朝鲜迎接都监都厅仪轨》

1951 年 2 月 11 日买于厂甸，一良。

按：民国二十一年（1932）一月北平故宫博物院编。

《阙特勤碑释文》

1951 年 2 月 11 日买于厂甸，一良。

按：昭和乙亥铃木氏夕菊轩刊行，昭和十年（1935）四月十五日印刷，小林制版所印刷。

《鸣沙山石室秘录》

1951 年 2 月 11 日买于厂甸，一良记。

按：上虞罗振玉述，一册全，改定本。国粹学报社印。有“孙华卿章”印。

《从考古上观察中日古文化之关系》

1951 年 2 月 11 日买于厂甸，一良。

按：日本原田淑人讲，钱稻孙翻译。

《赵望云西北旅行画记》

1951年9月参加川西土改工作归途在成都夜市购得此册，明日即将取道宝鸡返京也。9月20日一良记于春熙路招待所。

按：此书为东方书社出版，1943年7月成都第一次印刷。

《万物图行杂字》

1951年9月19日买于成都，一良。

按：传家宝，同治壬申年刊，省城东桂于焕文堂藏板。

《毛泽东选集》

周一良　邓懿　1951年买于清华。

按：此书为人民出版社出版，1951年11月北京第二版。

一九五三

《五山文学史稿》

一良，1953年3月买于西单商场。

北村洋吉清末曾任京师第一师范学堂、优级师范学堂教习，后获文学博士，任广岛文理科大学教授，见实藤惠秀《中国人日本留学史稿·日本教习分布表》。此外尚有服部宇吉任教京师大学堂，矢野□一任教京师法政学堂，井上□、杜本龟次郎亦皆在法政学堂，光野作造在天津北洋法政学堂，藤田丰八在苏州江苏两级师范学堂，足立喜六在西安高等学堂。

按：北村洋吉著，昭和十七年四月东京富山房出版。

一九五五

《魏晋南北朝史论丛》

周一良。1955年10月买于北大书亭。

按：此书为唐长孺著，北京三联书店出版，1955年7月北京第一次印刷。

一九五六

《日本近代史》

一良，1956年3月买于市场。

按：此书为栗田元次著，胡锡年译，正中书局出版，1947年5月出版。

《北海道乡土史研究》

此书昔见之，嫌贵未买。公私合营后减价为三分之一，3月10日买回，1956年，一良记。

按：此书为札幌放送局编，昭和七年（1932）十月札幌印刷。

一九五七

《英语语法》

送给懿过生日。一良，1957年4月17日。

按：此书为M.甘希娜等编著，朱基俊等译，时代出版社出版，1957年3月北京第三次印刷。

《日本历史讲座（第一卷）》

周一良，1957年10月买于国际书店。

按：日本史研究会、历史学研究会编，1956年东京大学出版会出版。

《农地改革与日本农业》

周一良，1957年10月买于国际书店。

按：山崎春成著，1957年2月大月书店出版。

《小泥车》

一良，1957年12月收到，昔曾读此剧梵本，忽已十余年矣。

按：此书为首陀罗迦著，吴晓铃译，人民文学出版社出版，1957年9月北京第一次印刷。

一九五八

《使琉球录》

1958年2月25日买于厂甸。一良。

按：国立北平图书馆善本丛书第一集。据清嘉靖刻本影印。

《中印文化关系史论集》

羡林同志见赠，一良。1958年8月。

按：此书为季羡林著，人民出版社出版，1957年5月北京第一次印刷。

一九五九

《敦煌石室写经题记与敦煌杂录》

1959年7月29日买于北京大学。

按：许国霖作，民国二十六年（1937）六月商务印书馆。上下两册全。此书汇集题记四百余条，另汇集佛经外其他文字。

一九六〇

《康熙与罗马使节关系文书》（影印本）

1960年1月28日买于厂甸，一良。

按：北平故宫博物院编，民国廿一年（1932）三月版。

《校刊柳氏谚文志》

1960年1月28日买于厂甸，一良。

按：鸡林金九经校刊。

《中国共产党的三十年》

1960年10月到摩洛哥在布拉格使馆招待所等飞机时再读一遍，一良。

按：此书为胡乔木著，人民出版社出版，1953年第三次印刷。内有“懿，一九五三”字样。

一九六一

《白氏讽谏》

一良读本，1961年元旦记。

按：光绪癸巳（1893）九月景宋单行本附校勘记。

《日本》

十八年前曾获此书下册于剑桥，今天无意中在市场遇此上册，因亟收之。1961年1月23日一良记于北大。

按：此书为1917年纽约波士顿出版。

《史通通释》

1961年2月15日农历春节捡出读之，是年将纪念刘知幾诞生1 300年。一良记于北大燕东园。

按：唐刘知幾作。二十卷，六册全。汪氏重校本，翰墨园印行。内有朱墨眉批。

《唐人写大比尼经》

西魏人写大比尼经，1961年6月买于西单，一良。

按：邵阳李氏宝墨斋旧藏，民国十九年（1930）十一月商务印，册全，定价国币1 092元。

《弘法大师金刚般若经开题》

1961年6月买于西单，一良。

按：昭和九年四月十日，平凡社发行。

《元剧俗语方言例释》

1961年7月在前门饭店讨论修改世界中古近代史，晚饭后漫步琉璃厂购此书。一良记。

按：此书为朱居易著，商务印书馆出版，1957年10月上海第二次印刷。

《敦煌变文字义通释》

数年前校订敦煌变文每多疑义，惜无暇详考，闻有此著而屡求不得，今无意于琉璃厂购到。一良记于前门饭店，1961年7月。

按：此书为蒋礼鸿著，中华书局出版，1960年3月上海第二版第二次印刷。

《日本之金银岛》

1961年8月到津汇报教材编写工作，在劝业场购得，一良记于厂桥。

按：此书为小叶田淳著，创元社出版，昭和十八年（1943）大阪印刷。

《西突厥史料补阙及考证》

1961年9月买于万寿山畔新华书店，时居党校审读世界通史，一良。

按：此书为岑仲勉撰，中华书局出版，1958年4月上海第一次印刷。

一九六二

《大日本维新史》

1962年2月4日即旧历除夕。

按：日本重野安绎，上下共二册。明治三十二年（1899）十二月印刷。

《日本——鉴绝岛新编》

1962年2月旧历除夕买于国子监。一良记。

按：一册。

《和名类聚钞》

和名类聚钞，1962年7月，一良。

毕竟是书生所读书。

按：源顺撰，光绪丁酉（1897）八月刊成，四册一函。书名篆书为周一良书。

《支那佛兰西美术工艺》

今春编世界通史，补写其中明清时期文化对西方影响条目，曾略究17、18世纪中西方文化交流史实。当时所见除中日学者著述外，只赖施万、后藤末雄等几家之书，惜未见此册。今于市场购得，图片甚丰富，皆昔所未见也。1962年9月，一良记。

按：此书为小林太市郎著，弘文堂书局出版，昭和十二年（1937）十二月东京印刷。

《笔祸史》

宫武外骨氏所著奇书颇多，此其一也。1962年12月在东安市场购得。一良记于燕东园。

按：此书宫武外骨著，昭和四年十一月十五日改订增补五版发行，题记时间在1962年。

一九六三

《支那中世纪军阀》

一良，1963年2月买于市场。

中文书中，吴廷燮氏之著于了解唐代旧牍至有用。然条分缕析，纲举目张，既目制度，复阐明意义，日野氏此书雅不可及也。此种书颇有译出供参考之价值。附图尤有用。

按：此书为日野开三郎著，三省堂出版。

《日本的古学及阳明学》

谦之先生见赠，一良，1963年春节。

按：此书为朱谦之编著，上海人民出版社出版，1962年12月上海第一次印刷。

《日本史图录》（2）

一良，1963年6月从日本买到。

三十年后读日本历史大系，山川出版社近世史卷，取此册参考，1993年3月。

按：八玉幸多、久野健等编，吉川弘文馆出版。

《敦煌资料（第一辑）》

东洋学报四六 / 一，1963，池田温书评。

按：此书为中科院历史研究所资料室编，中华书局出版，1961 年 9 月北京第一次印刷。

The Archeological Museum and Monuments of Ancient Taxlla Alhaj Maulvi

1963 年 4 月 13 日到呾叉始罗巡礼购此，一良记于西巴拉合尔之大使馆。

按：此书为 Mohammad Hamid B. A. 著，The Pakistan Times Press 出版，1961 年印刷。

《中世社会》

周一良，1957 年 1 月 8 日买于锡拉胡同。

此书篇幅不大，而内容材料颇丰富，插图亦甚有用，惜当时只购得此一册，1963 年冬到湖南师院讲学，始得读其余数册，似不及丰田氏所编。此书亦收荣西送别图，文成后始注意及之。

按：此书为丰田武编，朝仓书店出版，昭和三十年（1955）十一月东京印刷，是《新日本大系》中一册。

《风土记》

周一良，1954 年 4 月买于西单。

二十余年前在哈佛曾读出云风土记。1963 年 8 月为讲授日本古代史，翻阅此书一过，只有社会经济资料，惜仍不能解决阶级关系问题。一良记，时 8 月 9 日，淫雨四天初停。

按：此书武田祐吉编，昭和十二年（1937）四月十五日发行，岩波书店，题记时间在 1954 年、1963 年。

《中世日支交通贸易史研究》

一良，六三年十月买于东安市场，时在北京饭店开学部扩大会议。

按：小叶田淳著，刀江书院昭和十六年（1941）刊印。

一九六四

《佳人之奇遇》

此书为明治时期风行一时之小说，其文体对当时青年有极大影响。卷末有金玉均手迹，乙酉为1885，甲申改变之次年也。1964年1月2日于东安市场购得，一良。

柴四郎为会津津藩士，游学美国，后从谷干城出国。曾数任众议院议员，又为外务参政官。

按：此书为东海散士署名，聚芳阁出版，大正十四年（1915）十一月东京第一次印刷。

《魏晋南北朝史论集》

一良，1964年2月收到。

按：此书为周一良著，中华书局出版，1963年12月北京第一次印刷。封面盖有“重版修订用书”图章。在保存的另一册样书上写有“一良存览，日本学者书评载东洋史研究廿七卷三号”字样。

《瀛寰志略》

一良，六四年六月买于市场。

按：清徐继畬著，袖珍本，一函四册。光绪癸巳（1893）春鸿宝斋石印。

《时事新论》

一良，1964年6月买于市场。

按：上下卷，上海广学会藏板，光绪二十四年（1898）。

《出使英法义比四国日记》

一良，1964年6月买于市场。

按：一册。

《杭州》

1964年陪越南代表团游西湖纪念。一良记于杭州饭店。

按：此书为中国国际旅行社分发的旅游指南。家父过世前一个月曾讲：“上有天堂下有苏杭，先去苏杭再上天堂。”过去陪外宾去只是草草游览，未尽兴也。不料医生婉言劝阻未能成行。

一九六五

《日本工业前史》

一良，1965 年 8 月在东安市场买到，记于国际饭店。

按：此书田村荣太郎著，东洋堂发行，题记时间在 1965 年，当时北大正在国际饭店开会。

一九七二

《幕府体制史序说》

一良，1963 年 6 月从日本买到。

1972 年 5 月写简明世界通史教材日本封建社会一节，重翻此书，九年前虽曾细读，竟恍如隔世。15 日灯下记。

按：此书为木村础著，文雅堂书店出版，昭和三十六年（1961）九月东京印。

《日本思想十六讲》

周一良，十七年四月廿二日购于真木堂书店。不意购日本思想也能成一厚本，想必大费气力矣。

此四十年前在天津所购书也，七二年六月为寻找武士道材料重翻阅之。

按：此书为高须芳次郎著，新潮社出版，昭和三年（1928）三月东京印刷。

《论述法家和儒法斗争部分文章汇编》

一良。

按：此书为人民出版社资料室编。无版权页。

《鲁迅杂文书信选》

1972 年 9 月人民日报社见赠，一良。

按：此书无版权页。

《鲁迅杂文书信选续编》

1972年9月人民日报社见赠，一良。

按：此书无版权页。

《柳河东集》

孙钌曰：退之学庄，子厚则学荀，岂惟好所近固然耶？杨慎曰：昔之论封建者，曹冏、陆机、刘□、魏征、李百药、颜师古、刘秩、杜佑，自柳宗元之论一出，而诸子立论皆废。苏子瞻志林一出，而柳子之论益明。……腐儒□□，是古非今，犹言封建当复。予折之回！□目睹封建之利害，何必反古，今有之矣，川广云贵的土官是苏轼报汇季□（端礼）书，柳子之学，大率以礼乐为灵器，以天人为不相知。（邵博闻见录十五）

按：此书为柳宗元著，商务印书馆出版，1935年2月上海第一次印刷。根据内容判断题记时间可能为1972年。

一九七三

《东行先生遗文》

治外国史原始资料不可多得，只有看菜吃饭，量体裁衣，每译题目能得此一二种于愿足矣。1973年3月写19世纪中日关系文，引用游清□录。一良记。

按：此书为东行先生五十年祭纪念会编，民友社出版，大正五年（1916）五月印刷。

《正レい用语と用字基本语句三一〇〇句》（阪本一郎监修）

此书重点在于汉字之用法，对中国人学习日语用处不大，应编一汉字词而与汉字义不相干之词汇，始为重宝也。一良。

按：此书阪本一郎监修，今本胜造著，昭和四十七年（1972）四月二十日第五次印刷，题记时间在1973年。

《弘前文化财》

弘前市中堂觉先生见赠，一良记于青森，时1973年5月7日。

按：弘前市教育委员会编辑。

《留日回顾——中国アナカストの半生》

1973年8月3日，退回校文革抄家时取去书籍，发现此册。盖当年波多野先生所赠，早已不复记忆。今春写“辛亥革命与日本”一文时，曾费大力觅“罪案”，从近代史所借得之，有此译本，大为方便矣。一良记。

按：此书景梅九著，大高严波多野太郎译，平凡社昭和四十一年（1966）发行，题记时间在1973年。“校文革抄家”指1967年第二次抄家，文革初扫四旧抄家，书柜多贴封条留存，而二次派性抄家，来新北大公社社员多人，孙篷一乘212吉普指挥，另来一辆大解放卡车装物品满载而去，家人囚禁于厕所，来无影去无踪，只听校内高音喇叭连夜喊打倒，此后家为破烂市，手持长矛头戴柳条帽之社员随时光顾。

Japan Day by Day by Edwards Morse In Two Volumes, Volumes Ⅱ

モルス（1838—1925）氏1877年到日本，任东京帝大动物学教授，凡二年，归国后任事波士顿博物馆，兼授课于各大学。明治十年（1877）率帝大学生发掘大森驿附近一带，发见贝塚，其经过详见明治十二年出版之理科会粹第一集大森介墟古物篇。モルス氏于生物之外，旁及天文考古人类诸学，对日本近代考古学人类学之发达亟有关系，日人至今犹称道其倡导发轫之功也。此书以半价收于Tutin书店，惜只半部耳。石川欣一译是书，创元社出版，名“日本その日~”。

周一良

中华民国三十二年（1943）三月买于剑桥。

此册 1967 年冬校文革抄家时抄走，1973 年夏取回，上下两册又成延津之合。

Japan Day by Day by Edwards Morse In Two Volumes, Volumes Ⅰ

十八年前曾获此书下册于剑桥，今日无意中在市场遇此上册，因亟收之。

1961 年 1 月 23 日一良于北大。

按：1967 年校“文革”因派性再次抄家，半夜来一解放牌大卡车，并由孙篷一乘 212 吉普车亲自指挥拉走一车书物，其中珍贵书物大量散失，如叔弢先生上千方汉代铜印的原拓样均被红卫兵小将用为手纸揩臀，待文革后退回线装书，成套的多已凑不齐了。

一九七四

《王荆公年谱考略》

一良，1974 年 3 月买于厂甸。

按：蔡上翔著。二十六卷，杂录二卷，附录一卷。年谱一卷，熙丰知遇录一卷，杨希闵著。民国十九年（1930）燕大国学研究所重订印行。每部六册，大洋五元。

《岱南阁丛书》

毕竟是书生所读书。

按：孙星衍辑，六十册，八函。在《盐铁论》上有“七四、四读”。甲子岁（1924）上海博古斋景印。

《礼记训纂》

1974 年 5 月买于琉璃厂。

按：八卷，四部备要本，上海中华书局据咸丰刻本校刊。

一九七五

《历史小说的周围》

此1973年春访日时所赠，1975年2月14日即春节初四日读之。一良。

按：此书为井上靖著，讲谈社出版，昭和四十八年（1973）二月出版，东京第二次印刷。内有“周一良先生惠存，井上靖”的签名。

一九七六

《世说新语》

渡部武先生寄赠，1976年9月收到，一良。

此书收到后即值毛主席逝世，未及阅读，以后又入梁效学习班。到1978年9月间，写《魏晋南北朝史札记》，翻阅《世说》，始参考此中译文及注解。《世说》颇不易解，此书日语译文甚能体会原文语气，又以当代口语表达之，流畅易懂，极为难得。然不免有误解误译处，皆为标出，俟将来有机会与渡部武先生等一商榷也。1978年10月7日。

按：此书为目加田诚著，明治书院出版，昭和五十年（1975）一月东京初版初印。出版时间当在1975年，题记写在卷上。

《毛泽东选集》

1976年11月学习班中读。一良记于红三楼。

按：此书为人民出版社出版，1966年7月北京第二次印刷。

一九七七

《类义语辞典》

一良，1977年2月。

学日语五十年，始得读此书，喜何如之！七七年春节假期中记！

按：此书为德川宗贤等编，东京堂出版，昭和四十九年（1974）四月东京第一次印刷。

《马克思、恩格斯全集（第二卷）》

1977年3月在“梁效”学习班中通读。一良记于红三楼。

按：此书为人民出版社出版，1972年8月上海第二次印刷。

《论一元论历史观之发展》

解放初期曾读过此书，1977年夏在“梁效”学习班中重读，一良。

按：此书为普列汉诺夫著，博古译，北京三联书店出版，1973年3月北京第二次印刷。

《汉一唐中国佛教思想论集》

一良，1964年5月30日买于新华书店。

只有运用马克思主义这一锐利武器，才能把纷烦庞杂的佛教哲学思想整理出头绪，道出大所以然，“凤毛麟角”信非虚誉！1977年9月读后记。一良。

按：此书为任继愈著，北京三联书店出版，1963年10月北京第一次印刷。

《魏晋玄学论稿》

一良，1957年10月7日。

廿年前所购，廿年后始读之，1977年9月。

按：此书为汤用彤著，人民出版社出版，1957年6月北京第一次印刷。

《樊南文集详注》

一良，1977年买于琉璃厂

按：唐李商隐著，冯浩注。四部备要集部，上海中华书局据原刻本校刊。四册。

《樊南文集补编》

一良，1977年买于琉璃厂。

按：唐李商隐著。四部备要集部，上海中华书局据原刻本校刊。十二卷，四册。

一九七八

《世说新语》

一良藏书

朱笔为30年代读时所写，墨笔为40年代手迹，铅笔则70年代重读时所记也。1978年1月2日题。

按：宋刘义庆著。六卷共四册。光绪十又七年（1891）思贤讲舍开雕。周一良眉批很多。

《例解日语辞典》

周一良，1958年4月买于锡拉胡同。

在梁效学习班中，翻阅两过。第一遍摘记成语及谚语，第二遍注意拟生词及重叠词，同时摘记用汉字而意义全无关者。华人学日语，尤应特别记忆此中词汇，他日拟编一手册。1978年3月，一良记于红二楼。

1976年冬受审查期间，曾翻阅此书数遍，大得其意，时枝氏曾在汉城教书，与魏老为同僚。1986年4月，一良记。

按：此书为时枝诚记编，中教出版社出版，昭和三十一年（1956）十一月第十二版。

《榕园琐录》

一良藏书，1978年10月。

按：东山中学丛书之一，册全。

《榕园续录》

一良藏书，1978年10月。

按：东山中学丛书之一，册全。

《陆士龙集》

陆士龙文集，一良藏书，1978年10月。

按：晋陆云。十卷二册。有“完县彭氏”印、“郭中大”印。

一九七九

《诸史考异》

一良藏书，1979 年 1 月买于琉璃厂。时正草魏晋南北朝史札记，而□也。

《南方周末》（1985.9.21）载吴润扬著《朱执信与执信中学》一文中称：1920 年 9 月 21 日，朱执信先生牺牲后，孙中山捐一万元，指派廖仲凯等办执信学校，校址在越秀山麓清泉路之应元书院，同时从海外集资五十余万元建新址，1933 年迁入，在执信南路。1933 年，改名执信女子中学。1968 年改为广州五十五中学，1978 年复名执信中学。此书当是 1932 年前校藏，唯不知何时流出至北京耳。1985 年 12 月 25 日一良阅旧报录之，时年七十又三。

又按第二、三两册有执信学校藏书印，登记年月为十三年十二月十八日，则 1924 年也。流出当在其后。

按：临海洪颐煊撰，共十八卷，三册全。光绪十五年（1889）广雅书局刻。有“执信学校藏书”印。

《益智图》

一良藏书，1979 年 1 月买于琉璃厂。

按：光绪戊寅（1878）孟夏睫巢开雕。上下卷两册全。

《滇绎》

次近人鸠集滇南故实之作，虽无罕见材料，然颇有用。1979 年 1 月买于琉璃厂。

市上线装书日益稀少，即此种书石屏袁树五撰亦将难得矣。一良。

按：石屏袁嘉禾撰，东陆大学丛书，洋纸线装册全。

《辞海·历史地理》

此现代化小型化之读史方舆纪要也，极为有用，季龙兄雪中送炭，寄我此书，感谢如之！一良记，1979 年 2 月。

毕竟是书生所用书，1980 年 5 月 6 日题。

按：此书为上海辞书出版社出版，1978 年 11 月上海第一次印刷。

《洛阳伽蓝记校注》

1979 年 4 月启治甥自沪见寄。一良。

此书于名物典故注释较详，然难解处之诠释，则不如周氏校释有用。1979 年 9 月读过。

此书辨劳氏关于洛阳城里数之误，是也。日本服部克彦氏亦同范说。11 月又记。

按：此书为范祥雍校注，上海古籍出版社出版，1978 年 12 月上海第一版第一次印刷。

《古诗源》

廿五年一月十九日买于天津，一良记。

一良点读。

1979 年 8 月游黄山携读。此行未攀天都，殆亦董老诗所谓奇险天都著，遥观亦有缘也。两上始信峰，上有清光绪甲申歙人崔国英镌诗句中有云："廿年宦辙身犹健，半榻茶烟梦已清。"反复诵之，颇有所感。8 月 11 日记于黄山松溪别墅。

吴于廑谓为微服出游，盖"梁效"审查初告一段落也。1990 年 10 月用墨笔□重读，崔氏之名已不可辨。

按：十四卷，二册全，四部备要集部，上海中华书局据原刻本校刊。

《盛宏之荆州记三卷》

1778 年进士王谟所辑《汉唐地理书抄》中亦有此书，而曹氏似未之见，何也？王氏所辑远较此为完备。陈运溶麓 1900 年刻小精舍从书中亦有辑本。一良藏书，1979年9月。

按：光绪癸巳（1893）仲冬开雕，苏城曹胡徐巷东郑子兰刻印。朱印线装。

《仇池国志》

一良，1979年9月买于琉璃厂，杨氏□自来未闻有专辑者，张氏不知何许人，可谓有心者也，惜未详著出处。

按：临洮张维鸿订纂，民国三十八年（1949）甘肃银行印刷厂承印。书内在杨氏族系表上仔细填写内容，并有标点及眉批。

《松邻书札》

一良，1979年9月买于琉璃厂。

《荃察余斋诗存再续》有大觉寺诗云："故人长卧傍松亭。"注称："沅叔借寺旁余地葬□老友吴印丞君，并为建亭于老松之下。"又诗续存有和吴印丞诗云："万松塔下各东西，顶礼高僧彼此同。"注称："印丞与余隔巷，号松邻，亦以近万松塔也。"

此册中所收诗，亦有"一庐仍与万松邻"之句。先岳守瑕先生号礼塔园，亦指万松老人塔。礼塔园在西四广济寺北礼路胡同，惜不审松邻所居何处耳？一良。

按：上下册，附录共三册。有"讲礼塔园"印。

《升平署岔曲》

一良藏书，1979年9月。

按：国立北平故宫博物院文献馆编印，民国廿四年（1935）十月出版。

《冬暄草堂师友笺存》

一良藏书，1979年10月买于琉璃厂。

按：陈叔通藏，民国廿六年（1937）七月中华书局出版。一、二、三、四、五、六册。全六册国币七元。

《七修类稿》

一良藏书，1979年10月买于琉璃厂。

按：仁和郎仁宝著，光绪庚辰广州翰墨园重刊。十六册。

《唐大和上东征传》

“征”犹言旅行，如杜甫北征之比，与征战无干。颇似英文之Expedition。一良，1979年11月。

按：此书为日本真人元开著，汪向荣译，中华书局出版，1979年8月北京第一次印刷。

《吴地记（后集）》

一良，1979年11月。

按：同治癸酉十月，江苏书局刊板，四库全书提要。

《梁巨川先生遗笔》

1979年9月买于琉璃厂。此人虽不免迂腐，而所论民国初年社会政治风气，亦不为无见，是以帮助说明辛亥革命之不彻底性也。一良。

《人物》杂志1986年第二期有汪东林采访梁漱溟问答录，称梁氏蒙古族，原居河南汝阳，改汉姓，漱溟高祖迁广西桂林。梁得顺天乡试举人，任内阁中书、侍读，1918年旧历十月十日六十生日之日凌晨投积水潭而死，敬告世人书则九月二十一日所写也。1986年3月20日，一良。林氏事略称十月初七死，是梁漱溟记忆失真矣。

按：此书为梁漱溟父亲的手迹影印。

《吴愙斋尺牍》

一良，1979年9月。

按：吴大澄，民国十八年（1929）四月十一日商务印书馆出版，大洋四角。

《白石山馆诗》《清夜斋诗稿》

1979年9月买于琉璃厂。

陈沆，蕲水人，字太初，号秋舫，嘉庆进士，编修，撰著有《诗比兴笺》等。

按：《白石山馆诗》作者陈沆，《清夜斋诗稿》作者魏源。手迹版影印。

《张文襄书翰墨宝》

一良，1979 年 9 月。

按：张之洞写，上下两册，手迹版影印。

《片玉碎金》

一良，1979 年 9 月买于琉璃厂。

甲戌为 1934 年，此册虽印制不精，然名贤手迹不少，亦足珍也。1994 年 8 月重读记之。一良。

按：此书为甲戌（1934）春以后出版。书内影印有陈三立、郑孝胥、俞曲园等人手迹。

《抱朴子校补》

一良藏书，1979 年 9 月。

按：盐城孙人和。

《清都散客二种》

一良，1979 年 10 月。

按：中华书局聚珍版仿宋。

《人物志》

一良，1979 年 11 月。

按：册全。四库备要子部。

《古今注》

一良，1979 年 11 月。

按：附中华古今注，册全，四库备要本。

《郎潜纪闻初笔》

一良，1979 年 11 月。

按：鄞县陈康祺著，宣统二年（1910）石印扫叶山房本，十册一函。

《宦海指南五种》

一良，1979 年 11 月买于琉璃厂。

按：四册一函。

一九八〇

《觚胜》

1978 年冬，得临野堂刊《觚剩续编》一册，颇精彩可喜。1980 年 1 月购得此全书。一良。

按：钮琇编。袖珍本，上中下三册，进步书局校印。特价人民币一八〇〇。

《北周六典》

毕竟是书生所读书，1980 年元月记。时重读北周书。

按：此书为王仲荦著，中华书局出版，1979 年 12 月北京第一次印刷。书上有“太初先生指正，仲荦赠”签字。

《最初精拓爨龙颜碑》

一良。1980 年 1 月买于天津文庙。1915 年售价五角后改九角，今索人民币一元五角，不为昂也。

按：有正书局本，民国四年（1915）一月初版，大洋九角。

《唐代政治史述论稿》

周一良，三十六年五月以法币 6 900 元买于天津。

颇恨平生未蜀游，无端来（？）兴到渝州。千年故垒英雄尽，万里长江日夜流。食蛤那知天下事，看花愁近最高楼。行都灯火春寒夕，一梦迷离更白头。1940 年庚辰春。

沧海生还又见春，岂知春与世俱新。读书渐已师秦吏，钳市终须避楚人。九鼎铭词争颂德，百年粗粝总伤贫。周妻何肉尤吾累，大患分明有此身。癸未春日感赋。

金粉南朝是旧游，徐妃半面足风流。苍天已死三千岁，青骨成神二十秋。去国欲枯双目泪，浮家虚说五湖舟。英伦灯火高楼夜，伤别伤春更白头。

回首燕都掌故花，花开花落隔天涯。天涯不是无归意，争奈归期抵死赊。

红杏青松画已陈，兴亡遗恨尚如新。山河又送春归去，肠断香花旧日人。1954年。

1980年2月初读汪荣祖撰《史家陈寅恪传》，从中录出，一良。

按：此书为陈寅恪著，商务印书馆出版，1946年2月上海出版第一次印刷。（？）为周一良标记，查三联版《陈寅恪集》“来”为“乘”。

《文选李注义疏》

1980年4月买于琉璃厂。此书本未完，而予所得仅有一、五、六、七四卷。然文选注释之总结著作终推此书，仍属有因也。一良。12月又得二、四两卷，据书友马君言，此书原印做讲义。随印随发，故不易全，不知今后能否遇第三卷否也。清元和陈倬字培之，撰文选笔记六卷，王欣夫藏手稿见王氏《蛾术轩箧存善本节录》（缺？）。

按：霸县高步瀛著，北平和平印书局印，北平直隶书局发行。民国十八年（1929）八月出版，廿三年（1934）六月再版。缺第三卷。

《词诠》

20世纪30年代曾备有此书，早已失去。1980年5月重购一册。一良。

按：此书为杨树达著，中华书局出版，1979年10月北京第一次印刷。

《不是集》

毕竟是书生所读书，1980年6月。

按：版权不详。

《谢宣城诗集》

毕竟是书生所读书，1980年6月。

按：南齐谢朓著，上海涵芬楼影印，明依宋钞本。

《敦煌古藉叙录》

藉似应作竹字头，但汉人隶书亦有草竹相易者也。

此书中收余跋文一篇，因五三年以后改行，遂未留意及之。今购读始知，有三先生殁已数载矣，为之黯然。1980年6月一良记。

按：此书为王重民著，中华书局出版，1979年9月北京第二次印刷。

《道藏源流考》

去年读真诰，曾参阅此书旧版，颇服其功力之深，极感有用。今无意获得新版，云是中华书局库存旧货也。1980年6月。一良。

1981年2月写文论梁武帝时重读。毕竟是书生。

按：此书为陈国符著，中华书局出版，1963年12月北京第一次印刷。

《典论》《中论》

典论、中论，毕竟是书生所读书，1980年6月题于燕东园。

按：魏曹丕纂。潮阳郑氏用黄氏汉学堂本刻。

《新论》

刘子新论，萝书，王照园辑。

余氏提要辨证举四断言此书为北（?）高刘氏之作，非梁刘勰也。毕竟是书生所读书，1980年6月时重读此书一过。

按：潮阳郑氏用程荣本校刻。书前有劳乃宣丙辰（1916）冬题写的书名。

《人物志》

毕竟是书生所读书。1980年6月题。

按：郑氏用守山阁本参中州彭氏本刊。

《齐民要术》

毕竟是书生所读书，1980年6月。

按：魏贾思勰著，十卷五册，潮阳郑氏用高山寺本浙西精舍本参《太平御览》校刊。

《北海题襟集》

此昔年大纲所赠也，前闻其（洁？）逝于台，昨又得贞一于美去世。唯（槃）厂尚在台，曾见其写真于名人录中，犹是蓝布长衫之旧日书生本色。1980 年 6 月，牟郊叟。

按："牟郊叟"得名于"梁效"后不点名批判周一良时所用的称呼。1978 年第四期《历史研究》署名田居俭文《助"帮"为虐的"诸葛亮研究"——评"梁效"某教授的〈诸葛亮和法家路线〉》一文即不点名批评周一良。

《颜氏家训》

毕竟是书生所读书，1980 年 6 月。

按：北齐颜之推著。上海涵芬楼借江安傅氏双鉴楼藏明辽阳傅氏刊本影印。其中眉批五十余处。

《翦伯赞历史论文选集》

1980 年 7 月 2 日收到，一良记于与翦老故居望衡对宇之燕东园二十四号，黯然神伤。

按：此书为人民出版社出版，1980 年 2 月北京第一次印刷。

《七大洲风云四十年》

1980 年 7 月在天津参加日本史研究会成立大会，天津人民出版社所赠。一良记于天津宾馆。

按：此书为美国苏兹贝格著，蒋敬等译，天津人民出版社出版，1979 年 1 月天津第一次印刷。

《西神丛语》

1980 年 10 月买于琉璃厂，一良。

按：黄蛟起著，无锡文苑阁排印，册全。

《越缦堂日记补》

四十余年前曾读《越缦堂日记》，而未见补篇，1980 年 11 月琉璃厂购得，一良记。

按：清李慈铭著。共十三册，全。1936 年影印出版。1980 年所购价 15 元，卷首有“建筑科学研究院图书馆藏书”印。书前有蔡元培序，无板函套盒。

《庚子山集笺注》

1980 年 12 月买于琉璃厂。

按：十卷四册。

《金明馆丛稿二编》

1980 年 12 月，启治甥自沪见寄。

按：此书为陈寅恪著，上海古籍出版社出版，1980 年 10 月上海第一次印刷。

《刘子新论校释》《列子校释》

一良，1980 年 12 月买于琉璃厂。

按：《西苑丛书》第一辑。封面题有：“半农先生教正。”估计为作者孙楷第藏书。

《唐拓十七帖》（线装）

十九年二月买于天津。一良记。

敦煌卷子中有唐人临瞻近、龙保二帖，见《文物》1980 年第三期，此本缺瞻近帖。

《汉碑残本》，线装洋纸，手工粘贴封面，原有题字为：“先端午帅藏石今为周君得去，此拓出自先手，戊午冬十月一日得于公园老侯□同行，为仁圃表兄礼门表弟即日拈于本。娇翁自志。”

题字盖处于断犯法书，所谓周君即先叔季木先生也。戊午为 1918 年，距今已周甲，先叔墓木早拱，而此碑亦已归于故宫矣。

《故宫博物院院刊》1979 年第一期载马子云先生关于汉池阳全张启残碑一文，谓柯燕舲先生于 1935 年得此碑左侧下截，而马氏于 1938 年又得左侧上截，残石拓本，唯原石□不知所去矣。

此册黏贴错乱，题字亦殊不文。据石景拓，碑侧尚有画像。

按：时间应该在 1980 年左右。

一九八一

《花砖日影集》

此集后附有《花生录词》一册，花农为寿其师曲园老人八十五生日所作七律廿四章，咏古人八十五岁以至数百岁故事，因寄天津，借以为二老寿矣。1981 年 1 月 15 日一良记。

按：仁和徐琪，香海庵丛书，四册。

《吏治悬镜》

一良，1981 年 1 月买于琉璃厂。

按：八卷八册一函。袖珍本。

《笔谏》

此是善书性质，当时实为迂腐浅陋之作。然今日借以考察百年前之思想及社会却颇有用。著者为满族武人，尤为罕见也。1981 年 1 月，一良。

按：十册，光绪壬午（1882）冬月朔开雕，癸未嘉平望日告竣，板藏京口本宅一得轩中。

《コンサイス世界年表》

1981 年 3 月菅谷文则君所赠，一良记于燕东园，上距购《世界历史大年表》时，32 年矣。预计此册将伴我以终，尤盼吾国内能有以代之也。

按：三省堂编修所编制发行，题记时间在 1981 年 3 月。

《清异录》

毕竟是书生。1981 年 3 月。

按：宋陶谷撰。光绪乙亥冬十月陈氏庸闲斋重刊，有“湘潭韩氏藏书”印。

《广阳杂记》

1981年4月买于琉璃厂。

按：功顺堂丛书之七、八、九。三册全。

《春在堂随笔》

1981年4月买于琉璃厂。

按：德清俞樾著。上下两册全。

《汪篯隋唐史论稿》

汪篯同志为寅恪先生高第弟子，聪颖过人。毕业于扬州中学，人皆以为当报考理科，而竟入历史系，终于十年动乱之始即遭迫害而逝。悲夫！1981年5月23日汪安同志送来。一良记。

按：此书为唐长孺等编，中国社会科学出版社出版，1981年1月自贡第一次印刷。

《纳词楹帖》

1981年6月买于琉璃厂，一良记于燕东园。

按：杭邵锐集，两册全。定价四元。

《宋琐语》《晋宋书故》

达叟不知何人。颂阁即嘉定徐郙，同治进士，官礼部尚书者也。余昔年曾购读《晋宋书故》，而未藏琐语。1981年6月于琉璃厂收之。皋（?）此著收获无多，然注意晋宋以后史书中词语则可贵也。郊叟于燕东园。

按：书上有别人题跋："乙未初夏购于安定门大街旧书摊上，检阅卷首签印图章，此书曾在徐颂阁相国家。达叟志。"

《胡适往来书信选》

前者先后得此书中、下两册，今日于灯市口购得上册。一良，1981年7月6日。

按：此书为社科院近代史研究所中华民国史组编，中华书局出版，1979年5月湖北第一次印刷。

《郎官石柱题名》《御史台题名》

1981年9月买于琉璃厂，一良记。

按：一函两册。读画斋丛书本。清乾隆时金石家赵魏手拓金石，录文收入顾修的《读画斋丛书》。有“槐如叔子鉴藏金石书画印”印。

《全史宫辞》

1981年9月买于琉璃厂，一良。史氏尚著有《异号类编》廿卷，同治乙丑（1865）刊。收在长泽规矩也编《清假语辞书集成》第二卷。

按：二十卷，六册全。咸丰六年（1856）威次丙辰秋日镂版家藏。

《朝鲜史》

1981年11月买于灯市口，50年代中期初讲亚洲史，朝鲜部分颇得力于此书，转眼四分之一世纪矣，我国迄今尚无自撰之朝鲜历史，而北朝鲜人著作又多荒谬，翻不如日本人著作，可胜哀叹。一良记。

1987年4月为草教科文之文化史中古代朝日一章，重翻此书，可谓养兵千日也。

按：旗田巍著，岩波全书第一五四种，东京岩波书店1954年第四次印刷。

《周礼正义》

此书孙氏排印本，颇不清楚而卷帙浩繁，屡次拟购辄止。今日在琉璃厂以八元购得此二册，排印本则须十二元，亦甚廉，盖时人不识孙氏书价值也。1981年12月19日。一良。

按：此书为中华书局影印刊行。

一九八二

《说文解字注》

1982年1月孙启治甥自沪见寄，此书渠参与校订，始终其事，而不著姓名，噫！一良记于燕东园。

按：此书为汉许慎撰、清段玉裁注，上海古籍出版社出版，1981 年 10 月上海第一次印刷。

《傅青主先生楷书千字文》

1982 年春与方闻老先生邂逅于加州之柏克莱，以此册见贻，乃其乡先贤也。一良志于小树林街。

按：此书为汉华文化公司，1974 年 3 月台北初版。

《魏晋南北朝志怪小说研究》

如此博士论文！

1982 年 3 月得于加州大学，一良记于柏克莱之小树林街 1636 号寓庐。

按：此书为全寅初著，台湾大学博士论文，1979 年 9 月复印本。

《谈陈寅恪》

木田知生先生见赠，一良记于燕东园，1982 年 10 月。

按：此书为俞大维等著，传记文学出版社出版，1970 年 9 月台北第一次印刷。

《刘宋时灵宝经之形成》

此文在大渊、吉冈诸家论述基础上，又有进展。好处在于作者兼通佛典，故能融会贯通也，如石井留子之著作，只从目录学着眼之论，不涉及内容，便有隔靴搔痒之感。

按：此书为小林正美著，东洋大学第六十二号抽印本，1982 年 3 月发行。

《列子张注》

1982 年 9 月初晤嘉丹泽老教授于柏克莱，其夫人麦启子女士则四十年前剑桥旧识也，临别以此书为赠，高谊可感，一良记于小树林。

按：昭和二十四年（1949）十月印刷发行，非卖品。尊经阁丛刊第六十四。八卷三册全。函内夹有一单页为冲虚至德真经解说，署名为发行者法人财团前田育德会。

一九八三

《日中文化交流史》

一良，1981年10月买于天津。

1983年3月下旬，为讲近代史以前之中日关系，重读一过。

1983年9月，为写百科条目，重翻阅，关于遣唐使，此书似不及森克己氏书能讲出点道理。森氏书1966年出版，后于此修订本十余年也。

按：此书为日本木宫泰彦著，商务印书馆出版，1980年4月北京第一次印刷。

《敦煌变文集》

周一良，1959年9月5日收到。

1983年5月为写书仪考之二，重读一过，昔年所校殊嫌草。

昔年只在夜阑灯下校读数卷，迄无暇全读，1983年夏，摆脱系务后，始得通读此九百余页，时正拟草书仪之二也。6月13日挥汗记于燕东园廿四号楼下。

按：此书为王重民等著，人民文学出版社出版。

《印度教与佛教史纲》

20世纪40年代就学于哈佛时曾读此书，颇为获益，1983年5月，一良记。

按：此书为英国埃利奥特著，李荣熙译。商务印书馆出版，1982年5月重庆第一次印刷。

《敦煌变文字义通释》（增订本）

此书增订后，上溯下连，豁然贯通，极见功力，不仅读变文不可少，亦治中古语言极紧要之著作。

1983年6月为草书仪考之二，重读此增订本，一良。

按：此书为蒋礼鸿著，上海古籍出版社出版，1981年4月上海第一次印刷。

《日本古文书学》

三十七年（1948）十月三日以金圆券九角买于椿树胡同，一良。

此书虽作入门之用，然颇有丁宁细致，此述日本书法源流，可作书法史观。字体语诸节亦甚有用。

1983年8月读，为草唐代书仪与中日文化关系一文也。书中关于书札格式及封题等之图解较之耳底抄文字叙述更为明了。藏此书35年矣，此谓养兵千日。

按：此书为伊木寿一著，东京雄山阁出版，昭和五年（1930）八月东京第一次印刷。

《魏晋南北朝史论拾遗》

1983年10月长孺同志见寄。一良记于北大。

按：此书为唐长孺著，中华书局出版，1983年5月北京第一次印刷。

Macedonia

1983年10月希腊芮拉斯大使所赠，一良。

按：M. B. Sakellarion 著。1983年出版。

《中国佛教史辞典》

一良，1983年11月自日本买到。

镰田氏有《中国佛教史》，已出两卷，共八卷。北图书号为312017，1984年5月17日记。

1985年4月在东京购得此书第三卷（南北朝上册），以后镰田教授又第二卷见奇。

按：镰田藏雄编。

《译余偶拾》

一良。1983年11月。

按：此书由杨宪益著，北京三联书店出版，1983 年 6 月北京第一次印刷。

《陈寅恪先生编年事辑》

一良。1983 年 11 月买于琉璃厂。

按：此书为蒋天枢著，上海古籍出版社出版，1981 年 9 月上海第一次印刷。

《汤用彤学术论文集》

1983 年 11 月 1 日汤老九十诞辰纪念会上所得，一良记于临湖轩。

按：此书为中华书局出版，1983 年 5 月北京第一次印刷。

《汉魏两晋南北朝佛教史》

一良，1983 年 11 月买于琉璃厂。

按：此书为汤用彤著，中华书局出版，1983 年 3 月北京第一次印刷。

《北梦琐言》

一良，1983 年买于海淀新华书店开架售书之第五日。

按：此书为孙光宪著，上海古籍出版社出版，1981 年 11 月上海第一次印刷。

《订赠国书解题》

廿四年（1935）2 月 19 日从日本买到，周一良记于燕京大学。

藏此书近五十年，1983 年为查“往来物”始大得其用，信哉：养兵千日也！然则插架中终吾身而不用者又将为多少耶？一良记于燕东园。

按：此书版权页缺损。

《新レい实用书简》

周一良十六年（1927）十二月七日。

此 1927 年所购，1983 年 9 月草“书仪与往来物”一文时重新启用，为时 56 年矣！我已由少年而年过古稀。

按：作者三并俵作，印刷者竹内喜太郎，发行所实业之日本社，昭和二年九月十八日四版，题记时间 1983 年 9 月。

一九八四

《洪宪纪事诗三种》

1984 年 1 月天津侍疾归车中读，一良。

按：此书为刘成禺、张伯驹著，上海古籍出版社出版，1983 年 7 月上海第一次印刷。

《非洲通史简编》

杨人楩先生以花甲之年，改治非洲史，孜孜不倦，成此巨著，而我年甫不惑，改治亚洲史，只有半部亚洲各国古代史，能无惭怍？ 1984 年 5 月 27 日杨先生纪念会后有感，一良。

按：此书为杨人楩著，人民出版社出版，1984 年 1 月北京第一次印刷。

《京都大学人文科学研究所汉籍目录》

1973 年访日时人文科学研究所曾赠藏书目录，井上进君今又以新版见贻，1984 年 6 月，一良。

按：此书为京都大学人文科学研究所编，同明舍出版，昭和五十六年（1981）印刷。

《魏晋南北朝的贵族制》

1983 年 3 月从日本买到，一良记于燕东园。

1984 年 8 月 7 日写书评介文竣事，溽暑三十九度也，挥汗执笔，精神可嘉之至！

按：此书为越智重明著，研文出版社出版，1982 年 1 月东京第一次印刷。

《清诗纪事初编》

一良，1984 年 10 月买于琉璃厂。

按：此书为邓之诚著，上海古籍出版社出版，1984 年 2 月如皋第一次印刷。

《王国维全集（书信）》

一良，1984 年 10 月。

1984 年 10 月 9 日在琉璃厂购得，展读一过。从书札中可独见王氏治学经过，其论人论事亦殊有参考价值。王虽辫发长拖，于小朝廷倾轧矛盾似颇不耐，不惜辞官去清华，于此见其高洁，迥非罗氏之比也。注解人物甚详，完全得力罗氏叔侄。11 日，一良记。

按：此书为吴泽主编，中华书局出版，1984 年 3 月北京第一次印刷。

《敦煌学文选（上）》

文选收我文章，而对作者全然不理，函购始寄赠。一良，1984 年 11 月。

按：此书为兰州大学历史系编，未有出版机构名称。

《五灯会元》

校点者似是老人，而项楚同志指出错误三百余例，何其疏陋也！尚未读，先依项文一一改正之。一良。

按：此书为普济著，中华书局出版，1984 年 10 月北京第一次印刷。

《方言笺证》

1984 年 12 月启治甥见寄，一良记于燕东园。

按：此书为钱绎撰，上海古籍出版社出版，1984 年 5 月上海第一次印刷。

《我这三十年》

沈醉母亲罗裙为南社成员，喜李清照如梦令："常忆溪亭日暮，沉醉不知归路，兴尽晚回舟，误入藕花深处，争渡争渡，惊起一滩鸥鹭。"为可以传诵千古。因为心爱第三个儿子，取名沈醉。见黄济人将军《决战岂止在战场》第 343 页。1984 年读黄氏书后录。

按：此书为沈醉著，湖南人民出版社出版，1983 年 11 月二版第三次印刷。

一九八五

《陔余丛考》

陔余丛考，1985 年 1 月一良题。

一良藏书。

按：清阳湖赵翼著。共四十三卷，十二册全。乾隆庚戌（1790）赵氏湛贻堂藏板。原刻本。

《公牍学史》

1961 年 9 月买于东安市场，一良记于厂桥。

此书抗战前夕出版，故流传不广，1961 年 9 月于东安市场得之。经过大灾难，旧书店一扫而光，昔日访书乐趣不复可得。此书作者乃许师谦同志之尊人，长期在张之洞幕中。魏老曾假阅此书，今两人皆已作古矣！1985 年除夕记，一良。

许氏虽居幕府，实是学人，此书当与汪龙庄《佐治药言》《学治臆说》并存。1985 年 12 月读汪氏书后，更读此册，研究唐代书仪亦可供参考。

按：此书版权页缺损。

《二王尺牍与日本书纪所载国书之研究——隋唐期中日关系之一章》

1985 年 4 月购于东京之东丰书店。一良。

称冈崎父夫为恩师，实远不逮也。举证颇琐，殊无价值。论书仪亦乏高见，唯天平二年能上新仪一条颇有用，论天皇名称起源亦足参考。

按：此书为徐先尧著，华世出版社出版，1979 年 8 月台北第一次印刷。

《新编事文类要启劄青钱（附清明集）》

昔年曾见此书之日本影印本于灯市口，索价人民币三十元，未止日收之。1985 年 4 月于东京东丰书店复遇此册，以日元 4 500 元购归。一良。

按：此书为大化书局出版，1980 年 5 月台北初版。

《近代史资料总第五十九号》

周馥函电稿。

一良藏书。

按：此书为中国社会科学出版社出版，1985 年 5 月北京第一次印刷。

《自庄严堪善本书目》

一良自存。

按：此书为北京图书馆冀淑英编，天津古籍出版社出版，1985 年 7 月天津第一次印刷。

《一士类稿》

一良，1985 年 8 月乌鲁木齐。

按：此书为徐一士著，书目文献出版社出版，1984 年 5 月北京第一次印刷。

《花随人圣庵摭忆》

此书乃 1946 年归国后得于市场，第一页撕去，盖有瞿兑之序，而瞿是汉奸也。此书记掌故丰富有味，不宜以人废言。而房兆楹先生力主中华重印，良有以也。1982 年在美复制台湾此书补编。又 260、337 页皆道及先岳守暇先生。1985 年 9 月一良记。

据台湾所出补编，此书 1943 年□□□只印百部，故极少见。昔年余季豫先生及寅老皆借余此册读之□。1999 年 5 月 9 日一良左手记。

按：此书为黄秋岳著，时间地点不详。

《中国佛教史籍概论》

1985 年 11 月为写魏晋南北朝史学文重读一过，书中关于史学上之利用一节立意甚好，可以取法。一良记。

按：此书为陈垣著，科学出版社出版，1955 年 12 月北京第一次印刷。

《魏晋南北朝史札记》

1985 年 11 月 9 日收到样书，距交稿计四年两个月，一良。

邵心恒兄挽陈援庵先生有联云："校雠捐故技，不为乾嘉作殿军"，当时传诵。余之此著则"愧为乾嘉作殿军"矣。可叹也。1986年2月16日见到心恒遗集，改正联语中误记之句，又以见我之老迈矣！

按：此书为周一良著，中华书局出版，1985年3月北京第一次印刷。其中联语将"考古崇今用"改为"校雠捐故技"。

《敦煌的中国佛教》

1985年1月，福井文雅教授见寄，一良记于燕东园。

1985年12月5日至6日写评介，《出土文献研究》不知何时刊出，恐怕成明日黄花也。

按：此书为牧田谛亮、福井文雅编，大东出版社出版，昭和五十九年（1984）十二月东京第一次印刷。

《エリセーイフの生涯》

1985年3月买于东京三省堂，上距五六年晤先生于巴黎已近三十年矣。

一良记于白金台之インタナシヨナル·ロッヂ。

1985年4月下旬赴巴黎飞机中读。

按：此书仓田保雄著，发行者高黎茂，发行所中央公论社，昭和五十二年行，题记时间在1985年。

《お经》《净土宗》

1985年4月在早大讲演，谈及写本书仪中十念问题，福井文雅教授因以此册见赠，证余说为念佛也。

按：藤井正雄编著，株式会社讲谈社发行，昭和五十九年七月十日发行，题记时间在1982年4月。

《古简语为日本时代》

1985年4月买于东京，一良。

乌鲁木齐往返途中读讫。

按：东野治之著，1983年7月岩波书店出版。

一九八六

《东方学第七一辑》

此册收我1985年访日时讲演。池田温先生为作注，一一翻检引文原书，用力甚勤，幸未发现纰漏，一笑！末附家世及著述，又以见日本学术情报之周到也。

按：此书为东方学会编，昭和六十一年（1986）一月东京印刷。

《魏晋南北朝的贵族制》

越智先生惠赠，1986年5月一良记于燕东园。

按：此书为越智重明著，研文出版社出版，1982年1月东京第一次印刷。

《梅庵谈荟》

1986年5月于北大新华书店见此书，因有关于先世之记述，购归读之，一良。

书中记玉山老人养生歌，前未尝闻，《今觉庵诗》解放前夕见之，记得其中两句："乱世文章如草贱，衰宗名德赖人扶"，盖能道出国民党垮台前一部分知识界心情也。5月13日一良记。

按：此书为郑逸梅著，黑龙江人民出版社出版，1985年9月黑龙江第一次印刷。

《梁启超论清学史两种》

一良，1986年5月。

此书注中列举学者名字籍贯，极便读者，然亦有小误，如丁小雅即小疋，张孟劬原名采田，非尔之误也。

按：此书为朱维铮校注，复旦大学出版社出版，1985年9月如皋第一次印刷。

《魏晋南北朝史》

1986年6月，仲荦同志仙逝，有挽联："章门高第一生游心文与史，吾道先驱两部遗编晋到唐。"

按：此书为王仲荦著，上海人民出版社出版，1979 年 12 月上海第一次印刷，有“一良同志指正，弟仲荦赠”的签名。

《中国印度见闻录》

购此书而未遑翻阅，审阅何芳川同志《非洲□□史》文，始知即刘氏父女所译《苏莱曼游记》也。1986 年 6 月，一良。

未曾经眼书须读，信哉斯言。

按：此书为穆根来等译，中华书局出版，1983 年 8 月北京第一次印刷。

《世说新语笺疏》

陈直读《世说新语》札记，中华文史论丛第五辑（六四）；

唐异明评世说新语英译本，《读书》1986/ 二。

按：此书为余嘉锡撰，中华书局出版，1983 年 8 月北京第一次印刷。

《华阳国志校注》

1984 年 11 月购于成都，一良，望江宾馆。

1986 年 12 月翻阅注文，为作者提职写评语也。

按：此书为刘琳校注，巴蜀书社出版，1984 年 7 月自贡第一次印刷。

《赋钞笺略》

一良藏书，1981 年 1 月买于琉璃厂。

1986 年 11 月 21 日，一良题。时试背诵小赋。

按：四册，松江萃文堂藏板。书中夹有铅字打印文章，关于《枯树赋》《别赋》《恨赋》注文的问题，并有周一良大量铅笔批注。

《东塾读书记》

此昔年家塾中藏书，题签出于先师张潞雪先生之手也。1986 年 11 月一良记。

按：陈沣著，二十三卷，共六册，暂缺第六册。

《中国历史文献研究（一）》

1986 年 12 月 29 日，收到此册。彊翁遗札能如期刊出，舜徽先生鼎力支持，高谊可感，惜寄海外家书送稿稍迟，编辑部为省事未逐件插入，而附之篇末耳。一良。

按：此书为华中师范大学出版社出版，1986 年 8 月武昌第一次印刷。

一九八七

《钏影楼回忆录》

一良，1987 年 1 月买于天津，3 月赴成都携读。

压江流，以扶地脉。远瞻高瞩，则见玉垒云开。峨眉月朗，夔门日射，剑阁烟消，郁郁葱葱。助全蜀山川钟毓秀。

凌井终，而焕人文。闳中肆外，当如长卿赋皕。太白诗豪，坡老词雄，南轩学正，麟麟炳炳，为西州俊杰，播美扬修。

逸叟撰，己未年夏六月黄原书。

1987 年 3 月杪三访成都，重游望江楼录其一联。

按：此书为包天笑著，大华出版社出版，1971 年 6 月香港第一次印刷。

《笳吹弦诵在春城》

1987 年 6 月，以八折购于北大新华书店，一良。借以补八年抗战未入大后方之一课也。

按：此书为西南联大校友会编，北大出版社出版，1986 年 10 月昆明第一次印刷。

《知堂书话》

一年前即得此书，迄无暇读，今年 8 月以后，患咳嗽咳痰，3 月不愈。11 月取近年所购《异词录》《南亭四话》及《知堂序跋》等翻阅消遣。并有学问上收获，如此文中论游仙窟文，道及宛字。亟捡旧藏此书，则已得宛为充误，而上月写小说“宛”小文时是然忘记矣。因补入小文中。1987 年 11 月 13 日记之，所谓开卷有益也。

按：此书为周作人著，岳麓书社出版，1987年2月长沙第一次印刷。

《周悫慎公全集·年谱》

安庆文史资料总第十五辑载陈钧成撰周馥轶事，称玉山老人在八卦门正街摆测字摊，并为人代写书信呈文对联等。后又迁马王坡。老人有老表在李府伙房挑水，因而认识伙房采买。其人识字不多，就近乞老人代记。李偶阅帐簿，见字迹端正清秀，大加赞赏，延为幕宾，办理文牍云云。其事或可信，年谱盖讳言之，止于廿五岁下称“见余文字，招往办文案”也。1987年11月师白兄见寄此文，因记。一良。

劳乃宣韧叟年谱甲寅七十二岁：“青岛寓公吕镜宇刘云樵赵次珊童次山李惺园皆年七十余，张安圃六十九，陆凤石自都来，王石坞自福山来，皆七十余，相约为十老会，饮于周氏斋中，各赋诗以记之。”1991年3月9日一良录。

郑逸梅《梅庵谈荟》206页周玉山之养生歌。

按：此书为周悫慎公全集第卅六册，为民国十一年孟春秋浦周氏校刻。

一九八八

《家居必用事类》

1985年4月买于东京之东丰书店，一良。

四库提要子部杂家类存目七：居家必用事类全集十卷，内府藏本，不著撰人名氏。载历代名贤格训及居家日用事宜，以十干分集，体例颇为简洁。辛系中有大德五年吴郡徐元瑞吏学指南序，圣朝字俱跳行，又永乐大典屡引用之，其为元人书无疑。黄虞稷《千顷堂书目》云，或谓熊宗立撰，恐未必然也。1988年1月27日补记书仪源流小考文，翻阅此书，录提要于首。

按：此书为中文出版社出版。

《宦乡要则》

一良，1985 年 4 月买于东京之东丰书店。

1988 年 1 月补订书仪源流小考，此书颇得可用，治清史者亦宜熟悉此书内容。

按：此书为老古文化事业公司出版，1982 年 12 月台北第一次印刷，根据光绪卅二年（1906）本影印。

《恩福堂笔记》

英和，号煦斋，总督两江时于署中建煦园。玉山老人在两江任，从兄煦良生于署中，因取为名，为此书作者与我家渊源也。一良，1988 年 1 月。

煦良小名江，亦取义于两江。又记。

按：此书为英和著，上海古籍出版社出版，1985 年 9 月上海第一次印刷。

《长水集》

1988 年 2 月季龙兄见寄，一良记于北大。

按：此书为谭其骧著，人民出版社出版，1987 年 7 月北京第一次印刷。

《嵖华山馆丛稿》

1988 年 3 月王夫人郑宜秀同志见赠，一良。

按：此书为王仲荦著，中华书局出版，1987 年 4 月北京第一次印刷。

《中外文化交流史》

1984 年组织分工，拟定要求。1986 年 5 月至 10 月审稿、改订，8 月初交出版社，1988 年 3 月见书。一良记。

1991 年 12 月北京市哲学社会科学优秀成果一等奖 2 000 元。

按：此书为周一良主编，河南人民出版社出版，1987 年 11 月新乡第一次印刷。

《周恩来书信选集》

1988 年赴京西宾馆开史学会时读一过。总理处理事务心思之细密，考虑之周到，以及富于人情味，书札中随处可见也。一良记于265室。

按：此书为中央文献出版社出版，1988年3月北京第二次印刷。

《书学史》

1988年4月12日买于北大新华书店，是日春手写《书法随想》小文，适获其用。一良记。

1991年1月为写《再谈“字如其人”》小文，重读一过，此书搜罗宏富，极便利也。

按：此书为祝嘉著，北京中国书店出版，1987年9月北京第一次印刷。

《史家陈寅恪传》

陈方恪，《人物》1988/二。

按：此书为汪荣祖著，联经出版公司出版，1984年2月台北第一次印刷，有“一良教授惠正，荣祖敬赠”的签字。

《道咸宦海见闻录》

1988年翻阅一过。此书极有意思，除丁序中述诸条外，由此年谱所记得知大臣陛见情况，道咸两帝亦并非昏庸透顶也。一良。编者搜索人名，工作甚难，厥功匪浅。

按：此书为张集馨著，中华书局出版，1981年11月北京第一次印刷。

《读书随笔（三集）》

1988年11月2日买于六院之书店，全书三册，只取其一，另二册多论西书也。一良记。

按：此书为叶灵凤著，北京三联书店出版，1988年1月北京第一次印刷。

《清代名人信稿》

此书名欠妥，当云信札或书札，所收名人不多，且以江西人为主，然如戴子高、郑叔问、端匋斋皆有多札，亦颇有用也。附印名刺，尤足资考史。旧藏李鸿裔书札册页，多用他人名刺，在人名上加卷再作便笺用。今见此册中所收亦如此，始知乃晚清习惯也。1988 年 12 月读后记。一良。

按：此书为浙江古籍出版社出版，1987 年 12 月邗江第一次印刷。

《旧闻零拾》《长安宫词》

予于厂肆得此书刊本，呈文如师阅之，遂以付印。1988 年 12 月一良捡出记之，逾五十年矣。

按：己卯（1939）古吴邓氏五石斋精印本。册全。

《新刊全相成斋孝经直解》

此五十余年前美国贾德纳教授所赠也，1988 年 12 月捡出记之，贾德纳教授墓木早拱矣，一良识于燕东园。

按：版权页缺损。

一九八九

Tradition and Modernization in Japanese Culture

1989 年 4 月访柏堡大学，汪荣祖教授见贻。主编沙佛来，乃四十余年前哈佛大学日文班上优秀学生，今犹记其姓名也。一良于纽约。

按：此书为沙佛来主编，Princeton 大学出版社出版，1971 年印刷。

《方以智晚节考》

1989 年 5 月重访普林斯顿大学，余英时教授见赠，一良记于纽约。

按：此书为余英时著，允晨文化公司出版，1986 年 11 月板桥印刷。

《陈寅恪晚年诗文释证》

1989 年 5 月重访普林斯顿大学，余英时教授见赠。书中论寅老晚年悔未浮海，颇近情理。否则无以解释其倾注偌大精力于钱柳事，且在考据文字中时时插入表达个人心境之诗句，皆我夙所怀疑，今得此解矣。一良记于纽约布朗克司。

1990年4月23日，在哥大东亚图书馆得读老友俞大纲先生《寥音阁诗话》，涉及《论再生缘》，谓："姻连中表，谊属师生。闻弦辨音，具知危苦。地变天荒，人间何世。春寒凄次（冷？），揽涕读之！"盖亦真知寅老者也。惜大纲未及见《柳如是别传》。

按：此书为余英时著，时报出版公司出版，1986年12月台北二版第一次印刷。本书夹有一张剪报，是《联合报》1996年1月7日余英时文，《大陆"陈寅恪热"的新收获——从〈陈寅恪最后二十年〉读起》，其中收有家父1989年5月30日致其一信，与题记相对应，特转录如下：寅老《诗文释证》此次读后，始较全面了解阁下观点。一良自来认为，寅老于国共双方各打五十大板，30年代即称"非驴非马"之国。大陆解放前夕，显示去台之意，一不愿跟国民党走，二畏动乱、畏颠沛流离，其留大陆之非"政治遗民"而是"文化遗民"。一良夙持此见，寅老与王观堂有一脉相通之处，固极明显。此次读大作后，深感对于寅老留大陆后后悔未泛海去台之分析论证，颇为精辟，不必为寅老讳也。一良曩读寅老晚年著作，有两疑问：一、考据著述中何以一再掺入表达自己思想感情之词语以及诗句；二、晚年不总结魏晋隋唐史研究成果，可以驾轻就熟，水到渠成，而费惊人毅力追寻钱柳事，其意究何在？今读大著，久蓄之疑得以冰释，不禁称快！大作实在可作读《柳如是别传》之导读指南也。尊著谓寅老诗文遣词用字皆有深意，完全正确。如论《魏书司马睿传》一文开端，曾略叙昔年与一良讨论情况，颇富感情。一良当时在美读到，甚受感动。而蒋编全集时所收此文，乃删去此段文字。此无它，寅老目一良为"曲学阿世"（赠蒋序中语），顾不愿再存此文也！一良自信颇能理解寅老用心，然亦决无怨怼之意，绝不因此而改变对寅老之崇敬及感情。史家知人论世，不当如是耶？

一九九〇

《广州文史资料第三十八辑》

家驹老友之夫人杨成英同志见寄，1990年7月，一良读。

按：此书为广东人民出版社出版，1988年9月广州印刷。家驹为张家驹。

《纪念陈寅恪先生诞辰百年学术论文集》

日文宛字之为充，新井白石同文通考四误用门已言之，唯只宛俗充字一语耳。1990年春译新井白石自传始捡得之，因记于此。时7月25日，甫自美探亲归来也。一良。

此册所收冯芝生先生文中，亦称寅老为文化之遗民，足见自有公论。亦唯有从思想高度认识寅老者始能如此评估也。1991年1月，一良。

按：此书为北大中古史研究中心编，北京大学出版社出版，1989年12月北京第一次印刷。

《唐人绝句选》

1990年7月自美返京得肃秋同志讣告。今又无意从旧照中发现遗像，著之卷首。

黄肃秋同志原名毓霖，为20世纪30年代燕大国文专修科同学。当时曾与沈心芜（国华）三人同摄影，署名某某社，文革中竟被目为反动组织追查不已。当时从顾羡季先生习唐诗课，大考出题为评论“澹澹长江水”诗。如何论述已忘，而四句诗始终留于脑中，苦不知何人作。读此册乃知为韦承庆《南行别弟》诗，已近六十年矣！1991年元旦一良记。

按：此书为黄肃秋选，陈新注，中华书局出版，1990年2月北京第三次印刷。

《柳如是别传》

藏先生此书有年矣。1990年秋自美归来始读之，盖有由也。一良。

论陈（编者疑为钱）柳关系及诸诗词诠释皆入情入理，而此前仅据诗词中个别字推论“无程”，实近乎凿空矣。1990年9月17日读上册竟。

1990年9月21日读中册竟，诠释钱柳诗词，兼求古典今典，具见寅老腹笥之广，记忆之强，令人咋舌！一良。

1990年9月30日读下册竟。诠释诗文并兼及史事，索隐钩沉，寅老用心深矣，书中有自己也。

按：此书为陈寅恪著，上海古籍出版社出版，1980年8月上海第一次印刷。

《中日文化关系史论》

1989年春赴美前仓卒汇集旧稿，未遑细审，颇有重复甚至矛盾（如遣隋史次数，宫崎书名）。一千册已售罄，但盼二次印刷能改正耳。年登耄耋，诸事糊涂，可叹之至，自己未看校样，故错字亦不少。1990年9月26日校毕记之。一良。

按：此书为周一良著，江西人民出版社出版，1990年6月江西第一次印刷。

《道咸同光名人手札第一集》

一良藏书。

1990年11月读过，手札以论军事为多，收信人子寿为楚人，非贵筑黄彭年字子寿者也。时为赵和平撰序文，故重翻阅之。

子寿为王柏心，监利人，卷二收其手札，小传作湘潭人，疑有误。

按：此书为上海商务印书馆影印，线装四册，1924年7月印刷。

《道咸同光名人手札第二集》

一良藏书。

按：民国十三年（1924）七月上海商务印书馆初版。上海通用银币三元。

《郑天挺纪念论文集》

1990年12月20日收到。一良。

按：此书为吴廷璆编，中华书局出版，1990年3月北京第一次印刷。

一九九一

《唐代政治史略稿手写本》

昔年宝藏寅老所寄明信片数张，文革中毁去。1991年1月25日归京已半载始访书琉璃厂，见此手稿本亟购藏之。一良记。时已过七十八生日。

按：此书为陈寅恪著，上海古籍出版社出版，1988年11月上海第一次印刷。

《回忆吴宓先生》

1991年3月中旬赴成都，彦威先生见赠，一良记。

按：此书为黄世坦编，陕西人民出版社出版，1990年7月西安第一次印刷。

《王瑶先生纪念文集》

读此书后感到始真识王瑶其人，惜当年未于深交也！1991年3月25日一良记。

按：此书为天津人民出版社出版，1990年8月天津第一次印刷。

《高名凯语言学论文集》

1991年3月31日纪念高名凯同志八十诞辰。会上诸家对其理论语法评论甚高，盖哲学根柢大有助于思辨也。林焘同志对比王、高两家，指出了一先生最后三十年新著不少，而名凯卒时年仅五十有四，使天假之年，当有更大成就。信哉王殉“人不可以无年”之语！一良记。

按：此书为商务印书馆出版，1990年1月北京第一次印刷。

《纯常子枝语》

一良藏书，1991 年 4 月买到。

久闻此书之名，迄未得见，买到亟读一过。文道希实是杂家，对异邦语文亦颇留意，略通门径，当时可谓通人矣。对国内各少数民族风习语文，书中亦有不少记载，皆见卓识。

郑孝胥日记 1915 年 12 月记文有杂纂抄本三百册，押于湖南□民，价 300 元，拟赎回再刊行云云。当即此书也。

按：此书为文廷式著，江苏广陵古籍刻印社，1990 年 3 月上海印刷。

《北山楼集》

清末四公子有数说，读此书始释然，确为谭嗣同、陈三立、吴保初及丁惠康也。1991 年 5 月一良。

按：此书为吴保初著，黄山书社出版。

《理学佛学玄学》

1991 年 5 月一介同志见赠。一良。

按：此书为汤用彤著，北京大学出版社出版，1991 年 2 月北京第一次印刷。

《草堂之灵》

1991 年 5 月记，景良推荐此书后，重新细读一过，颇有所得。如言曾国藩之以曹操自期，深于城府，盖成大事者，固非此不可，无产阶级亦莫不然也。

按：此书为杨钧著，岳麓书社出版，1985 年 3 月长沙第一次印刷。

《日本史讲话》

十八年八月廿九日周一良买到。

此 1929 年在天津时购，已六十二年矣，近译新井自传，翻阅德川时代历史，捡出重读。1991 年 12 月记。

按：此书为荻野由之著，明治书院出版，昭和四年（1929）五月东京初版。

一九九二

《定本〈折焚柴记〉释义》(增订版)

1990年在布朗克司从哥大借读此书，并据以迻译，约得三分之一而返京。苦于八面受敌，迄未续旧学，而1991年池田先生寄赠此新版，感谢可言！1992年1月，拟写小文章，并继续完成译事，因记。一良。

1995年7月起，修订译文，并作注释。

按：此书为宫崎道生著，近藤出版社出版，昭和六十年（1985）一月东京初版。赠书者为池田温。

《修订官职要解》

周一良，廿四年二月十九日，从日本买到。

此当年读大日本史，写毕业论文时所读也，亦置数十年，1992年研究新井，又搜出检阅，真养兵千日也。书所以不可不买！1月23日记。

按：此书为和田英松著，明治书院出版，昭和六年（1931）四月东京第七版。

《魏晋南北朝史论集续编》

1992年2月17日收到样书，一年即成，北大此事对得起我矣。

按：此书为周一良著，北京大学出版社出版，1991年11月北京第一次印刷。

《敦煌汉文文献》

1992年3月13日收到。1985年访日，作关于书仪之报告，池田教授当时为之加注，收入所编此卷。因吴其煜先生迟迟未交稿，至今始印成，书仪之探讨研究已由赵和平同志大为推进矣。一良记。

按：此书为池田温编，大东出版社出版，平成四年三月东京第一次印刷。

《列宁格勒九日游》

俄罗斯联邦圣彼得堡大学东方系萨莫依洛夫教授见赠。1992 年 3 月一良记。

按：此书为新闻出版社出版，1990 年印刷。

《通雅》

方以智特立独行，自沉于惶恐滩以殉末明。此书实开乾嘉朴学之河；夙喜读之。今年检新井白石资料，知白石亦甚钦佩方氏著作，曾亲自抄录也。1992 年 4 月 24 日购于琉璃厂书市。老祝报信之功。

按：此书为方以智著，中国书店出版，1990 年 2 月北京第一次印刷。

《仓石武四郎北京日记》（复印本）

此仓石武四郎先生所居北京时日记，1992 年 7 月 4 日，其婿池田温教授招宴于翠竹轩时见赠。所记当时故都学人不少，而所谓文奎堂购得天津周家书，即自庄严堪也。一良读过记之。

按：此书为复印本装订。

《苏赫 – 巴托尔传》

郑逊逝世后，小瑜整理遗物，以此书见还，盖邵心恒兄生前所借也。心恒逝去已廿年，而蒙古之斯大林分子亦不再为人所重，人事沧桑，可胜叹哉！ 1992 年 9 月一良记。

按：此书为那楚克道尔基著，世界知识社出版，1955 年 10 月北京第一次印刷。

《法门寺地宫珍宝》

1992 年 9 月 20 日雨中参观法门寺，购此册。一良记于陕西师大招待所。

按：此书为石兴邦等编，陕西人民美术出版社出版。

《三国志集解》

1992年10月9日晚右手骨折，此六天后所写，猗与盛哉！

1993年12月写推荐文时记此，右手尚发僵，不能自在书写也。

按：此书为卢弼著，中华书局影印出版，1982年12月北京第一次印刷。

《小篆疑难字字典》

启治寄我，一良左手，1992年10月11日，颇有隶意。

按：此书为王同愈著，上海书画出版社出版，1992年10月上海第一次印刷。

《洪业传》

1992年12月25日，钟翰兄见赠。一良记，勉强用右手。

按：此书为陈毓贤著，联经出版社出版，1988年8月台北第一次印刷。

《中华书局收藏现代名人书信手迹》

平生最喜阅读手札墨迹。今日会后归来，看一下午翻阅完毕，文史界资料不少，如向先生诸札，尤感亲切，唯书无目录，不明排列次序，曾朴、钱基博两家皆子在父前，不可解也。1992年4月21日一良记。

此书实有目录，急于展卷，遂未注意耳。

按：中华书局出版，1992年1月印，题记时间1992年4月。

一九九三

《负暄闲语》

处事门载李鸿章评论很重要，可以视为玉山老人发迹之关键也。1993年1月，八十初度后重读一过，一良记于北大燕东园。

按：秋浦周馥玉山纂著。宣统元年三月，民国十一年（1922）孟春秋浦周氏校刊。二卷。全集第卅六册。

《玉山文集》

1993年1月桂生同志见赠，一良记于燕东园。

按：秋浦周馥玉山著。民国十一年（1922）孟春秋浦周氏校刊。上、下两册全。

《周一良先生八十生日纪念论文集》

一良自存，1993 年 1 月 19 日收到。

按：此书为赵和平等编，中国社会科学出版社出版，1993 年 1 月北京第一次印刷。

《木樨轩藏书题记及书录》

1993 年 2 月骨折后首次逛书店，半价购此。一良记，9 日。

按：此书为李盛铎著，张玉范整理，北大出版社出版，1985 年 12 月北京第一次印刷。

《入唐求法巡礼行记校注》

化文同志见赠，昔年用此书只能借图书馆之日本佛教全本，后又利用日文译本，此中文校注真乃嘉惠士林功德无量也！ 1993 年 3 月一良记。

按：此书为白化文等校注，花山文艺出版社出版，1992 年 9 月石家庄第一次印刷。

《古文字学导论》

此书为立庵先生手迹影印，故购之，距在天津聆先生讲说文已逾周甲矣。1993 年 3 月一良记。

按：此书为唐兰著，齐鲁书社出版，1981 年 1 月潍坊第一次印刷。

《郑天挺学记》

毅生先生道德文章我所景仰，1993 年 3 月在大饭厅地见此书，亟以九折收之。剥夺骑车权以后，海淀图书城不可几及，竟无进书店之乐趣矣！一良。

按：此书为冯尔康、郑克晟编，北京三联书店出版，1991 年 4 月北京第一次印刷。

《唐佛教史稿》

1993 年 3 月一介同志见赠。一良。

按：此书为汤用彤著，中华书局出版，1982 年 8 月北京第一次印刷。

《高僧传》

1993 年 4 月一介同志见贻。一良。

按：此书为梁释慧皎撰，汤用彤校注，中华书局出版，1992 年 10 月北京第一次印刷。

《杨小楼评传》

1993 年 4 月 29 日收到，一良记。

按：此书为周志辅著，北京燕山出版社出版，1992 年 12 月北京第一次印刷。

《顾颉刚年谱》

1993 年 5 月 7 日顾先生纪念会所赠，一良记。

按：顾潮编，中国社会科学出版社 1993 年第一次印刷。此书后赠送周景良，承景良先生检示。

《中国禁书大观》

1993 年 5 月 17 日行至海淀图书城购此，用 40 分钟。骨折后首次也，差堪自芥！一良记。

英文欠通。

按：此书为安平秋、章培恒主编，上海文化出版社出版，1992 年 4 月上海第六次印刷。“英文欠通”标注在英文题目下。

《浦江清文史杂文集》

1993 年 6 月 16 日清华及三联召开之陈先生诗集讨论会上所得。一良记于燕东园。

按：此书为浦汉明编，清华大学出版社出版，1993 年 4 月北京第一次印刷。

《十五十六世纪东西方历史三编》

此书为祝吴公八十寿辰而编，孰意竟成身后哀荣，伤哉？ 1993 年 10 月 5 日收到，一良记于北大。

按：此书由薛国中、安长春编，湖南出版社出版，1993 年 4 月长沙第一次印刷。在书的扉页上题有“周一良邓懿先生，感谢您对吴于廑先生的吊唁。武大吴于廑同志治丧小组。1993 年 9 月”。内有“五十载交情耄耋共庆八旬寿，千百年历史学林争读四卷书。于廑学长同志八旬大庆。于廑兄与余同庚哈佛初识时皆未满三十，于廑兄主持修订世界通史使臻于美备。一良致语，1993 年 4 月”的插页。

《日文书信大全》

一良，1987 年 12 月买于北大。

1993 年 11 月读一过，颇有用也。

按：此书为吴瑛美等编著，北京出版社出版，1987 年 5 月北京第二次印刷。

一九九四

《朱德熙先生纪念文集》

读王瑶纪念文集后，深恨未尝往来，读此册有同感也。1994 年 1 月，一良。

按：此书为语文出版社出版，1993 年 7 月北京第一次印刷。

《世说探幽》

前购此册，略加翻阅，时见新意。后寄赠张永言先生，蜀中未得此书也。今日又遇，虽微损，仍收入。1994 年 2 月 19 日一良。

按：此书为萧艾著，湖南出版社出版。

《鸠翁道话全集》

周一良，十六年十二月七日。

此 1927 年在津时购也，1994 年 3 月审阅王中田君江户儒学文，其中涉及儒学与町人关系，论石田梅岩氏及柴田鸠翁，因捡出此册，藏寒斋六十七年矣。一良记于燕东园。喜读，翌日晨记。

按：此书为上田万年校订，富山房出版，大正十五年六月东京第一次印刷。

《燕京大学一九四五—一九五一级校友纪念刊》

母校七十五周年冥诞纪念会后，1994 年 5 月 13 日买于校友会。周一良邓懿记于燕东园 24 号。

按：此书为 1994 年 4 月印刷，无版权页。

《白石书简抄（上、中、下）》

1994 年 5 月 13 日谷川先生惠寄，一良。

谷川道雄先生寄赠，1995 年 1 月 6 日收到记于乔治亚州之低凯坨，一良。

按：此书为石井裕编，1994 年 11 月刊行。

《郑孝胥日记》

1994 年买到，一良记于燕东园。

1994 年 6 月 5 日开始读郑氏日记，7 月 26 日读完。2 710 页，一良溽暑中记。

按：此书为劳祖德整理，中华书局出版，1993 年 10 月北京第一次印刷。

《周珏良文集》

1994 年 6 月 15 日收到，距珏良之殁二十月矣。一良记于燕东园。

按：此书为周珏良著，外语教学与研究出版社出版，1994 年 5 月北京第一次印刷。

《攘夷的传统》

1994 年 7 月 1 日，小池先生见访，畅谈新井白石事，以此书见赠，为书“相见恨晚”四字作纪念。一良记。

按：此书为小池喜明著，昭和六十年（1985）五月初版第一次印刷。

《陈敬侯日记》

日记二册，昔年得之于厂肆，盖津人陈某曾任清华学堂国文教员，后赴意大利任职使馆中。其人反对国民党，亦反共，然留心国内外大事，尚不失为爱国知识分子。通外语、喜读书，有书生本色。“文革”抄家后老佛爷之红卫兵以此为我之日记，以反共见罪，可谓愚蠢之极。

1992年12月，为撮录日记中资料写小文，应刘乃和教授《历史文献》之约，查阅1931年1月天津报纸，《大公报》15、16日详细报道收回比租界仪式，而参加者所记大人物。《益世报》15日追述交涉经过，与共事者之中有天津市府参事陈鸿鑫，即日记之“记”事也。12月29日，一良记。

《郑孝胥日记》民国十八年（1929年11月19日）记：“陈敬侯（天津）今管理特别一区……陈敬侯亦居意大利甚久。谈专制之政。然陈尤谓恐墨索里尼终至失败。”敬侯当是陈鸿鑫之字。1994年7月溽暑中记。

按：手稿本。

《周叔弢传》

1994年9月19日收到，一良记。

按：此书为周慰曾著，北京师范大学出版社出版，1994年4月北京第一次印刷。

《槐聚诗存》

1994年10月18日赵丽雅同志见赠，时将有美洲之行。一良记。

按：此书为钱钟书默存稿，杨绛季康录，线装本，生活·读书·新知三联书店出版发行。

一九九五

《灵谿词说》

作者所赠，1988年5月7日收到。

1995年1月21日晚，得缪钤大姐电话，获悉缪老于1月6日仙去。携此书来低凯坨，犹未展读也。老成凋谢，开卷神伤！翌日成挽联曰："文史回翔，绛帐春风，三千弟子；诗词并美，灵谿妙谛，一代宗师。"缪老兼擅文史，其绝学仍在诗词也。1月23日记。

书中诸大家，如李、晏、欧、柳、苏、辛、陆、周、吴皆出自叶氏之手，则以灵谿妙谛全归缪老反似有未谛矣，为配绛帐，姑且用之，客中竟忘缪老室名也。2月读毕记。

按：此书为缪钺、叶嘉莹著，上海古籍出版社出版，1987年11月上海第一次印刷。

《沈祖棻诗词集》

1995年1月千帆先生见寄，一良四月归来得见。26日记。五日杪粗读一过。

按：此书为沈祖棻著，江苏古籍出版社出版，1994年8月淮安第一次印刷。

《毕竟是书生》

1995年2月从日本寄到，一良记于乔治亚之低凯坨，农历乙亥年正月初五日。

按：此书为周一良著，藤家礼之助译，是《毕竟是书生》的日文本，东海大学出版会出版，1995年东京印刷。

《饔飧集》

1995年6月18日买于成府之万圣书园，一良记。

按：此书为唐振常著，辽宁教育出版社出版，1995年3月北京第一次印刷。

《清华汉学研究第一辑》

数年不入书肆矣，万圣书园开张于成府，距燕东园步行十分钟，1995年6月18日去购此册，以有国学研究院档案也。又购《饔飧集》，近似逯耀东之《已非旧时味》，一良记。

按：葛兆光主编，1990年清华大学出版社出版。

《唐五代词选》

一良读本。

一良1995年7月题记。

按：上海涵芬楼仿古活字印，毛边纸定价三角。商务印书馆发售。

《近代亚洲民族解放斗争的三次高涨与中国》

此老友丁则良论近代亚洲三次革命高潮之书也。扫四旧时，以其为“右派”，撕去封面。1995年8月处理书籍无意中重逢，真愧对老友，感慨万分！中国知识分子亦属有头脑之动物，何以当时愚蠢胆小，以至于此，可胜浩叹！ 8月24日一良记。

30日阅李淑荣之讣，享年七十五岁。

按：此书作者丁则良，由于封面被撕掉，书名经查得以确定。上海人民出版社1956年第一版。

《读曲类稿》

1995年11月10日荣新江同志见贻，得于香港旧书店者也。一良。

按：此书为周志辅辑，龙门书店出版，1963年3月香港再版。

《唐五代书仪研究》

1995年12月收到，一良记。

按：此书为周一良、赵和平著，中国社会科学出版社出版，1995年12月北京第一次印刷。

Gone with the Wind

昔年曾看电影，未读此书。今偕老伴访亚特兰大，嘱孙思萌在第十一章折扣书店六元五角三分购此册以为纪念。作者故居闻毁于火，无从凭吊矣！ 1995年1月5日一良记于低凯坨总统公园中启盈安宁寓所。

按：此书 Margaret Mitchell 著，Warner Books，Inc.1993年8月，题记时间1995年。

一九九六

《傅斯年文物资料选辑》

逯耀东先生自台北见寄。1996年2月收到。一良记于朗润园。

九六年以来未曾细读此书，□我的右手夜间稍好，因记之。2000年1月5日夜。

按：此书为王汎森、杜正胜编，文渊企业公司出版，1995年12月台北初版。

《王忠悫公遗墨》

此处文化革命中因怕惹事而剜去，所题内容不复记忆矣。1996年3月记。

按：此书封面开天窗。上、下两册全。有“周一良藏书”印。此印为周启锐刻，抄家后未归还。

《陈寅恪的最后二十年》

作者所赠，1996年4月5日收到。一良记。

1996年4月10日读完，作者抱理解与同情的态度对待寅老，故能写出如此好书也。自香港经广州湾逃出据传闻地下党曾出力，书中未及，不知详情究竟如何耳。

按：陆键东著，北京三联书店1995年12月第一次印刷。此书后赠送周景良，承景良先生检示。

《周一良学术论著自选集》

1996年4月13日收到，一良记于朗润园。

按：此书为周一良著，首都师范大学出版社出版，1995年12月三河第一次印刷。

《中国密教史》

1996年5月21日买于风入松书店，自1995年4月返京后，首次进书肆购书也。一良记于朗润园。

按：此书为吕建福著，中国社会科学出版社出版，1995年8月北京第一次印刷。

《魏晋南北朝史研究》

1996年12月收到，会长排名颇见胆识，我居老三，自信颇为允当也，第三代未具体列名，我意首二名属田祝无疑，北大之光荣也。17日漫题，一良。

按：此书为魏晋南北朝史学会编，湖北人民出版社出版，1996年10月武汉第一次印刷。会长为朱大渭，排名一二的分别是唐长孺、缪钺，第四位是何兹全。

一九九七

《一门四杰》

此书资料颇为丰富，如义宁陈氏为客家，得此而证实矣。1997年1月17日记。

按：此书为江西省政协文史委员会编著，江西文史资料第五十三辑，修水县印刷厂印刷。有赠者刘经富签名。

一九九八

《日本——从史前到现代》

此第五个孩子，1998年印成，距付印已五年矣。

按：此书为美国霍尔著，邓懿、周一良译，商务印书馆出版，1997年12月北京第一次印刷。

《谈诗论学二十年》

人家如此二十年，我们呢？

1998年4月卧床读之。一良。三十日读完，当谢逯耀东先生厚爱也。

按：此书为胡适纪念馆编，联经出版公司出版，1998年台北初版。

《毕竟是书生》

自存本，一良左手。

按：此书为周一良著，北京十月文艺出版社出版，1998 年 5 月第一次印刷。此书中夹有家父口述一信，时间当在 1998 年 4 月 1 日。内容如下：1996 年初患帕金森且有发展。1997 年夏股骨颈骨折，即大手术，住院五十天。1998 年 3 月 1 日，突发轻微心绞痛，住院 27 天。医生云不必装起搏器，即可出院，27 日回家，自喜平安无事，戏改先曾祖玉山老人（儿时称老公公）诗以自况。玉山老人八十四岁弥留时口占诗曰："天命运已尽，徒将医药缠。长饥不思食，醒卧亦安然。默数平生事，多邀意外缘。皇天偏厚我，世运愧难旋。"我以乐观心情一改诗曰："天命运未尽，何必医药缠？亦饥亦思食，醒卧皆安然。默数平生事，亦多意外缘。皇天偏厚我，世运听自然。"孰知三日后，3 月 31 日至室内不慎摔跤。4 月 1 日到校医院照像，始知右侧骨首裂纹，竟未骨折，更幸未伤动手术的一侧。大夫言不必手术，回家卧床五周，听其自愈。回想三日前盲目乐观情况，意是老公公在天之灵惩罚我也！八五老人周一良。

同书中还夹有四叔周绍良的回信："卧病医院，终日点滴，深觉无聊，忽得一良大哥来书及步玉山老人诗一首，捧读之下，兴之所及，奉和一首，仍步玉山老人韵，敬乞指正：云雾永无尽，波涛苦相缠；惟以闲适情，一切听自然。得失不萦心，名利皆夙缘；挥手归去来，生死两忘筌。弟绍良呈稿。"

《周一良集》

1998 年秋印成，启锐、晓维、周展留作纪念。一良左手，时年八十有六。

按：此书为周一良著，辽宁教育出版社出版，1998 年 8 月第一次印刷。

一九九九

《虽九死其犹未悔》

1999 年 3 月 6 日收到，一万比二百的胜利！一良左手。

按：此书为叶笃义著，北京十月文艺出版社出版，1999 年 3 月北京第一次印刷。书中有"叶笃义学书，九九,五,五"题词。本书第一次出内部本只印两百本，后公开出版第一次印刷即一万册。

《敦煌文学文献》

1999年5月湛如法师见贻，一良左手。

按：此书为金冈照光编，大东出版社出版，平成二年□月初版。

《历史科学与理论建设——祝贺白寿彝教授九十华诞》

1999年6月收到，一良左手。

按：此书为北师大出版社出版，1999年4月北京第一次印刷。

《叶隐的睿智》

1994年7月1日，小池先生见赠。一良记。

1999年7月读。

按：小池喜明著，1993年1月讲谈社出版。

《今觉庵诗》

1990年12月启成侄见贻，一良。

郑逸梅《梅庵谈荟》208页，访问今觉庵周梅泉。《艺林散叶》记周今觉事十一条，1999年8月一良左手。

按：至德周达梅泉著，太岁在上章执徐用仿宋聚珍斋排印。周达，名明达，后改名达，字美权，又梅泉，爱好算学，著有《周美权算学》十种、《福慧双修馆算稿》四种，是中国数学会创建者之一。擅诗词，著有《今觉庵诗》《今觉庵诗续》。爱好集邮，在上海有"邮票大王""集邮大王"之称。周启成为周达之子周煦良之长子，浙江大学教授。

《民国人物碑传集》

1996年病后久未入书店，1999年9月乘轮椅至成府万圣书园，忽见此册，有先外祖传记，久求而未得也，因亟购读，以订补已交云大之小文，八七老人一良左手。

按：中国社科院近代史资料编辑部主编，钟碧容、孙彩霞编，四川人民出版社1997年3月出版。

二〇〇〇

《燕京大学史稿一九一九—一九五二》

3月31日收到，4月1日翻阅一过，大体□之□也。一良。

按：此书由人民中国出版社出版，2000年第一次印刷。

White Tiger

杨宪一兄贻我，一良。2000年6月。7月8日读毕。

按：该书由杨宪益著，是杨宪益自传英文版，无版权页。家父当时写字困难，将“益”简化为“一”。

《道咸以来朝野杂记》

文如师极赞之书，经国同志为我觅得，2000年8月，一良左手。

按：此书为崇彝著，北京古籍出版社出版，1982年1月北京第一次印刷。

《两般秋雨庵随笔》

两般秋雨庵随笔，幼年读本，不忍弃之，实则当时理解甚少。不能作诗，尤为痛也。

按：此书缺封面及封底，时间以及出版者不详。题记时间在2000年左右。

二〇〇一

《庆祝何兹全先生九十岁论文集》

盖有周一良藏书印。

按：此书为北京师范大学出版社出版，2001年8月北京第一次印刷。内有“何兄九十大庆，一良衷心祝贺。一良左手”的插页。

《郊叟曝言》

一良，二一、九。

按：此书为周一良著，新世界出版社出版。2001年9月北京第一次印刷。二一疑为“二〇〇一”的简写。

附录时间不详的题记。

《上代之土地园系》

清水氏1931年毕业于京都帝大，入大学院，研究庄园问题。1935年任和歌山商业学校教师。1938年以违反治安嫌疑被捕，1939年获释，不能再任教。担任校健二氏日本古法制专题调查工作之助手。1943年2月被征入伍，在千岛群岛之□岛任海上输送部队，1947年1月死于西伯利亚之俘虏收容所。见藤容俊雄所作小传载《甲世庄园的基础构造》。

按：清水三男著，伊藤书店昭和十八年（1943）东京刊印。题记时间不详。

《量守庐群书笺识》

杨遇夫先生谓黄季刚有记性而无悟性，倘其然乎？一良。

按：此书为黄侃著，武汉大学出版社出版，1985年6月武昌第一次印刷。

Eminent Chinese of the Ching Period

（一六四四——九一二）（《清代名人传略》）

一良藏书。

兆楹先生千古。

励治明清六百载终送燕园。

荣为美澳一代师送归仙境。子健拜挽（半实居士）。

按：Anthur W. Hammel著，US，Government Printing Office1944年出版。

《全唐诗》

全唐诗，萝厂藏书，一良署检。

按：清曹寅等纂修。康熙四十六年（1707）武英殿刻本。共九百卷，分十二函，每函十册。目前缺第八函第一册，总第七十二；缺第九函第六册，总第八十六。此书有周一良晚年铅笔眉批。

《水经注图》

水经注图，一良藏书。

按：江宁汪士铎撰，咸丰十一年（1861）江宁刻本。水经注图及附录共两卷，册全。

《钟鼎款识原器拓片第一》

周一良用。

一良参考用书。

按：此书有副本一册。1921年有正书局本，大洋四角。另一册为民国十五年（1926）五月再版。

《敦煌零拾》

一良藏书。

按：甲子（1924）岁朝春上虞罗氏印行。册全。内有几处眉批，该书是关于唐代俗文学作品集。

《梁闻山行书谭野鱼墨竹二先生真迹》

梁山献，字闻山，安徽亳州人，乾隆二十七年（1762）举人。官四川巴东知县。

谭洪尾字野鱼。

按：此为手书真迹，折装。

《李义山诗集》

一良读过。

按：李商隐，三卷。有“曾在周叔弢处”印，有周暹眉批。

《读隋书札记》

按：此书为周一良手稿本。

《晋代江南豪族》

文中论江南地方“恶霸”式豪族，掌握则富，土地，人手，而无文化教育，确是南方大族之一种类型。然随时代推移，亦有变化，如吴兴沈氏之出现沈约是也。

按：此文为立正大学“文学部论丛”第四十五号的抽印本，昭和四十七年（1972）十二月。作者为大川富士夫。

《寒柳堂集》

一良敬读。

按：此书为陈寅恪著，上海古籍出版社出版，1980年6月上海第一次印刷。

《三国志世系表》

志父大叔贻我，一良志于燕大。

按：周明泰著，民国十九年（1930）十月印，展社丛书第二集第一种。册全。大洋一元。周明泰（1896—1994），字志辅，周学熙长子，室名文岚移，几礼居，著有《封泥考略》《几礼居丛书》《元东明府套数举略》。

《后汉县邑省并表》

志辅大叔给我，一良志于燕大。

按：周明泰著。

《读史举证》

一良藏书。

按：鄞全祖望撰，仁和张赠曦亮撰。八卷，上、下两册全。光绪辛卯（1891）广雅书局刊。

《老学庵笔记》

一良读过。

按：宋陆游。光绪三年（1877）三月湖北崇文书局开雕。十卷，上、下两册全。书中多眉批，其中第六卷“赐无畏”条有专文论述。

《元曲三百首》

元曲三百首。

按：任中敏编，民智书局发行，民国十九年（1930）十二月初版，全一册，大洋八角。有笺注和圈点。书名为周一良书。

《唐语林》

一良藏书。

按：宋王谠撰，三原李锡岭校刊。四库馆纂修本，惜阴轩丛书本，道光时刻本。封面有周一良记叙每册内容，并书内有墨笔、红黑铅笔并大量眉批。

《雪堂校刊群书叙录》

一良藏书。

按：上虞罗振玉编。两册全。北京杨梅竹斜街青云阁楼内富晋书社。

《唐诗纪事》

毕竟是书生所读书。

按：宋计有功。八十一卷，十六册全。四部丛刊集部，上海涵芬楼印嘉靖间钱塘洪氏刊本。

《圣德纪略》《僇直纪略》

《恩遇纪略》《旧闻纪略》

瞿氏为人不足道，而所记典章则可供参考，一良。

按：清瞿鸿玑笔记四种，手迹版影印。

《宋词三百首》

一良点读。

按：上疆村民编。书名为周暹所写。

《重刊洛阳伽蓝记》

一良藏书。

按：北魏杨衒之撰，徐高沅重别文注并校勘。“中央研究院”史语所专刊之四十二，上、下两册全。民国四十九年（1960）八月出版。书中夹有王伊同信一封，此□为80年代王所赠。

《三国志乐府》

一良藏书。

按：钱塘吴士鉴撰，册全。瑞安宋慈褒著，成都□道广茹书局，定价大洋一元。

《子史精华》

一良藏书。

按：上海点石斋照相石印，申报馆书画室发兑，上、下卷两册。署签为光绪癸未年（1883）二月。有“周氏□利”印。

《文选》

一良藏书。

按：光绪乙酉（1885）季夏下浣上海同文书局仿汲古阁版石印。十册一函。每册都有大量眉批。

《观堂集林》

一良爱读之书。

按：十册。疑为1923年乌程蒋氏聚珍本。是周一良私塾期间最爱读的书之一。

《魏石经考并附录》

一良读本。

按：海宁王氏校印。一册。

《修辞鉴衡》

一良。

按：元王构编，中华书局1958年7月出版。

《六度集经》

一良藏书。

按：光绪五年（1879）春正月金陵刻经处。此书朱、墨两种眉批。

《魏书宗室传注》

一良藏书。

此书发现无多，所收墓志亦远远不全也。

按：上虞罗振玉，十二卷，表一卷，四册。

《唐段少卿酉阳杂俎》

一良藏书。

按：唐段成式撰，四册，上海涵芬楼影印明万历常熟赵琦美脉望馆。

按：钦天监钦遵御制理精蕴。

《宋拓夏承碑》（临川李氏静娱室藏）

“阴阳辟合星云攒，如戟森竖如弧弯。神奸慌惚窥夏鼎，威仪肃穆参汉官。”此李公博赞此碑句也，而予观其笔意飞动流露自然，举凡汉碑隶书笔法皆具于此，诚细参此碑，再习他刻于隶法思过半矣，非徒其礼势之渊穆淳厚可宝爱而已也。予昔睹是碑斥为怪劣，今学力稍进，乃能识其好处，置诸案头把玩不去手，至于是中郎者抑出他人手则非我所计矣。

岁在屠维大荒落四月初二日周太初自记。

按：临川李氏静娱室藏，时间难以确定。

附：周一良《读书题记》出版说明

周启锐

这本题记是家父仙逝后，他的一个青年朋友孟刚先生到我家，我们两人花费好大力气，将家父藏书共一万多册整理一过儿时，顺便抄录出来的。由于书籍庞杂，有中文、日文、英文和线装古书等多种，所以不免有一些遗漏。我们总体的想法是通过他的题记，反映他从私塾到进洋学堂再到“留洋”的过程中，学术有成的读书进程和涉猎范围。同时，从侧面反映出在时代的大变迁中书生大起大落的曲折经历和思想动态。如今，在国家图书馆正在陆续影印出版他的一些眉批书籍的情况下，同时出版这些题记就可以更全面地反映他读书做人的态度，也是对他百年诞辰的一个纪念。

首先，他晚年慨叹自己毕竟是书生，并在所著的《毕竟是书生》《钻石婚杂忆》《郊叟曝言》等书中充分体现了他的反思、自责和回归自我。同时在新购和复读的很多书上都签有“毕竟是书生所读书”。“毕竟是书生”成了他的代名词，成了别名。这足见他人生教训之深，受骗上当之烈，反思自责之痛，回归自我之切。

循此线索，我看到他的很多题记都是有感而发，短句的背后都是有故事的。

例如：第172页①《虽九死其犹未悔》："一万比二百的胜利！一良左手。"硕大惊叹号是因该书正式出版之前曾在内部印刷二百册，官方对拿到该书的读者都要登记在册备案，如今终以一万册见于阳光之下。该书编入与家父《毕竟是书生》同一套丛书中。而家父这本书也是日本先出有日文版，过了一段才在国内出版中文本。家父在《钻石婚杂忆》中有述："国文专修本科时期，我唯一熟识的外系同学是政治系的叶笃义。他也是安徽人，我们两家是世交，他祖父曾任陕西巡抚。他毕业后参加了革命，文革中'四人帮'因为要整刘少奇同志，就先整徐冰（主要负责统战工作），而叶笃义当时是民主人士，与徐冰有联系，因此把叶笃义关在牢里4年3个月20天，想从叶笃义那里找到徐冰的把柄。这一点直到叶笃义出狱以后很久才知道。他现在担任民盟中央副主席，著有《虽九死其犹未悔》。20世纪90年代以后，燕京大学的校庆也定有五月四日，他每年校庆必来，但不到礼堂开会，却到燕东园我家叙旧。燕京大学虽不存在了，但燕京的凝聚力很强。这种凝聚力，这种双重的关系，使我们每年一度的会见维持了很久。后来他中风，不能出门了，我便去看他，他说话已经不太流利，而两人握手对坐同样感到温暖……"

家父去看叶老，每年都是我开车陪他去，下车即上轮椅，行动已十分困难还坚持要去，直到叶老仙逝。如今我还清楚地记得他客厅中高悬"第三条道路"的领袖梁漱溟写的对联。

---

① 文中所提到的页码均非本次出版的书中页码。——编者

又如本书第98页《汪篯隋唐史论稿》题记是说汪篯聪颖过人，本当考理科，误入历史系，成为文科学人。汪解放后曾任北大历史系副主任，还曾自告奋勇去广州中山大学游说恩师陈寅老北上，未果。结果文革自己却被逼自尽，真惨。

本书第143页《王瑶先生纪念文集》题有："读此书后感到始真识王瑶其人，惜当年未于深交也！1991年3月25日一良记。"我看后也颇有感慨，幼时饭桌上家父曾讲到王先生诙谐幽默，自称"牛克斯"（非马克斯），乃是北大文科学人中出书著文最丰者之一。其长子王超默是我发小，同班同学，其女儿王超华为我妹妹发小同班同学。王先生仙逝时，家父在美国，我去王家吊唁。而在本书第157页《朱德熙先生纪念文集》上，1994年1月家父再一次提到"读王瑶先生纪念文集后，深恨未尝往来……"。由前1991年3月"惜当年未于深交也！"升级为"深恨未尝往来"，三年的时光，思路更向纵深发展，而对朱德熙先生"亦有同感"。家母"自1959年被迫离开语文专修班，经过22年后，幸亏主持文科工作的副校长朱德熙同志力主把她调回对外汉语中心。这时她已年逾七十，理应退休，但领导这一改正错误的英明决定，使她奋发鼓舞，与她50年代以来的亲密老战友熊易同志以及其他两位同志分秒必争地在1958年编著的汉语教科书的基础上又主编了一部《初级汉语教程》。……此书获得国家一等奖，日本、韩国购买了版权，目前欧美亚洲等国普遍使用它，得到一致公认。这样邓懿在事业上完成了她的心愿。"（摘自《钻石婚杂忆》200页）。显然文集都反映了老一辈文科学人的做人准则和风霜傲骨。遗憾的是无休止的运动把他们整得七上八下，阴差阳错，人人自危，在那个年代哪还敢有什么友情往来，暮年只能寄情文字。如今家父母与王瑶、朱德熙四位老人皆在天国，当能畅叙了。

2012年8月1日

*本题记主要是从家中的藏书中辑录，诸如图书馆所借阅的书和送人的书等均没有录入。

*本题记按照编年排列，多年份都有题记的按照内容重要程度辑入某年，仅有月份或年份都辑入该月份或年份的末尾，没有题记时间的辑录在最后。

*行文中的空白处乃家父手迹中空格无字处，不知其意，亦不敢妄自删减，照空如是。

*□处字迹难辨认。

*本辑录先后得到刘铁宝、吴小如、周景良、白化文、赵和平等的热情帮助，特此感谢。由于才疏学浅，辑录有错误在所难免，请读者批评指正。